國家社科基金
GUOJIA SHEKE JIJIN HOUQI ZIZHU XIANGMU
後期資助項目

戰國簡册中的
車馬器物及制度研究

Research on the System of Chariots and Horses in the Bamboo Slips of Warring States Period

羅小華　著

WUHAN UNIVERSITY PRESS
武漢大學出版社

圖書在版編目(CIP)數據

戰國簡册中的車馬器物及制度研究/羅小華著．—武漢：武漢大學出版社,2017.12(2018.7 重印)
ISBN 978-7-307-19634-6

Ⅰ.戰… Ⅱ.羅… Ⅲ.①竹簡—研究—中國—戰國時代 ②古代交通工具—研究—中國—戰國時代 Ⅳ.①K877.54 ②K875.34

中國版本圖書館 CIP 數據核字(2017)第 201075 號

責任編輯:李 程　　責任校對:李孟瀟　　版式設計:韓聞錦

出版發行：**武漢大學出版社**　(430072 武昌 珞珈山)
(電子郵件：cbs22@whu.edu.cn 網址：www.wdp.com.cn)
印刷:北京虎彩文化傳播有限公司
開本:720×1000 1/16　印張:21.75　字數:379 千字　插頁:1
版次:2017 年 12 月第 1 版　2018 年 7 月第 2 次印刷
ISBN 978-7-307-19634-6　定價:79.00 元

序

中國古代的車馬制度是等級制度的一個重要組成部分。這從九部正史所設的《輿服志》可以看出。遺憾的是，現存最早的《續漢書·輿服志》主要是反映出東漢時期的車馬制度。再往前，除了《周禮》的《春官》《夏官》以及《考工記》之外，其他傳世文獻對於車馬相關情況的記載過於零散。文獻材料的缺乏，將先秦車馬的研究局限在馬車製作的園囿之內。

最近幾十年來，出土文獻和考古實物不斷湧現，爲學界研究先秦馬車器物和制度提供了豐富的資料。1951 年，湖南長沙五里牌 406 號楚墓出土戰國竹簡中，就有關於車馬的內容。到目前爲止，已有多批戰國簡冊材料涉及車名及其相關器物和制度。在這些簡冊中，車馬及其器物主要是作爲隨葬品，也有用作獻祭品（新蔡簡）和賞賜物（清華簡《封許之命》）的。1950 年，夏鼐先生帶著幾名技工，在河南輝縣琉璃閣戰國墓地中，首次“剥剔出十幾輛已朽爲塵土的木車遺跡”。自此以後，先秦馬車實物逐漸增多，尤其是秦始皇陵銅車馬的出現，爲先秦車馬相關器物的定名以及車馬制度的探究，提供了重要依據。

大量新材料的積累，使得學界有條件對先秦車馬進行重新審視，並已取得豐碩成果。除了專門討論喪葬簡牘所見車馬名物及相關疑難字詞的論文之外，蕭聖中博士論文《曾侯乙墓竹簡釋文補正暨車馬制度研究》利用紅外影像，就曾侯乙墓簡的一些簡文提出新的釋讀意見，並調整多處編連，爲曾侯乙墓簡文本的正確復原作出了重要貢獻；劉國勝博士論文《楚喪葬簡牘集釋》集中解讀了曾侯乙墓簡之外的其他喪葬簡牘；田河博士論文《出土戰國簡冊所記名物分類匯釋》對遣冊所記名物進行整理時，廣泛采用了分類和辭例排比的方法；曹菁菁碩士論文《曾侯乙墓遣冊車載兵器研究》提出了“車載”的新視角。這些成果的出現，表明了學界對於戰國簡冊所見車馬名物及制度的研究日趨成熟。小華具有理科生的思維方式和較好的古文字學基礎，在充分吸收以上成果的基礎之上，從名物考釋著手，結合其他出土文獻和考古實物，在戰國簡冊所見車馬名物及制度的再整理和再研究方面取得了較大進展。

一、器物類别劃分。根據戰國簡冊的相關記載，將一部分器物從傳統意義的“車馬器”中獨立出來成爲“車載器”。

二、名物考釋。在名物考釋方面獲得一些新的認識，如馬飾中的“珥”和“鉤”，兵器中的“拾”。

三、制度研究。復原出曾侯乙墓簡中的車陣；發現殘簡 105 記載的是“右殿”；推測馬匹再分配時，可能會考慮體高、“齊力”“齊足”“齊色”“同源”等因素，爲詮釋“自天子不能具醇駟”的記載提供了新的視角。

小華是在 2008 年考進武漢大學簡帛研究中心，跟隨我攻讀博士學位的。2009 年，小華跟我商量博士學位論文選題。出於對知識結構的考慮，我建議他從客觀事物方面入手；爲確保論文質量，我建議他先多看書，等發現並解決一些問題後再予確定。小華刻苦學習，潛心鑽研，在戰國簡冊所見車馬名物及制度的研究方面提出了一些有價值的新觀點，並於 2011 年提交答辯。畢業之後，他前往重慶中國三峽博物館研究部工作。2013 年至 2015 年，他又在清華大學出土文獻研究與保護中心作在職博士後。2014 年，他調入長沙市文物考古研究所工作之後，在承擔館藏東漢簡牘整理研究工作的同時，對學位論文作了較大幅度的修改，增加了近幾年公佈的新材料，並就一些老問題提出新意見，實屬不易。從他近幾年所作的研究來看，對漢代簡牘、漆器銘文、印章等方面均有涉及。期待小華在先秦秦漢出土文獻的研究中，取得更多成績。

陳　偉

2017 年 8 月 1 日於珞珈山

凡　例

1. 本書對引用次數較多的古文字材料著録書均採用簡稱，有關出版的詳細情況見“參考文獻”。以下是書目簡稱表：

《楚系》——滕壬生：《楚系簡帛文字編》

《楚增》——滕壬生：《楚系簡帛文字編(增訂本)》

信陽簡——河南省文物考古研究所：《信陽楚墓》所收竹簡

曾侯乙墓簡——湖北省博物館：《曾侯乙墓》所收竹簡

包山簡——湖北省荆沙鐵路考古隊：《包山楚簡》

望山簡——湖北省文物考古研究所、北京大學中文系：《望山楚簡》

郭店簡——荆門市博物館：《郭店楚墓竹簡》

九店簡——湖北省文物考古研究所、北京大學中文系：《九店楚簡》

新蔡簡——河南省文物考古研究所：《新蔡葛陵楚墓》所收竹簡

上博簡——馬承源主編：《上海博物館藏戰國楚竹書》

清華簡——李學勤主編：《清華大學藏戰國竹簡》

望山橋簡——荆州博物館：《湖北荆州望山橋一號楚墓發掘簡報》所收竹簡

2. 爲反映文字的實際書寫情況，引用出土文獻時，釋文一般采用忠實於原篆的隸定形體，如“翟”作“翟阝”“糴阝”“糴阝”，合文“乘馬”作“驂₌”等；形體無法確定或隸定的文字存原篆；無法辨認的字用“□”表示，字數不確定及竹簡殘斷處用“☑”表示，誤字之後用“〈 〉”括注改正後的字，引用時有所省略處用“……”表示。

3. 列舉戰國簡冊的相關辭例包括物品的附屬物，並於其後注明出處。

4. 列舉天星觀簡中的辭例時放在最後，一律標明“天星觀簡《楚系》第×頁”。對於《楚系》一書所收辭例：①列舉辭例時，僅截取研究對象及其附屬物的相關文字；辭例重複者一律予以合併。②釋字不一者，嚴格按照該書釋文進行收録；通行字與隸定形體分別收録。

5. 爲行文方便，提到各位學者時，一律不加“先生”稱呼，敬請諒解。

6. 本書所收簡冊材料截至 2017 年 6 月 30 日。

目　　次

表格目次

前　　言

一、選題的緣起和意義

車馬是我國古代主要的陸行工具。遺憾的是，我國馬車的起源情況一直懸而未解。[①] 就基本構造而言，夏含夷指出："中國的馬車，像任何地方的馬車一樣，由三個基本部分構成：御者與乘客乘坐之車箱；輪軸組合，及車輈與挽具。"[②]王巍則將商代晚期馬車的形式高度概括爲"單輈、雙輪、一輿、一衡"。[③] 吴曉筠進一步總結説："商周時期的馬車主要由雙輪、單輿、單軸、獨輈、單衡構成，駕雙馬或四馬。"[④]這就是大家所熟知的獨輈車。獨輈車在甲骨文"車"字形體中就有所反映。[⑤] 獨輈車至少需要兩匹馬挽駕。雖然陝西省寶雞市鳳翔縣八旗屯 BM103 號墓出土有兩件雙轅牛車模型，河南省周口市淮陽縣馬鞍冢楚頃襄王一處陪葬車馬坑出土有雙轅馬車，但是，雙轅車是在西漢中期以後才開始大量使用的。[⑥] 雙轅車可以只駕一匹馬，節省出一匹馬。從獨輈車到雙轅車，可以説是古代車馬

---

① 參吴曉筠：《近年關於中國馬車起源問題研究的述評》，《東吴歷史學報》1995 年第 13 期。

② 夏含夷：《中國馬車的起源及其歷史意義》，見氏著《古史異觀》，上海古籍出版社 2005 年版，第 102 頁。

③ 王巍：《商代馬車淵源蠡測》，李伯謙編：《商文化論集》，文物出版社 2003 年版，第 399 頁。

④ 吴曉筠：《商周時期車馬埋葬研究》，科學出版社 2009 年版，第 21 頁。

⑤ 中國科學院考古研究所：《甲骨文編》，中華書局 1965 年版，第 531～532 頁；劉釗、洪颺、張新俊編纂：《新甲骨文編》，福建人民出版社 2009 年版，第 750 頁。

⑥ 陝西省雍城考古隊：《陝西鳳翔縣八旗屯秦國墓葬發掘簡報》，《文物資料叢刊》1980 年第 3 期，第 74～75 頁；河南省文物研究所、周口地區文化局文物科：《河南淮陽馬鞍冢楚墓發掘簡報》，《文物》1984 年第 10 期；劉永華：《〈中國古代車輿馬具〉前言》，《戲劇藝術》2000 年第 4 期。

形式的重大變化。

關於馬車的功用，大致可以分爲三類。許嘉璐指出："商周時期用於行路、狩獵和作戰的車一般是用馬牽引的。"①在更早的時候，這三種類型的馬車之間應該没有什麼明顯的區别。如果要打仗了，就給馬配上甲胄，把車上的蓋和帷幔去掉，插上旗幟，備上兵器，日常乘車轉而就變成了戰車。② 後來，馬車"因質料、用途的不同而有許多種"。③ 究其原因，可能還是生産力水平有所提高，馬車數量增多；車馬制度進一步完善，需要對不同馬車的功能作細微的區分。至於戰國簡冊中的馬車，由於相關信息較少，即便從車名和裝配物品兩個方面入手，也還只能籠統地將它們歸爲戰争用車、田獵用車、日常用車等三個類别。④ 當然，也還是有不少馬車因信息缺失，無法與傳世文獻進行對應，從而無法確定類别。

在當時的社會生活中，由於生産力相對比較低下，馬車的數量並不多，也就不是什麼人都能乘坐馬車了。因此，馬車在當時"已經成爲等級制度的一個部分"⑤。至於馬車給當時社會造成怎樣的影響，我們無法窺其全貌。因爲，無論是傳世文獻、出土文獻，還是考古實物，基本上都體現了貴族階層的情況，而非社會各階層的全部。至於庶人所使用的馬車情況，只能在傳世文獻中看到隻言片語，且待驗證。

隨著時間的推移，車馬不僅是"等級制度的一部分"，也形成了一套獨立的、等級森嚴的制度，即所謂的車馬制度。雖然車馬制度何時産生已經無法得知，但是，目前所能見到的、關於車馬制度的文字中體現出兩個方面的因素：一是車馬的類别、功能和使用習慣，一是統治者對於王權的强化。⑥ 這在車馬制度形成初期，其制定者也是必然加以考慮的。在《周禮·春官·巾車》中，有關於車馬制度的詳細記載："王之五路：一曰玉路，錫，樊纓，十有再就，建大常，十有二斿，以祀；金路，鉤，樊纓九就，建大旗，以賓，同姓以封；象路，朱，樊纓七就，建大赤，以朝，異姓以封；革路，龍勒，條纓五就，建大白，以即戎，以封四衛；木路，前

① 許嘉璐：《中國古代衣食住行》，北京出版社 1988 年版，第 123 頁。

② 許嘉璐：《中國古代衣食住行》，北京出版社 1988 年版，第 142~143 頁。

③ 許嘉璐：《中國古代衣食住行》，北京出版社 1988 年版，第 140 頁。

④ 參第三章第一節之"關於戰國簡冊所見馬車種類的思考"。

⑤ 許嘉璐：《中國古代衣食住行》，北京出版社 1988 年版，第 126 頁。

⑥ 張仲立指出："周人的車制等級雖然複雜，但是其車制圍繞的核心卻很簡單明瞭，即王權。整個輿服制度都是在體現王權的崇高偉大和不可抗拒，體現王權統治下的秩序，體現王權編結的統治網絡中各自所處的位置。"參張仲立：《秦陵銅車馬與車馬文化》，陝西人民教育出版社 1994 年版，第 197 頁。

樊鵠纓，建大麾，以田，以封蕃國。王后之五路：重翟，鍚面朱總；厭翟，勒面繢總；安車，雕面鷖總，皆有容蓋；翟車，貝面組總，有握；輦車，組挽，有翣羽蓋。王之喪車五乘：木車，蒲蔽，犬𧜭，尾櫜，疏飾，小服皆疏；素車，棼蔽，犬𧜭，素飾，小服皆素；藻車，藻蔽，鹿淺𧜭，革飾；駹車，萑蔽，然𧜭，髤飾；漆車，藩蔽，豻𧜭，雀飾。服車五乘：孤乘夏篆，卿乘夏縵，大夫乘墨車，士乘棧車，庶人乘役車。”①這段記載中的車馬制度顯然已經十分成熟了。

“王之五路”爲王所乘坐的五種不同用途的馬車。而“服車五乘”則爲從“孤”到“庶人”五個不同等級的人所乘坐的馬車。對比可知，等級和種類的不同，都會在馬車的裝飾和旗幟上明確地體現出來。此外，挽駕馬匹的數目也被視爲等級的標誌。《宋書·禮志》引逸禮《王度記》：“天子駕六，諸侯駕五，卿駕四，大夫三，士二，庶人一。”②雖然實際情況與文獻記載可能存在出入，但是，無論是記載車馬的文字，還是出土的車馬實物，都被打上了深刻的“等級”烙印。

先秦時期的車馬制度對後世的一些制度産生了重大影響，自《續漢書·輿服志》開始，廿四史及《清史稿》中就有十部設《輿服志》。其中，“輿”指的就是車馬。另外，古代帝王出行時，會有專門的車馬儀仗隊，即所謂“鹵簿”。《独断》卷下：“天子出，車駕次第謂之鹵簿。”③鹵簿制度沿用時間較長，使用範圍也逐朝擴大。《漢語大詞典》：“鹵簿，古代帝王駕出時扈從的儀仗隊。出行之目的不同，儀式亦各別。自漢以後亦用於后妃、太子、王公大臣。唐制四品以上皆給鹵簿。”④可見，中國歷朝歷代的統治者對於車馬制度都是十分重視的。

要對先秦車馬建立起直觀的認知，還得依靠考古實物。20 世紀 30 年代，大量考古材料使“研究者逐漸認識到車跡的存在”。⑤ 從 50 年代到現在，考古發掘出土的先秦車馬及器物越來越多。其中，秦始皇陵一、二號銅車馬爲中國古代馬車結構的研究提供了極爲重要的實物證據。⑥ 戰國時期，楚國的貴族們以車馬及器物作爲陪葬物品。一同下葬的還有兩種清

---

① 《周禮注疏》卷二七。

② 《宋書》卷一八。按：實際情況並非如此。參第三章第四節“曾侯乙墓 C 類簡研究”。

③ 《獨斷》卷下九。

④ 漢語大詞典編輯委員會、漢語大詞典編纂處：《漢語大詞典》第十二卷，漢語大詞典出版社 1993 年版，第 1028 頁。

⑤ 吴曉筠：《商周時期車馬埋葬研究》，科學出版社 2009 年版，第 1 頁。

⑥ 秦始皇兵馬俑博物館、陝西省考古研究所：《秦始皇陵銅車馬發掘報告》，文物出版社 1998 年版，第 13 頁。

單。這些清單詳細記載著隨葬、饋贈車馬的種類，駕馬的數量，以及相關器物的顏色、質地、名稱等信息。陳偉師根據記録目的認爲“隨葬記録”是遣策，“饋贈記録”是賵書。① 這些記載中，有一些可與傳世典籍對讀；出土和傳世的文字材料又可與出土實物進行對比。這就是王國維所謂“二重證據法”的實際運用。

如此豐富的戰國簡冊和考古實物材料，使得學術界能夠對先秦車馬及器物的各個方面進行重新審視，且已取得不少豐碩的成果。然而，目前以戰國簡冊車馬及器物作爲對象的專題研究並不多，在名物的具體考釋和簡冊的綜合研究兩個方面還留有不少餘地。如果充分吸收學界已有成果，將戰國簡冊和傳世文獻、考古實物三者結合起來，進行系統整理，應該能在上述兩個方面取得一些進展。

二、學術史回顧

學者們對先秦車馬及器物的研究可以追溯到漢代。清以前，學者主要是將典籍中的記載，與生活中的實物結合起來進行研究。而到了清代，乾嘉考據學家是以解釋《考工記》爲主要研究目的。20 世紀以來，相關文獻和考古實物的大量出土，爲這一研究提供了豐富、直觀的材料。對車馬及器物的研究大致可以分爲三個專題：

（一）以傳世文獻爲主的研究

這裏的傳世文獻主要包括《詩經》《周禮》《儀禮》《禮記》等典籍。從《周禮·考工記》入手研究車制的著作最多。東漢鄭玄爲《考工記》作注，將關於馬車形制的珍貴信息保留下來。清代乾嘉學者研究《考工記》中的馬車形制用功甚勤，成果頗豐，如：江永《鄉黨圖考》和《周禮疑義舉要》、戴震《考工記圖》、程瑶田《考工創物小記》、阮元《考工記車制圖解》、錢坫《車制考》、鄭珍《輪輿私箋》、王宗涑《考工記考辨》、吕調陽《考工記考》等。以上專著具有兩大特點：一是圖文並茂，使用大量圖片幫助讀者建立直觀認知；二是注重細節，尤其重視馬車各部件的尺寸。孫詒讓《周禮正義》在搜羅各家之説的基礎上，明確提出新的觀點，爲《考工記》研究

① 陳偉：《包山楚簡初探》，武漢大學出版社 1996 年版，第 191 頁。

的集大成者。① 聞人軍《考工記導讀》與《考工記譯注》、戴吾三《考工記圖説·〈考工記〉圖釋·聚工製車》等，都是立足現代科技，融合考古成果，對馬車的結構原理進行科學的闡述。② 張道一《考工記注譯》中《輪人爲輪》《輪人爲蓋》《輿人爲車》《車人之事》等四個小結，則從製作工藝的角度來揭示先秦馬車的構造。③

此外，錢玄《三禮名物通釋·車馬》《三禮通論·名物編·車馬》，錢玄、錢興奇合撰的《三禮辭典》，都是以《周禮》《儀禮》《禮記》等典籍中車馬的相關記載作爲研究對象的。④ 臺灣學者曾永義《儀禮車馬考》主攻《儀禮》一書中的相關内容，兼及挽駕馬匹數量、馬車機構、車馬飾等。⑤ 揚之水《詩經名物新證》中《秦風·小戎》《鄭風·清人》《大雅·韓奕》《駟馬車中的詩思》等四篇，大量運用考古材料對《詩經》中的相關内容進行印證。⑥ 汪少華《中國古車輿名物考辨》立足訓詁，結合考古實物，對某些車輿馬具的定名進行重新思考。⑦ 另外，還有不少短小精悍的文字，簡明扼要地對典籍中的先秦車馬情況進行介紹：王力《中國古代文化常識圖典·車馬》、許嘉璐《中國古代衣食住行·車馬與交通》、孫機《漢代物質文化資料圖説·車Ⅰ-車Ⅶ》等。⑧

(二)以考古資料爲主的研究

郭寶鈞《殷周車器研究》一書，是以考古資料爲研究對象的早期著作。鄒衡曾評價説："現在關於殷周車制上的定名，多數皆出自郭先生。郭先生在殷周車制上的貢獻，是舉世公認的。……郭寶鈞先生此書的出版將把殷周車制的研究提高到一個嶄新的階段……時至今日郭先生此書所論述的有關基本問題，仍然可作爲研究殷周車制重要的參考。"⑨20 世紀 80 年代

---

① 《周禮正義》卷七四~八六。

② 聞人軍：《考工記導讀》，中國國際廣播出版社 2008 年版；聞人軍譯注：《考工記譯注》，上海古籍出版社 2008 年版；戴吾三編著：《考工記圖説》，山東畫報出版社 2003 年版。

③ 張道一注譯：《考工記注譯》，陝西人民美術出版社 2004 年版。

④ 錢玄：《三禮名物通釋》，江蘇古籍出版社 1987 年版；錢玄：《三禮通論》，南京師範大學出版社 1996 年版；錢玄、錢興奇：《三禮辭典》，江蘇古籍出版社 1998 年版。

⑤ 曾永義：《儀禮車馬考》，臺灣"中華書局"1986 年版。

⑥ 揚之水：《詩經名物新證》，北京古籍出版社 2000 年版。

⑦ 汪少華：《中國古車輿名物考辨》，商務印書館 2005 年版。

⑧ 王力主編：《中國古代文化常識圖典》，中國言實出版社 2002 年版，第 231~248 頁；許嘉璐：《中國古代衣食住行》，北京出版社 1988 年版，第 122~145 頁；孫機：《漢代物質文化資料圖説(增訂本)》，上海古籍出版社 2008 年版，第 111~140 頁。

⑨ 郭寶鈞：《殷周車器研究·序》，文物出版社 1998 年版。

以來，學者們將考古實物與文獻記載結合起來進行研究，已經取得不少令人矚目的成績。① 朱鳳瀚《古代中國青銅器·車馬器》首先運用類型學的知識對商周車器進行研究，開創了車馬器研究的新局面。② 吴曉筠《商周時期車馬埋葬研究》對出土車馬器作了較爲詳細的譜系分析，爲銅車馬器應用於墓葬斷代及相關研究提供了基礎。③ 劉永華《中國古代車輿馬具》以出土實物爲對象，重點介紹了先秦秦漢時期的馬車和馬具、馬飾，並配有形象逼真的復原圖和生動詳細的文字説明。④

（三）以出土文獻爲主的研究

以出土文獻爲對象的研究也取得不少成績，如：甲骨文和金文方面，于省吾《釋兩》結合“車”字形體與考古實物，對“兩”的古文字形體進行考釋。⑤ 劉一曼《殷墟車子遺跡及甲骨金文中的車字》認爲“車”字形體“對發掘、研究殷墟出土的車子遺跡很有幫助”。⑥ 戰國竹簡方面，曾侯乙墓簡對當時車馬器具、駕馬數量和毛色等方面都有詳盡記載。整理者已對其作了較爲深入的研究。⑦ 包山簡牘詳細記載了五乘馬車的器具與裝飾。李家浩《包山楚簡的旌旆及其他》《包山遣冊考釋（四篇）》兩篇文章集中解決了許多問題。⑧ 望山簡由於殘損較爲嚴重，對車馬器的記載雖不如前兩批材料詳實，其價值仍然可觀。整理者已經對其作了較爲深入的研究。⑨ 其他

---

① 傅舉有：《中國古代車制概論》，《湖南博物館文集》，岳麓書社 1991 年版，第 5~17 頁；孫機：《從胸式繫駕法到鞍套式繫駕法》，《考古》1980 年第 5 期；孫機：《始皇陵二號銅車馬對車制研究的新啟示》，《文物》1983 年第 7 期；孫機：《中國古馬車的繫駕法》，《自然科學史研究》1984 年第 3 卷第 2 期；孫機：《中國古獨輈馬車的結構》，《文物》1985 年第 8 期；孫機：《略論始皇陵一號銅車》，《文物》1991 年第 1 期；張長壽、張孝光：《説伏兔與畫輯》，《考古》1980 年第 4 期；張長壽、張孝光：《殷周車制略説》，《中國考古學研究》，文物出版社 1986 年版，第 139~163 頁；楊英傑：《先秦古車挽馬部分鞁具與馬飾考辨》，《文物》1988 年第 2 期；楊英傑：《戰車與車戰》，東北師範大學出版社 1986 年版，第 12~34、89~123 頁。

② 朱鳳瀚：《古代中國青銅器》，南開大學出版社 1995 年版，第 279~298 頁；《中國青銅器綜論》，上海古籍出版社 2009 年版，第 439、443~497 頁。按：《中國青銅器綜論》在《古代中國青銅器》一書的基礎上進行“補充與訂正”：“車馬器”的相關部分增添了不少新材料，類别劃分更爲細緻。

③ 吴曉筠：《商周時期車馬埋葬研究》，科學出版社 2009 年版。

④ 劉永華：《中國古代車輿馬具》，上海辭書出版社 2002 年版。

⑤ 于省吾：《釋兩》，《古文字研究》第十輯，中華書局 1983 年版，第 1~9 頁。

⑥ 劉一曼：《殷墟車子遺跡及甲骨金文中的車字》，《中原文物》2000 年第 2 期。

⑦ 湖北省博物館：《曾侯乙墓》，文物出版社 1989 年版，第 487~531 頁。

⑧ 李家浩：《包山楚簡中的旌旆及其他》，陳勝長主編：《第二屆國際中國古文字學研討會論文集續編》，香港中文大學中國語言及文學系，1995 年，第 375~392 頁；《包山遣冊考釋（四篇）》，《古籍整理研究學刊》2003 年第 5 期。

⑨ 湖北省文物考古研究所、北京大學中文系：《望山楚簡》，中華書局 1995 年版。

戰國簡冊的記載則比較零散。關於這些簡冊的具體研究情況，在後面“相關出土材料簡介”一節中會有更詳盡的介紹，茲不贅述。

三、研究對象簡介

本書所討論的車馬器物及相關制度都是戰國簡冊中的内容。本書所涉及的傳世文獻和考古實物都是用以佐證戰國簡冊的，在此一般不作專門探討。已經公佈的與車馬器物及制度關係密切的簡冊資料有(按公佈時間先後排序)：①

1. 五里牌簡

1951 年，湖南長沙東郊五里牌 406 號戰國楚墓中出土 38 枚殘簡。《長沙發掘報告》公佈了 21 枚竹簡的照片、38 枚竹簡的摹本以及部分考釋，並指出簡文的内容“當是一種登記隨葬器物的目録”。②《戰國楚竹簡匯編》公佈了拼復後的竹簡(18 支)照片、摹本和考釋。③ 劉國勝博士學位論文對商書的釋文進行校釋。④ 田河博士學位論文將簡文所記載的器物打散後進行分類考釋。⑤

商承祚所作釋文中，簡 15 記有“□車一乘”。⑥ 劉國勝指出：“從《長沙發掘報告》摹本看，‘車’字下還摹有一字。《戰國楚竹簡匯編》作‘□車一乘’連讀，存疑。……《長沙發掘報告》未提及此墓有車的發現。”⑦簡文中的“車”，可能與車馬有關。

2. 信陽簡

1957 年，河南信陽長台關 1 號墓出土兩組竹簡。前室北端出土一批

---

① 按：馬王堆漢墓與尹灣漢墓出土的遣策簡，對於車馬及其相關器物的研究也是有所幫助的，其他非遣策類竹簡中也有關於車馬及其相關器物的零星記載。我們不對它們進行介紹。

② 中國科學院考古研究所：《長沙發掘報告》，科學出版社 1957 年版，第 54～57 頁圖版貳叁。

③ 商承祚編著：《戰國楚竹簡匯編》，齊魯書社 1995 年版，第 123～132 頁。

④ 劉國勝：《楚喪葬簡牘集釋》，武漢大學博士學位論文修訂本，2005 年，第 148～152 頁；《楚喪葬簡牘集釋》，科學出版社 2011 年版，第 142～147 頁。

⑤ 田河：《出土戰國遣冊所記名物分類滙釋》，吉林大學博士學位論文，2007 年。

⑥ 商承祚編著：《戰國楚竹簡匯編》，齊魯書社 1995 年版，第 131 頁。

⑦ 劉國勝：《楚喪葬簡牘集釋》，科學出版社 2011 年版，第 144 頁。

竹簡，已被破壞，殘片存有四十餘段，可能是與墓主有關的記載；後左室中部出土28枚竹簡，可能是記載隨葬物品的清單。①《信陽楚墓》公佈所有竹簡照片，並附有釋文與考釋。前室所出竹簡共119枚；後左室中部所出竹簡共29枚，是記載隨葬物品名稱和數量的清單，並對於衣物有所描述。②《戰國楚簡文字編》中附有摹本、釋文與考釋。③《戰國楚竹簡匯編》中附有竹簡圖版、釋文與考釋。④ 2004年，"楚簡綜合整理與研究"項目課題組對現存於河南省文物考古研究所的信陽簡進行紅外拍攝。⑤ 2013年，《楚地出土戰國簡冊合集(二)》出版。該書中的"長台關楚墓竹簡"部分，由武漢大學簡帛研究中心和河南省文物考古研究所合作，在吸收學界最新成果的基礎上，對信陽簡進行重新整理，書中附有竹簡圖片，並將8枚竹簡的照片替換爲更爲清楚的紅外影像。⑥ 劉國勝指出，信陽簡2-16的上段與中段均屬簽牌。⑦ 因此，信陽楚墓出土的第二組竹簡實際只有28枚。⑧

3. 望山簡

1965年，湖北江陵望山1號墓和2號墓出土兩批竹簡。⑨ 1號墓出土卜筮祭禱簡，2號墓出土遣策簡。《望山楚簡》一書公佈全部竹簡照片、摹本，並附有釋文與考釋。⑩《江陵望山沙冢楚墓》一書附有較爲清楚的竹簡照片，釋文、考釋部分與《望山楚簡》一書所附基本相同，釋文有個別改動。⑪ 2003—2004年，"楚簡綜合整理與研究"課題組對湖北省博物館保存的望山簡進行紅外拍攝。⑫《戰國楚竹簡匯編》和《望山楚簡校録附文字

---

① 河南省文化局文物工作隊第一隊：《我國考古史上的空前發現：信陽長臺關發掘一座戰國大墓》，《文物參考資料》1957年第9期。

② 河南省文物研究所：《信陽楚墓》，文物出版社1986年版，第67~68頁。

③ 郭若愚編著：《戰國楚簡文字編》，上海書畫出版社1994年版，第49~58、61~101頁。

④ 商承祚編著：《戰國楚竹簡匯編》，齊魯書社1995年版，第3~41、135~177頁。

⑤ 陳偉等：《楚地出土戰國簡冊[十四種]》，經濟科學出版社2009年版，第375頁。

⑥ 武漢大學簡帛研究中心、河南省文物考古研究所：《楚地出土戰國簡冊合集(二)》，文物出版社2013年版，第135~156頁、圖版第74~86頁。

⑦ 劉國勝：《楚喪葬簡牘集釋》，科學出版社2011年版，第4頁。

⑧ 參陳偉等：《楚地出土戰國簡冊[十四種]》，經濟科學出版社2009年版，第382頁。

⑨ 湖北省文化局文物工作隊：《湖北江陵三座楚墓出土大批重要文物》，《文物》1966年第5期。

⑩ 湖北省文物考古研究所、北京大學中文系：《望山楚簡》，中華書局1995年版。

⑪ 湖北省文物考古研究所：《江陵望山沙冢楚墓》，文物出版社1996年版，第237~309頁，圖版四三~六〇。

⑫ 陳偉等：《楚地出土戰國簡冊[十四種]》，經濟科學出版社2009年版，第271頁。

編》中均附有竹簡圖版、釋文與考釋。①

4. 天星觀簡

1978年，湖北江陵天星觀1號墓中出土竹簡70餘枚以上，内容爲遣冊、卜筮，遣冊簡中有内容涉及車馬及其相關器物。② 這批資料尚未完全公佈。王明欽碩士學位論文對卜筮簡作了釋文與考釋。③《湖北出土商周文字輯證》一書著録3枚竹簡的照片與釋文。④《楚系簡帛文字編》一書收有文字摹本、辭例以及4張原大照片。⑤《荆州重要考古發現》一書，公佈了幾枚竹簡的局部清晰照片。⑥ 徐在國與李零均對《楚系簡帛文字編》進行逐條訂正。⑦ 吴紅松碩士學位論文《〈楚系簡帛文字編〉校訂》對該書進行逐條校釋。⑧

5. 曾侯乙墓簡

1978年，湖北隨縣(今隨州市)擂鼓墩1號墓出土竹簡240多枚。⑨《談談隨縣曾侯乙墓的文字資料》一文對竹簡作了初步介紹和研究。⑩《曾侯乙墓》一書公佈全部竹簡照片，附有釋文與考釋。⑪《曾侯乙墓竹簡文字編》一書附有竹簡摹本和釋文，並對不少文字進行改釋。⑫ 據《曾侯乙墓》一書記載，北室還出有竹簽2枚：1號簽長10釐米，寬1釐米；2號簽長11釐米，寬1.1釐米。原來當繫於馬甲之上。⑬ 2003—2004年，“楚簡綜合整理與研究”課題組拍攝紅外照片時，新發現一枚長9釐米，寬0.6釐

---

① 商承祚編著：《戰國楚竹簡匯編》，齊魯書社1995年版，第79~119、181~264頁；張光裕編著，袁國華合著：《望山楚簡校録》，藝文印書館2004年版。

② 湖北省荆州地區博物館：《江陵天星觀1號楚墓》，《考古學報》1982年第1期。

③ 王明欽：《湖北江陵天星觀楚簡的初步研究》，北京大學碩士學位論文，1989年。

④ 黄錫全編著：《湖北出土商周文字輯證》，武漢大學出版社1992年版，第157~158頁，圖版壹柒玖。

⑤ 滕壬生：《楚系簡帛文字編》，湖北教育出版社1995年版；《楚系簡帛文字編(增訂本)》，湖北教育出版社2008年版。

⑥ 荆州博物館：《荆州重要考古發現》，文物出版社2009年版，第84頁。

⑦ 徐在國：《讀〈楚系簡帛文字編〉札記》，《安徽大學學報》(哲學社會科學版)1998年第5期；李零：《讀〈楚系簡帛文字編〉》，《出土文獻研究》第五集，科學出版社1999年版，第139~162頁。

⑧ 吴紅松：《〈楚系簡帛文字編〉校訂》，安徽大學碩士學位論文，2003年。

⑨ 隨縣擂鼓墩一號墓考古發掘隊：《湖北隨縣曾侯乙墓發掘簡報》，《文物》1979年第7期。

⑩ 裘錫圭：《談談隨縣曾侯乙墓的文字資料》，《文物》1979年第7期。

⑪ 湖北省博物館：《曾侯乙墓》，文物出版社1989年版，第487~531頁。

⑫ 張光裕、黄錫全、滕壬生主編：《曾侯乙墓竹簡文字編》，藝文印書館1997年版。

⑬ 湖北省博物館：《曾侯乙墓》，文物出版社1989年版，第458頁。

米的竹簽。①

整理者根據内容把竹簡分爲四個部分：第一，1—121 號，“主要記車馬和車上的兵器裝備”；第二，122—141 號，“主要記車上配備的人馬兩種甲冑”；第三，142—209 號，“主要記駕車的馬”；第四，210—215 號，“主要記馬和木俑”。②《曾侯乙墓·隨葬器物》一章則根據具體的記録程式將第一部分分爲三類、將第二部分分爲兩類、將第三部分分爲兩類。③

6. 包山簡

1986 年，湖北荊門包山 2 號墓出土竹簡 448 支，其中有字簡 278 支；出土有字竹牘 1 枚。④ 簡牘内容包括文書、卜筮禱祠記録和喪葬記録。此外，還發現 30 枚簽牌。它們原本繫於竹簡、竹笥、陶罐、服飾等物品之上。⑤《包山楚墓》和《包山楚簡》公佈了全部竹簡照片、釋文與考釋。⑥ 包山遣策簡文及牘文記載有軒、正車、韋車、檔轂、羊車等五輛馬車的器具及裝飾。

7. 新蔡簡

1994 年，河南新蔡葛陵 1 號楚墓出土 1300 餘枚竹簡。内容爲卜筮祭禱和遣策兩類。⑦ 竹簡全部殘斷，保存狀況不好，較多丟失。2001 年，《新蔡葛陵楚墓》一書公佈全部竹簡圖版和釋文，並對竹簡進行初步的拼接，圖版和釋文皆按出土號編排。⑧ 據整理者統計，竹簡現存 1571 枚。經核對，《新蔡葛陵楚墓》竹簡有 3 枚重出，實有 1568 枚。⑨ 2013 年，《楚地出土戰國簡冊合集(二)》出版。該書中的“葛陵楚墓竹簡”部分，是武漢大學簡帛研究中心和河南省文物考古研究所合作，在吸收學界最新成

---

① 陳偉等：《楚地出土戰國簡冊[十四種]》，經濟科學出版社 2009 年版，第 341 頁。

② 湖北省博物館：《曾侯乙墓》，文物出版社 1989 年版，第 487 頁。

③ 湖北省博物館：《曾侯乙墓》，文物出版社 1989 年版，第 453～457 頁。

④ 湖北省荊沙鐵路考古隊：《包山楚墓》，文物出版社 1991 年版，第 265～277 頁。按：陳偉師等指出：“如果將喪葬記録中的可能不當綴合的 260、264 號簡析開看(看《遣策賵書》説明)，實有 280 枚。”參陳偉等：《楚地出土戰國簡冊[十四種]》，經濟科學出版社 2009 年版，第 1 頁。

⑤ 參陳偉等：《楚地出土戰國簡冊[十四種]》，經濟科學出版社 2009 年版，第 1 頁。

⑥ 湖北省荊沙鐵路考古隊：《包山楚墓》，文物出版社 1991 年版；湖北省荊沙鐵路考古隊：《包山楚簡》，文物出版社 1991 年版。

⑦ 宋國定、賈連敏：《新蔡“平夜君成”墓與出土楚簡》，“新出簡帛國際學術研討會”論文，北京大學，2000 年 8 月；艾蘭、邢文編：《新出簡帛研究》，文物出版社 2004 年版，第 12～25 頁。

⑧ 河南省文物考古研究所：《新蔡葛陵楚墓》，大象出版社 2003 年版。

⑨ 參陳偉等：《楚地出土戰國簡冊[十四種]》，經濟科學出版社 2009 年版，第 395 頁。

果的基礎上，對新蔡簡進行重新整理，書中附有竹簡的全部圖片。①

新蔡楚簡與車、馬相關的記載較少，僅見 14 枚簡。徐在國《談新蔡葛陵楚簡中的幾支車馬簡》一文列出 9 簡。② 另有乙四 139、零 123、甲三 167、乙三 46、甲三 99 等 5 簡。由這些簡文的内容可知：記載的車馬應該是用於祭禱。因此，這幾支簡並非遣策。但是，相關簡文還是透露出一些關於車馬器具的信息。

8. 清華簡

2008 年 7 月 15 日，清華大學入藏一批戰國竹簡。③ 清理時，竹簡初步統計出有 2100 枚(包括殘片)；拍照時，統計出來的數目爲 2388 枚；後來又通過紅外攝影等"找出一些有字殘片"，總數約爲 2500 枚。④ 根據李學勤的介紹，該批竹簡主要是一些"與歷史有關"的"書籍"，並且有《尚書》。⑤

到目前爲止，清華簡已經出版了七册，公佈了 36 篇文獻。⑥ 值得注意的是，第五册《封許之命》一篇中，簡 5 和簡 6 記載了賞賜給吕丁的車、馬以及相關器物。⑦ 這部分文字實際上就是在簡册上記載賞賜物，可以將西周金文賞賜物和戰國簡册車馬器物緊密地聯繫起來，爲學界研究先秦車馬提供了重要依據。

9. 望山橋簡

2013 年 9 月至 2015 年 1 月，湖北荆州望山橋 1 號墓出土竹簡 15 枚。其中，卜筮祭禱 5 枚，遣策 10 枚。2017 年《文物》第 2 期公佈了全部卜筮祭禱簡、3 枚遣策簡的照片和釋文。⑧ 資料公佈之後，我們立即結合其他

---

① 武漢大學簡帛研究中心、河南省文物考古研究所：《楚地出土戰國簡册合集(二)》，文物出版社 2013 年版，第 1~125 頁、圖版第 2~71 頁。

② 徐在國：《談新蔡葛陵楚簡中的幾支車馬簡》，簡帛研究網，2003 年 12 月 13 日；《簡帛》第二輯，上海古籍出版社 2007 年版，第 353 頁。

③ 李學勤：《初識清華簡》，《光明日報》，2008 年 12 月 1 日第 12 版。

④ 李學勤：《初識清華簡》，中西書局 2013 年版，第 8 頁。

⑤ 李學勤：《初識清華簡》，《光明日報》，2008 年 12 月 1 日第 12 版。

⑥ 李學勤主編：《清華大學藏戰國竹簡(壹)》，中西書局 2010 年版；《清華大學藏戰國竹簡(貳)》，中西書局 2011 年版；《清華大學藏戰國竹簡(叁)》，中西書局 2012 年版；《清華大學藏戰國竹簡(肆)》，中西書局 2013 年版；《清華大學藏戰國楚簡(伍)》，中西書局 2015 年版；《清華大學藏戰國楚簡(陸)》，中西書局 2016 年版；《清華大學藏戰國楚簡(柒)》，中西書局 2017 年版。

⑦ 李學勤主編：《清華大學藏戰國竹簡(伍)》，中西書局 2015 年版，第 118 頁。

⑧ 荆州博物館：《湖北荆州望山橋一號楚墓發掘簡報》，《文物》2017 年第 2 期。

戰國簡冊，對遣策簡的内容進行討論。① 望山橋簡與曾侯乙墓簡、天星觀簡的近似度比較高。

四、研究意義

就數量而言，記載車馬及其相關器物的戰國簡冊中，曾侯乙墓簡是大宗。其整理者指出："這批竹簡顯然具有以下兩方面的重要意義"，即"有助於我們瞭解當時的葬儀"和"有助於我們瞭解當時車馬兵器方面的情況"。② 結合現階段的研究成果來看，曾侯乙墓簡整理者指出的第二方面的意義，实际上包括了車馬、車馬器、車載器等方面的情況。這在五里牌簡、信陽簡、望山簡、天星觀簡、包山簡、新蔡簡等其他戰國簡冊中也所有體現。而清華簡《封許之命》中關於車馬賞賜物的記載，在金文中更爲常見。從類别上看，《封許之命》中的車馬賞賜物，也是可以歸入馬車、車馬器和車載器的。以上這些戰國簡冊，時間上覆蓋幾乎整個戰國早、中期；地域上屬於"楚人控制地區"，墓主人均屬於貴族階層。③ 這些出土材料與傳世文獻不同，其内容没有經過後人更改，並且具有比較明確的時間性、地域性以及階級性。這些簡冊對車馬及器物的記載，應該能從某種程度上，反映出當時當地貴族使用車馬的實際情況。

上述戰國簡冊的學術意義，主要體現在以下四個方面：

第一，名物對照。戰國簡冊中，關於車馬及其相關器物的記載非常豐富，有的可以與傳世文獻相印證，有的還見於考古發掘的實物。如：曾侯乙墓簡中記有"紫組珥"，可與《續漢書志・輿服上》中的"赤珥"、《鹽鐵論・散不足》中的"轃"相對照。④ 曾侯乙墓簡、清華簡中的"鉤"，可與《周禮・春官・巾車》中的"鉤"、毛公鼎中的""、焂戒鼎中的""相對照。此物在張家坡二號車馬坑和浚縣辛村西周墓地均有出土。⑤

第二，器具組合。曾侯乙墓簡中，盾與戈常常被記録在一起。曹菁菁根據《周禮・夏官・司戈盾》的記載認爲，盾和戈在使用和管理時應爲配

---

① 羅小華：《荆州望山橋楚簡選釋》，簡帛網，2017年3月16日。

② 湖北省博物館：《曾侯乙墓》，文物出版社1989年版，第457頁。

③ 參宋華強：《新蔡葛陵楚簡初探》，武漢大學出版社2010年版，第11~12頁；陳偉等：《楚地出土戰國簡冊［十四種］・前言》，經濟科學出版社2009年版，第1~2頁。

④ 參第一章第四節之"珥"。

⑤ 參第一章第四節之"鉤、膺"。

套武器。此説可信。不僅在河南安陽殷墟小屯 M167 有成套的盾、戈實物出土，在金文中，也有關於盾、戈配套存放、使用的例證。①

第三，車馬配套。曾侯乙墓簡關於駕車之馬的記載顯示：送來的馬匹會被重新分配。馬匹重組時，一般會有兩個方面的考慮——"齊色"和"同源"。根據簡文内容進行推測，"齊力""齊足"和體高也可能是馬匹重組所需考慮的因素。另外，在贈送的馬和車中，有一些馬車是成套贈送(簡文中稱爲"鞀")的。這些馬車數量不多，也没有被拆開來重新分配。就毛色而言，騮馬最多。我們推測：墓主與"鞀"車者之國有著不一般的關係；墓主在"鞀"車者的心目中地位可能並不高。②

第四，車陣復原。曾侯乙墓簡中，有關於先秦楚地車陣的記載，因未經後人修改，而顯得非常珍貴。通過分析，我們發現：非戰争用車是可以用於構建車陣的；即便是同樣用於構建車陣的馬車，也會因原來的用途不同，而在車輪顔色、所配物品上存在差别。③

五、研究方法

對於戰國簡册所見車馬及其相關器物的研究，可以分爲兩個方面：名物考釋和綜合研究。這兩個方面是相輔相成的。在具體研究中，對待它們可以有所側重，卻不能有偏廢。接下來，我們將談談名物考釋和綜合研究的具體研究方法。

(一)名物考釋

就目前的研究情況來説，文字考釋已經取得長足發展。很多古文字被考釋出來，只是不一定能與傳世文獻、考古實物進行準確對應。通过吸取前輩學者的經驗，結合簡册文獻的實際内容，本書在考釋名物的方法上作出以下嘗試：

1. 對傳世文獻的記載追根溯源

結合考古實物，對古今學者所提出的各種意見進行梳理、判斷，從而

① 參第二章第二節之"敵、戈"。
② 參第三章第四節"曾侯乙墓 C 類簡研究"。
③ 參第三章第二節"曾侯乙墓竹簡所見車陣研究"。

推定名物的真實情況。傳世文獻中“緐纓”連文，或作“樊纓”“繁纓”。“緐”，歷來被認爲是“馬大帶”或“馬鞅”。《説文》糸部對“緐”的訓釋是“馬髦飾”。學者們大多認爲是“馬髦之飾”。實際上，“馬髦飾”理解爲“馬之旄飾”可能會更妥當，指的就是“犛牛尾製作的穗狀物，繫結於馬頸之下”。“纓”，並不是“馬鞅”，由於“纓”“鞅”二物都是繫結在馬頸之下，從而發生了混淆。①

2. 對同類材料中的相近部分進行比勘

相同或相近的辭例，能爲名物考釋提供重要依據。天星觀簡記有“豻蟇涉”“蟇涉”“豻墾”和“蠿墾”等物品，一般記在“韔”“箙”之後。曾侯乙墓簡中，“韔”“箙”之後記有“豻蟇之聶”“蟇聶”“貘聶”“蠿聶”等物品。“涉”“聶”音近；“墾”與“聶”形音均近。因此，天星觀簡中的“涉”與“墾”，應該就是曾侯乙墓簡中的“聶”。②

3. 尋找記録在一起的物品之間的聯繫

物品之間的聯繫，能確定物品類别，縮小考慮範圍。曾侯乙墓簡中，“韌”和“扂”經常與“席”記載在一起，不僅在著色方面具有共同點，而且具有相同的附屬物。因此，“韌”和“扂”可能都是席類物品。“韌”讀爲“衽”；“扂”讀爲“籧”，“籧篨”的省稱。“韌”和“席”都有的附屬物——“絓”，疑讀爲“絎”，訓爲“緣”。③ 包山簡 277 記有“畬”和“韣”。典籍中，“夬”“拾”連文習見。因此，“畬”當讀爲“拾”，指的是典籍中的“韝”。④ 包山簡 271 中的“鞅”和牘 1 中的“韀”，都與“鞍”記載在一起，應與其關係密切，可讀爲“韉”。⑤

(二)綜合研究

所謂綜合研究，是指將内容或性質相同或相關的材料，放在一起進行對比，並對其共性或特性進行總結。

完全統計與逐一分析，是理工科開展實驗和數據分析所采用的基本方法，同樣適用於名物的綜合研究。通過對 C 類簡的記載進行統計、分析，

---

① 參第一章第四節之“緐、纓”。
② 參第二章第二節之“韔、箙”。
③ 參第二章第一節之“韌、籧、席”。
④ 參第二章第二節之“夬、拾”。
⑤ 參第一章第三節之“鞍、韉”。

不難發現，"齊色"和"同源"是馬車配備馬匹時應考慮的因素，但不是首要因素。①

適當運用逆向思維，能在綜合研究方面取得一些新的認識。一般情況下，人們都是以馬車類型爲依據，來分析所裝配的物品。從裝配物品所具有的特點入手，反過來對曾侯乙墓簡中的殘簡進行考察，可以發現，簡105所記載的内容，應該屬於一直没有找到的"右殿"；簡82+83有可能接在簡25之後，簡102+103可能接在簡38之後。②

戰國簡册記載物品，應該遵循一定次序，而不是雜亂無章的。我們在進行綜合研究時，應該注意到這一點。曾侯乙墓A、B兩類簡，都記載了屬於車陣的馬車。兩處記載在順序上基本一致(乘車除外)，爲車陣的復原提供重要依據。③

① 參第三章第四節"曾侯乙墓C類簡研究"。
② 參第三章第二節"曾侯乙墓竹簡所見車陣研究"。
③ 參第三章第二節"曾侯乙墓竹簡所見車陣研究"。

第一章　戰國簡冊所見車馬器分類研究

關於“車馬器”的定義和分類，學界歷來存在異議。現選擇幾家具有代表性的意見，羅列如次：

郭寶鈞認爲，根據所在部位，可以將車器分爲四類：“1. 附於輪軸部位的；2. 附於輈衡部位的；3. 附於輿蓋部位的；4. 附在馬體上作飾物的(附犬飾)。”①後來將這四類分别稱爲“轉動部分”“曳引部分”“乘載部分”“繫馬部分”。“轉動部分”包括輪和軸；“曳引部分”包括輈和衡；“乘載部分”包括輿和蓋；“繫馬部分”包括“繫馬材料”和“御馬材料”。② 郭寶鈞指出“在車體的任木末端(即輈、兩衡末、兩軸末)和各關節結構處，往往還附加有銅飾(我們稱其爲車飾)。車飾的附加，一爲堅固，二爲美觀……衡、軛和馬體的聯繫借助於革帶，革帶上往往亦附加有銅飾，稱之爲馬飾。馬飾和革帶不屬於車體，而在車的曳引上實爲車的重要組成部分”。③

楊英傑將與車直接相關的“器具”統稱爲“構件”，將與馬直接相關的“器具”分爲“馬具”和“馬飾”。“馬具”又分爲“挽馬具”和“御馬具”。“挽馬具”包括“軛、鞅、靷、靳”。“御馬具”包括“勒、銜、橛、鏑、鑣、轡、韁、鞶、靽、繮、脅驅、策”。“馬飾”指的是“車的挽馬，根據車主身份的尊卑和實際的需要，還要配備不同的裝飾”，包括“當盧、鍚、月題、幩、鉤、樊纓等”。④

朱鳳瀚從車馬器物的材質著眼，指出“車馬器，顧名思義，包括車器與馬器。車器是指車上的銅質器件，一般也包括單純作爲車子裝飾的銅飾。馬器，亦即馬具，是指附著於駕車的馬體上的銅質器具，一般也包括裝飾馬首與馬身的銅飾。這種馬具，既是指駕車的馬體上之銅具，且有的

---

① 郭寶鈞：《浚縣辛村》，科學出版社 1964 年版，第 47 頁。

② 郭寶鈞：《殷周車器研究・目次》，文物出版社 1998 年版。

③ 郭寶鈞：《殷周車器研究》，文物出版社 1998 年版，第 4 頁。

④ 楊英傑：《戰車與車戰》，東北師範大學出版社 1986 年版，第 12~34、89~116 頁。

銅器具是用以將馬與車連結起來的……可視爲車器，也可視爲馬具，難以分得很清楚”，並从“車馬器”中分出“御馬器”和“馬首飾件”。“御馬器”指的是“聯結在以皮條編成的馬絡頭上的銅質馬器，是駕馭馬所必需的器具”，包括銜、鑣、節約；“馬首飾件”包括當盧、鉤形飾、馬鼻形飾(鏃形飾)、馬冠。① 後來，朱鳳瀚在“馬首飾件”中，增加了馬首頂角形飾和馬面胄兩類物品。②

上述各家觀點有得有失。其中，郭寶鈞關於“車器”前三類和“車飾”的觀點，楊英傑所提出的“構件”一詞、對“馬具”的分類、對“馬飾”的定義，以及具體物品的歸類基本上都是正確的。“馬飾”中的“幩”和“鉤”，雖然也具有一定的實用功能，但出土數量並不多，可能不是駕車之馬所必備的部件。換言之，“幩”和“鉤”的裝飾功能高於實用功能，將其歸入“馬飾”有一定道理。從數量上看，“車飾”少於“馬飾”。大部分“車器”因後來兼顧美觀，才具有一定的裝飾作用，如軎、轄、輨、軝、軧、軸飾、輿飾、軓飾、踵、軏、衡飾、軛等。尤其是輨、軝、軧有時被稱爲轂飾；軸、輿、軓、衡因有加固、保護作用的對象，被稱爲軸飾、輿飾、軓飾、衡飾；踵、軏、軛有時被稱爲踵飾、軏飾、軛飾等。③ 對它們而言，保護的作用更爲重要。真正的車飾可能就只有鑾。④ 因此，郭寶鈞對於車飾“一爲堅固，二爲美觀”的概括，是正確的。

上述車馬器物，亦見於戰國簡册之中。綜合以上各家的意見來看，“車馬器”涵蓋了幾乎所有與馬車相關的器物，過於籠統。“構件”“馬具”和“馬飾”的提出，是值得采納的。在此基礎上，我們對傳統的“車器”作了進一步劃分，分爲“車構件”和“車器”。這樣一來，與馬車直接相關的器物，可以分爲“車構件”“車器”“馬具”“馬飾”等四大類。“車構件”指與車直接相關、車的組成部件；“車器”指附屬於“車構件”的器物；“馬具”指馭馬所用器具；“馬飾”指馬身上的裝飾物品。戰國簡册中的“車馬器”，也可以分爲四類進行考察。

---

① 朱鳳瀚:《古代中國青銅器》，南開大學出版社 1995 年版，第 279、294~298 頁。

② 朱鳳瀚:《中國青銅器綜論》，上海古籍出版社 2009 年版，第 495 頁。

③ 參朱鳳瀚:《古代中國青銅器》，南開大學出版社 1995 年版，第 286~292 頁。

④ 參馬承源主編:《中國青銅器》，上海古籍出版社 1988 年版，第 312 頁；朱鳳瀚:《古代中國青銅器》，南開大學出版社 1995 年版，第 292~293 頁。

第一節　車　構　件

一、輪

臒輪。　曾侯乙墓簡 1、4、7、13、16、18、22、25、32、36、38、39

刹輪。　曾侯乙墓簡 12、31

𨞺輪。　曾侯乙墓簡 26、28、45、47、48、50、53、57、71、73

糴輪。　包山簡 268

櫂輪。　包山簡 273

糬輪。　包山簡 276、牘 1

翟輪。　望山簡 2-2

荆轓之輪。　曾侯乙墓簡 75

輪是馬車的重要組成部分。郭寶鈞指出：“輪貫軸的兩端，用以承重、運轉。”①古代檢查馬車是否安全，就是從輪開始的。《周禮·考工記·總序》：“凡察車之道，必自載於地者始也，是故察車自輪始。”②

戰國簡冊中，主要記有四種車輪：“臒輪”“翟輪”“刹輪”“荆轓之輪”。這四種車輪在曾侯乙墓簡中均有記載。其中，“翟輪”最爲常見，還見於包山簡牘和望山簡。“翟”，曾侯乙墓簡寫作“𨞺”；包山簡牘寫作“糴”“櫂”“糬”；望山簡寫作“翟”。曾侯乙墓簡整理者懷疑，“翟輪”是“用翟羽裝飾的車輪或繪有翟羽紋飾的車輪”。③ 包山簡牘中的“輪”寫作“輪”。劉國勝指出，“輪”字右旁从“僉”，乃“侖”之誤寫。④ “輪”，曾侯乙墓簡 4 作“”，包山簡 273 作“”，郭店簡《語叢四》簡 20 作“”。田河認爲，包山簡牘中的“輪”與郭店簡中的“輪”“如出一轍”。⑤ 按：從

① 郭寶鈞：《殷周車器研究》，文物出版社 1998 年版，第 4 頁。

② 《周禮注疏》卷三九。

③ 湖北省博物館：《曾侯乙墓》，文物出版社 1989 年版，第 513 頁。

④ 劉國勝：《楚喪葬簡牘集釋》，武漢大學博士學位論文修訂本，2005 年，第 63 頁。

⑤ 田河：《出土戰國遣冊所記名物分類滙釋》，吉林大學博士學位論文，2007 年，第 88 頁。

文字形體上看，“輪”字的演變軌跡應該是“”→“”→“”。郭店簡中的“輪”字，不過是在“侖”形中部增加了兩個“口”形。關於這一點，裘錫圭早已指出。① 當“侖”字下部發生進一步訛變才會成爲“僉”。因此，郭店簡中的“輪”字形體，與包山簡的“輪”有明顯區別。

除“翟輪”外，其他三種“輪”僅見於曾侯乙墓簡。

“臒輪”。蕭聖中認爲“據目前考古發掘材料，車輪多塗紅彩，則臒輪可能是紅彩之輪”。② 田河贊同蕭説，並指出：“《晉書·輿服志》多處記有‘畫輪’、‘漆輪’，簡文‘臒輪’大概就是指這種繪飾之輪。”③按：《山海經·南山經》“其下多丹臒”，郭璞注：“臒，赤色者。或曰：‘臒，美丹也。’”④“臒輪”，疑指“赤色”之輪，猶典籍中的“朱輪”。《文選·楊子幼〈報孫會宗書〉》：“惲家方隆盛時，乘朱輪者十人。”李善注：“二千石皆得乘朱輪。”⑤只不過，《報孫會宗書》中的“朱輪”是用來代指馬車。秦始皇陵二號銅車馬“左右兩輪較完整地保存了原有的彩繪朱色”。《秦始皇陵銅車馬發掘報告》認爲，這種車輪與《續漢書志·輿服上》中“輪皆朱班”的記載相符。⑥ 根據《續漢書志·輿服上》的記載，皇帝“乘輿、金根、安車、立車，輪皆朱班重牙……皇太子、皇子皆安車，朱班輪……公、列侯安車，朱班輪”。⑦ 簡文中的“臒輪”，疑即“朱班輪”，與二號銅車馬的車輪相同。

“桼輪”。整理者將“桼”括注爲“漆”。⑧ 蕭聖中認爲是“黑漆之輪，車輪無彩”。⑨ 田河指出，“漆輪”也見於《晉書·輿服志》：“並天子之法車，皆朱班漆輪，畫爲樸文。”田河認爲：“……漆輪似有文飾。”⑩按：曾侯乙墓簡中還有“漆甲”。“漆”當指顏色。蕭説可信。張家川馬家塬戰國墓地

① 荆門市博物館：《郭店楚墓竹簡》，文物出版社 1998 年版，第 219 頁。

② 蕭聖中：《曾侯乙墓竹簡釋文補正暨車馬制度研究》，科學出版社 2011 年版，第 196 頁。

③ 田河：《出土戰國遣冊所記名物分類滙釋》，吉林大學博士學位論文，2007 年，第 88 頁。

④ 《山海經》卷一。

⑤ 《文選》卷四一。

⑥ 秦始皇兵馬俑博物館、陝西省考古研究所：《秦始皇陵銅車馬發掘報告》，文物出版社 1998 年版，第 141 頁。

⑦ 《續漢書志》卷二九。

⑧ 湖北省博物館：《曾侯乙墓》，文物出版社 1989 年版，第 490 頁。

⑨ 蕭聖中：《曾侯乙墓竹簡釋文補正暨車馬制度研究》，科學出版社 2011 年版，第 196 頁。

⑩ 田河：《出土戰國遣冊所記名物分類滙釋》，吉林大學博士學位論文，2007 年，第 88 頁。

出土1號車“車輪直徑102釐米，髤漆，輪牙髤黑漆”。①

“荆轓之輪”。蕭聖中懷疑是“軎外裝矛”的車輪。② 田河懷疑，“刑轓”讀爲“屏藩”。③

車輪類别與馬車類型之間關係密切。④

就“輪”的記載方式來看，曾侯乙墓簡與包山簡牘存在著較大差異。曾侯乙墓簡中，各種車輪之前一般不記載其他器物，其後則記載“弼”“畫趄”“革報”“革韢”等器物。“弼”“革報”“革韢”（“韠”“韢”“縪”一字異體）等物品，可能都是馬車上的遮蔽物。⑤ 我們懷疑，曾侯乙墓簡中，車輪之後所記載的物品主要是車蔽。

《説文》車部“有輻曰輪”。⑥ 秦陵一號銅車馬的雙輪“各有三十根輻”⑦。

二、轅、軥

畫趄。	曾侯乙墓簡4、7
龍朻。	望山簡2-2
又朻。	望山簡2-11
朻中䉐婁。	望山簡2-11
龍[朻]。	望山簡2-4
龏軥。	天星觀簡(《楚系》第770頁)
蠪軥。	天星觀簡(《楚系》第949、1019頁)
一左寡龏軥。	天星觀簡(《楚系》第438頁)
一左寡蠪軥。	天星觀簡(《楚系》第1019頁)
一右寡一龍軥。	天星觀簡(《楚系》第738頁)
一左寡一蠪軥。	天星觀簡(《楚系》第1019頁)
一右寡龏軥。	天星觀簡(《楚系》第11、102頁)

① 早期秦文化聯合考古隊、張家川回族自治縣博物館：《張家川馬家塬戰國墓地2007～2008年發掘簡報》，《文物》2009年第10期。

② 蕭聖中：《曾侯乙墓竹簡釋文補正暨車馬制度研究》，科學出版社2011年版，第197頁。

③ 田河：《出土戰國遣册所記名物分類滙釋》，吉林大學博士學位論文，2007年，第88頁。

④ 參第三章第二節“曾侯乙墓竹簡所見車陣研究”。

⑤ 參第二章第一節之“弼、報”“簾”。

⑥ 《説文解字》卷一四上。

⑦ 秦始皇兵馬俑博物館、陝西省考古研究所：《秦始皇陵銅車馬發掘報告》，文物出版社1998年版，第14頁。

一右寡蠪輈。	天星觀簡(《楚系》第 782 頁)
一右寡蠬輈。	天星觀簡(《楚系》第 949、1019 頁)
一右寡一龍輈。	天星觀簡(《楚系》第 781 頁)
一右寡一蠬輈。	天星觀簡(《楚系》第 949 頁)
蠬周。	天星觀簡(《楚系》第 949 頁)
蠪倜。	天星觀簡(《楚系》第 51、668 頁)

曾侯乙墓簡整理者認爲："簡文'畫䡔'似應讀爲'畫轅'。"①田河認爲是"髹漆繪飾"的車轅。② 按：《續漢書志·輿服上》："非法駕，則乘紫罽輧車，雲櫎文畫輈，黄金塗五末、蓋蚤。……大貴人加節畫輈。"③《廣雅·釋器》："轅謂之輈。"④《方言》卷九："轅，楚衛之間謂之輈。"⑤簡文中的"畫䡔"，疑即《輿服志》中的"畫輈"。

望山簡中的"龍杋"之"杋"，整理者隸爲"杭"，疑讀爲"楯"，指"闌檻"；"龍楯"疑指"有龍紋裝飾的車闌"。簡 11 中的"又杋"，整理者懷疑讀爲"右楯"，指"楯欄的右邊"。"杋中"，整理者認爲"指楯欄的中部"。⑥商承祚改隸爲"杋"，認爲："同樛，木下曲。"⑦劉國勝改讀爲"輈"，並指出"'龍輈'一詞見於古籍"，是指"轅首端雕刻作龍頭的輈"。⑧ 按：《周禮·考工記·輈人》："輈人爲輈。"鄭玄注："輈，車轅也。"孫詒讓正義："小車曲輈，此輈人所爲者是也；大車直轅，車人所爲者是也。散文則輈轅亦通稱。王宗涑云：'析言之，曲者爲輈，直者爲轅。小車曲輈，一木居中，兩服馬夾輈左右。任載車直轅，兩木分左右，一牛在兩轅中。'《説文》云：'輈，轅也。轅，輈也。'渾言之也。"⑨從文獻記載看，"輈""轅"應該指的同一車構件，至於是同物異名，還是具有細微區别，還有待研

① 湖北省博物館：《曾侯乙墓》，文物出版社 1989 年版，第 508 頁。

② 田河：《出土戰國遣冊所記名物分類滙釋》，吉林大學博士學位論文，2007 年，第 87 頁。

③ 《續漢書志》卷二九。

④ 《廣雅》卷七下。

⑤ 《方言》卷九。

⑥ 湖北省文物考古研究所、北京大學中文系：《望山楚簡》，中華書局 1995 年版，第 114~115、120 頁。

⑦ 商承祚編著：《戰國楚竹簡滙編》，齊魯書社 1995 年版，第 106 頁。

⑧ 劉國勝：《談望山遣冊所記的"龍杋"》，簡帛網，2011 年 10 月 10 日；《望山楚簡名物考釋(二則)》，羅運環主編：《楚簡楚文化與先秦歷史文化國際學術研討會論文集》，湖北教育出版社 2013 年版，第 419~420 頁。

⑨ 《周禮正義》卷七七。

究。郭寶鈞指出："輈位於車的中央，前後貫通，是車體中最長的一條任木。……輈的功用是前持衡而後乘輿，且借以曳車行進……應是用粗壯的長木製成。"①

望山簡2-5中，"龍"下一字，商承祚釋爲"杉"。②

天星觀簡中的"蠪輈"(或作"龔輈""龍輈")、"蠪周"(或作"龔倜")，劉國勝懷疑皆讀爲"龍輈"。"寡"，劉國勝認爲："可能是車馬器名，也有可能讀爲'畫'，'畫龍輈'似指有漆繪的龍首形車轅。"③

天星觀1號楚墓出土"龍首車轅"。車轅側面有卷雲紋、勾連雲紋、星點紋及鱗片紋等浮雕，髹有黑漆，有紅黄漆彩繪。④劉國勝指出："天星觀簡所記'龍輈'、'畫龍輈'似當指同墓出土的'龍首車轅'。望山遣册所記的'龍輈'亦當指這類轅首端雕刻作龍頭的車轅。"⑤按：劉説至確。所謂"畫轅"，很可能就是指車轅上的浮雕和紅黄漆彩繪。

如果將曾侯乙墓簡4中的"革䪃"與"弼""鞎"視爲一體，等同於簡7中的"弼""鞎"，那麼，曾侯乙墓簡中僅有的兩例"畫軭"，都是記載在輪與車蔽之間。唯一的不同是，簡4有"鐫"而簡7没有。簡10中的"轎"，與簡4中的"鐫"，應該是同類物品(僅此兩例)。簡10中的"轎"，可以視爲擺放位置發生改變，可能與拆車葬有關。⑥

三、軏

元。　　　　清華簡《封許之命》簡6

整理者認爲："元，試讀爲'軏'，《説文》：'車轅耑持衡者，从車，元聲。'《論語·爲政》'大車無輗，小車無軏'，字作'軏'，从'兀'，與'元'字對轉。笄，《釋名》：'係也。'"⑦暮四郎(網名)懷疑，簡文"素旂

---

① 郭寶鈞：《殷周車器研究》，文物出版社1998年版，第30頁。

② 商承祚編著：《戰國楚竹簡滙編》，齊魯書社1995年版，第107頁。

③ 劉國勝：《望山楚簡名物考釋(二則)》，羅運環主編：《楚簡楚文化與先秦歷史文化國際學術研討會論文集》，湖北教育出版社2013年版，第420頁。

④ 湖北省荆州地區博物館：《江陵天星觀1號楚墓》，《考古學報》1982年第1期。

⑤ 劉國勝：《望山楚簡名物考釋(二則)》，羅運環主編：《楚簡楚文化與先秦歷史文化國際學術研討會論文集》，湖北教育出版社2013年版，第420頁。

⑥ 參本章第二節之"轎"。

⑦ 李學勤主編：《清華大學藏戰國竹簡(伍)》，中西書局2015年版，第120~121頁。

朱笄元馬四匹"應"斷讀作'素旂，朱笄。元馬四匹'"。[1] ee(網名)將"元"括注爲"干或杆"，並認爲："'朱漆干'是説素旂的附屬物的。望山、包山等遣策都有'中干(杆)'。"[2]按：郭寶鈞指出，"軏"是"輈"的"最前端"，也叫做"首"。[3] 朱鳳瀚指出："小屯 M20 出土一銅軏(R1781)……其頸部爲圓筒形……頸上部有一較大的上下相通的圓孔(上徑 2.7 釐米、下徑 2.5 釐米)，當是爲了插入圓木楔，穿連衡木與輈。……圓木楔，應是先穿透車衡再由上至下進入此銅軏的。"[4]馬承源稱之爲"輈首飾"："裝飾在輈頭的銅件，呈筒形，一頭封頂，表面有紋飾……"[5]清華簡中的"元"可以用作賞賜物，應該是指這種"銅軏"。"朱笄"，疑指紅色旗杆。[6]

四、衡、戹

衡、戹。	曾侯乙墓簡 6+7、43、61、64、66、115
歛衡、戹。	曾侯乙墓簡 10、20
衡☐	曾侯乙墓簡 101[7]
☐衡、戹。	曾侯乙墓簡 112
奐、戹，骨珓。	望山簡 2-6
衡、戹。	天星觀簡(《楚系》第 841 頁)
衡、厄。	天星觀簡(《楚系》第 224、354、507 頁)
鼉衡、厄。	天星觀簡(《楚系》第 770、950、1016 頁)
衡昔。	天星觀簡(《楚系》第 567 頁)
嚣衡昔。	天星觀簡(《楚系》第 177、354 頁)
黄生角之交。	望山簡 2-18
白金之交。	望山簡 2-19

曾侯乙墓簡整理者將"戹"括注爲"軛"，並指出："金文'戹'字作(《金文編》766 頁)，像軛形，簡文'戹'蓋由此演變而成。'衡'字原文皆

① 武漢大學簡帛網/簡帛論壇/《清華五〈封許之命〉初讀》，第 16 樓，2015 年 4 月 10 日。
② 武漢大學簡帛網/簡帛論壇/《清華五〈封許之命〉初讀》，第 24 樓，2015 年 4 月 13 日。
③ 郭寶鈞：《殷周車器研究》，文物出版社 1998 年版，第 30 頁。
④ 朱鳳瀚：《古代中國青銅器》，南開大學出版社 1995 年版，第 290 頁。
⑤ 馬承源主編：《中國青銅器》，上海古籍出版社 1988 年版，第 312 頁。
⑥ 參第二章第三節之"旌"。
⑦ 按：此"衡"字，參蕭聖中：《曾侯乙墓竹簡殘泐字試補十九則》，《簡帛》第一輯，上海古籍出版社 2006 年版，第 20 頁。

加‘止’旁作‘衡’。”①望山簡中的“衡”，整理者隸定爲“奐”，認爲與“衡”的《説文》古文“”相似。② “衡”“戹”，亦見於天星觀簡(“戹”，《楚系》大多釋爲“厄”)。按：《釋名·釋車》：“衡，横也，横馬頸上也。”③金文中有“戹”，容庚指出“象車戹形”。④ 林義光：“戹……實即軛之古文。”⑤《説文》車部：“軶，轅前也。”⑥王筠句讀：“謂轅端壓牛馬領者也。”⑦《玉篇》車部：“軶，亦作軛。”⑧“戹”爲車戹之象形字，疊加“車”旁爲“軶”。在古代文獻中，“戹”也寫作“厄”。《詩·大雅·韓奕》“鞗革金厄”，毛亨傳：“厄，烏蠋也。”⑨關於“戹”“厄”二字的關係，何琳儀師、程燕在系統梳理從金文到漢代各種“戹”字形體之後，認爲“楷書中‘戹’、‘厄’這兩種形體實則有共同的來源”。⑩ 據此，則“厄”字从“戹”而來。“軛”則是“厄”字又疊加“車”旁。而阮元所謂“軛爲正字，厄爲假借”的説法不足信。⑪ 曾侯乙墓簡有“衡”和“敓衡”兩種。前者可能是没有著色的“衡”。“敓”，曾侯乙墓簡多見，疑讀爲“黺”，訓爲“黺彩文”。⑫ 本指裝飾之色，這裏大概是指“衡”的色彩。包山 2 號墓出土的 1 件“衡”、2 件“戹”均髹黑漆。⑬ 可參考。郭寶鈞指出：“衡是輈前的一根木條……衡的主要功用在縛軛，軛是衡上主要的附屬物。軛的功用在駕牛、馬。” ⑭

天星觀簡“鼂衡”之“鼂”，亦見於其他戰國簡冊。包山簡整理者釋爲“斣”，認爲是“鼂字異體，借作貂”。⑮ 郭店簡《窮達以時》簡 7 記有“斣卿”，整理者認爲“斣”讀“朝”。⑯ 劉信芳師據釋“斣”爲“鼂”，認爲是“顏

---

① 湖北省博物館：《曾侯乙墓》，文物出版社 1989 年版，第 490、510 頁。

② 湖北省文物考古研究所、北京大學中文系：《望山楚簡》，中華書局 1995 年版，第 107、117 頁。

③ 《釋名》卷七。

④ 容庚編著，張振林、馬國權摹補：《金文編》，中華書局 1985 年版，第 766~767 頁。

⑤ 《文源》卷二。

⑥ 《説文解字》卷一四上。

⑦ 《説文解字句讀》卷二七。

⑧ 《大廣益會玉篇》卷一八。

⑨ 《毛詩注疏》卷一八。

⑩ 何琳儀、程燕：《釋戹》，王宇信、宋鎮豪、孟憲武主編：《2004 年安陽殷商文明國際學術研討會論文集》，社會科學文獻出版社 2004 年版，第 71 頁。

⑪ 《毛詩注疏校勘記》卷七。

⑫ 參第二章第一節之“韌、籧、席”。

⑬ 湖北省荊沙鐵路考古隊：《包山楚墓》，文物出版社 1991 年版，第 226 頁。

⑭ 郭寶鈞：《殷周車器研究》，文物出版社 1998 年版，第 36、40 頁。

⑮ 湖北省荊沙鐵路考古隊：《包山楚簡》，文物出版社 1991 年版，第 66 頁。

⑯ 荊門市博物館：《郭店楚墓竹簡》，文物出版社 1998 年版，第 145 頁。

色用語”，讀爲“草”，指“黑多赤少”。①宋華強隸定爲“𦣻”，釋爲“蠅”，並提出兩種釋讀意見：第一，“蠅”表顏色，讀爲“纁”，指一種紅色；第二，將“蠅”讀爲“繩”，“繩衡軛”是“繩索纏束的衡、軛”。②禤建聰將“”隸作“𦣻”，讀爲“軝”，認爲是“車轂(也可能不限於車轂)的裝飾”，應該是“帶狀物”。③按：“𦣻衡”，疑當讀爲“纁衡”，指纁色的“衡”，與曾侯乙墓簡10、20所記“歆衡”類似。

望山簡2-6記有“珓”。整理者認爲：“此墓18號簡又有‘黃生角之交’，19號簡又有‘白金之交’。‘交’當是器物上的一種飾物或附件。”④何琳儀師認爲，“交”讀“骹”，據《説文》骨部訓爲“物之末端”。⑤劉國勝懷疑，“珓”(簡6)和“交”(簡18、19)都讀爲“骹”；簡文中的“骨骹”，可能是指“套在車衡和車軛端頭的箍帽”，形狀“如腿脛，上粗下細”；據《方言》卷九認爲“骹、鐏都是一類套在杆狀器端頭的納杆構件”；並指出，包山2號墓出土的衡、軛端頭都有箍帽。⑥按：劉説將簡文與出土實物結合起來考慮，所得的結論較爲可信。

包山2號墓出土車衡(標本2：268)爲“整木鑿成，兩端細中間粗”。車衡兩端“套束腰有箍銅帽”，衡上榫有“五個木質半環紐”。車軛(標本2：275)“呈弧肩人字形”，由兩根木條組成，其“上部拼合，下部外撇，向外彎成雙鉤狀”。軛“頂端錐狀，套接束腰有箍銅帽”。⑦

五、轐

杊中䩕婁。　　望山簡2-11

☑□䡖之樸。　　望山簡2-38

---

① 劉信芳：《楚簡釋字四則》，《古文字研究》第二十四輯，中華書局2002年版，第375頁。

② 宋華強：《楚簡中从“黽”从“甘”之字新考》，簡帛網，2006年12月30日；《戰國楚簡中从“黽”从“甘”之字新考》，《簡帛》第十三輯，上海古籍出版社2016年版，第1、5~6頁。

③ 禤建聰：《釋楚文字的“龜”和“𦣻”》，《考古與文物》2010年第4期。

④ 湖北省文物考古研究所、北京大學中文系：《望山楚簡》，中華書局1995年版，第117頁。

⑤ 何琳儀：《戰國文字聲系》，中華書局1998年版，第296頁。

⑥ 劉國勝：《楚喪葬簡牘集釋》，科學出版社2011年版，第100頁。

⑦ 湖北省荊沙鐵路考古隊：《包山楚墓》，文物出版社1991年版，第226頁。

整理者指出："《説文》'僕'字古文作'蹼'。"[①]劉國勝懷疑"蹼婁"讀"轐屨"，並認爲"似指車輿下伏兔"。[②] 按：《説文》車部："轐，車伏兔也。"徐灝注箋："蓋轐在輿底軫下，爲半規形，與軸相銜，狀似伏兔，又與屐齒相類，故因名焉。"[③]《周禮・考工記・總序》："六尺有六寸之輪，軹崇三尺有三寸也，加軫與轐焉，四尺也。"鄭玄注引鄭司農云："轐，謂伏兔也。"賈公彦疏："云'謂伏兔也'者，漢時名。今人謂之車屐是也。"[④]孫詒讓正義："其伏兔有二，在車箱下兩旁。此經謂之轐。大車兩轅居旁，其伏兔則止一，在輿腹下正中，當小車設輈之處。"[⑤]望山簡"杁(輈)中蹼婁"的記載，正好與孫詒讓"其伏兔則止一，在輿腹正中，當小車設輈之處"的説法吻合。據此，則"蹼婁"應即車伏兔，且隱含著一個信息，簡文中的馬車可能爲雙轅車。秦始皇陵一、二號銅車馬均爲獨輈車，故各有2件伏兔伴隨出土。[⑥] "蹼婁"，疑即"轐"之緩言。"蹼""轐"均从"菐"得聲，三者均屬並紐；"轐""婁"均屬侯部。猶《玉篇》聿部："筆，不律也。"[⑦]"筆"，物部幫紐；"不"，幫紐；"律"，物部。"伏兔"亦然，"伏"，並紐；"兔"，魚部。侯、魚旁韻。因此，急言曰"轐"，緩言則曰"蹼婁""伏兔"。

"□䴎之樸"，整理者釋爲"□哩之樸"。[⑧] 田河懷疑，"樸"字右旁从"帶"。待考。[⑨] 按："樸"後記有"赤金桶"。"樸"與"轐"均从"菐"得聲。"樸"也可能讀爲"轐"，指車伏兔。

秦陵一號銅車馬"軸與輿底之左右兩側的交界處各墊一伏兔。兩件伏兔的大小、形制相同，銅質。伏兔形狀近似長方體，上窄下寬，上平，下有半圓形凹口，順著軸横置於輿底的左右兩側，下面的凹口與軸相合而挾持之。伏兔的内端成圓弧形，外端和轂相接處平齊……輿、伏兔和軸三者

---

① 湖北省文物考古研究所、北京大學中文系：《望山楚簡》，中華書局1995年版，第120頁。

② 劉國勝：《楚喪葬簡牘集釋》，科學出版社2011年版，第101頁。

③ 《説文解字注箋》卷一四上。

④ 《周禮注疏》卷三九。

⑤ 《周禮正義》卷八六。

⑥ 秦始皇兵馬俑博物館、陝西省考古研究所：《秦始皇陵銅車馬發掘報告》，文物出版社1998年版，第16~17、144頁。

⑦ 《大廣益會玉篇》卷二九。

⑧ 湖北省文物考古研究所、北京大學中文系：《望山楚簡》，中華書局1995年版，第111頁。

⑨ 田河：《出土戰國遣冊所記名物分類滙釋》，吉林大學博士學位論文，2007年，第270頁。

間鑄有皮條纏扎紋，説明原物是用皮條捆縛使三者固爲一體的”。①

六、蓋

紡篕。　信陽簡 2-4

一紡害，丹黄之緟，紶綃緄，緄組之繣。　包山簡 268

紫盍，輷、杠皆敔。　望山簡 2-11

一紫箸，䱑膚之裏，綃綝之純，白金之[illegible]釣。　望山簡 2-12

☐盍，綸純。黄支組之□☐　望山簡 2-14

丹組之屋，紡裏，綃綝聕絣之純。☐　望山簡 2-2+3

紡屋，剀生。　望山簡 2-15

紡箬。　天星觀簡（《楚系》第 366、893 頁）

紡箬，紫裏。　天星觀簡（《楚系》第 681 頁）

一䍌箬。　天星觀簡（《楚系》第 366、979 頁）

一䍌箬，紫里。　天星觀簡（《楚系》第 975 頁）

白金之釣。　天星觀簡（《楚系》第 493、999 頁）

赤金之釣。　天星觀簡（《楚系》第 775、994、999 頁）

信陽簡 2-4 記有“紡篕”。何琳儀師所釋，讀爲“紡蓋”，指“紡絲車蓋”。② 李守奎指出，蓋弓柄多以竹木製作，故“篕”字从竹；並認爲“紡篕”是指之名源於“蓋弓的外面和裏面皆蒙以織物或其他可遮日避雨之物”。③ “紡”，亦見於曾侯乙墓簡“紫黄紡之綳”。田河認爲，“紡”指“素紗”，並指出“簡文的‘繃’大概就是這種盾、扁上所使用的繫帶”。④ 彭浩指出：“由於絲織品的古今名稱不完全對應，目前還不能判斷文獻記載的‘紡’是何種絲織物，只知道是一種輕薄的平紋織物。”⑤按：“紡”爲絲織品。《儀禮·聘禮》：“賔裼，迎大夫賄，用束紡。”鄭玄注：“紡，紡絲爲之，今之縛也，所以遺聘君，可以爲衣服。”賈公彦疏：“云‘紡，紡絲爲

① 秦始皇兵馬俑博物館、陝西省考古研究所：《秦始皇陵銅車馬發掘報告》，文物出版社 1998 年版，第 16~17 頁。

② 何琳儀：《信陽楚簡選釋》，《文物研究》第八期，黄山書社 1993 年版，第 173 頁。

③ 李守奎：《出土簡策中的“軒”和“圓軒”考》，《古文字研究》第二十二輯，中華書局 2000 年版，第 198 頁。

④ 田河：《出土戰國遣冊所記名物分類滙釋》，吉林大學博士學位論文，2007 年，第 99、173 頁。

⑤ 彭浩：《望山二號墓遣冊的“緽”與“昜馬”》，《江漢考古》2012 第 3 期。

之'者，因名此物爲紡。云'今之縛也'者，鄭注《周禮·内司服》亦云：'素紗者，今之白縛也'，則此束紡者，素紗也。"①

包山簡268記有"紡害"。李家浩認爲，"害"是"車馬器"，讀爲車蓋之"蓋"。②

望山簡2-11記有"紫盍"。整理者釋爲"紫盍(蓋)"，認爲是"車蓋"，並指出"此墓邊箱出傘蓋骨一件，蓋弓上有殘存的絲帛痕跡，不知是否簡文所記之物"。③

望山簡2-12記有"紫箁"。李家浩認爲"箁"讀"蓋"，"紫蓋"是"紫色的車蓋"。陸雲《泰伯碑》："吴啟金車，晉遷紫蓋。"④

望山簡2-2記有"丹組之屋"。整理者認爲是"車蓋"。《漢書·陸賈傳》"去黄屋、稱制"，顔師古注："黄屋，謂車上之蓋也。"⑤李守奎認爲，車蓋的形狀"似屋頂"，故稱爲"屋"。⑥彭浩指出："望山二號墓遣冊所記的轎頂(即簡文的'屋')是四阿式，有四角，平面是矩形。這種形狀的實物見於信陽固始侯古堆一號墓陪葬坑出土的一種'肩輿'(M1P：116)，似四阿式，無脊，四面坡，前後面爲三角形，左右面爲梯形。"⑦"丹組"，亦見於望山簡2-10"丹組之裏"。劉國勝懷疑，"組"讀"縛"。《儀禮·聘禮》"賄用束紡"，鄭玄注："紡，紡絲爲之，今之縛也。"⑧劉信芳師懷疑"組"讀"鞀"，指"柔革"。⑨彭浩指出："簡文的'組'與"紡"分别用作'屋'的外頂和内飾，似不是指同一種織物。"⑩按：《史記·項羽本紀》"紀信乘黄屋車"，張守節正義引李斐云："天子車以黄繒爲蓋裏。"⑪《後漢書·仲長

---

① 《儀禮注疏》卷二三。

② 李家浩：《楚墓竹簡中的"昆"字及从"昆"之字》，《中國文字》新二十五期，藝文印書館1999年版，第145頁。

③ 湖北省文物考古研究所、北京大學中文系：《望山楚簡》，中華書局1995年版，第108、119頁。

④ 李家浩：《楚墓竹簡中的"昆"字及从"昆"之字》，《中國文字》新二十五期，藝文印書館1999年版，第145頁；李家浩：《望山遣策車蓋文字釋讀》，《中國文字學報》第一輯，商務印書館2006年版，第78頁。

⑤ 湖北省文物考古研究所、北京大學中文系：《望山楚簡》，中華書局1995年版，第107、116頁。

⑥ 李守奎：《出土簡策中的"軒"和"圓軒"考》，《古文字研究》第二十二輯，中華書局2000年版，第198頁。

⑦ 彭浩：《望山二號墓遣冊的"緄"與"昜馬"》，《江漢考古》2012第3期。

⑧ 劉國勝：《楚喪葬簡牘集釋》，科學出版社2011年版，第97頁。

⑨ 劉信芳：《楚簡器物釋名(上篇)》，《中國文字》新二十二期，藝文印書館1997年版，第169頁。

⑩ 彭浩：《望山二號墓遣冊的"緄"與"昜馬"》，《江漢考古》2012第3期。

⑪ 《史記》卷七。

統傳》"及至戴黄屋"，李賢注引《前書音義》曰："天子車以黄繒爲蓋裏，故曰黄屋。"①《文選·張平子〈東京賦〉》"朱旄青屋"，薛綜注："青屋，青作蓋裏也。"②"黄屋"和"青屋"，分别指"蓋裏"而非蓋面的顔色是黄色和青色；僅僅强調了"蓋裏"的顔色，而没有指明其質地。望山簡"丹組之屋"後面明確記有"紡裏"。考慮到"組"字从"糸"，爲紡織品的可能性更大。據此，"丹組之屋"，應該是指車蓋的蓋面由紅色紡織品製作。

望山簡2-15記有"紡屋"。按："紡""屋"，均見前述。

望山簡2-14記有"☑盇"。整理者將"盇"括注爲"蓋"。③

天星觀簡中的"箬"，徐在國改釋爲"箬"，讀爲"蓋"。④

天星觀簡中的"䎆蓋"，指某種車蓋。

劉國勝指出："(信陽)1-436號'車蓋'是否就是同墓出土遣册上所記'良橇'或'迲橇'的屋，尚難斷定。我們知道，前面提到的望山遣册2號簡所記'女乘'有'丹組之屋'，而15號簡的'杭橇'有'紡屋'，兩車屋的形制應該大體類似。信陽遣册亦同時記有'女乘'和'橇'，它們也應都有車屋。儘管1-436號這件車屋不能確定是屬於'女乘'還是'橇'的，但應當説它爲我們提供了與楚遣册所記'橇'年代更爲接近的車屋的實物。"⑤

戰國簡册中，車蓋分爲"蓋"和"屋"，尤其是在望山2號墓遣册中，"蓋"(簡11、14作"盇"，簡12作"箬")和"屋"(簡2、15)同時出現，二者應該存在區别。包山2號墓出土木質車傘5件，望山2號墓出土青銅質車傘構件24件。⑥輝縣琉璃閣出土的19號車有車篷，像"建築物上四阿式的屋頂"，也像"露營用的帳篷"。車篷"頂上有一根長約150(釐米)粗約6(釐米)的横梁。兩扇梯形的席子向左右披下，兩扇三角形的席子遮住兩端。……席子似是由蘆葦編成，蘆條的寬度是0.5(釐米)"。⑦據此，我們推測，戰國簡册中的"屋"，形狀上像屋頂，但不會是由幾條紡織物簡單地搭建而成。1978年，河南省固始縣侯古堆一號墓隨葬坑出土"肩輿

---

① 《後漢書》卷四九。

② 《六臣注文選》卷三。

③ 湖北省文物考古研究所、北京大學中文系：《望山楚簡》，中華書局1995年版，第108頁。

④ 徐在國：《讀〈楚系簡帛文字編〉札記》，《安徽大學學報》1998年第5期。

⑤ 劉國勝：《楚簡車馬名物考釋二則》，《古文字研究》第二十九輯，中華書局2012年版，第481頁。

⑥ 湖北省荆沙鐵路考古隊：《包山楚墓》，文物出版社1991年版，第225～226頁；湖北省文物考古研究所：《江陵望山沙冢楚墓》，文物出版社1996年版，第140、142頁。

⑦ 中國科學院考古研究所：《輝縣發掘報告》，科學出版社1956年版，第51頁。

三乘”，可分爲“屋頂式”和“傘頂式”。① 將上述討論結合起來考慮，則“屋”可能是“屋頂式”的車蓋，“蓋”可能指“傘頂式”的車蓋。

包山簡 268“丹黄之緄”，李家浩將“緄”括注爲“裹”。② 劉國勝指出：“簡文‘丹黄之裹’是對上文‘一紡蓋’蓋裹的説明。”③

“紶絹緄”，整理者釋爲“紶絹緈”。④ 張桂光認爲，“紶”當釋“綪”，訓爲“赤繒”；“絹”當釋“繝”，讀爲“綢”，用作動詞，訓爲“纏繞”。⑤ 李運富認爲“‘紶絹’即‘生絹’，也就是未經練染的繒絲”，並指出“‘生’字俗寫類化增糸而成‘紶’”。⑥ 劉信芳師認爲，“紶絹”讀“青絹”，並指出“絹是粗厚的生絲織品”，“紶絹緄”指固定所用的緄帶是以青絹編織的。⑦ 陳偉師推測，“絹”可能是“絹”或“鞙”。⑧ 李家浩認爲：“‘紶絹緄’當是指用生絹作的繫車蓋的繩子。”⑨劉國勝認爲，“紶”可能是“表示顔色之詞”。⑩ 按：“絹”爲絲織品名，“紶”當爲“絹”之修飾詞。“紶絹”，可能讀爲“生絹”或“青絹”。

“綖組之繣”，整理者釋爲“綅組之繣(纏)”。⑪ 李天虹認爲，“綖”即“繭”字。⑫ 劉信芳師認爲，“繣”是“絲織品之紋飾”；“綖組”指“粗絲編織的組”，在簡文中指“車軎上的紋飾如組”。⑬ 田河懷疑，“纏”讀爲“軨”，指“飛軨”；其用法與簡 273、牘 1 中“縢組之鐳”的“鐳”相同，“綖組”用以説明“飛軨的材質”。⑭ 劉國勝懷疑“‘繣’是車蓋上的繫帶”。⑮ 董

---

① 固始侯古堆一號墓發掘組：《河南固始侯古堆一號墓發掘簡報》，《文物》1981 年第 1 期。

② 李家浩：《楚墓竹簡中的“昆”字及从“昆”之字》，《中國文字》新二十五期，藝文印書館 1999 年版，第 143 頁。

③ 劉國勝：《楚喪葬簡牘集釋》，武漢大學博士學位論文修訂本，2005 年，第 64 頁。

④ 湖北省荆沙鐵路考古隊：《包山楚簡》，文物出版社 1991 年版，第 38 頁。

⑤ 張桂光：《楚簡文字考釋二則》，《江漢考古》1994 年第 3 期。

⑥ 李運富：《楚國簡帛文字叢考(二)》，《古漢語研究》1997 年第 1 期。

⑦ 劉信芳：《楚簡器物釋名(上篇)》，《中國文字》新二十二期，藝文印書館 1997 年版，第 170 頁；《包山楚簡解詁》，藝文印書館 2003 年版，第 298 頁。

⑧ 陳偉：《包山楚簡中的宛郡》，《武漢大學學報》(哲學社會科學版)1998 年第 6 期。

⑨ 李家浩：《楚墓竹簡中的“昆”字及从“昆”之字》，《中國文字》新二十五期，藝文印書館 1999 年版，第 145 頁。

⑩ 劉國勝：《楚喪葬簡牘集釋》，科學出版社 2011 年版，第 49 頁。

⑪ 湖北省荆沙鐵路考古隊：《包山楚簡》，文物出版社 1991 年版，第 38 頁。

⑫ 李天虹：《〈包山楚簡〉釋文補正》，《江漢考古》1993 年第 3 期。

⑬ 劉信芳：《包山楚簡解詁》，藝文印書館 2003 年版，第 298~299 頁。

⑭ 田河：《出土戰國遣冊所記名物分類滙釋》，吉林大學博士學位論文，2007 年，第 94 頁。

⑮ 劉國勝：《楚喪葬簡牘集釋》，科學出版社 2011 年版，第 53 頁。

珊認爲："應是絲帛所製的一種較複雜的飛軨。"①按：《文選·張衡〈東京賦〉》："重輪貳轄，疏轂飛軨。"薛綜注："飛軨，以緹紬，廣八尺，長柱地，畫左青龍右白虎，繫軸頭，取兩邊飾。"②可見，"飛軨"是繫在車軸頭的。簡文中的"纑"是車蓋的裝飾，不當讀爲"軨"。

望山簡2"紡裏"之"紡"，見前述。

望山簡2-12"䞔膚之裏"。簡2-11記有"䞔膚之純"。整理者指出，"䞔"字原篆形體上从"者"、下从"色"；"此字當指一種顏色，即'赭'之異體"。③ 李家浩將"膚"括注爲"黸"。④ 程燕將"膚"讀爲"臚"，訓爲"皮"。⑤ 按：望山簡2-10記有"丹組之裏"，"丹"指顏色，"組"指質料。依此，"䞔"當指顏色，"膚"當指質料。

"絹緂聃絿之純"，整理者釋爲"絹緂聯絬(縢)之純"。⑥ "絹緂聃絿"，應即望山簡2-2中的"肙緂聃絿"，整理者釋爲"肙緂聯絬(縢)"，認爲是"一種織物的名稱"；"肙緂"，疑讀爲"緇紬"，就是"黑色之紬"，"紬"是後世的"綢"；"絬"是"縢"字的異體。⑦ 李家浩將"緂"前的"肙"括注爲"騴"。⑧ 劉國勝認爲"緂"讀"繡"，指"刺繡品"。⑨ "純"，亦見於望山簡"丹砫緂之純"，整理者認爲"純"訓"緣"。⑩ 按："緂""繡"二字音近可通。在簡文中，將"緂"讀爲"繡"，意思也很通順。因此，劉説可從。"緂"前的"絹"，讀爲顏色之"騴"，也是比較合適的。

"絹緂之純"，疑與"絹緂聃絿之純"相似。

---

① 董珊：《楚簡中从"大"聲之字的讀法(一)》，简帛網，2007年7月8日；《楚簡中从"大"聲之字的讀法》，《古代文明》第8卷，文物出版社2010年版，第294頁。

② 《六臣注文選》卷三。

③ 湖北省文物考古研究所、北京大學中文系：《望山楚簡》，中華書局1995年版，第108、120頁。

④ 李家浩：《楚墓竹簡中的"昆"字及从"昆"之字》，《中國文字》新二十五期，藝文印書館1999年版，第145頁。

⑤ 程燕：《望山楚簡文字研究》，安徽大學碩士學位論文，2002年，第29頁；程燕：《望山楚簡考釋六則》，《江漢考古》2003年第3期。

⑥ 湖北省文物考古研究所、北京大學中文系：《望山楚簡》，中華書局1995年版，第107頁。

⑦ 湖北省文物考古研究所、北京大學中文系：《望山楚簡》，中華書局1995年版，第107、115頁。

⑧ 李家浩：《楚墓竹簡中的"昆"字及从"昆"之字》，《中國文字》新二十五期，藝文印書館1999年版，第145頁。

⑨ 劉國勝：《楚簡文字中的"綉"和"緂"》，《江漢考古》2007年第4期。

⑩ 湖北省文物考古研究所、北京大學中文系：《望山楚簡》，中華書局1995年版，第107、116頁。

“絟純”，望山簡習見。整理者將“絟”括注爲“錦”。①

“𠛮𡉚”，整理者所隸。②“𠛮”，亦見於望山簡 2-9、2-17“𠛮純”。整理者指出，“𠛮”是“絕”的異體，“𠛮純”與曾侯乙墓簡“𢇍聶”同義。③田河將“𠛮”改隸爲“㐰”，並認爲“是一種絲織物”。④曾侯乙墓簡記有“𢇍聶”和“𢇍𢐗”。整理者認爲：“‘𢇍’，即《説文》‘絕’字的古文。”⑤何琳儀師認爲，曾侯乙墓簡中的“𢇍”當讀爲“纂”，訓爲“似組而赤”。⑥包山簡 250 有“㡭”字，整理者釋爲“繼”。⑦天星觀簡中有“𣰆𡎺”，何琳儀師將“𣰆”字分析爲“从毛，𢇍聲”，疑爲“絕”字異文，讀爲“纂”。⑧彭浩認爲：“‘𠛮(絕)𡉚(纃)’是‘紡屋’的飾件或用於固定‘紡屋’的繩索。”⑨按：“𡉚”，即曾侯乙墓簡中的“絓”。“𠛮𡉚”可讀爲“纂絎”，當指以“纂”爲“紡屋”緣邊，與曾侯乙墓簡所記“組絓”、望山簡所記“𠛮純”相類。“組絓”疑指“組”製之“緣”。⑩天星觀簡記有“𣰆𡎺”，疑即曾侯乙墓簡中的“𢇍聶”，多見於“韔”“箙”之後。《説文》糸部有“反𢇍爲繼”的記載。⑪上博簡《孔子詩論》簡 27 有字作“”，《緇衣》簡 22 有字作“”，均讀爲“絕”。⑫可見，“”“”二字正反無别。上述“𢇍”“㡭”均是“絕”字。天星觀簡記有“絕鞍”。⑬

“軥、杠皆敭”，整理者將“敭”括注爲“雕”，認爲“杠”指“蓋柄”，

---

① 湖北省文物考古研究所、北京大學中文系：《望山楚簡》，中華書局 1995 年版，第 109 頁。

② 湖北省文物考古研究所、北京大學中文系：《望山楚簡》，中華書局 1995 年版，第 109 頁。

③ 湖北省文物考古研究所、北京大學中文系：《望山楚簡》，中華書局 1995 年版，第 108～109、119 頁。

④ 田河：《出土戰國遣冊所記名物分類滙釋》，吉林大學博士學位論文，2007 年，第 69～70 頁。

⑤ 湖北省博物館：《曾侯乙墓》，文物出版社 1989 年版，第 509 頁。

⑥ 何琳儀：《戰國文字聲系》，中華書局 1998 年版，第 944 頁。

⑦ 湖北省荆沙鐵路考古隊：《包山楚簡》，文物出版社 1991 年版，第 37、59 頁。

⑧ 何琳儀：《戰國文字聲系》，中華書局 1998 年版，第 944 頁。

⑨ 彭浩：《望山二號墓遣冊的“緹”與“昜馬”》，《江漢考古》2012 第 3 期。

⑩ 參第二章第一節之“韌、簟、席”。

⑪ 《説文解字》卷一三上。

⑫ 馬承源主編：《上海博物館藏戰國楚竹書(一)》，上海古籍出版社 2001 年版，第 157、197 頁。

⑬ 滕壬生：《楚系簡帛文字編》，湖北教育出版社 1995 年版，第 1044 頁。按：“絕”，原釋爲“繼”。

“軥”指“車蓋弓”，“敞”指“漆飾”。①

“白金之[illegible]釣”，整理者釋爲“白金之□釣”，並將“釣”讀爲“約”。②李家浩釋爲“白金之岜(葩)釣(瑵)”，並認爲“瑵”是玉瑵的專字，即蓋弓帽，因有花形裝飾故又稱“葩瑵”或“華瑵”。《文選·張衡〈東京賦〉》：“羽蓋威蕤，葩瑵曲莖。”③按：該“釣”記於車蓋之後，訓爲蓋弓帽於文意十分通順。李說可從。天星觀簡記有“白金之釣”“赤金之釣”，疑與望山簡中的“白金之[illegible]釣”爲同類物品，指蓋弓帽。

從記載方式看，信陽簡、包山簡、望山簡中，最簡單的是信陽簡，最詳細的是望山簡。前者僅記車蓋本身；後者對於車蓋及其附屬物的記載不僅內容詳細，而且方式多樣。一般而言，記載車蓋、蓋“裏”、蓋“純”的較爲多見，包山簡 268 卻記有“紶綃緄”和“緄組之繣”，望山簡 2-11 記有“軥”和“杠”，簡 2-12 則記有“釣”(亦見於天星觀簡)。現在，我們將各批材料中的車蓋及其相同的附屬物品，放在一起進行對比(見表 1-1-1)。

表 1-1-1　　**戰國簡冊中的車蓋及其相關物品**

出處	車蓋	裏	純	釣
望山簡 2-2+3	丹組之屋	紡裹	綃[illegible]聃綷之純	
望山簡 2-15	紡屋		[illegible]生	
信陽簡 2-4	紡劄			
包山簡 268	紡害	丹黄之紐		
《楚系》第 681 頁	紡箸	紫裹		
望山簡 2-11	紫盍			
望山簡 2-12	紫箸	䬡膚之裹	綃[illegible]之純	白金之[illegible]釣
望山簡 2-14	☐盍		絵純	
《楚系》第 975 頁	罰箸	紫裹		
《楚系》第 493、999 頁				白金之釣
《楚系》第 775、994、999 頁				赤金之釣

① 湖北省文物考古研究所、北京大學中文系：《望山楚簡》，中華書局 1995 年版，第 108、119 頁。

② 湖北省文物考古研究所、北京大學中文系：《望山楚簡》，中華書局 1995 年版，第 108、120 頁。

③ 李家浩：《望山遣策車蓋文字釋讀》，《中國文字學報》第一輯，商務印書館 2006 年版，第 80~81 頁。

從表 1-1-1 可以看出：包山簡、望山簡、天星觀簡中，均有關於車蓋之“裏”的記載。① 望山簡、天星觀簡的車蓋一般都有緣飾，有的會有“釣”。② 由此可證，包山簡、望山簡、天星觀簡等三批材料，在記載方式上具有某些共性，再如信陽簡中的“紡㓵”，包山簡 268 作“紡害”，天星觀簡作“紡箸”；望山簡 2-12 記有“白金之参釣”，天星觀簡記有“白金之釣”“赤金之釣”。這些特點也都是值得注意的。

望山簡對車蓋的記載用字也是很有特點的：簡 11 記爲“盍”，簡 12 記爲“箸”。就用字方式而言，可以分爲兩種類型：①寫作“盍”，是因爲“盍”“蓋”二字形音均相關；②而寫作“箸”，僅僅是因爲“箸”與“蓋”音近相通。

車上置蓋，主要是爲乘車者遮雨的。《周禮・考工記・輪人》“輪人爲蓋”，鄭玄注：“蓋者，主爲雨設也。”③郭寶鈞指出，車蓋還有兩個方面的功用：“但若盛暑之時，烈日炎炎，古人也未嘗不用之借以蔽日。而蓋的位置高出人頂，表尊威的人也正可在此處誇耀華飾。故天雖不雨，人們還是要用蓋的。”④至於“蓋弓帽”，孫機指出：“蓋弓末端裝蓋弓帽，多爲銅質。它的頂部普通作圓形。講究的則作花瓣形……另在蓋弓帽中部向上突起一個棘爪……用來鉤住蓋帷的邊緣以將它撐開。”⑤

包山 2 號墓出土單層蓋傘 4 件：“由蓋斗、兩節相套的傘柄和二十根蓋弓組成。蓋斗圓盤狀，弧頂外凸，周邊鑿二十個長方形外大内小之卯眼。……柄圓柱形，上端鑿錐狀榫，兩段柄及傘蓋均套接，接榫處均用兩節銅箍相套加固。蓋弓，長木條製成……榫端扁鑿形，插入蓋盤相對應卯眼……尾端套銅弓帽。弓帽圓錐筒形，上端外側有一向外的彎鉤，上部有一穿。蓋斗有作地的麻布……”⑥

七、扈

二載扈，丌一襪，紫黄紡之綳。　　曾侯乙墓簡 2+3

一襪載扈，紫黄紡之綳。　　曾侯乙墓簡 5、9、30、68

---

① 按：望山簡 2-11、14、15 除外。

② 按：望山簡 2-11 除外。

③ 《周禮注疏》卷三九。

④ 郭寶鈞：《殷周車器研究》，文物出版社 1998 年版，第 55 頁。

⑤ 孫機：《漢代物質文化資料圖説(增訂本)》，上海古籍出版社 2008 年版，第 128 頁。

⑥ 湖北省荆沙鐵路考古隊：《包山楚墓》，文物出版社 1991 年版，第 225 頁。

二𧝬載𢈪，紫黄紡之綳。	曾侯乙墓簡 14、17、19、33、40、84、102
二𧝬弇𢈪，紫黄紡之綳。	曾侯乙墓簡 31
二畫𢈪之載，紫黄紡之……	曾侯乙墓簡 31
二䣛載𢈪，紫黄紡之綳。	曾侯乙墓簡 37
二載𢈪，黄金之玳，紫綳。	曾侯乙墓簡 42
弇𢈪，紫綳，黄金之玳。	曾侯乙墓簡 60
弇𢈪，紫綳。	曾侯乙墓簡 62
一𠿔載𢈪，紫綳。	曾侯乙墓簡 80
☐𧝬載𢈪，紫黄紡之綳。	曾侯乙墓簡 82
一方𢈪。	天星觀簡(《楚系》第 843 頁)
一方䩲。	天星觀簡(《楚系》第 10、704 頁)
二方𢈪。	天星觀簡(《楚系》第 843 頁)
二方䩲。	天星觀簡(《楚系》第 704、956 頁)

曾侯乙墓簡中的“𢈪”，整理者認爲“19 號簡作‘扇’”，與金文“廼”字形近字異，並指出此字在天星觀 1 號墓竹簡中从“革”作“䩲”，是車上用以承載兵器等物品的東西，所以在曾侯乙墓簡中稱爲“載𢈪”。“𢈪”與“扃”(是一種木欄，在“古代車的廂、輢之間”)可能是“同一種東西”。前者“可以存放兵器”，後者可以用於“承載兵器和旗”。① 何琳儀師懷疑，“𢈪”可讀爲“耳”。曾侯乙墓出土一件“車耳反出”的車輿，其“‘方格狀圍欄’既可存放兵器，也可插立旗幟”。② 劉信芳師認爲，包山簡 260 中的“扉”，與“䩲”“𢈪”是“一字之異”，都“从户得聲”。此三字“或从革，或从西，或从西革者，蔽車户之物或以革，或以竹席之類，故隨實物之不同而書寫有異”。劉師推測，“載𢈪”之名源於“隨車之戈、戟插于車後”。③ 白於藍將“𢈪”改釋爲“卤”，讀爲“櫓”。《説文》木部：“櫓，大盾也。”並指出“‘櫓’既有革製者，故天星觀竹簡中‘𢈪’作‘䩲’，从革表義”。④ 鵬宇認爲，“𢈪”是“扃”，之所以从“卤”得聲可能是“楚地與中原語音的不同

---

① 湖北省博物館：《曾侯乙墓》，文物出版社 1989 年版，第 504 頁。

② 何琳儀：《隨縣竹簡選釋》，《華學》第七輯，中山大學出版社 2004 年版，第 120 頁。

③ 劉信芳：《包山楚簡解詁》，藝文印書館 2003 年版，第 276～277 頁。

④ 白於藍：《曾侯乙墓竹簡中的“卤”和“櫓”》，《中國文字》新二十九期，藝文印書館 2003 年版，第 194、201～202 頁。

的緣故"；"扃"是"車上用來固定武器和插旗的横木"，本是"𨳄"。[①] 彭浩認爲"𢊁""𢊁""罩"等字讀"豉"或"庋"："曾侯乙墓……簡文的'載𢊁(豉)'、'二載𢊁(豉)'、'二畫𢊁(豉)之載'，都是兵車上承載戈、盾、弓、甲、戟、殳等器具。對照馬王堆三號墓的'劍枝(豉)'實物和漢代畫像石的兵器架圖像，推測'載𢊁(豉)'應是帶底座的木架。它可能如秦始皇陵出土的一號銅車車傘底座一樣，放在輿底上。長柄兵器和旗幟插在豉上，弓、盾、甲則掛於其上。天星觀簡的'一方罩(豉)'的形狀當與漢代畫像石所示兵器架相似，多是矩形。"[②]按：望山簡中有"軒反"，整理者認爲是"車耳"。詳下文。則"𢊁"不當是"車耳"。曾侯乙墓簡整理者引有辭例"一方罩，紫綳。其上載二戈、一戟"。[③] 可見，"𢊁"是用於承載兵器的。只不過，目前没有一種合適的釋讀意見。

"載𢊁"，白於藍認爲："'𢊁(櫓)'爲車上所承載，故而稱之爲'載𢊁(櫓)'。"[④]

"䙡載𢊁"，或作"䡪載𢊁"。"䙡"字，曾侯乙墓簡習見。整理者認爲"'䙡'似指某種顔色"。[⑤] 何琳儀師指出，"䙡"讀爲"畫"。《書·顧命》："畫純"，孔穎達疏"彩色爲畫"。《釋名·釋書契》："畫，繪也，以五色繪物象也。"[⑥]施謝捷懷疑讀爲"黊"。《説文》黄部："黊，鮮明黄也。"[⑦]白於藍認爲，"䙡載𢊁"指"施有彩繪花紋的車載之櫓"。[⑧] 田河指出"'纗'與'䙡'當是一字異寫"，並懷疑"畫"與"䙡""大概表示不同的作畫方式或者工序"。[⑨] 按：曾侯乙墓簡 74 記有"䙡貂之箙"，如果簡文書寫無誤，"䙡"字表顔色的可能性較大。

"畫𢊁之載"，何琳儀師引作"畫載𢊁"。[⑩] 按："畫𢊁之載"，疑爲"畫

---

① 鵬宇：《曾侯乙墓竹简文字集释笺证》，華東師範大學碩士學位論文，2010 年，第 264～265 頁。

② 彭浩：《談曾侯乙墓竹簡的'𢊁'》，《簡帛》第十輯，上海古籍出版社，2015 年，第 14～16 頁。

③ 湖北省博物館：《曾侯乙墓》，文物出版社 1989 年版，第 504 頁。

④ 白於藍：《曾侯乙墓竹簡中的"鹵"和"櫓"》，《中國文字》新二十九期，藝文印書館 2003 年版，第 203 頁。

⑤ 湖北省博物館：《曾侯乙墓》，文物出版社 1989 年版，第 503 頁。

⑥ 何琳儀：《戰國文字聲系》，中華書局 1998 年版，第 736 頁。

⑦ 施謝捷：《楚簡文字中的"櫜"字》，《語文研究》2002 年第 4 期。

⑧ 白於藍：《曾侯乙墓竹簡中的"鹵"和"櫓"》，《中國文字》新二十九期，藝文印書館 2003 年版，第 203 頁。

⑨ 田河：《出土戰國遣冊所記名物分類滙釋》，吉林大學博士學位論文，2007 年，第 104 頁。

⑩ 何琳儀：《隨縣竹簡選釋》，《華學》第七輯，中山大學出版社 2004 年版，第 120 頁。

之載扂”（即“畫載扂”）的訛誤。①

“魛載扂”，白於藍認爲是“黑色的車載之櫓”。②

“弁扂”，白於藍讀爲“陷虜”，推測可能是“一種較爲狹小的盾”。③

“襛弁扂”，疑指“襛”之“弁扂”。

“方犨”，即“方扂”。白於藍懷疑是“形體較大的長方形的盾”。④

“紫黄紡之綳”。田河推測，“綳”可能是“盾、扂上所使用的繫帶”。⑤按：“紡”，疑即“縛”。信陽簡記有“紡蓋”。“紫黄紡之綳”，疑指紫黄相間的紡所製作的“綳”。“紫綳”，是指紫色的“綳”。不知“綳”爲何物。

天星觀簡中，也有關於“綳”的記載：“纓組之朋”“生絵之綳”“伓綳”“紫綳”“林纓之絓”“纓組之塱”“緩組之塱”“生絵之纓”。⑥從辭例“一方犨，紫綳。其上載二戈、一戟”來看，天星觀簡中的“紫綳”，可能就是曾侯乙墓簡中的“紫綳”。天星觀簡中其他的“綳”，與曾侯乙墓簡中的“綳”，應該是同一種物品。

“黄金之玳”，整理者認爲“玳”讀“飾”。⑦白於藍認爲，“黄金之玳（飾）”可能是指“外貼金箔的鉛錫環”。⑧按：“黄金之玳”僅兩見（簡42、60），與“紫綳”一起記載在“扂”，且二者位置可以互换。因此，此字讀爲“飾”，可從。

曹菁菁認爲，“載扂”的“記載格式”可分爲兩類：⑨

a.“二載扂，丌（其）一襛紫黄紡之綳。”

b.“一/二+襛/漆+載扂，（紫黄紡之綳/紫綳）。”（“此格式最爲常見”。）

我們認爲，曾侯乙墓簡中“扂”的記載形式，基本上可以概括爲：

---

① 按：“之”字可省，參第三章第二節“曾侯乙墓竹簡所見車陣研究”。

② 白於藍：《曾侯乙墓竹簡中的“鹵”和“櫓”》，《中國文字》新二十九期，藝文印書館2003年版，第205頁。

③ 白於藍：《曾侯乙墓竹簡中的“鹵”和“櫓”》，《中國文字》新二十九期，藝文印書館2003年版，第205頁。

④ 白於藍：《曾侯乙墓竹簡中的“鹵”和“櫓”》，《中國文字》新二十九期，藝文印書館2003年版，第207頁。

⑤ 田河：《出土戰國遣冊所記名物分類滙釋》，吉林大學博士學位論文，2007年，第173頁。

⑥ 參滕壬生：《楚系簡帛文字編》，湖北教育出版社1995年版，第493、509、524、599、670、901、908、911、916、934~935、956、1018頁。

⑦ 湖北省博物館：《曾侯乙墓》，文物出版社1989年版，第514頁。

⑧ 白於藍：《曾侯乙墓竹簡中的“鹵”和“櫓”》，《中國文字》新二十九期，藝文印書館2003年版，第207頁。

⑨ 曹菁菁：《曾侯乙墓遣冊車載兵器研究》，北京大學碩士學位論文，2007年，第19頁。

“廅”+“絧”。

只有5例除外：

①二載廅，丌(其)一襦，紫黄紡之絧。曾侯乙墓簡2+3

②二畫廅之載，紫黄紡之……曾侯乙墓簡31

③弇廅，紫絧。曾侯乙墓簡62

④弇廅，紫絧，黄金之玳。曾侯乙墓簡60

⑤二載廅，黄金之玳，紫絧。曾侯乙墓簡42

以上5例中，例②上文已作出推測，關於其餘4例，我們的意見是：例①是在“二載廅”之後記有“其一襦”，大概是因爲兩件“載廅”中只有一件的顔色爲“襦”。例③、④、⑤中的“廅”，均無顔色之詞，疑爲漏記。例③、④中，可能只有一件“弇廅”，故而省略了數詞；例④只是在例③的基礎上多了一件“黄金之玳”；例④、⑤中，“黄金之玳”和“紫絧”的記載順序不同。

八、軒反

軒反，絹緅�綷之緽，丹緅之裏，丹砫緅之純。其韋，丹緅聑綷之緽。其并檽，丹砫緅之緽，黄支組之繢世₌。 望山簡2-2

軒反，肙緅聑☐ 望山簡2-7

軒裹索繸之里。 天星觀簡(《楚系》第684頁)

軒裹素金之里。 天星觀簡(《楚系》第1018頁)

望山簡記有“軒反”。整理者認爲“軒”非車名，是“車兩旁的‘轓’”。“反”疑讀爲“皈”，就是“古代比較高級的車，兩轓上部向外翻”，也稱作“車耳”。並指出“一説‘軒反’當讀爲‘軒板’”。① 劉國勝懷疑“反”讀爲“轓”，是“藩”的俗字，並認爲“簡文‘軒轓’似當指‘女乘’車箱兩側的屏藩”。② 田河認爲“從下文看‘軒反’上有蒙蔽之物”，從劉説。③ 李守奎認爲，“軒反(皈)”是“軒”之“反(皈)”，是“車輪之上，車廂之側，屏之下

① 湖北省文物考古研究所、北京大學中文系：《望山楚簡》，中華書局1995年版，第116頁。

② 劉國勝：《楚喪葬簡牘集釋》，科學出版社2011年版，第96頁。

③ 田河：《出土戰國遣冊所記名物分類滙釋》，吉林大學博士學位論文，2007年，第95頁。

裝有一對用以遮擋車輪帶起的塵泥之物”。① 按：如田河所言，“軒反”之上有“緽”。“緽”有“裹”和“純”，可能是覆蓋物。“軒反”爲車構件的可能性較大。

望山簡 2-2 中的“韋”，整理者懷疑讀“幃”：“‘幃’、‘帷’古通。此處疑指車的帷帳。”②田河認爲，“韋(帷)”大概就是《詩·衛風·氓》中的“帷裳”，與秦始皇陵二號銅車馬的上層衣蔽類似。③ 劉信芳師認爲讀“闈”，指“車門”。④ 按：“韋”上也有“緽”，根據“軒反”的情況來看，“韋”也有可能是車構件。

“并欞”，整理者認爲：“‘并’似當讀爲屏蔽之‘屏’。欞即欄杆的孔格。古書又有‘轜’字，亦作‘軨’，專指車上的欄杆，是‘欞’的分化字。屏欞疑即漢代人所謂的屏星，是車前屏蔽之物。”⑤田河贊同整理者的意見，並認爲：“‘軨’……是古代車箱前面和左右兩面用木條構成的圍欄的通稱。此處的‘屏’當指屏藩。包山二號墓出土一長方形竹製車器，似乎就是屏藩，上面有清晰可辨的欞格。其面上所附爲竹片。簡文‘屏軨’所附遮蔽物爲‘丹厚(重)緂之緽’。”⑥劉信芳師認爲：“并欞，讀爲‘屏欞’，格子式車窗。”⑦按：“并欞”上也有“緽”，根據“軒反”和“韋”的情況來看，“并欞”也有可能是車構件。田說可從。

“絹緂聃紟之緽”，整理者釋爲“肙緂聯絭(縢)之”，懷疑“”與曾侯乙墓簡中的“墬”是“同一種東西”。⑧ 上博簡《周易》簡 15 有字作“”。⑨ 帛書、今本《周易》與之對應的字是“冥”。包山簡 143 有字作“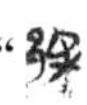”。李零認爲，此字右旁之“”就是“榠樝”之“榠”；望山簡中的

① 李守奎：《出土簡策中的“軒”和“圓軒”考》，《古文字研究》第二十二輯，中華書局 2000 年版，第 198 頁。

② 湖北省文物考古研究所、北京大學中文系：《望山楚簡》，中華書局 1995 年版，第 116 頁。

③ 田河：《出土戰國遣冊所記名物分類滙釋》，吉林大學博士學位論文，2007 年，第 100 頁。

④ 劉信芳：《楚系簡帛釋例》，安徽大學出版社 2011 年版，第 148 頁。

⑤ 湖北省文物考古研究所、北京大學中文系：《望山楚簡》，中華書局 1995 年版，第 116 頁。

⑥ 田河：《出土戰國遣冊所記名物分類滙釋》，吉林大學博士學位論文，2007 年，第 96 頁。

⑦ 劉信芳：《楚系簡帛釋例》，安徽大學出版社 2011 年版，第 148 頁。

⑧ 湖北省文物考古研究所、北京大學中文系：《望山楚簡》，中華書局 1995 年版，第 107、116 頁。

⑨ 參馬承源主編：《上海博物館藏戰國楚竹書(三)》，上海古籍出版社 2003 年版，第 27 頁。

“綶”，應釋爲“縸’”。① 天星觀簡中的“𧝒”，滕壬生釋爲“裹”和“裹”。② 李零改釋爲“𧝒”。③ 田河認爲，“縸”是天星觀簡中的“𧝒”；“𧝒”是“車器部件”，是“軒或車闌上的覆蓋物”；天星觀簡和望山簡中的“𧝒”是“軒上之物件”。④ 陳偉師懷疑，望山簡 2-15 中的“約縸”讀“豹𧝒”，是“豹皮作成的𧝒”，並由此推測“我們討論的對象具有軾一類的構件，並且在它的上面覆蓋豹皮”。⑤ 彭浩認爲：“簡文‘約縸’，很可能如簡 2‘縸’是車輿的內飾一樣，指轎輿的內飾。……簡文的‘縸’應當就是指鋪陳在‘肩輿’內的飾物。”⑥范常喜認爲，“軒反”後面的“縸”，可能指的是“覆蓋在‘車耳’或‘車箱兩側的屏藩’外面的一層織物或皮革”；“韋”後面的“縸”，可能指的是“車帷是用‘丹緧聯縢之縸’做成”；“并檽”後面的“縸”，可能指的是“施於車前部屏檽上的覆蓋物”；天星觀簡中的“軒𧝒”，應當是“覆蓋在軒車上的織物或皮革”。⑦ 按：僅望山簡 2-2 中就有兩處記有“縸”，並且記載位置有異，如果都解釋爲覆蓋在車軾上的皮革恐怕不妥。因此，我們懷疑，望山簡中的“縸”，可能都只是遮蓋物，並非專指覆軾之“𧝒”。

“絹緧聛絣”，疑讀爲“絹繡聯縢”。⑧ 望山簡 2-2 所記“丹組之屋”飾有“絹緧聛絣之純”。

“丹緧聛絣之縸”，整理者釋爲“丹緧聯紩(縢)之綶”。⑨ “丹緧聛絣”，疑讀爲“丹繡聯縢”。

“丹砫緧之縸”，整理者釋爲“丹厚緧之綶”。⑩

“丹緧之裹”，劉國勝認爲：“應是指上文‘縸’的裹子”。⑪

“丹砫緧之純”。“丹砫緧”，整理者釋爲“丹厚緧”，並據《廣雅・釋

---

① 李零：《讀〈楚系簡帛文字編〉》，《出土文獻研究》第五集，科學出版社 1999 年版，第 147、152 頁。

② 滕壬生：《楚系簡帛文字編》，湖北教育出版社 1995 年版，第 684、1018 頁。

③ 李零：《讀〈楚系簡帛文字編〉》，《出土文獻研究》第五集，科學出版社 1999 年版，第 148 頁。

④ 田河：《出土戰國遣冊所記名物分類滙釋》，吉林大學博士學位論文，2007 年，第 103 頁。

⑤ 陳偉：《車輿名試説(二則)》，《古文字研究》第二十八輯，中華書局 2010 年版，第 386 頁。

⑥ 彭浩：《望山二號墓遣冊的“縸”與“昜馬”》，《江漢考古》2012 第 3 期。

⑦ 范常喜：《楚簡“△”及相關之字述議》，《簡帛》第十一輯，上海古籍出版社 2015 年版，第 57～58 頁。

⑧ 參本節之“蓋”。

⑨ 湖北省文物考古研究所、北京大學中文系：《望山楚簡》，中華書局 1995 年版，第 107 頁。

⑩ 湖北省文物考古研究所、北京大學中文系：《望山楚簡》，中華書局 1995 年版，第 107 頁。

⑪ 劉國勝：《楚喪葬簡牘集釋》，武漢大學博士學位論文修訂本，2005 年，第 109 頁。

詁二》：“純，緣也”，認爲“此處疑指用織物包在‘軒反’周圍作邊”。①

“黄攴組之繽卅₌(三十)”，整理者釋爲“黄夋且(組)之繽三十”，認爲“夋”讀“緶”，“繽”可以分析爲“从‘糸’从‘貝’‘乘’聲”，疑讀爲“縢”。“黄緶組之繽”就是指“用黄色的絲織物編織成的繩或帶”。② 劉釗將“繽”改隸爲“纘”，釋爲“綴”。③ 劉國勝認爲：“《文選·羽獵賦》‘泰華爲旒，熊耳爲綴’，李善注：‘綴，亦旒也。’簡文‘綴’疑是裝飾在車衣上的一類飾帶或繫帶。”④田河認爲：“這種黄色編織物做的繩帶，懷疑是用來繫縛‘屏軨’上蒙的‘丹厚(重)緅之𥿋’。”⑤按：“繽”，應從整理者讀爲“縢”，指“繩”或“帶”。“黄攴組”的“黄攴”，可能指花紋；也可能是“黄”指顏色，“攴”指花紋。

九、輢

兩軻。　　　　　　望山橋簡 6

我們認爲：“‘兩軻’之‘軻’亦屬首次出現。《説文》車部：‘軻，接軸車也。’將簡文中的‘軻’理解爲車名恐怕不妥，應該仍是車構件或車器之名，疑讀爲‘輢’。《説文》車部：‘輢，車旁也。’《周禮·考工記·序言》‘車軫四尺’，鄭玄注：‘戈殳戟矛，皆插車輢。鄭司農云：……謂著戈於車邪倚也。’”⑥

附：柅

匿。　　　　　　清華簡《封許之命》簡 6

整理者認爲：“《説文》‘暱’字或作‘昵’，此處‘匿’疑讀爲‘柅’。《易·姤卦》‘繫于金柅’，《正義》：‘馬云：柅者，在車之下，所以止輪令不動者也。’柅附屬於車馬，故簡文列於車馬之下。”⑦按：《集韻·旨

---

① 湖北省文物考古研究所、北京大學中文系：《望山楚簡》，中華書局 1995 年版，第 107、116 頁。

② 湖北省文物考古研究所、北京大學中文系：《望山楚簡》，中華書局 1995 年版，第 107、116 頁。

③ 劉釗：《包山楚簡文字考釋》，見氏著《出土簡帛文字叢考》，臺灣古籍出版有限公司 2004 年版，第 12 頁。

④ 劉國勝：《楚喪葬簡牘集釋》，科學出版社 2011 年版，第 97 頁。

⑤ 田河：《出土戰國遣冊所記名物分類滙釋》，吉林大學博士學位論文，2007 年，第 243 頁。

⑥ 羅小華：《荆州望山橋楚簡選釋》，簡帛網，2017 年 3 月 16 日。

⑦ 李學勤主編：《清華大學藏戰國竹簡(伍)》，中西書局 2015 年版，第 121 頁。

韻》：“柅，止車輪木。”[①]此物在文獻中也稱作“軔”。《説文》車部：“軔，礙車也。”徐鍇繫傳：“止輪之轉，其物名軔。”[②]《玉篇》車部：“軔，礙車輪木。或作杒。”[③]《説文》石部：“礙，止也。”[④]據此，則所謂“礙車”“礙車輪木”即“止車輪木”。從音韻上看，柅，娘紐脂部；娘紐文部。脂、文當屬陰陽對轉。《論語·陽貨》：“涅而不緇。”“涅”，《史記·屈原賈生列傳》作“泥”。[⑤]《大戴禮記·曾子制言上》：“白沙在泥，與之皆黑。”[⑥]《書·洪範》孔穎達疏引《荀卿書》曰：“白沙在涅，與之俱黑。”[⑦]从“尼”得聲之字，與从“日”得聲之字相通。《説文》黍部：“䵒，黏也。黏，䵒或从刃。”[⑧]从“日”得聲之字，又與从“刃”得聲之字相通。因此，“柅”可與“軔”相通假。

秦陵二號銅車馬有2件銅軔：“形狀呈四方框狀，由四根兩兩平行的長方形銅條構成。上、下兩根横條，上側面中部各有一淺槽，以便承輪，而下側面呈人字形的壼門狀，左右兩端各有一低矮的方足。銅軔的左右兩根豎條，其前後兩端呈‘工’字形相接，鑄連在一起……”[⑨]

戰國簡冊中所記載的車構件數量並不多，情況比較明確的有“輪”“畫轅”和“龍輈”“軏”“衡”及“尼”“蹼婁”“蓋”等8種。“廅”“軒反”“并檽”等物品可能屬於車構件。“柅”是馬車的附屬物。

第二節　車　　器

一、釱、銍

炎金之釱。白金之銍。緋組之鐳釱。　　　包山簡 272

① 《集韻》卷五。
② 《説文解字繫傳》卷二七。
③ 《大廣益會玉篇》卷一八。
④ 《説文解字》卷九下。
⑤ 張儒、劉毓慶：《漢字通用聲素研究》，山西古籍出版社 2002 年版，第 812 頁。
⑥ 《大戴禮記解詁》卷五。
⑦ 《尚書正義》卷一二。
⑧ 《説文解字》卷七上。
⑨ 秦始皇兵馬俑博物館、陝西省考古研究所：《秦始皇陵銅車馬發掘報告》，圖一三八：1，文物出版社 1998 年版，第 230 頁。

白金之鈦。　　　　　　　　　　　　包山簡 273
白金之鈦。赤金之銍。緋組之鐳之鈦。　包山簡 276
白金大。赤金之鈺。緋組之鐳之大。　　包山牘 1
白金之鈦。　天星觀簡(《楚系》第 494、647、696、994、997 頁)
悳鈦。　　天星觀簡(《楚系》第 793、997 頁)
鈚鈦。　　天星觀簡(《楚系》第 997、999 頁)
□之鈦。　天星觀簡(《楚系》第 743 頁)
鏠銍。　　天星觀簡(《楚系》第 997、1044 頁)

“鈦”，字或作“大”。后德俊認爲“鈦通軑”，並推測是車軎。① 董珊从“銍”訓“車轄”和“飛軨的裝配位置”兩個方面入手，證明“鈦”是車軎。② 按：“鈦”一般記載在車輪之後，據此，“鈦”當爲車轂部件。典籍中，“鈦”有“錧”和“車轄”的訓釋。僅从“鈦”的辭例及其記載位置來看，訓爲“錧”和“車轄”也都是可行的。但是，結合下文中“鈦”上有“鐳”的情況看，董説更爲可信。因此，“鈦”是車軎的可能性較大。馬承源指出：“軎是套在車軸的兩端，用以加固軸頭。形狀一般呈長筒形，一端粗一端細，粗端套接車軸。”③郭寶鈞認爲：“軎飾原是爲加固車軸末端而設。車軸末端須鑿轄孔施轄以制轂，爲防轄孔開裂，故冒銅飾以固之……”④

“赤金之鈦”，“赤”字原篆作“”。整理者釋爲“赤”。⑤ 后德俊認爲，“赤金”和“白金”分别爲黄金和白銀；並指出，簡文中的“白金大”應該是“錯嵌灰褐色物”的車軎，灰褐色物質原本是灰白色；簡文“白金”是針對“其錯嵌效果類似於錯銀”而言的。⑥ 郭若愚認爲：“此處‘金’乃指銅而言。‘白金’可能指銅錫合金。”⑦李建西認爲“‘白金’作爲白色金屬材料之稱，在不同時期和不同文獻語境中的含義也不同”，並指出“戰國秦漢時期可能多種白色金屬材料都被稱作‘白金’”。⑧ 劉信芳師指出“出土實物有‘雙箍雲紋軎’一對(標本 2：329.1)，紅銅質，即簡文所謂‘炎金’；

---

① 后德俊：《“包山楚簡”中的“金”義小考》，《江漢論壇》1993 年第 11 期。
② 董珊：《楚簡中从“大”聲之字的讀法》，《古代文明》第 8 卷，文物出版社 2010 年版，第 286~294 頁。
③ 馬承源主編：《中國青銅器》，上海古籍出版社 1988 年版，第 308 頁。
④ 郭寶鈞：《殷周車器研究》，文物出版社 1998 年版，第 23 頁。
⑤ 湖北省荆沙鐵路考古隊：《包山楚簡》，文物出版社 1991 年版，第 38 頁。
⑥ 后德俊：《“包山楚簡”中的“金”義小考》，《江漢論壇》1993 年第 11 期。
⑦ 郭若愚編著：《戰國楚簡文字編》，上海書畫出版社 1994 年版，第 121 頁。
⑧ 李建西：《西周金文“白金”初探》，《考古與文物》2010 年第 4 期。

通體飾錯銀帶紋和二方連續勾連雲紋，即簡文所謂‘白金之銍，絭組之鑐’”。[①] 董珊指出：“包山 M2：329 有錯銀雲紋，應當是遣策所記正車的‘白金之釱’，所謂‘白金’是指錯銀。若此，則 M2：366 對應於記乘軒簡中的‘赤金之釱’。”[②]按：包山簡 102 有“炎”字作“”，與“”字形體吻合，可見，“”當釋爲“炎”。包山簡 276 記有“白金之釱”、“赤金之銍”，簡 272 記有“炎金之釱”“白金之銍”。對比可知，“炎”當爲“赤”之誤字。“白金”，疑指錯銀；“赤金”，疑指錯紅銅。只不過，簡文記載與出土器物的對應，仍待研究。

天星觀簡記有“釓釱”“惪釱”和“白金之釱”。“釓”，董珊改釋爲“鉚”，讀爲“枛”，訓爲“棱”。[③] “惪”，董珊讀爲“熾”，訓爲“赤”，指“紅色”，並認爲“惪釱”可能與“赤金之釱”爲同類物品，其具體所指待考。[④]

“白金之銍”，劉信芳師認爲：“‘白金之銍’，應指在軑上錯有白銀。”[⑤]黃鳳春將“銍”讀爲“室”，並認爲：“‘白金之銍(室)’就是説‘用白銀鑲填(花紋)’。”[⑥]田河指出：“‘赤金之釱’若指銅車軎，那么‘白金之銍’指轅端銀飾亦有可能。”[⑦]“白金之銍”，亦見於仰天湖簡 26。郭若愚認爲，“銍”可能是小型的戈。[⑧] 董珊認爲：“包山簡所見之‘銍’應讀爲‘桎’，‘桎’是車轄的別名。《詩·小雅·節南山》：‘尹氏大師，維周之氐。秉國之均，四方是維。’毛《傳》：‘氐，本。’鄭玄《箋》：‘氐，當做桎鎋之桎。言尹氏作大師之官，爲周之桎鎋。’陸德明《釋文》‘桎，之實反，又丁履反，礙也。本有作手旁至者，誤也。鎋字又作轄。’孔穎達《正義》：

---

① 劉信芳：《楚簡文字考釋五則》，《于省吾教授百年誕辰紀念文集》，吉林大學出版社 1996 年版，第 186 頁。

② 董珊：《楚簡中从“大”聲之字的讀法》，《古代文明》第 8 卷，文物出版社 2010 年版，第 294 頁。

③ 董珊：《楚簡中从“大”聲之字的讀法》，《古代文明》第 8 卷，文物出版社 2010 年版，第 295 頁。

④ 董珊：《楚簡中从“大”聲之字的讀法》，《古代文明》第 8 卷，文物出版社 2010 年版，第 295 頁。

⑤ 劉信芳：《楚簡文字考釋五則》，《于省吾教授百年誕辰紀念文集》，吉林大學出版社 1996 年版，第 187 頁。

⑥ 黃鳳春：《信陽楚墓中的“䃅石之硂”》，《楚文化研究論集》第六集，湖北教育出版社 2005 年版，第 59 頁。

⑦ 田河：《出土戰國遣冊所記名物分類滙釋》，吉林大學博士學位論文，2007 年，第 95 頁。

⑧ 郭若愚編著：《戰國楚簡文字編》，上海書畫出版社 1994 年版，第 121 頁。

‘《孝經・鉤命決》云：孝道者，萬世之桎鎋。《説文》云：桎，車鎋也。則桎是鎋之别名耳。以鎋能制車，喻大臣能制國，故以大師之官爲周之桎鎋也。’案今本《説文》‘桎，足械也。从木、至聲。’《正義》所引‘《説文》云：桎，車鎋也’不見今本《説文》，但合於鄭箋，必另有所本。‘氏’、‘桎’聲系可通，鄭箋之‘桎’與包山之‘銍’，都是指車轄。”“仰天湖簡18：‘一□一矛，彫(雕)金之鉈，白金之銍。魯伯之▨’，‘鉈’應讀爲‘鍦’，《方言》卷九：‘矛，吴揚江淮、南楚五湖之間謂之鍦。’(參看馮時：《工𢉖大叡鍦銘文考釋》，《古文字研究》第二十二輯，中華書局，2000年，第112~115頁)此‘彫金之鉈’是説矛頭彫飾，‘白金之銍’似是説錯銀的矛鐓。”[①]按：“室”，在典籍中可訓爲“劍削”，引申爲“矛頭受刃處”“矛之銎孔”。《詩・鄭風・清人》“二矛重喬”，鄭玄箋“喬，矛矜近上及室題，所以縣毛羽。”陸德明釋文：“此言室，謂矛頭受刃處也。”孔穎達疏：“室，謂矛之銎孔。”[②]仰天湖簡“銍”之前記有“矛”。因此，仰天湖簡中的“銍”，疑讀爲“室”，訓爲“矛頭受刃處”或“矛之銎孔”都是可以的，可能是對前文“矛”的進一步説明。如董珊所言，“彫金之鉈”指“矛頭彫飾”，“白金之銍”則指“錯銀的矛鐓”。而包山簡中的“銍”，更可能是車器，讀爲“桎”，訓爲“車轄”應該是比較可取的。“白金之銍”，可能指錯銀的車轄。

包山簡272記有“赤金之銍”。包山牘1作“赤金之釴”。田河推測，“釴”應當是“銍”。[③] 按：從包山簡276和牘1的對應情況來看，“釴”很可能是“銍”。“銍”字寫作“釴”的原因，尚不明確。

包山2號墓出土雙箍雲紋軎1對(標本2：329-1)：“紅銅質。軎身圓筒形，末端平，軸端有與轂相接的折沿，筒身飾雙箍，内側箍與折沿之間有對稱長方形穿，内插倒立伏虎轄。通體錯銀帶紋和二方連續勾連雲紋。”[④]

天星觀簡中的“鍟銍”，劉國勝認爲：“‘鍟’似當是‘銀’的異體。‘銀銍’即‘白金之銍’。”[⑤]董珊認爲：“天星觀遣策有‘鍟銍’(997)，可能也

---

① 董珊：《楚簡中从“大”聲之字的讀法》，《古代文明》第8卷，文物出版社2010年版，第287~288頁。

② 《毛詩正義》卷四。

③ 田河：《出土戰國遣冊所記名物分類滙釋》，吉林大學博士學位論文，2007年，第95頁。

④ 湖北省荆沙鐵路考古隊：《包山楚墓》，文物出版社1991年版，第237頁。

⑤ 劉國勝：《楚喪葬簡牘集釋》，科學出版社2011年版，第54頁。

是記某一種車轄。"①按："鋞"也應該是車轄。"鏜"是"鋞"的修飾詞。

包山簡276記有"紛組之鐳之釱"，簡272作"紛組之鐳釱"。包山簡整理者將"鐳"括注爲"鑪"。② 劉國勝認爲："'鐳'疑讀爲軨，指繫於車害上的飛軨。《急就篇》卷三顔師古注：'路車之轄施小旛者，謂之飛軨。'秦始皇陵二號銅車馬車轂端的害上繫有幡狀飛軨。簡文'縢組之鐳'似是'軑'的修飾語，此處'軑'即上文所記'赤金之軑'，'縢組之鐳軑'是說明'赤金之軑'有'縢組'做成的飛軨。276號簡記有'縢組之鐳之軑'，亦似是對軑施飛軨的説明。"③包山簡和望山簡均記有"霝光"。望山簡整理者認爲"'霝光'疑是某種織物之名，簡文屢見"。④ 古敬恒懷疑，"紷"和"霝光"都是指"後來的綾"。之所以被稱爲"霝光"，是因爲"這種織物剛被創製出來時，楚人因其光潔精細而驚異不已，遂以'霝光'稱之"。⑤ 劉信芳師認爲："簡文稱金屬器皿之紋飾爲'鐳'，稱絲織品之紋飾爲'纁'或'霝光'，蓋其紋飾爲雲氣，爲龍鳳，取其可通神靈而美善之義。字或从金，或从絲，因其質地不同而書寫有别。"⑥田河指出："車軨也可以繫在車轄上，包山二號墓出土的車轄，有的便在一端有穿孔。"⑦董珊認爲："從秦始皇陵二號銅車馬以及左冢M1所見的飛軨柄部來看，飛軨柄部有繩組纏繞固定。'縢組之鐳'是説飛軨的固定裝置爲'縢組'。'縢'即'繩'。陸德明《經典釋文》引《禮記·曲禮上》'已駕，僕展軨'盧植注云：'軨，車轄頭鞙也'，'鞙'當是'鞙'之傳抄誤字，應讀爲'組'。"⑧按：從音韻上看，"霝"讀爲"綾"是沒有問題的。"霝"與"令"通，"令"與"綾"通。⑨ 從意思上看，"綾"正好是一種織物，與簡文相合。但是，楚人爲何將"綾"稱爲

---

① 董珊：《楚簡中从"大"聲之字的讀法》，《古代文明》第8卷，文物出版社2010年版，第288頁。

② 湖北省荊沙鐵路考古隊：《包山楚簡》，文物出版社1991年版，第38~39頁。

③ 劉國勝：《楚喪葬簡牘集釋》，武漢大學博士學位論文修訂本，2005年，第64頁。

④ 湖北省文物考古研究所、北京大學中文系：《望山楚簡》，中華書局1995年版，第108、119頁。

⑤ 古敬恒：《望山楚簡文字考釋三則》，《中國文字研究》第二輯，廣西教育出版社2001年版，第172~174頁。

⑥ 劉信芳：《楚簡文字考釋五則》，《于省吾教授百年誕辰紀念文集》，吉林大學出版社1996年版，第187頁。

⑦ 田河：《出土戰國遣冊所記名物分類滙釋》，吉林大學博士學位論文，2007年，第94頁。

⑧ 董珊：《楚簡中从"大"聲之字的讀法》，《古代文明》第8卷，文物出版社2010年版，第294頁。

⑨ 張儒、劉毓慶：《漢語通用聲素研究》，山西古籍出版社2002年版，第552~553、82頁。

“靁光”，並無明確證據。从“鐳”的前後爲車輪部件來看，讀爲“飛軨”之“軨”比較妥當。另外，“鐳”讀爲“軨”，從音韻上説是没有問題的。田河認爲，車轄上的穿孔可能是用以繫飛軨的説法有待商榷。朱鳳瀚指出：“轄上有小孔，用來穿繫皮條，以與軎牢靠地固定在一起，也就使軎與軸的套接更穩固。”①秦始皇陵一、二號銅車馬上的飛軨，都是繫掛在車軎上。其中，二號銅車馬的飛軨爲：“2件。均青銅質。分别懸掛於銀軎下端的紐鼻上。……形制和大小相同。形狀類似箭尾形，分爲上下兩段……其中上段爲圓柱體鏈條，由兩節短小的銅節采用子母扣法連接，上面鑄有皮條纏扎紋……下段由三片大小、形制相同的銅片疊合而成。銅片的上端兩側收殺成弧形肩，下端平齊。頂端有一榫頭插入上段鏈條末節的卯口内，再貫一横軸使上下兩段連成一體。”②這也説明，“鈦”不當理解爲“轄”。

“絳”，整理者隸爲“絑”。③ 劉釗隸定爲“絳”，讀爲“縢”，訓爲“繩”“紋”。④ 何琳儀師隸定爲“絭”，認爲是“縢”之省文，讀爲“縢”。⑤ 按：“絳組”之“絳”，可能指顔色，讀爲“黱”。《玉篇》黑部：“深青也。”⑥包山牘有“緑組”。也可能指質料，如仰天湖簡15有“絵組”。

如果以上對“鈦”(或作“大”)、“銍”(或作“釷”)、“鐳”三種物品的理解不誤的話，“絳組之鐳鈦”“絳組之鐳之鈦”“絳組之鐳之大”可能都是指繫有飛軨的車軎；“炎金之鈦”“白金之鈦”“白金大”僅指車軎；“白金之銍”“赤金之銍”“赤金之釷”可能是指車轄，也可能是指帶矛車軎的相關部位。

天星觀簡中，“鏟銍”之“銍”，可能與包山簡“赤金之銍”“白金之銍”中的“銍”一様，讀爲“楂”，訓爲“車轄”。

---

① 朱鳳瀚：《中國青銅器綜論》，上海古籍出版社2009年版，第451頁。

② 秦始皇兵馬俑博物館、陝西省考古研究所：《秦始皇陵銅車馬發掘報告》，文物出版社1998年版，第16、143~144頁。

③ 湖北省荆沙鐵路考古隊：《包山楚簡》，文物出版社1991年版，第38頁。

④ 劉釗：《包山楚簡文字考釋》，見氏著《出土簡帛文字叢考》，臺灣古籍出版有限公司2004年版，第28頁。

⑤ 何琳儀：《戰國文字聲系》，中華書局1998年版，第152頁。

⑥ 《大廣益會玉篇》卷二一。

二、轄

鐫。　　　曾侯乙墓簡 4

轠。　　　曾侯乙墓簡 10

整理者懷疑："簡文'鐫'、'轠'即'鎋'、'轄'二字異體。"西周衛鼎(乙)銘文所記賞賜物中有車器"朿僪"。整理者認爲："'僪'與簡文'鐫'、'轠'當指同一器物。從鼎銘和簡文上下文看，'僪'與'鐫'、'轠'似非指車轄。究竟何所指，待考。"①按：整理者之所以認爲"鎋"和"轄"並非"車轄"，可能是因爲它們的記載位置比較隨意。如果記載次序是物品擺放位置的真實反映，那麽，曾侯乙墓簡所記載的某些物品的擺放位置可能是散亂的。商周乘馬坑中的車馬存在拆車葬。拆車葬坑内的車被拆成若干部件。有的"將車的部件全部拆下，規律放置，依次相疊"；有的"只將輪或軸卸下，將馬匹處死後整齊置入，全坑的車馬放置有序"；有的"散亂放置"。② 我們認爲，拆車葬坑的情況可以説明，曾侯乙墓簡中某些物品的記敘位置不規範。"鐫""轠"是"車轄"之"轄"的可能性仍然較大。《玉篇》車部："轄，車鍵也。"③《釋名・釋車》："轄，害也，車之禁害也。"畢沅疏證："轄，貫軸頭之鐵也，所以禁轂之突也，故曰車之禁害。"④《玄應音義》卷七"輨轄"，注："轄，又作舝、鎋二形。"⑤

"鎋"和"轄"之前的""，整理者存原篆。⑥ 何琳儀師認爲是"从'刀'，'毌'聲的形聲字"，讀爲"貫"，據《廣雅・釋言》"貫，穿也"認爲"貫轄"是"貫穿車軸之轄"。簡文中的"貫轄"，可與《説文》段注"謂鐵貫於軸耑(端)"的説法互證。⑦ 劉信芳師認爲："㓟，从冃，刀聲，讀爲'冒'。……㓟轄，車軎上的銷釘。"⑧按：細審字形，上部所謂"毌"旁中間一豎與下部所謂"刀"旁的撇筆是一筆。因此，該字上部可能不从"毌"。

車轄是貫於車軸上，防止車輪脱離車軸的器件，一般與車軎配套使

---

① 湖北省博物館：《曾侯乙墓》，文物出版社 1989 年版，第 508 頁。

② 吴曉筠：《商周時期車馬埋葬研究》，科學出版社 2009 年版，第 48～50 頁。

③ 《大廣益會玉篇》卷一八。

④ 《釋名疏證補》卷七。

⑤ 《玄應音義》卷七。

⑥ 湖北省博物館：《曾侯乙墓》，文物出版社 1989 年版，第 490 頁。

⑦ 何琳儀：《隨縣竹簡選釋》，《華學》第七輯，中山大學出版社 2004 年版，第 121 頁。

⑧ 劉信芳：《楚系簡帛釋例》，安徽大學出版社 2011 年版，第 140 頁。

用。郭寶鈞指出："軸是持輪的，輪是承軸任重而行進的，但在車行進時二者常有相離之勢。所以要制輪，使之常貫於軸上而不得脱，此功用主要在轄，《淮南子·人間訓》：'夫車之所以能轉千里者，以其要在三寸之轄。'轄是軸端鍵，豎貫軸頭長方孔中若十字架。爲此，制輪若無轄，則車不能行矣。"①馬承源認爲："轄是車軸上的銷子，呈長條形，上粗下細，頂上一般有獸頭裝飾，插入軸末端的方孔内，以防車輪脱出。"②曾侯乙墓出土Ⅱ式車軎1對(N.182)："轄首較大，獸面由一些凸起的圓點上施漩渦紋組成。"③

三、環

七聚環。	曾侯乙墓簡 58
☐□臭，紃綷，又鍉鐶。	望山簡 2-6
☐[之]轅鐶。	望山簡 2-22
☐金之□首，皆又□鐶。	望山簡 2-37
雘臭之鐶。	天星觀簡(《楚系》第 215、310、1004 頁)
臭鐶。	天星觀簡(《楚系》第 215、1004 頁)

"七聚環"，何琳儀師認爲"環"讀"鐶"，引《正字通》曰："鐶，凡圜郭有孔可貫繫者謂之鐶。通作環。"④田河提出兩種解釋：第一，"聚"疑讀爲"緅"，"七聚環"是指"七枚青色之環"；第二，"聚"用爲本字，指"滙聚""聚合"。"七聚環"可能是衡、軛或齒輔上的附鐶，與望山簡中的"轅鐶""鍉鐶"是"同類車器"。⑤ 按："聚環"到底爲何物，是否與望山簡、天星觀簡中的"鐶"相關，尚不明確。

望山簡 2-6 記有"臭"，整理者釋爲"鞶"。⑥ 劉國勝讀爲"韅"，據《説文》認爲"是指將車衡與車輮、車衡與車軛綁固的革帶"。⑦ 按：關於"臭"的辭例殘損嚴重，無法確定。

---

① 郭寶鈞：《殷周車器研究》，文物出版社 1998 年版，第 27 頁。

② 馬承源主編：《中國青銅器》，上海古籍出版社 1988 年版，第 308 頁。

③ 湖北省博物館：《曾侯乙墓》，文物出版社 1989 年版，第 315 頁。

④ 何琳儀：《戰國文字聲系》，中華書局 1998 年版，第 990 頁。

⑤ 田河：《出土戰國遣冊所記名物分類滙釋》，吉林大學博士學位論文，2007 年，第 99 頁。

⑥ 湖北省文物考古研究所、北京大學中文系：《望山楚簡》，中華書局 1995 年版，第 117 頁。

⑦ 劉國勝：《楚喪葬簡牘集釋》，科學出版社 2011 年版，第 99 頁。

"紃綘"，包山簡亦見，其整理者將"綘"讀爲"縫"，並指出"紃綘"是"以絛帶鑲嵌於鞎上"。① 望山簡整理者疑讀爲"紃縫"，是指"在皮革或織物的縫合之處嵌紃條爲飾"。② 劉信芳師認爲："紃縫謂以絛帶連接鞁、鞅之革縫。"③按："紃縫"，可能是"韅"上的紃條裝飾。"紃"，似乎也可能指顏色。《集韻・諄韻》："紃，采文也。""紃，采也。"④

望山簡 2-6 記有"鍉鐶"，整理者釋爲"鍉□"。⑤ "鐶"，古敬恒所釋，認爲是"環"之異體，泛指"圓圈形物"。"鍉"疑讀爲"提"，指"提環"。⑥袁國華提出兩種釋讀意見：第一，"鍉"讀爲"提"，訓爲"懸持"，"提環"是指"車上可以懸物之銅環"；第二，"鍉"通"題"，訓爲"額頭"，"題環"是指"車馬具中馬首上之環飾"。兩種意見中，袁國華認爲"前説爲優"。⑦劉國勝指出："江陵九店楚車馬坑出土的車，在車衡與車轅、車衡與兩軛這三處交接的地方發現有銅'二連環'、'三連環'。簡文'提環'似指這類環。天星觀簡記有'雔爨之環'、'爨環'。"⑧望山簡 2-22 記有"鍰鐶"。田河推測，"鍰鐶"大概也是指九店楚車馬坑出土的"二連環""三連環"。⑨劉信芳師認爲："'鍉鐶'也許是用以連接並可拆卸的環。"⑩按：從簡文看，"鍉"和"鍰"應該是名詞，不宜理解爲動詞。天星觀簡中的"雔臭之鐶"和"臭鐶"，"臭"當釋爲"爨"，讀爲"韅"。"爨環"，可能是"雔爨之環"的簡稱。

望山簡 2-37 記有"鐶"。整理者釋爲"□鐶"。⑪ 劉國勝釋爲"畜

---

① 湖北省荊沙鐵路考古隊：《包山楚簡》，文物出版社 1991 年版，第 38、65 頁。

② 湖北省文物考古研究所、北京大學中文系：《望山楚簡》，中華書局 1995 年版，第 117 頁。

③ 劉信芳：《包山楚簡解詁》，藝文印書館 2003 年版，第 295 頁。

④ 《集韻》卷二。

⑤ 湖北省文物考古研究所、北京大學中文系：《望山楚簡》，中華書局 1995 年版，第 107 頁。

⑥ 古敬恒：《望山楚簡文字考釋三則》，《中國文字研究》第二輯，廣西教育出版社 2001 年版，第 171～172 頁。

⑦ 袁國華：《〈望山楚簡〉考釋三則》，《古文字研究》第二十四輯，中華書局 2002 年版，第 371 頁。

⑧ 劉國勝：《楚喪葬簡牘集釋》，科學出版社 2011 年版，第 99 頁。

⑨ 田河：《出土戰國遣冊所記名物分類滙釋》，吉林大學博士學位論文，2007 年，第 99 頁。

⑩ 劉信芳：《楚系簡帛釋例》，安徽大學出版社 2011 年版，第 135 頁。

⑪ 湖北省文物考古研究所、北京大學中文系：《望山楚簡》，中華書局 1995 年版，第 110 頁。

鐶”。① 田河認爲“此鐶從辭例看可能是屬於旗杆的”。② 按：“[illegible]”字不明。

總之，望山簡中的“鍉鐶”“鞖鐶”，天星觀簡中的“雔䚗之鐶”“䚗鐶”，可能都是指用皮革綁縛以固定衡與輈、衡與軛的環。綁縛用的皮革就是“韅”。

四、鞙

> 㜄萬之輮絹。㜄萬之綏。　　包山簡 267
> 絓☐之綀絹。絓絹之縷。　　包山簡 275
> 肙緅聕緃之䡴肙。　　望山簡 2-2
> 丹砫緅之䡴肙，黄裏。　　望山簡 2-6
> 丹緅之䡴……　　望山簡 2-8
> 趣禱一乘大路，黄鞙。　　新蔡簡甲三 237-1

包山簡 267 記有“㜄萬之輮絹”。簡 275 記有“絓☐之綀絹”。整理者分别釋爲“㜄萬之輮絹”和“絓☐，二纏絹”。③ 劉信芳師認爲，“輮絹”和“纏絹”均應讀爲“垂絹”。“絹”讀“鞙”。《説文》革部：“鞙，大車縛軛靼。”《釋名・釋車》：“鞙，縣也，所以縣縛軛也。”④望山簡 2-2 記有“肙緅聕緃之䡴肙”，簡 2-6 記有“丹砫緅之䡴肙”。整理者釋爲“肙緅聯紩(縢)之䡴肙”“丹厚緅之䡴肙”，並指出：“‘䡴肙’也見於六號簡，當是車上之物，待考。”⑤“肙緅聕緃”，疑即“絹繡聯縢”。⑥ 田河將“輮”和“綀”改隸爲“輇”“縌”，將“䡴”釋爲“䡴”，懷疑“䡴”“縌”“輇”讀爲“綀”，“䡴”“輇”可能是“䡴”的異寫；“絹”當讀爲“鞙”，是“把軛綁縛在車衡上所用的皮帶”；並指出“‘綀鞙’就是縛軛之鞙”。⑦ 劉國勝懷疑“絹”“肙”均讀爲

---

① 劉國勝：《楚喪葬簡牘集釋》，科學出版社 2011 年版，第 105 頁。

② 田河：《出土戰國遣冊所記名物分類滙釋》，吉林大學博士學位論文，2007 年，第 99 頁。

③ 湖北省荆沙鐵路考古隊：《包山楚簡》，文物出版社 1991 年版，第 38 頁。

④ 劉信芳：《从𡕒之字彙釋》，《容庚先生百年誕辰紀念文集(古文字研究專號)》，廣東人民出版社 1998 年版，第 608 頁。

⑤ 湖北省文物考古研究所、北京大學中文系：《望山楚簡》，中華書局 1995 年版，第 107、115 頁。

⑥ 參本章第一節之“蓋”。

⑦ 田河：《出土戰國遣冊所記名物分類滙釋》，吉林大學博士學位論文，2007 年，第 134～135 頁。

“輗”，指“大車後壓”，“輮絹”“綵絹”“韂肙”大概都是指“車輿後部的衣蔽”。① 新蔡簡甲三 237-1 記有“黄輯”，徐在國認爲“黄輯”讀“黄絹”，指“黄色的絹”；包山簡中的“紝(青)絹”，可與葛陵簡中的“黄輯(絹)”比對。② 劉國勝懷疑，“黄輯”之“輯”“與‘絹’、‘肙’所指同”。③ 按：包山簡中的“輮綃”和“綵綃”，都與馬具記在一起；望山簡中的“韂肙”，有的與馬具記在一起，有的與車器記在一起；新蔡簡中的“黄輯”，其前記車名，其後記馬具。由此看來，“綃”“肙”“輯”與車器、馬具均有關係，將它們讀爲“鞙”，訓爲“大車縛軛靼”是比較妥當的。“軛”是與馬、車直接相連的部件。這一點導致學者們在對“軛”進行歸類時出現分歧：郭寶鈞先是籠統地將其歸入車器，後又歸入“繫馬材料”。④ 楊英傑將其歸入“馬具”。⑤ 朱鳳瀚則將其放在“車馬器”之內、“御馬器”和“馬首飾件”之外。⑥ 我們推測，這也可能是導致“綃”“肙”“輯”記載位置並不統一的原因。

“𧇊蔿”，整理者釋爲“𧇊蔿”，疑讀爲“杜葩”。《説文》木部：“杜，甘棠也。”艸部：“葩，華也。”⑦ 劉釗認爲：“‘𧇊蔿’，指絲織品的裝飾。”⑧伊強指出，文獻中有野菜“苦蔿”，並認爲：“‘𧇊(苦)蔿’當指一種絲織物。推想其得名的原由，大概和古書中提到的‘春草’、‘雞翹’是一樣的。……‘春草’‘雞翹’用來指稱絲織物，可以有兩種解釋：一是就花紋言，一是就顔色言。”⑨劉國勝認爲，“𧇊蔿”可能是“一類因紋飾而取的絲織品名”。⑩ 按：野菜“苦蔿”與織物“𧇊蔿”二者之間存在怎樣的關係，仍需更充分的證據。我們懷疑，包山簡 267 中的“𧇊蔿之輮綃”“𧇊蔿之絞”，包山簡 275 中的“紝□之綵綃”“紝綃之縷”，均可與望山簡 2-8“丹楸之韂”“丹楸之軾安”對讀。“𧇊蔿之輮綃”“𧇊蔿之絞”與“紝

① 劉國勝：《楚喪葬簡牘集釋》，科學出版社 2011 年版，第 49~50 頁。
② 徐在國：《談新蔡葛陵楚簡中的幾支車馬簡》，《簡帛》第二輯，上海古籍出版社 2007 年版，第 355~356 頁。
③ 劉國勝：《楚喪葬簡牘集釋》，科學出版社 2011 年版，第 50 頁。
④ 郭寶鈞：《浚縣辛村》，科學出版社 1964 年版，第 53~54 頁；《殷周車器研究》，文物出版社 1998 年版，第 60 頁。
⑤ 楊英傑：《戰車與車戰》，東北師範大學出版社 1986 年版，第 90~91 頁。
⑥ 朱鳳瀚：《古代中國青銅器》，南開大學出版社 1995 年版，第 293~294 頁。
⑦ 湖北省荆沙鐵路考古隊：《包山楚簡》，文物出版社 1991 年版，第 64 頁。
⑧ 劉釗：《包山楚簡文字考釋》，見氏著《出土簡帛文字叢考》，臺灣古籍出版有限公司 2004 年版，第 30 頁。
⑨ 尹逐：《楚簡中的“苦蕒”》，簡帛網，2006 年 11 月 8 日；伊強：《簡帛札記二則》，《簡帛》第四輯，上海古籍出版社 2009 年版，第 265~267 頁。
⑩ 劉國勝：《楚喪葬簡牘集釋》，科學出版社 2011 年版，第 49 頁。

□之綀綃”“絓綃之縷”之間關係密切。“絓□之綀綃”，其後爲“絓綃之縷”。我們將其與包山簡 267“軒”上的物品進行對比，懷疑“□”當爲“絹”字。①

“絓綃”，包山簡 268 所記“紡蓋”附有“絓綃緄”，可參。

望山簡 2-6“丹硂緅之韐肙”之後記有“黄裹”。曾侯乙墓簡記有“緑裹”，何琳儀師認爲，“裹”當訓“内”。② 按：“黄裹”，疑指黄色的裹層。

望山簡 2-8 記有“丹緅之韐”，整理者認爲“二號、六號二簡皆有‘韐肙’。此簡簡尾完整，下一簡首字當爲‘肙’……此簡可能原屬田車條”。③ 按：從辭例上看，整理者關於“肙”字的推測是有道理的。

五、桶

齒輻。	曾侯乙墓簡 18、58、63
齒銿。	曾侯乙墓簡 54
赤金桶。	望山簡 2-38
齒桶。	天星觀簡(《楚系》第 170、451、668 頁)
倜桶。	天星觀簡(《楚系》第 451、669 頁)
齒献。	天星觀簡(《楚系》第 170、988 頁)

曾侯乙墓簡整理者指出：“‘齒輻’亦見於 58 號、63 號等簡，54 號簡作‘齒銿’，天星觀一號墓竹簡作‘齒桶’。望山二號墓竹簡記車馬器有‘赤金桶’，毛公鼎、吴彝、師兑簋、彔伯𢦚簋等銘文記車馬器有‘金甬’。疑皆指同一種車器。”④蕭聖中將“齒銿”改釋爲“齒輻”。⑤ 田河認爲：“簡文‘齒輻’可能與金文中的‘金甬’以及文獻中的‘吉陽筩’有關。”⑥鵬宇認爲“齒”指“象牙”；“齒輻”是“象牙飾於諸末之稱”；“輻”是“衡端或轂頭之

① 參羅小華：《“𨐨”補説》，《四川文物》2013 年第 5 期。按：劉國勝老師也認爲“□”爲“絹”。參劉國勝：《楚喪葬簡牘集釋》，科學出版社 2011 年版，第 62 頁。

② 何琳儀：《戰國文字聲系》，中華書局 1998 年版，第 85 頁。

③ 湖北省文物考古研究所、北京大學中文系：《望山楚簡》，中華書局 1995 年版，第 119 頁。

④ 湖北省博物館：《曾侯乙墓》，文物出版社 1989 年版，第 513 頁。

⑤ 蕭聖中：《曾侯乙墓竹簡釋文補正暨車馬制度研究》，科學出版社 2011 年版，第 81 頁。

⑥ 田河：《出土戰國遣册所記名物分類滙釋》，吉林大學博士學位論文，2007 年，第 90 頁。

飾”。① 望山簡中的“赤金桶”，整理者指出“天星觀一號墓竹簡記車馬器有‘齒桶’，毛公鼎、師兑簋等銘文記車馬器有‘金甬’，疑皆指同一種車器”。② 商承祚認爲“桶”通“筩”。金文中的“金甬”應該“與此簡金桶通”。番生簋蓋銘文中的“金童”與“金甬”意義相同，都是指“一種金屬的車馬器”。③ 鵬宇認爲“車軸頭上的青銅套子，即車軎，有保護車軸不受損害的作用，同時也有裝飾的作用，當然一些配矛之軎還有很重要的軍用價值。軎是古代車上一種很常見的東西，其形狀細長而中空，頗似鐘甬，有用（按：‘用’字疑爲衍文）稱爲甬的可能。……‘齒𨍭’多與革兼(簾)，貣𨻳等車器記在一起，其範圍仍在車輿附近，可見釋‘齒𨍭’爲有象牙之飾之軎，於辭例無牾”。④ 天星觀簡記有“齒𢧢”“齒桶”“倜桶”。按：曾侯乙墓簡“齒𨍭”凡 4 見，前後物品中，屬於席蔽類的“弼、鞎”“貣𨻳”“革䩞”“紛𨻳”等占總數的一半。以上 5 件物品均屬席蔽類。⑤ 而“䉶輪”“畫戢”“歆靴”“七聚環”等 4 種物品不僅與席蔽無關，且彼此之間也没有關係。“齒”，當是“桶”的修飾詞，如鵬宇所説，指象牙。“倜桶”之“倜”，當讀爲“彫”。《説文》彡部：“彫，琢文也。”⑥“倜桶”，可能是雕有紋飾的“桶”。天星觀簡中的“桶”和“𢧢”，《楚系》分别摹作“”和“”。⑦ 從形體上看，“𢧢”字左旁並非“甬”。其字待考。

天星觀簡記有“倜鞞齒涉齒桶絑羽之緈箬”。⑧ “齒桶”之後爲“箬(席)”，正好與曾侯乙墓簡的記載相合。“齒桶”之前爲“倜鞞，齒涉”。“鞞”，何琳儀師據《説文》訓爲“刀鞘”。⑨ 其説可從。《方言》卷九：“劍削，自河而北燕趙之間謂之室，自關而東或謂之廓，或謂之削，自關而西謂之鞞。”⑩“鞞”，《慧琳音義》引作“鞞”。⑪《詩・大雅・公劉》：“維玉及

① 鵬宇：《曾侯乙墓竹简文字集释笺证》，華東師範大學碩士學位論文，2010 年，第 294、297 頁。

② 湖北省文物考古研究所、北京大學中文系：《望山楚簡》，中華書局 1995 年版，第 111、123 頁。

③ 商承祚編著：《戰國楚竹簡匯編》，齊魯書社 1995 年版，第 115 頁。

④ 鵬宇：《曾侯乙墓竹简文字集释笺证》，華東師範大學碩士學位論文，2010 年，第 301~302 頁。

⑤ 參第二章第一節之“席蔽”。

⑥ 《説文解字》卷九上。

⑦ 滕壬生：《楚系簡帛文字編》，湖北教育出版社 1995 年版，第 451、988 頁。

⑧ 滕壬生：《楚系簡帛文字編》，湖北教育出版社 1995 年版，第 668 頁。

⑨ 何琳儀：《戰國文字聲系》，中華書局 1998 年版，第 773 頁。

⑩ 《方言》卷九。

⑪ 《慧琳音義》卷五二。

瑶，鞞琫容刀。”孔穎達疏：“鞞者，刀鞘之名。”①“倜”，何琳儀師讀爲“彫”。②“倜鞞”，可能是雕有紋飾的刀劍鞘。甘肅靈臺白草坡西周墓中，出土有四秉短劍，短劍“出土時各附一銅鞘罩”，並有“鏤孔，飾牛、蛇和纏藤植物紋”。③ 可參考。“齒涉”之“涉”，當讀爲“攝”，訓爲“緣”；“齒”應該是“涉”的修飾詞。④

我們認爲，“輴”的解釋存在兩種可能：①“輴”爲車器，由於受到拆車葬的影響，一些“輴”的擺放位置發生改變，從而造成簡文記載的混亂；②“輴”可能是一種飾件，可用以裝飾多種不同的物品。

戰國簡冊中，車器的數量也不多，情況比較明確的有“鈦”“鐳”“鑴”（或作“轜”）、“環”（“□鐶”除外）、“鞙”等 5 種。“桶”（或作“輴”）則可能屬於車器。

第三節　馬　　具

一、韅、鞅

顯、鞅。	曾侯乙墓簡 7、43、49、56、59、61、66、78、80、97、113、115
韅、鞅。	曾侯乙墓簡 80
顯、鞅。賠。	曾侯乙墓簡 15、17、28、34+35、37、41、46、72、83、84、86、89、91、95、103
☐顯、鞅，削紫緑之鞅。	曾侯乙墓簡 98
削顯、鞅。	曾侯乙墓簡 3
鞎顯、鞅。	曾侯乙墓簡 10、21、64、69
顯。賠。	曾侯乙墓簡 30
滚鞅賠。	曾侯乙墓簡 138
紫韅、鞅，紃絳。	包山簡 268

① 《毛詩正義》卷一七。
② 何琳儀：《戰國文字聲系》，中華書局 1998 年版，第 182 頁。
③ 甘肅省博物館文物隊：《甘肅靈臺白草坡西周墓》，《考古學報》1977 年第 2 期。
④ 參第二章第二節之“韔、箙”。

紫䩊、鞅。	包山簡 271、牘 1
䩊、鞅。䩫韋鞈。	包山簡 273
䩱、央。	天星觀簡(《楚系》第 220 頁)
㬎、央。	天星觀簡(《楚系》第 566、712 頁)
㬎、紻。	天星觀簡(《楚系》第 909、567 頁)
攸、𦍼。	清華簡《封許之命》簡 6

曾侯乙墓簡整理者指出，“顯”字或作“䩱”(簡 80)，二者都應釋爲“韅”。《左傳》僖公二十八年杜預注：“在背曰韅……在腹曰鞅。”《説文》《釋名》等書都以“韅”爲“馬腹的皮帶”，以“鞅”爲“馬頸的皮帶”。① 包山簡中的“韅”和“鞅”，整理者釋爲“䩷”和“鞅”，並指出：“鞅，讀如鞅。”②滕壬生將前者釋爲“䩊”。③ 李零釋爲“䩊鞅”，並認爲“䩊”同“韅”。④ “韅”“鞅”亦見於天星觀簡：“韅”，寫作“㬎”；“鞅”字釋文或作“鞅”“央”“紻”。

“䑋鞅賠”之“䑋”，整理者隸定爲“𣯫”。⑤ 李守奎改隸爲“䑋”。⑥ 按：“䑋鞅賠”疑斷爲“䑋鞅、賠”。“䑋鞅”，記在“乘馬畫甲”和“乘馬黃金之貴”之間，應該是某種馬鞅。

清華簡《封許之命》簡 6 中的“攸𦍼”，整理者認爲：“《詩・蓼蕭》有‘鞗革’，毛傳云：‘鞗，轡也；革，轡首也。’西周金文多作‘攸勒’等，詳見王念孫《廣雅疏證》卷七下。此處‘攸𦍼’的‘𦍼’難與‘勒’通，試讀爲‘膂’，《廣雅・釋器》：‘馬鞅謂之膂。’鞅，據《説文》爲馬的‘頸靼’。”⑦ 暮四郎(網名)認爲：“此字實際上是从四個‘力’形，中間二‘力’因部分重疊而有所省簡，並不从‘豕’。此字當是从‘力’聲，當讀爲‘勒’。”⑧王寧讚同暮四郎的意見：“這個字當即‘劦’字，‘劦’古有二讀，一爲胡頰切音協，一爲力制切音戾，《説文》‘劦’字下段注：‘按此字本音戾，力制切，十五部。’此字在此應音戾，與‘勒’同來紐雙聲、質職通轉音近。《廣

① 湖北省博物館：《曾侯乙墓》，文物出版社 1989 年版，第 507 頁。
② 湖北省荆沙鐵路考古隊：《包山楚簡》，文物出版社 1991 年版，第 38、65 頁。
③ 滕壬生：《楚系簡帛文字編》，湖北教育出版社 1995 年版，第 217 頁。
④ 李零：《讀〈楚系簡帛文字編〉》，《出土文獻研究》第五集，科學出版社 1999 年版，第 143 頁。
⑤ 湖北省博物館：《曾侯乙墓》，文物出版社 1989 年版，第 497 頁。
⑥ 李守奎：《楚文字編》，華東師範大學出版社 2003 年版，第 644 頁。
⑦ 李學勤主編：《清華大學藏戰國竹簡(伍)》，中西書局 2015 年版，第 121 頁。
⑧ 武漢大學簡帛網/簡帛論壇/《清華五〈封許之命〉初讀》，第 27 樓，2015 年 4 月 14 日。

雅·釋器》：'韁、轍，勒也'，即此。"①病書生(網名)指出："先秦馬車與漢代不同，前者是單輈，後者是雙轅，致使鞅的部位不同，前者在馬頸，後者在馬胸。另外，馬脅部位的帶子一般稱'韅'。"②按：關於"韅"的具體位置，典籍中有三種意見：第一，馬腋。《說文》革部："韅，著掖鞥也。"③《史記·禮書》"鮫韅彌龍"，裴駰集解引徐廣曰"韅者，當馬腋之革"。④ 第二，馬背。《左傳》僖公二十八年："韅靷鞅靽。"杜預注："在背曰韅。"⑤第三，馬腹。《釋名·釋車》："韅，經也，橫經其腹下也。"⑥《史記·禮書》"鮫韅彌龍"，司馬貞索隱："韅，馬腹帶也。"⑦秦始皇陵一、二號銅車馬兩驂均有"韅"。一號銅車馬"右驂馬和左驂馬的腹腋之際各束扎銅韅一條"；二號銅車馬"左右驂馬的腹部各有一條銅韅"。⑧ "韅"是在馬的"腹腋之際"、圍繞馬身一周的帶子。這整整的一周也包括了馬背。由此可見，馬腋、馬背、馬腹等三種解釋都是有依據的。《封許之命》中的"豸"，讀爲"脅"，從音理上看應該是没有問題的。只不過，將其解釋爲"鞅"恐怕不妥。《廣雅·釋器》："馬鞅謂之脅。"⑨此說未必可信。在古籍中，"脅"是可以指"腋下"的。《左傳》僖公二十三年"曹共公聞其駢脅"，陸德明釋文引《通俗》云："腋下謂之脅。"孔穎達疏"脅是腋下之名，其骨謂之肋。"⑩若"脅"作爲馬具名，倒更可能指馬腋處的馬具，即"韅"。"韅"原本屬於兩驂馬，而"鞅"本屬於兩服馬。考慮到先秦時期兩馬駕車更爲普遍，則"韅"與"鞅"都應套在兩服馬身上。在當時，"韅"與"鞅"應該是兩種比較常見的馬具，加之它們在馬身上所處的位置也比較接近，因而造成了混淆。類似的混淆，亦見於《廣雅·釋器》："軑，輪也。""鈦，錧也。"⑪《說文》金部："鑣，馬銜也。"⑫綜上所述，《封許之命》中的"豸"，應該讀爲"脅"，指"韅"。

---

① 王寧：《讀〈封許之命〉散札》，復旦大學出土文獻與古文字研究中心網，2015 年 4 月 28 日。

② 武漢大學簡帛網/簡帛論壇/《清華五〈封許之命〉初讀》，第 36 樓，2015 年 4 月 15 日。

③ 《說文解字》卷三下。

④ 《史記》卷二三。

⑤ 《春秋左傳正義》卷一六。

⑥ 《釋名》卷七。

⑦ 《史記》卷二三。

⑧ 秦始皇陵兵馬俑博物館、陝西省考古研究所：《秦始皇陵銅車馬發掘報告》，文物出版社 1998 年版，第 96、221 頁。

⑨ 《廣雅》卷七下。

⑩ 《春秋左傳正義》卷一五；《經典釋文》卷一六。

⑪ 《廣雅》卷七下。

⑫ 《說文解字》卷一四上。

關於"鞅"的具體位置，學者們的意見並不統一。一種意見是認爲，"鞅"位於馬的頸部，其兩端繫於軛的兩軥。"鞅"的作用是爲了防止服馬曳車時脱軛。郭寶鈞指出："控制馬使之不脱離車的工具，首要在軛，其次在鞅。衡上縛軛，軛兩軥叉馬頸肩間，馬一就軛，車就駕起，這是繫馬的初步。然馬可負軛，亦可脱軛，脱軛即脱車。欲使馬不脱軛，須用鞅帶環繞於馬頸，而回綁於軛軥的兩長方孔中，這樣的馬即使奔逸，仍不能離車獨跑，是車與馬聯繫的主要方面。……馬一旦被'嬰絡'其喉、頸，即與車合而爲一。……可見鞅對繫馬之重要。"①楊英傑不僅持相同觀點，更進一步指出秦始皇陵一、二號銅車馬"連結服馬軛軥的靼索"才是"鞅"。②另一種意見是認爲，"鞅"在馬胸前。孫機認爲："鞅既然又叫當胸，則無疑應該約在馬胸上。從鞅後面連接著的靷所穿過的游環在1號車馬體的位置上看，鞅也應該約在馬胸上。"③田河認爲"鞅"是"靷前端套在驂馬胸前上的大帶"。④ 按：《説文》革部："鞅，頸靼也。""靼，柔革也。"⑤《釋名·釋車》："鞅，嬰也，喉下稱嬰，言纓絡之也。"⑥據此，"鞅"應該是繫於馬的頸部、連接"軛"兩端的柔革。《秦始皇陵銅車馬發掘報告》稱之爲"頸靼"。⑦ 對一號車的服馬"靷"和驂馬"靷"進行比較，我們發現，孫機和田河所説的"鞅"，更像是驂馬胸前的"靳"。⑧

至於"韅"的作用，郭寶鈞認爲是"繫馬材料"："馬的壓力作用，是因爲車輿後重，輈、衡上軒，這時候馬須用全身之重量以壓下之。它的聯繫物爲韅。……若無肚帶以横纏馬腹，則靳在背上左右移滾，無從盡靳驂之任，而車軒對馬亦無從著力，或將縊頸以吊起。"⑨蕭聖中認爲："顯(韅)與鞅是典型的馭馬韁繩。"⑩田河認爲"顯、鞅非馭馬繮繩，應是牽引馬車的牽引具"。⑪ 按：由"韅"和"鞅"所在的位置及其作用來看，"韅"並不直

① 郭寶鈞：《殷周車器研究》，文物出版社1998年版，第60頁。

② 楊英傑：《先秦古車挽馬部分鞁具與馬飾考辨》，《文物》1988年第2期。

③ 孫機：《從胸式繫駕法到鞍套式繫駕法》，《考古》1980年第5期。

④ 田河：《出土戰國遣冊所記名物分類滙釋》，吉林大學博士學位論文，2007年，第118頁。

⑤ 《説文解字》卷三下。

⑥ 《釋名》卷七。

⑦ 秦始皇陵兵馬俑博物館、陝西省考古研究所：《秦始皇陵銅車馬發掘報告》，文物出版社1998年版，第69、194頁。

⑧ 參本節之"靳"。

⑨ 郭寶鈞：《殷周車器研究》，文物出版社1998年版，第60頁。

⑩ 蕭聖中：《曾侯乙墓竹簡釋文補正暨車馬制度研究》，科學出版社2011年版，第212頁。

⑪ 田河：《出土戰國遣冊所記名物分類滙釋》，吉林大學博士學位論文，2007年，第119頁。

接用於馭馬。郭、田之説可信。

曾侯乙墓簡中的“鞁”和包山簡中的“紫”，都應該指“韅”和“鞅”的顔色。曾侯乙墓簡整理者認爲“鞁”指顔色，疑讀爲“緅”，引《説文新附》訓爲“帛青赤色”，並推測：“大概簡文‘緅’是指革製車馬器的顔色，故字从‘革’作。”①按：“緅”表顔色可從，《玉篇》糸部，《廣韻》之《尤韻》《侯韻》《遇韻》，《集韻》之《虞韻》《遇韻》等，均訓爲“青赤色”。②

另外，曾侯乙墓簡3記有“削顯、鞅”；簡98記有“顯、鞅，削紫录之鞅”。整理者將“录”括注爲“緑”。③“削”，劉信芳師讀爲“雀”。《書·顧命》：“二人雀弁執惠。”孔安國疏引鄭玄云：“赤黑曰雀，言如雀頭色也。”《周禮·春官·巾車》：“漆車，藩蔽，豻幎，雀飾。”鄭玄注：“雀，黑多赤少之色韋也。”④按：《周禮·春官·巾車》：“一曰玉路，錫，樊纓，十有再就，建大常，十有二斿，以祀。”鄭玄注引鄭司農云：“纓謂當胸。《士喪禮下篇》曰：‘馬纓三就’，禮家説曰：‘纓，當胸，以削革爲之；三就，三重三匝也。’”⑤考慮到“鞅”“纓”二物之間關係密切，典籍多誤爲一物，曾侯乙墓簡3、98中的“削”，疑與禮家所謂“削革”有關。“紫录”，疑從整理者讀爲“紫緑”，指顔色。

“䫆”，原篆作“”。按：陳劍指出，“”字右旁與“告”形不同，“均屈頭或多出一斜筆甚明”，疑讀爲“就”。⑥我們將“”改隸爲“䫆”，以示區别。

包山簡273中，“靦、鞅”之後記有“韅韋鞈”。整理者釋爲“韇韋鞈”。⑦白於藍從林澐之説，認爲“鞈”可釋“鞫”。⑧李家浩認爲，“鞈”即簡268中的“鞈”，應該是“車馬器名”；“䩄”，可能是“顔色之字”，疑讀爲“緼”，指“赤黄之間色”。⑨劉信芳師認爲“鞈”是“車馬部件或兵器的絲

① 湖北省博物館：《曾侯乙墓》，文物出版社1989年版，第510頁。

② 《大廣益會玉篇》卷二七；《廣韻》卷二、卷四；《集韻》卷二、卷七。

③ 湖北省博物館：《曾侯乙墓》，文物出版社1989年版，第495頁。

④ 劉信芳：《楚簡釋字四則》，《古文字研究》第二十四輯，中華書局2002年版，第376頁。

⑤ 《周禮注疏》卷二七。

⑥ 陳劍：《釋造》，《出土文獻與古文字研究》第一輯，復旦大學出版社2006年版，第61頁。

⑦ 湖北省荆沙鐵路考古隊：《包山楚簡》，文物出版社1991年版，第38頁。

⑧ 白於藍：《〈包山楚簡文字編〉校訂》，《中國文字》新二十五期，藝文印書館1999年版，第185頁。

⑨ 李家浩：《楚墓竹簡中的“昆”字及从“昆”之字》，《中國文字》新二十五期，藝文印書館1999年版，第147頁。

革附屬物，疑讀如‘游’”。① 施謝捷認爲“鞄”當釋“橐”。② 田河懷疑“韅韋”讀“緄維”，似是“車馬具上的繩帶”。③ 劉國勝認爲：“疑‘韅’與268號簡‘緄’、275號簡‘總’是一字異體，疑讀爲‘堅’或釋爲‘緊’，訓堅。”④按：“韅韋”，疑爲“鞄”的修飾語。“鞄”當從施説，指裝盛“韅”“鞅”的橐囊。

“紃綍”，亦見於望山簡2-6，用於裝飾“韅”。⑤

二、靷

紳。	曾侯乙墓簡61
緮。	曾侯乙墓簡43
臒紳。	曾侯乙墓簡18、89、91
臒緮。	曾侯乙墓簡15、22、28、35、38、41、47、83、87、93、97
臒紳。賠。	曾侯乙墓簡3
臒緮。□。	曾侯乙墓簡103
臒鞞。	曾侯乙墓簡98
韔紳，紃。	曾侯乙墓簡10+11
韔緮。	曾侯乙墓簡24、49、79、56、59、69、95
韔緮，紃。	曾侯乙墓簡7
韔緮。☒	曾侯乙墓簡113
韅紳，繳稱。	曾侯乙墓簡80
紉紳。	曾侯乙墓簡64
莫(?)緮。	曾侯乙墓簡66
紫紳，紃綍。紫鞄。	包山簡271
紫紳。紫鞄。	包山牘1
緄紳，豛絲總。	望山簡2-6
豛靷。	望山簡2-23

① 劉信芳：《楚簡器物釋名(上篇)》，《中國文字》新二十二期，藝文印書館1997年版，第175頁。

② 施謝捷：《楚簡文字中的“橐”字》，《語文研究》2002年第4期。

③ 田河：《出土戰國遣冊所記名物分類滙釋》，吉林大學博士學位論文，2007年，第246頁。

④ 劉國勝：《楚喪葬簡牘集釋》，科學出版社2011年版，第62頁。

⑤ 參本章第二節之“環”。

革紳。　　　　　天星觀簡(《楚系》第 215、745、909 頁)

曾侯乙墓簡中的“紳”，或作“綅”“鞞”。整理者讀爲“靷”。《説文》革部：“靷，所以引軸者也。从革引聲。，籀文靷。”(據段注本)王國維《史籀篇疏證》懷疑，籀文“靷”右旁本从“㬅”。簡文“紳”之形體可證王説之確。① 包山簡“紫紳”之“紳”，整理者引《説文》訓爲“大帶”。② 望山簡中的“緄紳”，整理者釋爲“縪紳”。③ 李家浩改釋爲“緄紳”，認爲“‘緄’是一種織成的帶子”。④ 劉信芳師認爲：“曾侯乙簡屢見‘紳’，多與‘鞍’連帶述及，據文意應是鞍上的革帶。解爲‘靷’，則是引軸之革帶，亦可通。”並指出，秦始皇陵二號兵馬俑坑出土的陶質鞍馬上，“鞍的兩側及前後端綴的葉形及條帶形的彩帶即牘文所謂‘紫紳，紫旒’”。⑤ 按：“紳”，真部透紐；“靷”，真部喻四。二字音近，故“靷”从“申”作。王説可信。簡冊中的“紳”均爲馬具，因此，“紳”讀爲“靷”可從。“靷”是馬拉車時承力的鞁具。《左傳》哀公二年“我兩靷將絕，吾能止之”，孔穎達疏：“古之駕四馬者，服馬夾轅，其頸負軛，兩驂在旁，挽靷助之。”《詩·秦風·小戎》“陰靷鋈續”，孔穎達疏：“靷者，以皮爲之，繫於陰板之上，今驂馬之引。”⑥孔疏指出，“靷”是皮製的，而且繫在“陰板之上”。這都是對的，而認爲“靷”屬於兩驂馬，這與實際情況不符。《秦始皇陵銅車馬發掘報告》認爲秦始皇陵一、二號銅車馬均有四條靷：“一號銅車前所駕的四匹銅馬各負一條銅質靷，服馬和驂馬靷的形制和結構各不相同，故四條靷可分爲甲、乙兩型。……二號銅車前駕四匹銅馬，每匹馬各有一條單靷。”⑦ 楊英傑根據《説文》指出：“只有引軸的引索才稱爲靷。二號銅車馬的鞁具，只有兩服馬的引索繫結於軸上，而兩驂馬的引索繫結於桄上。顯然，兩服馬的引索才稱爲靷。”⑧據此，秦始皇陵一、二號銅車馬兩驂馬的

① 湖北省博物館：《曾侯乙墓》，文物出版社 1989 年版，第 506 頁。

② 湖北省荆沙鐵路考古隊：《包山楚簡》，文物出版社 1991 年版，第 38、66 頁。

③ 湖北省文物考古研究所、北京大學中文系：《望山楚簡》，中華書局 1995 年版，第 107 頁。

④ 李家浩：《楚墓竹簡中的“昆”字及从“昆”之字》，《中國文字》新二十五期，藝文印書館 1999 年版，第 141、143 頁。

⑤ 劉信芳：《楚系簡帛釋例》，安徽大學出版社 2011 年版，第 133~134 頁。

⑥ 《春秋左傳正義》卷五七；《毛詩正義》卷六。

⑦ 秦始皇兵馬俑博物館、陝西省考古研究所：《秦始皇陵銅車馬發掘報告》，文物出版社 1998 年版，第 69、196 頁。

⑧ 楊英傑：《戰車與車戰》，東北師範大學出版社 1986 年版，第 94~95 頁。

“靷”，實際上是“靳”。①

“臒靷”“緅靷”“紃靷”和“緄靷”，田河認爲，分别是“彩色的靷繩”、“‘赤而微黑’之靷繩”、“施漆之靷”、“用緄帶做的靷繩”。② 按：“臒”“緅”分别指赤色、青赤色。③ “紃”，可能指黑色。《周禮·春官·巾車》“漆車”，鄭玄注：“漆車，黑車也。”④據此，簡文中的“漆輪”，也可能指黑色的車輪。“緄”也可能是顏色。望山簡中有“緄席”，整理者釋爲“緙笞(席)”，推測“大概是附屬於車的”。⑤ 彭浩認爲“緙”指“席的質地”，即“用絹、革復合而成”。⑥ 李家浩將“緙”改釋爲“緄”，疑讀爲“緼”。《禮記·玉藻》“一命緼韍幽衡”，鄭注：“緼，赤黄之間色，所謂韎也。”⑦田河認爲：“‘緄席’也有可能指用緄帶編製而成的席”。⑧ “緄紳”之“緄”讀爲“緼”，指“赤黄之間色”，是比較通順的。

簡 66“莫(?)紳”之“莫”，整理者隸定爲“㠯”。⑨ 田河釋爲“奠(貘)”，認爲“貘紳”是指“用貘皮做的靷繩”。⑩ 鵬宇認爲：“頗疑簡文中‘貘’，當讀爲《詩·七月》：‘一之日于貉’之‘貉’。貘、貉古音皆在明紐鐸部，於音可通。”⑪按：細審圖片，此字確實从“莫”，不知是否有“犬”旁。曾侯乙墓簡中，“蓦”字習見，另有“韉”和“莫”。“韉”是正字，可讀爲“貘”，指的是馬來貘。“蓦”和“莫”都是“韉”的假借字。⑫ “莫紳”，疑指用貘皮製作的“靷”。

望山簡記有“豚絲繐”“豚靷”，整理者指出：“《説文》‘豕’之古文奇字作‘𣅀’，亦从‘日’，不知‘豚’字是否與之有關。‘繐’字不見字

① 參本節之“靳”。

② 田河：《出土戰國遣冊所記名物分類滙釋》，吉林大學博士學位論文，2007 年，第 120~121 頁。

③ 按：“臒”，參本章第一節之“輪”；“緅”，參本節之“韅、鞅。”

④ 《周禮注疏》卷二七。

⑤ 湖北省文物考古研究所、北京大學中文系：《望山楚簡》，中華書局 1995 年版，第 122 頁。

⑥ 彭浩：《楚人的紡織與服飾》，湖北教育出版社 1996 年版，第 92~93 頁。

⑦ 李家浩：《楚墓竹簡中的“昆”字及从“昆”之字》，《中國文字》新二十五期，藝文印書館 1999 年版，第 147 頁。

⑧ 田河：《出土戰國遣冊所記名物分類滙釋》，吉林大學博士學位論文，2007 年，第 208 頁。

⑨ 湖北省博物館：《曾侯乙墓》，文物出版社 1989 年版，第 493 頁。

⑩ 田河：《出土戰國遣冊所記名物分類滙釋》，吉林大學博士學位論文，2007 年，第 120 頁。

⑪ 鵬宇：《曾侯乙墓竹簡文字集釋箋證》，華東師範大學碩士學位論文，2010 年，第 285 頁。

⑫ 參第二章第二節之“韔、箙”。

書。……《禮記・玉藻》：‘君羔幦虎犆’，鄭注：‘犆讀皆如直道而行之直。直謂緣也。’……‘繐’與《玉藻》之‘犆’不知是否有關。”①田河認爲“豚（豢）在此處用其本義亦可通”，“豚（豢）紳”是指“用動物皮做的靷”。②按：从“豚絲繐”的辭例來看，“豚”指顏色的可能性較大。不知“繐”爲何物。

天星觀簡有“革紳”，即“革靷”，可能是泛指皮革製作的靷。

曾侯乙墓簡“靷”之後，或記有“賠”“紃”“緌鍝”。

“賠”，劉信芳師認爲：“鋊賠乃連接配件。”③按：曾侯乙墓簡習見。④然而，“靷”後無記“鋊賠”者。

“紃”。信陽簡有“緈”字，朱德熙、裘錫圭讀爲“紃”，並認爲：“紃則是嵌在衣縫中的細帶。”⑤彭浩認爲：“紃是用彩色絲綫編結而成，外形圓而似繩，用於鑲嵌拼縫。前文所介紹的第一類針織緣（按：即江陵馬山一號墓出土的‘橫向連接組織’的‘針織緣’），外觀呈圓形，用於衣衾的拼縫處，與文獻記載的有關内容大致相合。因此，這種緣也許就叫做‘紃’。”⑥

“緌鍝”，望山簡 2-15 中的“紡屋”，飾有“劌生”，“緌”與“劌”疑爲一字。

包山簡 271、牘 1“紫紳”之後，均記有“紫韜”，可能是指裝盛“紳”的紫色橐囊。

包山簡中的“紃綷”，亦見於望山簡 2-6，用於裝飾“纓”。⑦

就辭例而言，曾侯乙墓簡中的“臒靷”“緅靷”“漆靷”，包山簡牘中的“紫靷”，與望山簡中的“緄靷”，都指明了“靷”的顏色；曾侯乙墓簡中的“莫（？）靷”，與天星觀簡中的“革靷”，則指明了“靷”的質地；望山簡中的“豚靷”，情況不明。

三、靳

　　䊶牛之革韇，絓綃之純。　　包山簡 271

---

① 湖北省文物考古研究所、北京大學中文系：《望山楚簡》，中華書局 1995 年版，第 107、109、118 頁。

② 田河：《出土戰國遣冊所記名物分類滙釋》，吉林大學博士學位論文，2007 年，第 121 頁。

③ 劉信芳：《楚系簡帛釋例》，安徽大學出版社 2011 年版，第 133 頁。

④ 參本節之“韅、鞅”。

⑤ 朱德熙、裘錫圭：《信陽楚簡考釋（五篇）》，《考古學報》1973 年第 1 期。

⑥ 彭浩：《江陵馬山一號墓出土的兩種緣帶》，《考古》1985 年第 1 期。

⑦ 參本章第二節之“環”。

䊷牛之革韄，縞純。	包山簡 273
䊷牛之革韄，紝綃之純。	包山牘 1
革韄，生絵之純。	望山橋簡 6

"靳"，包山簡 271 作"韄"，簡 273、牘 1 均作"韄"。湯餘惠認爲，"韄""韄"是"一字之異"，有可能都是古"靳"字，"靳"是馬胸前的"皮件"，用以"靳制馬匹行進"。[①] 劉國勝懷疑"韄"讀爲"䩮"，並認爲："簡文'䊷牛之革䩮'似是記車輿前部的革飾。"[②]按：從包山簡 273 的記載來看，"韄"後所記的"罾㚇(䩛)""䚂(䩦)""鞅"均爲馬具。"韄"和"韄"讀爲"靳"的可能性較大。《説文》革部、《玉篇》革部："靳，當膺也。"[③]此訓釋過於簡單，並未指明"靳"的真實情況。《左傳》定公九年"吾從子，如驂之靳"，孔穎達疏："古人車駕四馬，夾轅二馬謂之服，兩首齊，其外二馬謂之驂，首差退。……靳是當胷之皮也，驂馬首，當服馬之胷，胷上有靳。"[④]可見，《左傳》已經明確指出，"靳"屬於驂馬。不知何故，孔疏卻又將"靳"錯判給了服馬。關於這一點，楊英傑早已指出："《左傳》定公九年，王猛對東郭書説：'吾從子如驂之有靳'清楚地説明有靳是驂馬而非服馬。"[⑤]《急就篇》卷三"靳靷鞊粘色焜煌"，顔師古注："靳，驂馬之帶也。"[⑥]顔注雖然只是籠統地指出"靳"是"驂馬之帶"，並未指明其具體位置，卻没有弄錯"靳"的所屬關係。《秦始皇陵銅車馬發掘報告》認爲，秦始皇陵一、二銅車馬的驂馬均有"靳"，即"靷前段的環套"。[⑦] 同一根馬帶，卻要分爲前、後兩段，並命以不同的名稱。這是很奇怪的事情。孫機指出："一乘車上只有兩靷，不與軸相連接的靳並不是靷。"[⑧]至於"靳"的作用，楊英傑認爲："驂馬通過靳協助服馬曳車。"[⑨]

望山橋簡中的"韄"，我們認爲讀"靳"。[⑩]

---

① 湯餘惠：《包山楚簡讀後記》，《考古與文物》1993 年第 2 期。

② 劉國勝：《楚喪葬簡牘集釋》，科學出版社 2011 年版，第 56 頁。

③ 《説文解字》卷三下；《大廣益會玉篇》卷二六。

④ 《春秋左傳正義》卷五五。

⑤ 楊英傑：《戰車與車戰》，東北師範大學出版社 1986 年版，第 93 頁。按：《左傳》原文無"有"字。

⑥ 《急就篇》卷三。

⑦ 秦始皇陵兵馬俑博物館、陝西省考古研究所：《秦始皇陵銅車馬發掘報告》，文物出版社 1998 年版，第 71～73、198～200 頁。

⑧ 孫機：《始皇陵二號銅車馬對車制研究的新啟示》，《文物》1983 年第 7 期。

⑨ 楊英傑：《戰車與車戰》，東北師範大學出版社 1986 年版，第 94 頁。

⑩ 羅小華：《荆州望山橋楚簡選釋》，簡帛網，2017 年 3 月 16 日。

包山簡牘中的三處"韉"，整理者釋爲"韊"和"鞪"，讀爲"象"，並認爲"象䗖，即象臬，以牛皮所做的甲"。[①] 李家浩認爲是"鞙"字繁體，讀爲"犍"。《説文》新附："犍，犗牛也。"[②]劉信芳師釋爲"鞔"。[③] 李零釋爲"韊"，疑即"犀"字。[④] 李天虹隸爲"韉"，認爲"亦可讀爲'犍'"。[⑤] 劉國勝："包山1號牘與'韉'相當的字作'韉'……'韉'、'韉'是一字異體應無問題，二字右旁所从是'冤'的異文，讀爲'犍'可備一説。或疑讀爲'㹊'。《集韻·桓韻》：'㹊，野牛名，角可以爲弮材。'"[⑥]按：此字目前還無法確釋。

"紶絹之純"，"紶絹"，疑讀爲"生絹"或"青絹"。[⑦]

"縞純"，疑是"縞"製緣邊。

"生絵之純"，發掘者將"絵"括注爲"錦"。[⑧]

四、韇

紶絹之綎，盬蔫之純。	包山簡 267
繊綎，緙純。	包山簡 271
秋之綎，緙純。	包山牘 1

"紶絹之綎"，整理者認爲"綎"讀"裎"，指"車軾上所纏裹的織物"。[⑨] 劉信芳師認爲："'綎'應是繫車馬所用之絲帶，字讀如'綖'。《説文》：'綖，系綬也。'"[⑩]何琳儀師認爲，"綎"是"綴之異文"，訓爲"緩"。[⑪]

---

① 湖北省荆沙鐵路考古隊：《包山楚簡》，文物出版社 1991 年版，第 38~39、66 頁。

② 李家浩：《包山遣冊考釋(四篇)》，《古籍整理研究學刊》2003 年第 5 期。

③ 劉信芳：《楚簡器物釋名(上篇)》，《中國文字》新二十二期，藝文印書館 1997 年版，第 193 頁。

④ 李零：《讀〈楚系簡帛文字編〉》，《出土文獻研究》第五集，科學出版社 1999 年版，第 143 頁。

⑤ 李天虹：《郭店竹簡〈性自命出〉研究》，湖北教育出版社 2003 年版，第 30 頁。

⑥ 劉國勝：《楚喪葬簡牘集釋》，科學出版社 2011 年版，第 55~56 頁。

⑦ 參本章第一節之"蓋"。

⑧ 荆州博物館：《湖北荆州望山橋一號楚墓發掘簡報》，《文物》2017 年第 2 期。

⑨ 湖北省荆沙鐵路考古隊：《包山楚簡》，文物出版社 1991 年版，第 64 頁。

⑩ 劉信芳：《楚簡器物釋名(上篇)》，《中國文字》新二十二期，藝文印書館 1997 年版，第 170 頁。

⑪ 何琳儀：《戰國文字聲系》，中華書局 1998 年版，第 806 頁。

“緘緹”，整理者釋爲“绒緹”，並認爲：“緹借作綎，《説文》：‘系綬也’。”①何琳儀師認爲：“包山簡絨，讀毧。《廣韻》‘毧，毧毛。’”②劉信芳師認爲“絨”當讀“糾”，指“繩三合”。③ 李守奎改釋爲“絨”。④ 徐在國認爲，“緹”是《説文》“縕”字或體，並懷疑讀爲“纓”。⑤ 陳偉師等據“葳郢”之“葳”下部所从，將“绒”改釋爲“緘”。⑥

“秋之緹”，整理者釋爲“稷(秋)之緹”。⑦ 何琳儀師將“緹”改隸爲“絣”，認爲是“緐之異文”，讀爲“緐”。⑧ 白於藍認爲，“緹”是“緹”字異構。⑨

我們懷疑，包山簡267、271中的“緹”當讀“鞧”。《説文》革部：“鞧，驂具也。从革，蚩聲。讀若騁蜃。(丑郢切)”⑩徐灝注箋：“鞧則但施於驂馬，故曰驂具。”⑪秦始皇陵二號銅車馬“兩驂馬的頸上各套一繮索，繮索的一端繫於軛上”。⑫ 孫機認爲，這兩條“繮索”可能是“鞧”。其作用是爲“防止驂馬外逸”而“將驂馬夾持於服馬之側”。⑬ 包山牘1中的“秋之緹”，就是簡271的“緘緹”。而“緘緹”與簡267中的“紝綃之緹”，應該都是“鞧”。二者不僅文字一致，且都有“純”。“緘”“秋”二字，均應從劉國勝讀爲“綉”。⑭

“黸萬之純”，整理者釋爲“黸萬之純”，疑讀爲“杜葩之純”，並認爲是“車軾的裎衣的緣上綉有甘棠花”。⑮ “黸萬”，包山簡267記有“黸萬之輮綃(鞘)”。

“纀純”，整理者認爲“纀，借作纂”，並推測“可能是指用彩色絲綫編

① 湖北省荆沙鐵路考古隊：《包山楚簡》，文物出版社1991年版，第38、66頁。

② 何琳儀：《戰國文字聲系》，中華書局1998年版，第361頁。

③ 劉信芳：《包山楚簡解詁》，藝文印書館2003年版，第313頁。

④ 李守奎：《楚文字編》，華東師範大學出版社2003年版，第743頁。

⑤ 徐在國：《談新蔡葛陵楚簡中的幾支車馬簡》，《簡帛》第二輯，上海古籍出版社2007年版，第356頁。

⑥ 陳偉等：《楚地出土戰國簡冊[十四種]》，經濟科學出版社2009年版，第131~132頁。

⑦ 湖北省荆沙鐵路考古隊：《包山楚簡》，文物出版社1991年版，第39頁。

⑧ 何琳儀：《戰國文字聲系》，中華書局1998年版，第1067頁。

⑨ 白於藍：《〈包山楚簡文字編〉校訂》，《中國文字》新二十五期，藝文印書館1999年版，第200頁。

⑩ 《説文解字》卷三下。

⑪ 《説文解字注箋》卷一〇下。

⑫ 秦俑考古隊：《秦始皇陵二號銅車馬清理簡報》，《文物》1983年第7期。

⑬ 孫機：《始皇陵二號銅車馬對車制研究的新啟示》，《文物》1983年第7期。

⑭ 劉國勝：《楚簡文字中的“綉”和“緅”》，《江漢考古》2007年第4期。

⑮ 湖北省荆沙鐵路考古隊：《包山楚簡》，文物出版社1991年版，第38、64頁。

成的緣"。① "纀"，亦見於曾侯乙墓簡 138"纀縢"。何琳儀師懷疑，"纀"讀爲"纂"，"纀縢"指"彩色絲綫所編之緣"，《漢書·景帝紀》"錦繡纂組"，顔師古注："今五采屬綷是也。"②田河認爲："《廣雅·釋器》：'纀，索也。''纀縢'大概與望山 2-8 號簡的'組縢'相類。"③按：《周禮·春官·司几筵》中，"紛純"之"紛"表顔色。望山簡 2-20 中，"紟純"之"紟"，楚簡習見。史樹青、楊宗榮讀爲"錦"。④ "紟"，可能表質地，讀"錦"可備一説。《類篇》糸部："紟，布帛名。"⑤《集韻·鹽韻》："帢，布帛名。或作紟。"⑥解釋爲"布帛名"，亦通。"纀"，疑指顔色或質地。《古文苑·揚雄〈蜀都賦〉》"紞纀繉緷"，章樵注："纀，索絲織也。"⑦

包山簡牘中的"韄"上有"純"，可與曾侯乙墓簡 80 中的"韔紳"上有"緌鞙"對照。"紳"即"靷"，"鞙"爲緣飾。出土實物中的"靷"和"韄"都是有寬度的。秦始皇陵二號銅車馬兩驂馬頸上的"繮索"分爲前後兩段。前段寬 0.6 釐米，後段寬 2.4 釐米。⑧ 秦始皇陵二號銅車馬兩驂馬的"靷"寬 1.5 釐米。⑨ 儘管秦始皇陵二號銅車馬兩驂馬的"靷"與"韄"並没有緣飾，但是，我們認爲：曾侯乙墓簡中的"靷"上有"鞙"，可以作爲包山簡牘中"韄"上有"純"的旁證。而且，銅車馬"處處仿照真車馬製作"，其尺寸"相當於真車、真馬和真人的一半大小"。⑩ 如果還原爲真實車馬，則"韄"的前段寬 1.2 釐米，後段寬 4.8 釐米；"靷"寬 3 釐米。3 釐米和 4.8 釐米的寬度，足以緣邊。

五、鞁、轡、勒

鷰₌之鞁、繖。賠。	曾侯乙墓簡 7
鞁、繖。賠。	曾侯乙墓簡 11、15

---

① 湖北省荊沙鐵路考古隊：《包山楚簡》，文物出版社 1991 年版，第 61 頁。

② 何琳儀：《戰國文字聲系》，中華書局 1998 年版，第 1356 頁。

③ 田河：《出土戰國遣冊所記名物分類滙釋》，吉林大學博士學位論文，2007 年，第 245 頁。

④ 史樹青、楊宗榮：《讀一九五四年第九期"文參"筆記》，《文物參考資料》1954 年第 12 期。

⑤ 《類篇》卷一三上。

⑥ 《集韻》卷四。

⑦ 《古文苑》卷四。

⑧ 秦俑考古隊：《秦始皇陵二號銅車馬清理簡報》，《文物》1983 年第 7 期。

⑨ 秦始皇陵兵馬俑博物館、陝西省考古研究所：《秦始皇陵銅車馬發掘報告》，文物出版社 1998 年版，第 198、200 頁。

⑩ 秦俑考古隊：《秦始皇陵二號銅車馬清理簡報》，《文物》1983 年第 7 期。

鞁、轡。鑣䊨。	曾侯乙墓簡 18、35、38、41、49、59、79、87、89、94
鞁、轡。鑣䊨。	曾侯乙墓簡 22、25、31、47、69、①83、97
四鞁，六轡。鑣䊨。	曾侯乙墓簡 57、92、95
四鞁，六轡。鑣䊨。	曾侯乙墓簡 28
兩馬之轡，紫勒，屯戠䨓羿。	曾侯乙墓簡 43+44
兩馬之轡，黃金之勒。鑣䊨。	曾侯乙墓簡 64
兩馬之轡，黃金之勒。鑣䊨。	曾侯乙墓簡 80
☐□力，鑣䊨。	曾侯乙墓簡 81
兩馬之轡。鑣䊨。	曾侯乙墓簡 98
兩馬之革轡，黃金之勒。	曾侯乙墓簡 66
丌革轡，黃金之釴。	曾侯乙墓簡 77
鞎鞁。	曾侯乙墓簡 85
轡。鑣䊨。	曾侯乙墓簡 93
鞁、轡。☐	曾侯乙墓簡 114
鞎鞁。……鸗=之轡。鑣䊨。	曾侯乙墓簡 115
二䍐鞁。	包山簡 270
繙紴。	包山牘 1
革鞁。	望山簡 2-23
紫鞁，紃奉……	望山簡 2-32
二鞁。	天星觀簡(《楚系》第 218、956 頁)
白鞁。	天星觀簡(《楚系》第 218、647 頁)
白鞁。狗子☐	天星觀簡(《楚系》第 1073 頁)
紫拜。	包山簡 272、276
紫轡，紃受。	望山簡 2-12、2-13
白金釛、面。	包山簡 272
☐童轡。䵚☐	望山簡 2-29
㓞敵革。	望山簡 2-6
革轡。	天星觀簡(《楚系》第 946 頁)
革轡。	天星觀簡(《楚系》第 215 頁)
一革轡。	天星觀簡(《楚系》第 10、315、401、598、781 頁)

① 按：簡 69 只有“鑣”字，没有“䊨”字，據辭例補。

組轡。	天星觀簡(《楚系》第946頁)
組繼。	天星觀簡(《楚系》第363、908、912、1138頁)
紫轡。	天星觀簡(《楚系》第946頁)
紫繼。	天星觀簡(《楚系》第696、743、902頁)
兩馬之轡。	天星觀簡(《楚系》第493、753、946頁)
兩馬之革轡。	天星觀簡(《楚系》第524、753、946頁)
兩馬之革繼。	天星觀簡(《楚系》第216、492、635頁)
兩馬之紡轡。	天星觀簡(《楚系》第492、713、753、893、946頁)
兩馬之紡繼。	天星觀簡(《楚系》第635頁)
乘馬=之紡轡。	天星觀簡(《楚系》第946頁)
(乘馬)=之紡轡。	天星觀簡(《楚系》第1123頁)
兩馬之繼。	天星觀簡(《楚系》第145、636頁)
兩之革繼。	天星觀簡(《楚系》第354頁)
攸、彖。	清華簡《封許之命》簡6
兩馬之革轡。賅。	天星觀簡(《楚系》第524頁)
林綳賅。	天星觀簡(《楚系》第524頁)
林郢賅。	天星觀簡(《楚系》第524頁)
䞀、鑑、賅。	天星觀簡(《楚系》第524頁)
鑑、䞀、賅。	天星觀簡(《楚系》第524頁)
䞀、賅。	天星觀簡(《楚系》第524頁)
賈、賅。	天星觀簡(《楚系》第525頁)

"鞁"，曾侯乙墓簡或作"韍"。《説文》革部："鞁，車駕具也。"①《國語・晉語》："吾兩鞁將絕，吾能止之。"韋昭注："鞁，靷也。"②段玉裁認爲："其實鞁所包者多，靷其大者。"③田河指出："簡文'鞁'、'韍'當屬同字異寫，韋、革作爲意符，可以互作。……'鞁'所指應很明確。但具體是哪一件鞁具卻很難考實。"④包山簡中有"韍"，或作"紴"。整理者認

① 《説文解字》卷三下。

② 《國語》卷一五。

③ 《説文解字注》卷三下。

④ 田河：《出土戰國遣冊所記名物分類滙釋》，吉林大學博士學位論文，2007年，第133頁。

爲，“鞁”當“通作鞁”，訓“韒”。[①] 劉國勝指出，“鞁”“紴”都是“鞁”的異體。[②] 宋華強認爲：“簡文‘鞁’字所表示的可能是與韒不同的另一種駕具。”[③]望山簡 2-23“鞁”，整理者認爲“似不能讀爲‘皮’”，不確定《説文》對於“鞁”的訓釋，是否符合簡文之義。[④] 商承祚認爲，“鞁”是“駕車被馬之飾”。[⑤] 田河將“鞁”括注爲“鞁”，讀爲“皮”，指“轡所用的材料”。[⑥] 按：傳世文獻中關於“鞁”的記載不多，更沒有確指爲何種駕具。曾侯乙墓簡 115 記有“緅鞁”和“乘馬之轡”。“鞁”可以獨立於“轡”而存在，應該不是材料。

“�鞁”，田河認爲讀“緅鞁”。[⑦] 按：田説是。但是，田河先認爲“鞁”是“‘轡’的材料”，後又認爲是“鞁具”，前後矛盾。

包山簡中有“二罼鞁”和“纓紴”。按：天星觀簡記有“罼衡”。由“斂衡”的構詞方式，可以推測“罼”字表顏色的可能性較大，因此，讀“纁”較爲可取。

望山簡 2-23 中的“革鞁”，田河認爲：“大概是指用革製成的駕馬皮具。”[⑧]

望山簡 2-32 中的“紫鞁”，應該是指紫色的“鞁”；天星觀簡中的“白鞁”，則是指白色的“鞁”。天星觀簡中的“二鞁”，是指兩件“鞁”。“鞁”是與“轡”配套使用的馬具無可置疑，至於是何種馬鞁具尚待研究。不過，有一個現象值得注意：曾侯乙墓簡中，幾乎所有的“鞁”都與“轡”同時出現，與“轡”一起出現的還有“勒”(簡 64 作“鞡”)。“勒”在曾侯乙墓簡中僅見 4 例。但是，“鞁”與“勒”卻又從來不同時出現，並且，“鞁”都是記在“轡”之前，而“勒”都是記在“轡”之後，“勒”之前均爲“兩馬之(革)轡”。因此，“鞁”與“勒”，可能既有關聯，又有區別。

---

① 湖北省荆沙鐵路考古隊：《包山楚簡》，文物出版社 1991 年版，第 38~39、66 頁。

② 劉國勝：《楚喪葬簡牘集釋》，武漢大學博士學位論文修訂本，2005 年，第 72 頁。

③ 宋華強：《戰國楚簡中从“黽”从“甘”之字新考》，《簡帛》第十三輯，上海古籍出版社 2016 年版，第 5 頁。

④ 湖北省文物考古研究所、北京大學中文系：《望山楚簡》，中華書局 1995 年版，第 122 頁。

⑤ 商承祚編著：《戰國楚竹簡匯編》，齊魯書社 1995 年版，第 109 頁。

⑥ 田河：《出土戰國遣冊所記名物分類滙釋》，吉林大學博士學位論文，2007 年，第 122 頁。

⑦ 田河：《出土戰國遣冊所記名物分類滙釋》，吉林大學博士學位論文，2007 年，第 133 頁。

⑧ 田河：《出土戰國遣冊所記名物分類滙釋》，吉林大學博士學位論文，2007 年，第 134 頁。

"轡"，曾侯乙墓簡整理者指出，其原文作"䜌"，分析爲"从'絲'从'叀'"，指出"與望山二號墓竹簡和石鼓文'轡'字寫法相同"。[①] 按：天星觀簡中的"轡"，亦作"䜌"。

包山簡中的"拜"，李家浩讀爲"轡"，指出包山簡中的"紫拜"，就是望山簡中的"紫轡"。[②] 按：將"拜"讀爲"轡"，包山簡"紫拜"可與信陽簡的"紫轡"對應，其說較妥。

清華簡《封許之命》簡6中的"攸勒"，整理者指出，《詩·蓼蕭》中有"鞗革"，毛亨傳"鞗，轡也"。[③] 按："攸"，或作"鞗"，即"轡"。

"轡"是人駕馬車時控制馬的繮索。《説苑·修文》："轡者，所以御馬也。"[④]《禮記·曲禮上》"執策分轡"，孔穎達疏："轡，御馬索也。"[⑤]秦始皇陵"一號銅車前所駕的四匹銅馬，每匹馬各有兩根轡索，四匹馬共有八根轡索，均爲青銅質。……四馬中的兩匹驂馬與兩匹服馬轡索的繫結方法不同，八根轡索的長短也各有差異"。其中，服馬兩轡的"前端分别繫結於馬口兩側的銜環上"，再向後延伸穿過"軛兩側衡上的兩個轙環"，内轡"後端繫結於御官俑前軾上的一個鷄爪形的銅觼軜上"，外轡"後端握於御官俑的手中"。驂馬兩轡的"前端與馬口外側銜環和橛紐連成一體"，其末端都是"握持於御官俑手中"。但是，兩轡穿過的部位不同：外轡"從馬背部靳上懸垂的一小銅環中穿過"；内轡"穿過從勒的頰革部位懸吊的一小銀環，然後再從馬脊部的内側的韅下穿過"。[⑥] 這與傳世文獻中的記載相吻合。《説文》角部："觼，環之有舌者。"車部："軜，驂馬内轡繫軾前者。"[⑦]《詩·秦風·小戎》："龍盾之合，鋈以觼軜。"朱熹集傳："置觼於軾前以係軜，故謂之觼軜。"[⑧]陳奂傳疏："觼者，所以貫驂内轡之環也。"[⑨]段玉裁注："驂馬兩内轡爲環，系諸軾前。故御者衹六轡在手。《秦風》毛傳曰：'軜，驂馬内轡也。'"[⑩]楊英傑據此認爲："一車四馬八

---

① 湖北省博物館：《曾侯乙墓》，文物出版社1989年版，第510頁。

② 李家浩：《包山遣冊考釋(四篇)》，《古籍整理研究學刊》2003年第5期。

③ 李學勤主編：《清華大學藏戰國竹簡(伍)》，中西書局2015年版，第121頁。

④ 《説苑》卷一九。

⑤ 《禮記正義》卷三。

⑥ 秦始皇兵馬俑博物館、陝西省考古研究所：《秦始皇陵銅車馬發掘報告》，文物出版社1998年版，第75~83頁。

⑦ 《説文解字》卷四下、一四上。

⑧ 《詩集傳》卷六。

⑨ 《詩毛氏傳疏》卷一一。

⑩ 《説文解字注》卷一四上。

轡，其中兩驂馬的内轡因不常用而繫於軾前之觼。御者手中一般只握六轡。”①一號銅車的轡，與傳世文獻的記載存在牴牾：第一，一號銅車兩驂馬的内外轡末端都是“握持於御官俑手中”。只有兩服馬的内轡末端才“繫結於御官俑前軾上的一個鷄爪形的銅觼軜上”。可見，“驂馬内轡繫軾前者”中的“驂”應改爲“服”。所謂“御者手中一般只握六轡”指的是兩服馬的外轡和兩驂馬的四轡。此即《詩·國風·小戎》所謂“四牡孔阜，六轡在手”。② 第二，一號銅車所謂的“觼軜”之“軜”，應即“服馬内轡繫軾前者”，指的是“内轡”。因此，一號銅車的“觼軜”應該改爲“觼”。

曾侯乙墓、天星觀簡中均有“革轡”。田河認爲，“革轡”之“革”和“紡轡”之“紡”，是“表轡所用的材料”。③ 按：“紡”，指織物。信陽簡記有“紡蓋”。

曾侯乙墓、天星觀簡中的“兩馬之轡”，可能就是指兩匹馬所配備的“轡”；曾侯乙墓簡中的“兩馬之革轡”，可能指兩匹馬所配備的革製“轡”；天星觀簡的“組轡”，可能指“組”製之“轡”。

望山簡記有“童轡”，田河懷疑，“童”當讀爲“韇”，指“鞁具飾”，並認爲：“‘童轡’就是飾轡，與‘紫轡’性質相同。”④按：“童”，既可能是單獨的物品，也可能是“轡”的修飾詞。

曾侯乙墓簡中的“四鞁，六轡”，簡28作“四𩌏，六轡”。按：“四鞁”或“四𩌏”，疑指駕車四馬的“鞁”。“六轡”，詳上文。

曾侯乙墓簡中的“乘馬之鞁、轡”，疑指四馬的“鞁”和“轡”，也就是“四鞁，六轡”。

曾侯乙墓簡中的“勒”，字或作“鞏”。整理者指出：“據66號、80號等簡的相類文句，‘鞏’字應是‘勒’的異體。”⑤簡81“鑣䤵”前一字，整理者闕釋。⑥ 陳偉師等據紅外照釋爲“力”，疑讀爲“勒”。⑦ 按：“加”，歌部見紐；“勒”，之部來紐。二字韻部遠隔。我們懷疑，“鞏”字所从之

---

① 楊英傑：《先秦古車挽馬部分鞁具與馬飾考辨》，《文物》1988年第2期。

② 《毛詩正義》卷六。

③ 田河：《出土戰國遣冊所記名物分類滙釋》，吉林大學博士學位論文，2007年，第122頁。

④ 田河：《出土戰國遣冊所記名物分類滙釋》，吉林大學博士學位論文，2007年，第122頁。

⑤ 湖北省博物館：《曾侯乙墓》，文物出版社1989年版，第493、518頁。

⑥ 湖北省博物館：《曾侯乙墓》，文物出版社1989年版，第494頁。

⑦ 陳偉等：《楚地出土戰國簡冊[十四種]》，經濟科學出版社2009年版，第358頁。

“口”，當即何琳儀師所説的“增繁無義偏旁”。[①] “勒”是“絡頭與銜的合稱”。[②]《説文》革部：“勒，馬頭絡銜也。”朱駿聲通訓定聲：“絡爲銜之所係，故曰絡銜。”[③]《周禮·春官·巾車》“龍勒”，孫詒讓正義：“蓋馬頭面閒，從橫絡䍐之韋革，謂之絡，口中所關銜之銅鐵具謂之銜，絡與銜相聯系，通謂之勒。”[④]秦始皇陵一號銅車馬四匹馬的頭上，各有一副金銀勒，兩服馬的勒與兩驂馬略有不同：“額部飾金當盧。位於馬口兩側的鏈條上連接著銀鑣和銅銜……左驂馬和右驂馬的勒除連接著銀鑣、銅銜外，還連接著銅橛……”[⑤]

“黄金之勒”，莊淑慧認爲是指以青銅爲飾的馬銜。[⑥] 蕭聖中指出，《説苑·臣術篇》記有“黄金之勒”。[⑦] 按：曾侯乙墓簡中的“勒”，多爲“黄金”裝飾，且全部記於“轡”之後。“紫勒”，可能指紫色的馬勒。

包山簡272中的“白金釛面”。整理者釋爲“白錫₌(金錫)面”。[⑧] 滕壬生釋爲“白金鈗面”。[⑨] 劉信芳師釋爲“白金鉸𩠐”，認爲“鉸、晧、凵古讀音近，出土之馬銜中部皆由兩環相絞，此所以有‘鉸𩠐’之名”。[⑩] 劉國勝指出：“據紅外影像，‘白’下合文似當作‘釛’，疑爲‘金勒’合文。”[⑪]按：“白金釛面”，疑當斷讀爲“白金釛、面”。“釛”，疑讀爲“勒”。“白金釛”，指“白金”裝飾的“勒”，猶如曾侯乙墓簡中的“黄金之勒”。“面”，讀爲“靤”。“靤”，即“勒靼”之“面”。

望山簡2-6記有“絜敃革”。整理者認爲：“馬勒之‘勒’古多作‘革’：如《詩·小雅·蓼蕭》‘鞗革沖沖’。簡文‘絜敃革’疑指有漆飾的勒。《周禮·春官·巾車》‘革路，龍勒’，鄭玄注：‘龍，駹也。以白黑飾韋，雜色爲勒。’可見古代的勒確有紋飾。”[⑫]

---

① 參何琳儀：《戰國文字通論(訂補)》，江蘇教育出版社2003年版，第215~216頁。

② 楊英傑：《戰車與車戰》，東北師範大學出版社1986年版，第96頁。

③ 《説文通訓定聲》卷五。

④ 《周禮正義》卷五二。

⑤ 秦始皇兵馬俑博物館、陝西省考古研究所：《秦始皇陵銅車馬發掘報告》，文物出版社1998年版，第86、89頁。

⑥ 莊淑惠：《曾侯乙墓出土竹簡考》，臺灣師範大學碩士學位論文，1995年，第190頁。

⑦ 蕭聖中：《曾侯乙墓竹簡釋文補正暨車馬制度研究》，科學出版社2011年版，第216頁。

⑧ 湖北省荆沙鐵路考古隊：《包山楚簡》，文物出版社1991年版，第38頁。

⑨ 滕壬生：《楚系簡帛文字編》，湖北教育出版社1995年版，第1114頁。

⑩ 劉信芳：《楚簡文字考釋五則》，《于省吾教授百年誕辰紀念文集》，吉林大學出版社1996年版，第187頁。

⑪ 劉國勝：《楚喪葬簡牘集釋》，科學出版社2011年版，第54頁。

⑫ 湖北省文物考古研究所、北京大學中文系：《望山楚簡》，中華書局1995年版，第117頁。

天星觀簡中的“賅”，李家浩懷疑讀“勒”，推測“可能是‘貝勒’之勒的專字”。① 按：“賅”“勒”音近可通，“賅”又多與馬具記在一起，李說可從。天星觀簡中，“林絪賅”之“林絪”，和“林䣄賅”之“林䣄”，可能都是修飾“賅”的。“兩馬之革轡賅”，則可能斷讀爲“兩馬之革轡、賅”。前文所引曾侯乙墓簡中的 4 條辭例，都是“轡”“勒”並舉，其中簡 66“兩馬之革轡、黄金之勒”，與“兩馬之革轡、賅”，在形式上最爲接近。

曾侯乙墓簡中，“鞁”“轡”“勒”之後記有“賭”和“鑠賭”。劉信芳師認爲，“賭”是“連接引車之革、馭馬之轡的裝置”；“‘鍗’字 32 例，皆與‘賭’字聯用爲‘鍗賭’，且與馭馬之轡、勒連用。‘鍗賭’很可能是指連接馬韁與馬勒的裝置……”②

曾侯乙墓簡對“鞁”和“轡”的記載方式，似可分爲以下 7 類：

①明確記録“鞁”“轡”數量的：“四鞁，六轡”。(簡 28、57、92、95)

②以駕馬數量來統領“鞁”“轡”數量的：“乘馬之鞁、轡”。(簡 7)

③以駕馬數量來統領“轡”數量的：“兩馬之轡”“兩馬之革轡”。(簡 43+44、64、66、80、98)這種記載亦見於天星觀簡，如：“兩馬之轡”“兩馬之革轡”“兩馬之紡轡”“鬗₌之紡轡”。

④只記“鞁”“轡”，不記數量的：“鞁、轡”。(簡 11、15、18、22、25、31、35、38、41、47、49、59、69、79、83、87、89、94、97、114)

⑤只記“鞁”，不記數量的：“緅鞁”。(簡 85)

⑥只記“轡”，不記數量的：“革轡”(簡 77)，“轡”(簡 93)。

⑦“鞁”和“轡”分開記載的：“緅鞁……乘馬之轡”。(簡 115)

如果我們的推測成立，則包山簡 270“二䡈鞁”、天星觀簡“二鞁”，均暗含其車駕兩馬的信息。

曾侯乙墓簡 44 記有“屯戠雩翆”。按：“翆(羽)”，應該是一種馬飾。

曾侯乙墓簡 77 記有“黄金之釴”。整理者釋爲“黄金之釴(飾)”，認爲“釴”當讀爲“飾”。③ 按：天星觀簡中有“黄金之弋”。④ 曾侯乙墓簡中，“圔”飾有“黄金之玳”。“黄金之釴”“黄金之玳”“黄金之弋”，可能是同一物品。

---

① 李家浩：《包山遣册考釋(四篇)》，《古籍整理研究學刊》2003 年第 5 期。

② 劉信芳：《楚系簡帛釋例》，安徽大學出版社 2011 年版，第 136~137 頁。

③ 湖北省博物館：《曾侯乙墓》，文物出版社 1989 年版，第 492、514 頁。

④ 滕壬生：《楚系簡帛文字編》，湖北教育出版社 1995 年版，第 493 頁。

望山簡 2-32 中的“紃奉”，整理者懷疑是望山簡 2-6 中的“紃綘”。①

望山簡 2-12、2-13 中的“紃受”，李家浩指出：“或説‘紃受’當讀爲‘紃綬’，是對它前面的‘紫轡’所作的説明，意思是説紫轡是用紃綬製作的。”②劉信芳師認爲：“‘紃受’似指馬繮之摯手。”③

六、靽

⿰革取敗。	曾侯乙墓簡 6、46、78、59、64、66、95、72、86、89、101、112、115
削敗。	曾侯乙墓簡 61、115
歛敗。	曾侯乙墓簡 56、69
⿰革彖貝。	曾侯乙墓簡 80
紫⿱⿰止止⿰止止，紃約。	包山簡 267+268
紫⿱⿰止止⿰止止，紛約。	包山簡 271、牘 1
⿱⿰由由日⿱⿰止止⿰止止。	包山簡 273
紫⿱⿰止止又。	望山簡 2-19
⊠⿱⿰止止又，□約。	望山簡 2-34
素⿱⿰止止革。	天星觀簡(《楚系》第 224、507 頁)
白⿱⿰止止革。	天星觀簡(《楚系》第 224、647 頁)

包山簡牘“⿱⿰止止⿰止止”。袁國華釋爲“發”。④ 劉信芳師將“發”讀爲“撥”，認爲是“引車之革”。⑤ 宋華強指出：“‘發’疑當讀爲‘靽’。……靽是在後面約束馬足之用。”⑥望山簡中的“⿱⿰止止又”，整理者指出“或釋作癹”。⑦ 田河指

① 湖北省文物考古研究所、北京大學中文系：《望山楚簡》，中華書局 1995 年版，第 110、122 頁。

② 李家浩：《包山遣冊考釋(四篇)》，《古籍整理研究學刊》2003 年第 5 期。

③ 劉信芳：《楚系簡帛釋例》，安徽大學出版社 2011 年版，第 138 頁。

④ 袁國華：《包山楚簡研究》，香港中文大學博士學位論文，1994 年，第 327~330 頁。

⑤ 刘信芳：《楚簡器物釋名(上篇)》，《中國文字》新二十二期，藝文印書館 1997 年版，第 172 頁。

⑥ 宋華強：《戰國楚簡中从“⿱⿰止止⿰止止”从“甘”之字新考》，《簡帛》第十三輯，上海古籍出版社 2016 年版，第 5~6 頁。

⑦ 湖北省文物考古研究所、北京大學中文系：《望山楚簡》，中華書局 1995 年版，第 122 頁。

出："釋'𩋵'爲'癹'，讀爲'發'是可信的。"[①]我們認爲，"𩊚""𩋵"，以及天星觀簡中的"韈"，均應讀爲馬具之"靽"。[②]

曾侯乙墓簡中的"鞎敗"，簡80作"韔貝"。何琳儀師認爲，"鞎敗"當讀爲"韔貝"；"韔"，訓爲"鞁"；"韔貝"，當爲"靷上之飾貝"。[③] 田河認爲："'敗'似乎是車馬具上的貝飾。"[④]蕭聖中認爲，"敗"是一種馬飾，在簡80和包山簡274中作"貝"。《儀禮·既夕禮》："纓轡貝勒"，鄭玄注："貝勒，貝飾勒。"所謂"貝勒"，是指"以貝類飾於馬銜之上"。[⑤] 鵬宇認爲："我們懷疑，此'敗'、'貝'當讀爲即文獻中常見之'靽'……靽之爲物，古義有二，前人辨解甚明：一與絆同，爲拴馬足的繩索……一爲套在馬臀部的皮帶。……從文義來看，曾簡中'靽'當取前一種意思，指絆馬繩，'鞎敗'即緅色之拘絆馬足之繩。"[⑥]我們認爲，曾侯乙墓簡中的"敗"，與望山簡、包山簡牘中的"癹"，應該是"同物異名"。[⑦] 按：《左傳》僖公二十八年："晉車七百乘，韅、靷、鞅、靽。"杜預注："在後曰靽。"[⑧]汪少華指出："筆者推測《左傳》的'靽'有可能是類似上述'緧'、'鞧'的鞁具，儘管兩者不是一物，繫駕方式也有所不同。"[⑨]從簡文看，"敗"有各種顏色，有的還有裝飾，將其理解爲鞁具，比理解爲絆馬繩更爲妥當。

戰國簡冊中的"紫癹""䍐癹""素韈""白韈""鞎敗""敓敗""削敗"，我們認爲："分别指紫色、纁色、無飾、白色、緅色、黺色、雀色之'靽'。"[⑩]

望山簡2-34記有"□約"，我們認爲"應該與包山簡牘中的'紃約'、'紛約'同類"。[⑪] 按："紃約"之"紃"，疑指顏色。[⑫]

---

① 田河：《出土戰國遣冊所記名物分類滙釋》，吉林大學博士學位論文，2007年，第121頁。

② 羅小華：《釋靽》，《楚文化研究論集》第十集，湖北美術出版社2011年版，第127頁。

③ 何琳儀：《戰國文字聲系》，中華書局1998年版，第387~388頁。

④ 田河：《出土戰國遣冊所記名物分類滙釋》，吉林大學博士學位論文，2007年，第126頁。

⑤ 蕭聖中：《曾侯乙墓竹簡釋文補正暨車馬制度研究》，科學出版社2011年版，第214~215頁。

⑥ 鵬宇：《曾侯乙墓竹簡文字集釋箋證》，華東師範大學碩士學位論文，2010年，第290~291、293頁。

⑦ 羅小華：《釋靽》，《楚文化研究論集》第十集，湖北美術出版社2011年版，第128頁。

⑧ 《春秋左傳正義》卷一六。

⑨ 汪少華：《中國古車輿名物考辨》，商務印書館2005年版，第119頁。

⑩ 羅小華：《釋靽》，《楚文化研究論集》第十集，湖北美術出版社2011年版，第131頁。

⑪ 羅小華：《釋靽》，《楚文化研究論集》第十集，湖北美術出版社2011年版，第131頁。

⑫ 參本章第二節之"環"。

七、鞍、韉

鼠剌毛安。	曾侯乙墓簡 46
鼠剌毛安，鼾毛爯。	曾侯乙墓簡 30
鼠剌毛安，鼠□毛爯。	曾侯乙墓簡 49
鼠剌毛安，鼾尾之毛爯。	曾侯乙墓簡 41
鼠剌毛安，鼾尾之毛爯。金蔡貝舌。	曾侯乙墓簡 4
韋繇毛安，𩊠毛爯。	曾侯乙墓簡 28
韋繇毛安，鼠刃毛爯。	曾侯乙墓簡 59
韋繇毛安，鼠刃鼗之毛爯。	曾侯乙墓簡 21
韋繇毛安，月虎鼗之毛爯。	曾侯乙墓簡 78
韋繇毛安，鼾尾之毛爯。	曾侯乙墓簡 91
繇毛安，鼾毛爯。	曾侯乙墓簡 72、97
繇毛安，鼾毛爯。金蔡貝舌。	曾侯乙墓簡 61
繇毛安，鼠刃毛爯。	曾侯乙墓簡 56
繇毛安，鼾尾之毛爯。	曾侯乙墓簡 35、83、① 89
繇毛安，鼾鼗之毛爯。	曾侯乙墓簡 86、95、113
繇鞍，𩊠毛爯，龜組之敝。	曾侯乙墓簡 115
削繇毛安，鼾毛爯。金蔡貝舌。	曾侯乙墓簡 43
舟西毛安，鼠刃鼗之毛爯。	曾侯乙墓簡 10
西鞍，鼠刃毛爯。	曾侯乙墓簡 69
紫幹之安。貝舌。	曾侯乙墓簡 48
紫幹之安。	曾侯乙墓簡 50
熅韋之毛安，鼾毛爯，紫糸䖒之敝。	曾侯乙墓簡 66②
熅毛晏，月虎鼗之毛爯。	曾侯乙墓簡 98
盬薦之絞。	包山簡 267
鼾鼠莫之革夬、銨。	包山簡 271

---

① 按："毛安"，整理者徑釋爲"鞍"。參湖北省博物館編：《曾侯乙墓》，文物出版社 1989 年版，第 494 頁。

② 按："熅"，參肅聖中：《曾侯乙墓竹簡釋文補正暨車馬制度研究》，科學出版社 2011 年版，第 87 頁。

紸絹之緮。	包山簡 275
鼾鞄之韇、靬。	包山牘 1
丹絿之軐安，生絬之裏。	望山簡 2-8
☐肓絿聃緂之安，黄支組之繢。	望山簡 2-23①
鎜鞍。	天星觀簡(《楚系》第 896 頁)
鎜安，素。	天星觀簡(《楚系》第 896 頁)
絕安，素。	天星觀簡(《楚系》第 606 頁)
繼安，素。	天星觀簡(《楚系》第 945 頁)
繼鞌，綒組之繢。	天星觀簡(《楚系》第 1044 頁)
繼安，素郜組之繢。	天星觀簡(《楚系》第 1045 頁)

曾侯乙墓簡中的“毯”字，或作“鞍”“安”“毽”。整理者認爲：“‘毯’或‘鞍’从‘安’聲，疑並當讀爲‘鞍’。字或作‘鞌’。《説文·革部》：‘鞌，馬鞁具也。’”②按：“毯”“鞍”均从“安”得聲，諧聲通假。“毽”从“晏”得聲。“晏”“安”二字均爲影紐元部字，故可通假。③ 它們大多與馬具記在一起，讀爲馬具之“鞍”可從。

包山簡記有“䰞蒍之綏”。劉信芳師認爲，包山簡 267 中的“綏”、簡 271 中的“鞍”，曾侯乙墓簡 4、10、21 中的“毯”、簡 69、115 中的“鞍”、簡 83 中的“鞍”，都應讀爲“馬鞁具”之“鞌”。④ 劉國勝認爲：“275 號簡記有‘紸絹之緮’，望山遣冊 23 號簡記有‘肙絿聯縢之安’，曾侯乙墓 71 號簡記有‘茬鞎’，疑‘綏’、‘緮’、‘安’、‘鞎’當是同一物名，皆當讀爲‘筵’，指車席。”⑤按：“安”，元部影紐；“筵”，元部喻四。從音韻上來看，“安”與“筵”聲隔。因此，“綏”很可能讀爲“鞍”。

包山簡 271 中的“銨”，整理者隸定爲“鞍”。⑥ 滕壬生改釋爲“銨”。⑦

---

① 按：“繢”，陳偉等據紅外照釋爲“纓”。參陳偉等著：《楚地出土戰國簡冊[十四種]》，經濟科學出版社 2009 年版，第 295 頁。此字亦見於望山簡 2-3、2-8 等，恐應釋爲“繢”。參第一章第一節之“軒反”。

② 湖北省博物館：《曾侯乙墓》，文物出版社 1989 年版，第 507 頁。

③ 張儒、劉毓慶：《漢字通用聲素研究》，山西古籍出版社 2002 年版，第 754 頁。

④ 劉信芳：《包山楚簡解詁》，藝文印書館 2003 年版，第 294、304 頁。

⑤ 劉國勝：《楚喪葬簡牘集釋》，科學出版社 2011 年版，第 50 頁。

⑥ 湖北省荆沙鐵路考古隊：《包山楚簡》，文物出版社 1991 年版，第 38 頁。

⑦ 滕壬生：《楚系簡帛文字編》，湖北教育出版社 1995 年版，第 1001 頁。

曾憲通認爲，此字即“鞍”，指“跨馬所設之具”。① 包山簡 271 中的“鞅”，整理者認爲右旁从“臭”省。② 曾憲通認爲，此字右旁从“炙”，爲“鼻字最簡之體”，字當即“韅”。《説文》革部：“韅，車衡三束也。”“韅”或作“鞼”。③ 劉國勝認爲，“韅鞍”應斷讀爲“韅、鞍”；“韅”是“將車衡與車輈、車衡與車軛綁固的革帶”；“鞍”疑是“防磨傷服馬而襯於軛内側的皮墊”。④ 我們懷疑，“鞅”讀爲“韉”，指“藉鞍的墊子”。《説文新附》：“韉，馬鞁具也。”鄭珍《新附考》：“韉，所以藉馬鞍，故謂之韉。本止作薦，俗因施以薦鞍别，加从革。”《鹽鐵論·散不足》：“古者，庶人賤騎繩控，革鞮皮薦而已。及其後，革鞍氂成，鐵鑣不飾。”⑤按：無論是從音理上，還是從文義上看，讀“韉”可從。

包山牘 1 中的“靬”，舒之梅認爲是“鞍”之借字。⑥ 何琳儀師讀爲“靬”，訓爲“馬被具”。⑦ 包山牘 1 中的“韉”，整理者隸定爲“韉”。⑧ 舒之梅隸定爲“韉”，即“韄”字，與“韈”“音近義通”。⑨ 何琳儀師隸爲“韉”。⑩ 劉信芳師隸定爲“韉”，分析爲从“韋”“虘”聲，“虘”爲“虘”之繁形，讀爲“韄”，訓爲“繫縛”；認爲“豻貘之韉靬”是指“以豻貘之皮繫縛於鞍，作爲鞍的護套”。⑪ 劉國勝認爲，“韉靬”應斷讀爲“韉、靬”。⑫ 我們認爲，“韉”與“鞅”音近，也應該讀爲“韉”。⑬ 按：讀“韉”可從。“韉”原本是人騎馬時用的坐墊，後來又成爲馬鞍下的墊子。

曾侯乙墓簡中，記録在“韅、鞅”之後的“鞍”有十幾例：簡 10、28、41、46、56、59、72、78、83、86、89、91、95、98。⑭ 包山簡 271“靬韉

① 曾憲通：《楚文字釋叢（五則）》，《中山大學學報》1996 年第 3 期。

② 湖北省荆沙鐵路考古隊：《包山楚簡》，文物出版社 1991 年版，第 38、66 頁。

③ 曾憲通：《楚文字釋叢（五則）》，《中山大學學報》1996 年第 3 期。

④ 劉國勝：《楚喪葬簡牘集釋》，科學出版社 2011 年版，第 45、56 頁。

⑤ 羅小華：《釋韉》，簡帛網，2013 年 8 月 28 日；《漢語言文字研究》第一輯，上海古籍出版社 2015 年版，第 209～211 頁。

⑥ 舒之梅：《包山簡遣冊車馬器考釋五則》，《容庚先生百年誕辰紀念文集（古文字研究專號）》，廣東人民出版社 1998 年版，第 593 頁。

⑦ 何琳儀：《戰國文字聲系》，中華書局 1998 年版，第 995 頁。

⑧ 湖北省荆沙鐵路考古隊：《包山楚簡》，文物出版社 1991 年版，第 39 頁。

⑨ 舒之梅：《包山簡遣冊車馬器考釋五則》，《容庚先生百年誕辰紀念文集（古文字研究專號）》，廣東人民出版社 1998 年版，第 593 頁。

⑩ 何琳儀：《戰國文字聲系》，中華書局 1998 年版，第 995 頁。

⑪ 劉信芳：《包山楚簡解詁》，藝文印書館 2003 年版，第 321～322 頁。

⑫ 劉國勝：《楚喪葬簡牘集釋》，科學出版社 2011 年版，第 85 頁。

⑬ 羅小華：《釋韉》，《漢語言文字研究》第一輯，上海古籍出版社 2015 年版，第 210～211 頁。

⑭ 按：曾侯乙墓簡 21 中，“鞍”記於“鞎韅、鞅”之前；簡 30 中，“鞍”前僅記“韅”。

之⿰革矣銨”和牘1“⿰鼠干⿰革白之⿰革巤靬”之前，均爲“紫䩄、鞅”。因此，“銨”和“靬”讀爲“鞍”的可能性非常大。另外，“⿰革矣”和“銨”、“⿰革巤”和“靬”分別記録在一起，“⿰革矣”和“靬”也應該是馬具，讀爲“鞍韉”之“韉”可從。

望山簡2-8“丹⿰糸秋之⿰車弋安”中的“安”，整理者認爲“此字似从‘女’”，懷疑是“安”字的“省體”。① 劉信芳認爲“‘⿰車弋安’應讀如‘載鞌’”，並指出：“⿰糸秋鞍乃絲綢質地，有可能爲女乘之鞍。”②按：此“安”字原篆作“”，與包山簡“安”字作“”（簡142），“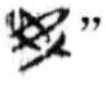”（簡144）完全吻合，釋“安”可從。

望山簡2-23“☒肎⿰糸秋⿰耳弗⿰糸并之安”，整理者釋爲“☒肎⿰糸秋聯⿰糸夫（縢）之□”，推測“□”可能是“‘安’的省寫”。③ 按：如果這一推測成立，則“安”也可能讀爲“鞍”。

“⿰鼠剌⿰毛安”，曾侯乙墓簡習見。簡4之“⿰鼠剌”，整理者認爲“左半从‘鼠’，右半似从‘刺’，疑是‘獺’字異體”。④ 蕭聖中據紅外照，將簡4中的“⿰鼠□⿰毛安”，簡41中的“豻⿰毛安”，簡30、46、49中的“貂⿰毛安”，均改釋爲“⿰鼠剌⿰毛安”。⑤ 田河進一步指出：“‘⿰鼠剌⿰毛安’就是用獺皮做的鞍具。”⑥按：“⿰鼠剌”“獺”二字均从“剌”得聲，諧聲通假；“⿰鼠剌”爲“⿰毛安”之修飾語，當指質料；讀爲“獺”可從。古代有用獺皮製冠的記載。《後漢書·南蠻西南夷傳》：“有邑君長，皆賜印綬，冠用獺皮。”⑦

“⿰韋繇⿰毛安”，或作“䌛⿰毛安”。“⿰韋繇”，整理者隸定爲“⿰亻繇”，疑爲“䌛”之變體，讀爲“鼬”，指“黄鼠狼”。⑧ 田河認爲“‘鼬靭’可能是指鼬皮做的車茵”。⑨ 郭永秉將“”分析爲“从言从係”，字當釋“訊”，並指出，曾侯

① 湖北省文物考古研究所、北京大學中文系：《望山楚簡》，中華書局1995年版，第118頁。

② 劉信芳：《楚簡器物釋名（上篇）》，《中國文字》新二十二期，藝文印書館1997年版，第171頁；劉信芳：《楚系簡帛釋例》，安徽大學出版社2011年版，第133頁。

③ 湖北省文物考古研究所、北京大學中文系：《望山楚簡》，中華書局1995年版，第109、122頁。

④ 湖北省博物館：《曾侯乙墓》，文物出版社1989年版，第507頁。

⑤ 蕭聖中：《曾侯乙墓竹簡釋文補正暨車馬制度研究》，科學出版社2011年版，第53頁。

⑥ 田河：《出土戰國遣冊所記名物分類滙釋》，吉林大學博士學位論文，2007年，第132頁。

⑦ 《後漢書》卷八六。

⑧ 湖北省博物館：《曾侯乙墓》，文物出版社1989年版，第491、513頁。

⑨ 田河：《出土戰國遣冊所記名物分類滙釋》，吉林大學博士學位論文，2007年，第106頁。

乙墓簡中其他从"緐"之字，應視爲从"'訊'省聲"。[①] 按："轡"與"緐"釋爲"鼬"，在簡文中講較爲通順，因此，暫從釋"鼬"之説。"削緐銨"之"削"，疑與"削韅、鞅"之"削"有關。

"䏝銨"之"䏝"，白於藍認爲可能是"赭"字異體，訓爲"赤"；"䏝鞍"是指紅色皮革的鞍；"䏝"也可能讀爲"盧"，指黑色。[②] 按："䏝"字待考。

簡48、50均記有"紫敍之安"。"敍"，整理者讀爲"錦"。[③] 何琳儀師懷疑，是"紟"的繁文，讀爲"錦或紟"。《集韻·鹽韻》："紟，布帛名。或作絵。"[④]按：此處"敍"當爲質料名，讀爲"錦"或"紟"均可從。

簡66中的"熅韋之銨"，簡98作"熅鍡"。"熅"，整理者隸定爲"炈"。並指出："'炈鍡'即66號簡的'炈韋之銨'。'安'、'晏'音近可通，故'銨'可以寫作'鍡'。"[⑤]何琳儀師隸定爲"焖"，懷疑是"熅"的"省文"，讀爲"韞"，指"赤黄閒色"。[⑥] 按："熅韋之銨"猶"紫敍之安"，"韋"與"敍"均爲質料。"紫"和"熅"，都是修飾質料的。"紫"爲顔色，"熅"讀爲顔色之"韞"可從。

劉信芳師總結説："鞍以質地言，有䵎(獺)、鼦(貂)、韞韋、䵔䵎、𪑗之别，大抵皆柔軟之革。"[⑦]

從實際功能上看，"鞍"與"韉"都不是駕車之馬所必備的，而是所騎之馬應必備的。

"豻尾之䋲"，整理者認爲，"䋲"字"似是指緣飾之類"。[⑧] 何琳儀師認爲，"䋲"當讀"縢"，訓爲"緣"。[⑨] 劉信芳師認爲，"䋲"與包山簡中的"緹"，都屬於"系綏之類"。[⑩] 田河先認爲何説"有道理"；後又認爲"䋲"是"繩帶"，並提到有學者懷疑讀爲"襯"。[⑪] 按：曾侯乙墓簡13、42、60、65均記有"虎韔，虎貘之聶"，簡70記有"虎韔，虎貘之䋲"。對比可知，

---

① 郭永秉：《〈讀平王問鄭壽〉篇小記二則》，簡帛網，2007年8月30日；《釋上博楚簡〈平王問鄭壽〉的"訊"字》，《古文字研究》第二十七輯，中華書局2008年版，第489~491頁。

② 白於藍：《曾侯乙墓竹簡中的"鹵"和"櫓"》，《中國文字》新二十九期，藝文印書館2003年版，第198頁。

③ 湖北省博物館：《曾侯乙墓》，文物出版社1989年版，第514頁。

④ 何琳儀：《戰國文字聲系》，中華書局1998年版，1396頁。

⑤ 湖北省博物館：《曾侯乙墓》，文物出版社1989年版，第520頁。

⑥ 何琳儀：《戰國文字聲系》，中華書局1998年版，第1310頁。

⑦ 劉信芳：《楚系簡帛釋例》，安徽大學出版社2011年版，第133頁。

⑧ 湖北省博物館：《曾侯乙墓》，文物出版社1989年版，第507頁。

⑨ 何琳儀：《戰國文字聲系》，中華書局1998年版，第142頁。

⑩ 劉信芳：《包山楚簡解詁》，藝文印書館2003年版，第294頁。

⑪ 田河：《出土戰國遣冊所記名物分類滙釋》，吉林大學博士學位論文，2007年，第138頁。

“聶”與“鞆”，很可能指同一類物品。“聶”，多見於“韔”“箙”之後，當讀爲“攝”，訓爲“緣”。依此，“鞆”也可能訓爲“緣”。“豻尾之鞆”，疑指用“豻尾”上的皮毛製作緣邊。

“貂蓴之鞆”“虓蓴之鞆”中的“蓴”，整理者認爲：“‘貍貘’之貘，簡文多寫作‘蓴’，36號簡寫作‘莫’。簡文除了‘貍蓴’之外，還有‘虎蓴’、‘貂蓴’、‘豻蓴’等，據文意似指貍皮、貂皮、豻皮。”①劉信芳師認爲：“簡文‘貘’、‘毴’應指獸脊背之皮，取脊背之皮爲‘鞍’，以其尤爲堅韌之故也。”②按：“蓴”，當讀爲“貘”，指馬來貘。③

曾侯乙墓簡中的“豻鞆”與“貂鞆”，由於没有指明皮毛的部位，我們懷疑，可能是一種泛稱，指以豻或貂的皮毛製作緣邊。

“䌛鞆”，疑與望山簡2-15中的“刎生”有關。④

“斆”，曾侯乙墓簡中最早是作爲“軒”的附屬物出現。整理者認爲，與望山簡中的“績”爲一物，並指出“‘斆’(績)與‘綏’似爲同類物”。⑤望山簡中的“績”，原篆作“”。田河認爲，“斆”字可讀爲“縢”，指“一種繩帶”，用於“軒”“鞍”“𩊠(薦)”等物品之後。⑥蕭聖中認爲：“讀爲‘綴’的可能性較大。”⑦按：“鞁”上裝飾有“紫繐之斆”(簡66)、“𩢍組之斆”(簡115)。曾侯乙墓簡還記有“紫繐之綏”(簡31)和“𩢍組之綏”(簡49、53、59、71、75、75、97、106)。通過對比以上4條辭例，我們認爲，整理者的意見可從。

包山簡271中的“鼾鞥”，曾憲通認爲：“鼾即豻，鞥即貘、豻似狐而貘似熊，其皮均可製革。”⑧陳偉武認爲，“鞥”乃“蓴”字之假，楚簡中的“蓴”，是“表毛皮之專字”。⑨包山牘1中的“鞘”，舒之梅認爲是“鞥(貘)”的借字，簡文中的“貘”是指“獸脊背之皮”。⑩按：“鼾鞘”應即“鼾

---

① 湖北省博物館：《曾侯乙墓》，文物出版社1989年版，第503頁。

② 劉信芳：《楚簡釋讀與〈方言〉補例試説》，《文獻》2010年第3期。

③ 参第二章第二節之“箙、韔”。

④ 参本章第一節之“蓋”。

⑤ 湖北省博物館：《曾侯乙墓》，文物出版社1989年版，第517頁。

⑥ 田河：《出土戰國遣冊所記名物分類滙釋》，吉林大學博士學位論文，2007年，第243~244頁。

⑦ 蕭聖中：《曾侯乙墓竹簡釋文補正暨車馬制度研究》，科學出版社2011年版，第80頁。

⑧ 曾憲通：《楚文字釋叢(五則)》，《中山大學學報》1996年第3期。

⑨ 陳偉武：《説“貘”及相關諸字》，《古文字研究》第二十五輯，中華書局2004年版，第252頁。

⑩ 舒之梅：《包山簡遣冊車馬器考釋五則》，《容庚先生百年誕辰紀念文集(古文字研究專號)》，廣東人民出版社1998年版，第594頁。

䡲”之異文，應該就是曾侯乙墓簡習見之“豻𩌏”，讀爲“豻貘”。①

“䞣”“鑣䞣”，劉信芳師認爲，“䞣”是“馬鞍上的連接性裝置”。② “丹緂”，疑讀爲“丹紬”。③

“生絬之裏”，望山簡整理者懷疑“絬”當讀爲“繖”。《方言》卷二：“繒帛之細者謂之繖。”④

“肙緂聑紷”，疑讀爲“絹繡聯縢”。

望山簡 2-23“黄𢻶組之繢”，整理者釋爲“黄𡘳組之□”。⑤ 劉國勝釋爲“黄𢻶組之繢(綴)”。⑥ 按：“黄𢻶組之繢”，也用於裝飾車蓋。

天星觀簡記有“𢇍鞍”“𢇍安素”“絕安素”“繼安素”“繼𡫾緌組之繢”“繼安素鄃組之繢”。按：“𢇍”，疑即曾侯乙墓簡中“𢇍䩞”之“𢇍”，望山簡中“𠜛𤯔”之“𠜛”，讀爲“絕”。“𢇍安素”，疑爲“繼安素鄃組之綴”的殘存辭例。“緌組之繢”與“素鄃組之繢”，疑爲“絕安”的附飾。

就記載方式而言，曾侯乙墓簡中的“鞍”一般都爲：“鞍”+“䩞”(也有省記“䩞”的)。另外，簡 66、115 分别在“䩞”後，記有“紫纑之斆”、“龕組之斆”。

望山簡中關於“鞍”的記載有兩條：一條後面記“生絬之裏”，這種記載不見於其他材料；一條後面記“黄𢻶組之繢”，天星觀簡中“鄃組之繢”“纓組之繢”的記載與之相吻合。望山簡“鞍”後面的“繢”，與曾侯乙墓簡中的“斆”，可能是同類飾物。

八、鑣、銜

白䡣。	包山簡 272、276
二馬之秏。二鑑。	包山簡 277
角鹿。	望山簡 2-13
生鹿。	天星觀簡(《楚系》第 509、763 頁)

---

① 參第二章第二節之“韔、箙”。

② 劉信芳：《楚系簡帛釋例》，安徽大學出版社 2011 年版，第 137 頁。

③ 參本章第一節之“蓋”。

④ 湖北省文物考古研究所、北京大學中文系：《望山楚簡》，中華書局 1995 年版，第 108、118 頁。

⑤ 湖北省文物考古研究所、北京大學中文系：《望山楚簡》，中華書局 1995 年版，第 109 頁。

⑥ 劉國勝：《楚喪葬簡牘集釋》，科學出版社 2011 年版，第 91 頁。

倜鹿。	天星觀簡(《楚系》第635、669、763頁)
鑑、䯓、賅。	天星觀簡(《楚系》第524頁)
䯓、鑑、賅。	天星觀簡(《楚系》第524頁)
鑑。賈。	天星觀簡(《楚系》第525、996頁)
賈。鑑。	天星觀簡(《楚系》第525、996頁)
齒監。	天星觀簡(《楚系》第170、678頁)
悳監。	天星觀簡(《楚系》第678頁)
監。緄絡軽，生絵之纓。	天星觀簡(《楚系》第1018頁)①

包山簡272、276中記有“臼䑖”，簡277記有“二馬之秏”。李家浩懷疑，“臼”當讀爲“舊”，“䑖”“秏”二字都應讀爲“鑣”，分别是“骨鑣”和“木鑣”的“專字”。② 劉信芳師將“臼”改讀爲“麔”，“臼鑣”指“麔角所製之鑣”，即該墓出土的6對鹿角鑣；又指出“‘秏’應指木質鑣”，即該墓出土的4對木質鑣。③ 望山簡2-13記有“角鹿”。整理者將“鹿”括注爲“鑣”，並指出：“此墓出馬銜及角質鑣多件。”④按：《急就篇》卷三“靷靫鞊韉鞍鑣鍚”，顔師古注：“或曰：‘鑣者，銜兩傍之鐵。’”⑤郭寶鈞認爲：“‘鑣’是夾在馬吻、接銜的兩端、用以加强勒制的銅飾。”⑥至於“鑣”的作用，楊英傑認爲：“銜在口中，兩端與轡相接，勒轡御馬，銜容易左右滑出，且造成馬嘴角磨傷。兩旁各置一鑣，便可以起到把銜固定於口中和保護馬嘴不被勒傷的作用。”⑦

包山簡277記有“二鑑”。劉信芳師懷疑讀“檻”，是“馬頸套圈之名”。⑧ 李家浩懷疑讀“銜”。⑨ 天星觀簡中，“賈”和“鑑”記録在一起。李

① 按：天星觀簡辭例中的“緙”字，都應釋爲“緄”。參吴紅松：《〈楚系简帛文字编〉校订》，安徽大學碩士學位論文，2003年，第46頁。

② 李家浩：《包山遣册考釋(四篇)》，《古籍整理研究學刊》2003年第5期。

③ 劉信芳：《楚簡器物釋名(上篇)》，《中國文字》新二十二期，藝文印書館1997年版，第184頁。

④ 湖北省文物考古研究所、北京大學中文系：《望山楚簡》，中華書局1995年版，第108、120頁。

⑤ 《急就篇》卷三。

⑥ 郭寶鈞：《殷周車器研究》，文物出版社1998年版，第62頁。

⑦ 楊英傑：《戰車與車戰》，東北師範大學出版社1986年版，第100頁。

⑧ 劉信芳：《楚簡器物釋名(上篇)》，《中國文字》新二十二期，藝文印書館1997年版，第187頁。

⑨ 李家浩：《包山遣册考釋(四篇)》，《古籍整理研究學刊》2003年第5期。

家浩認爲，“賈”和“鑑”是指兩種物品，“鑑”當讀爲“銜”。① 按：《説文》金部：“銜，馬勒口中。”②裘錫圭將“馬勒口中”括注爲“指馬勒在馬口中的部分，相當於現在所謂嚼子”。③ 郭寶鈞指出：“‘銜’是長橛狀、横塞馬口中、用以控制馬的主要工具。”④

包山簡 271+276“四馬之凵面”與“臼毻”記在一起，包山簡 272“白金釛面”與“臼毻”記在一起，望山簡 2-13“鋯面”與“角麃”記在一起。可見，“毻”與“麃”應該是同類物品。李家浩將“毻”與“麃”讀爲“鑣”，訓爲馬鑣是可取的。包山簡 277“二馬之秏”與“二鑑”記在一起，李家浩將“秏”讀爲“鑣”，即馬鑣，將“鑑”讀爲“銜”，即馬銜，也是可取的。天星觀簡中的“鑑”，與包山簡 277 中的“鑑”一樣，都是與馬具記在一起，讀“銜”可從。另外，天星觀簡中有“倜麃”。我們懷疑，“麃”應讀爲“鑣”；“倜”，亦見於“倜桶”，可讀爲“彫”。所謂“彫鑣”，大概是指雕有花紋的馬鑣。雕花馬鑣已有實物出土：三門峽虢國墓 M2001：359-1 出土馬鑣“正面飾變形蟬紋”；長安張家坡 M351：1 出土馬鑣“正面飾重環紋”；扶風強家村 M1：28、寶雞茹家莊 M1 乙：122 出土馬鑣“通體飾龍紋”。⑤ 馬鑣位於馬口的兩側。天星觀簡中記有“齒監”“惪監”“監綼絡輕生絵之縲”。我們懷疑，“監”也應該讀爲“銜”。“齒監”之“齒”，亦當訓爲“象牙”。典籍中有象牙製作的馬鑣。《續漢書志·輿服上》“象鑣金鋻”。⑥ “惪監”之“惪”，亦見於天星觀簡中的“惪鈦”。馬銜含於馬口之内。包山 2 號墓出土 24 件馬銜。⑦

九、鏑

二馬之鍉。	包山簡 276
馬之鍉、綏。	天星觀簡(《楚系》第 1001 頁)

包山簡 276“二馬之鍉”，整理者認爲：“鍉，借作醍。”⑧劉信芳師懷

---

① 李家浩：《包山遣册考釋(四篇)》，《古籍整理研究學刊》2003 年第 5 期。
② 《説文解字》卷一四上。
③ 裘錫圭：《文字學概要》，商務印書館 1988 年版，第 138 頁。
④ 郭寶鈞：《殷周車器研究》，文物出版社 1998 年版，第 61 頁。
⑤ 朱鳳瀚：《中國青銅器綜論》，上海古籍出版社 2009 年版，第 488~491 頁。
⑥ 《續漢書志》卷二九。
⑦ 湖北省荆沙鐵路考古隊：《包山楚墓》，文物出版社 1991 年版，第 243 頁。
⑧ 湖北省荆沙鐵路考古隊：《包山楚簡》，文物出版社 1991 年版，第 38、66 頁。

疑讀爲“靚”，訓爲“繫馬頸”，並指出“楚人謂馬頸之金屬套圈爲‘鋧’”。①劉國勝改釋爲“鍉”，懷疑讀“鏑”，即“鏑銜”，指“一種帶刺球的銜”。《淮南子·氾論》“是猶無鏑銜橜策錣而御馯馬也”，高誘注：“鏑銜，口中央鐵，大如雞子中黄，所制馬口也。”楚墓中有銅鏑銜出土。② 田河認爲：“此處應該是一種馬具。此物待考。”③按：“鍉”字原篆作“”。郭店《老子》甲簡2有“視”字作“”。整理者指出：“‘視’字下部爲立‘人’，與簡文‘見’字作者有别。”④包山簡中，“靚”字凡4見，均作“”，“絸”字凡2見，均作“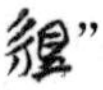”，从“”得聲。從辭例來看，“鍉”確爲馬具。因此，我們懷疑，“”字可能當從劉國勝釋爲“鍉”，讀爲“鏑”。“視”與“是”通。《老子》：“自是者不彰。”又：“不自是故彰。”“是”，馬王堆漢墓帛書《老子》甲、乙本皆作“視”。《荀子·解蔽篇》：“是其庭可以搏鼠。”楊倞注：“是，蓋當爲視。”⑤“是”與“啇”通。《史記·秦漢之際月表》：“銷鋒鏑。”裴駰集解引徐廣曰：“鏑，一作鍉。”《漢書·項籍傳》：“銷鋒鍉。”顏師古注：“鍉，與鏑同，即箭鏃也。”《史記·刺客列傳》：“乃引其匕首以擿秦王。”“擿”，《戰國策·燕策》作“提”。⑥ 秦始皇陵一、二號銅車馬均有2件銅鏑伴隨出土。其中，伴隨一號車出土的銅鏑“是由六節組成，中間的四節成橢圓球形，上面佈滿短小的細刺，每個球的兩端各有一環形紐鼻。左右兩端的兩節各爲一佈滿細刺的半球，半球的外側一端各帶有一橢圓形的帶扣，内側的一端有一環形紐鼻。節與節之間用紐鼻套合連接成鏈條，通長12.8釐米。橢圓球爲實心……所出的這兩件銅鏑可能是爲了控御兩服馬的備用件。”⑦包山簡中的“二馬之鏑”，也應該是用於“控御兩服馬”的。

天星觀簡中的“鍉”，《楚系》摹作“”，釋爲“鋧”。⑧ 按：如果天星

---

① 劉信芳：《楚簡器物釋名（上篇）》，《中國文字》新二十二期，藝文印書館1997年版，第186~187頁。

② 劉國勝：《楚喪葬簡牘集釋》，武漢大學博士學位論文修訂本，2005年，第68頁。

③ 田河：《出土戰國遣冊所記名物分類滙釋》，吉林大學博士學位論文，2007年，第124頁。

④ 荊門市博物館：《郭店楚墓竹簡》，文物出版社1998年版，第114頁。

⑤ 張儒、劉毓慶：《漢字通用聲素研究》，山西古籍出版社2002年版，第509頁。

⑥ 張儒、劉毓慶：《漢字通用聲素研究》，山西古籍出版社2002年版，第508頁。

⑦ 秦始皇兵馬俑博物館、陝西省考古研究所：《秦始皇陵銅車馬發掘報告》，文物出版社1998年版，第96、218頁。

⑧ 滕壬生：《楚系簡帛文字編》，湖北教育出版社1995年版，第1001頁。

觀簡中的“鍡”，與包山簡中的“鍡”爲同類物品，根據包山簡“二馬之鍡”的記載，可以推測，“馬之鍡綏”當斷爲“馬之鍡、綏”。《楚系》中記有“馬之鍕纓”(第493、908頁)。從辭例上看，“鍕”可能是“鍡”。

十、策

策。	天星觀簡(《楚系》第359頁)
一策。	天星觀簡(《楚系》第11、359頁)

《説文》竹部：“策，馬箠也。”“箠，擊馬也。”①《周禮·考工記·輈人》“而策半之”，鄭玄注：“策，御者之策也。”②《玄應音義》卷十七：“策，馬撾也，所以捶馬驅馳也。”③“策”是拿在御者手中，用以“捶馬驅馳”的工具。天星觀簡中有“策”，可能就是驅馬之策。安陽小屯M20、M40、M45、M164等4個墓葬中，均有馬策出土。④秦始皇陵一號銅車馬伴有一件銅策出土。銅策爲竹節形，其頂端平齊、無鋒，通體繪有流雲紋。⑤

十一、綛

繽綛。	曾侯乙墓簡64
集組之萿綛。	包山簡268
緙絡綛，紛紉，紛紶。	天星觀簡(《楚系》第892頁)
緙絡輕，紛旲朮□☐	天星觀簡(《楚系》第599頁)
緙絡輕，紛旲木□☐	天星觀簡(《楚系》第1018頁)
緙絡輕，生絵之纓。	天星觀簡(《楚系》第1018頁)

包山簡268記有“集組之萿綛”。劉釗懷疑讀爲“集組之絡綛”。⑥劉

---

① 《説文解字》卷五上。

② 《周禮注疏》卷四〇。

③ 《玄應音義》卷一七。

④ 石璋如：《殷代的策》，《歷史語言研究所集刊》第二十二本，1950年，第80~82頁。

⑤ 秦始皇兵馬俑博物館、陝西省考古研究所：《秦始皇陵銅車馬發掘報告》，文物出版社1998年版，第102頁。

⑥ 劉釗：《包山楚簡文字考釋》，見氏著《出土簡帛文字叢考》，臺灣古籍出版有限公司2004年版，第28頁。

信芳師認爲，“砮經”讀爲“絡銜”，指“馬絡頭”。① 劉國勝認爲，“集組”即“雜組”，指“彩編織帶”；並指出：“天星觀簡記有‘緄絡經’、‘緄絡輕’。‘絡輕’即‘絡經’。曾侯乙墓64號簡記有‘繽經’。‘繽經’之‘經’，與‘絡經’之‘經’所指當同。從簡文記録‘絡經’的位置看，‘絡輕’應屬馬上的裝備或飾物，可能是一種繫帶。”②田河認爲“‘集組’就是多條條編成的組帶”，與天星觀簡中的“緄絡經”“緄絡輕”同類；並懷疑“‘絡經’讀爲‘絡頸’，指的可能就是秦始皇陵銅車馬馬頸的套圈，與下文‘結項’是配套的馬具”。③ 按：從曾侯乙墓簡、包山簡的記載來看，“經”一般與馬具記在一起，爲馬具的可能性較大。

十二、帶

⿰帶帶。	曾侯乙墓簡138
玄帶。	天星觀簡(《楚系》第329、638頁)
紫帶。	天星觀簡(《楚系》第638、901頁)
二馬之帶。	天星觀簡(《楚系》第492、638、956頁)
二馬之⿱帶糸。	天星觀簡(《楚系》第753頁)
兩馬絓綸帶。	天星觀簡(《楚系》第933頁)
兩馬絓。	天星觀簡(《楚系》第753頁)
黄金帶。	天星觀簡(《楚系》第638、983、994頁)
黄金帶，緑之純。	天星觀簡(《楚系》第891頁)

“⿰帶帶”，整理者括注爲“帶”。④ 按：此“⿰帶帶”記在“乘馬畫甲”和“乘馬黄金之貴”之間，應該是馬帶。

天星觀簡中有“帶”，字或从“糸”，《楚系》摹作“”“”。⑤ 何琳儀師將“”隸爲“⿰帶帶”，懷疑是“帶之繁文”；將“”隸爲“⿱帶糸”；並認爲“⿰帶帶”和“⿱帶糸”均讀“帶”。⑥ 按：《説文》巾部：“帶，紳也。男子鞶帶，婦人

---

① 劉信芳：《楚簡器物釋名(上篇)》，《中國文字》新二十二期，藝文印書館1997年版，第173頁。

② 劉國勝：《楚喪葬簡牘集釋》，科學出版社2011年版，第51頁。

③ 田河：《出土戰國遣冊所記名物分類滙釋》，吉林大學博士學位論文，2007年，第125頁。

④ 湖北省博物館：《曾侯乙墓》，文物出版社1989年版，第497頁。

⑤ 滕壬生：《楚系簡帛文字編》，湖北教育出版社1995年版，第638頁。

⑥ 何琳儀：《戰國文字聲系》，中華書局1998年版，第916~917頁。

帶絲，象繫佩之形。佩必有巾，从巾。"①天星觀簡明確記載"二馬之帶"和"兩馬纀紟帶"。天星觀簡中，"兩馬紨"當即"兩馬紨紟帶"之殘。"紨"，吴紅松改釋爲"纀"。② 此"帶"疑爲某種馬鞁具。天星觀簡中的"玄帶""紫帶"，疑指玄色、紫色的馬帶。"黄金帶"之"金"，疑即"紟"；"绿之純"，可能指"帶"之"純"，即緣邊。"纀紟帶"之"纀"，包山簡牘中的"緘綎(韄)""秋之縜(韄)"均飾有"纀純"，疑讀爲"纂"。"紟"，當指質料。《淮南子・齊俗》"且富人則車輿衣纂錦"，高誘注："纂，繪也。"③"纀紟"，疑與《淮南子》中的"纂錦"有關。

十三、組

紫黄之組。　　望山簡 2-6

望山簡 2-6 記有"紫黄之組"。按："組"，疑爲馬具。

十四、項

霝光結幁。　　包山簡 272、276
霝光之結幁。　　包山簡 277
繙芋結項。　　包山牘 1
綅。纀項。　　望山簡 2-12、2-13

包山簡牘中的"幁"和"項"，整理者分别隸定爲"帽""荭"。④ 望山簡中的"綅纀項"，整理者懷疑"綅纀"讀爲"纓纂"，"纂"與"組"是同類物品，認爲："'項'可能即上引仰天湖簡'緫'字的借字，其義待考。"⑤劉釗釋爲"項"，指"結纓"；"番芋結項"指"番芋""繫在頸項上，又冠後爲項"。⑥ 劉信芳師將"幁"字分析爲"从頁从巾"，認爲包山簡牘中的"結

① 《説文解字》卷七下。

② 吴紅松：《〈楚系簡帛文字編〉校訂》，安徽大學碩士學位論文，2003 年，第 45～46 頁。按：《楚系簡帛文字編》第 635 頁收有"兩馬纀"的辭例，卻在第 933 頁列出"紨"的字頭。

③ 《淮南子》卷一一。

④ 湖北省荊沙鐵路考古隊：《包山楚簡》，文物出版社 1991 年版，第 38～39 頁。

⑤ 湖北省文物考古研究所、北京大學中文系：《望山楚簡》，中華書局 1995 年版，第 108、120 頁。

⑥ 劉釗：《包山楚簡文字考釋》，見氏著《出土簡帛文字叢考》，臺灣古籍出版有限公司 2004 年版，第 29 頁。

項”，與望山簡中的“纓項”，都是指馬項下的結纓。① 何琳儀師釋爲“幁”，認爲是“巾類”。② 李家浩認爲，“纓䋣項”和“緅芋結項”，都是指馬頸部的項圈。秦始皇陵出土銅車馬兩驂馬的頸部各有一金項圈。③ 田河懷疑“‘結項’並不是指‘秦始皇陵出土銅車馬驂馬頸部所套金項圈’，而是指一種套在馬項前部呈環狀，另一端繫在衡軛交結處用來約束驂馬不外逸的繮索”。④ 按：“緩䋣項”，疑當斷讀爲“緩、䋣項”。考慮到“結項”可能是繫於頸部的馬具，“緩”又與“䋣項”一起記載，“緩”疑讀爲“緐纓”之“纓”。“䋣項”之“䋣”，疑讀“纂”，詳上文。“項”，疑爲“結項”的簡稱。“䋣項”疑爲彩色“結項”。从“結幁”(或“項”)的上下文來看，“結幁”(或“項”)前後的物品大多是馬具。其中“轡”(或作“拜”)有3條，“緩”有2條，“面”“鋧”各1條，以上均爲馬具，占總數的二分之一強。因此，“結幁”(或“項”)有可能爲馬具。但是，從質地上看，“結幁”(或“項”)一般都是用絲織物，而非金屬，不太可能指秦始皇陵銅車馬驂馬的金項圈。

“霝光結幁”“霝光之結幁”，“霝光”，戰國簡冊習見。⑤

“緅芋結項”中的“緅芋”，劉信芳師指出，就是包山牘1反和信陽簡2-22的“番芋”、望山簡2-9的“反芋”；簡文中的“緅芋”，應該是“絞結狀的絲織物”，裝飾在馬頭上。⑥ 按：“緅芋”與“霝光”均用於修飾“結項”，疑指某種質料。

十五、童

絍綊之縺。	包山簡 272
霝光之童。	包山簡 276
二絍絹之縺。	包山簡 277
番芋之童。	包山牘 1 反
丹秷緅之兩童，黃攴組之簎十又八。	望山簡 2-6+7
攴組之童。	望山簡 2-9

① 劉信芳：《包山楚簡解詁》，藝文印書館2003年版，第301頁。

② 何琳儀：《戰國文字聲系》，中華書局1998年版，第196頁。

③ 李家浩：《包山遣冊考釋(四篇)》，《古籍整理研究學刊》2003年第5期。

④ 田河：《出土戰國遣冊所記名物分類滙釋》，吉林大學博士學位論文，2007年，第127頁。

⑤ 參本章第二節之“鈦、銍”。

⑥ 劉信芳：《楚簡器物釋名(上篇)》，《中國文字》新二十二期，藝文印書館1997年版，第186頁。

霝光之童。	望山簡 2-12、2-13
素絵生絵之童。	天星觀簡(《楚系》第 197 頁)
生絵素絵之童。	天星觀簡(《楚系》第 916 頁)
生絵素絵之䡴。	天星觀簡(《楚系》第 493 頁)
生絵素金之䡴。	天星觀簡(《楚系》第 198 頁)
生絵索絵之童。	天星觀簡(《楚系》第 509 頁)
生絵(之)童。	天星觀簡(《楚系》第 509 頁)
☒絵之䡴。	天星觀簡(《楚系》第 197 頁)
黄緗之䡴。	天星觀簡(《楚系》第 198、493、941、983 頁)
紫緑之童。	天星觀簡(《楚系》第 197、493、901 頁)
緔組之童。	天星觀簡(《楚系》第 911 頁)
郘組之童。	天星觀簡(《楚系》第 912 頁)
□組之䡴。	天星觀簡(《楚系》第 197、198 頁)
緙童。	天星觀簡(《楚系》第 197、938 頁)
紡□之䡴。	天星觀簡(《楚系》第 198、453、893 頁)
☒長佞童☒	天星觀簡(《楚系》第 197 頁)

包山簡牘中的“䡴”和“童”，整理者分别隸定爲“䡴”“童”“徸”“童”。① 望山簡中的“童”，整理者懷疑讀爲“幢”，指“一種儀仗用的旗幟”。② 劉信芳師認爲：“‘翿’本古代舞者持以翳首的束羽之類，又作爲車衡、馬首之飾物。……該墓(即包山二號墓)出有一子母口漆奩，奩之中部有一周漆畫，漆畫上的服車之馬項下皆束有緑色的纓狀物，其頭部偏後處亦有一束緑色的纓狀物。簡文所記‘霝光結幘’應指馬項下之纓，‘青錦之幢’應指馬頭上之束錦。”③田河指出“這些‘童’多和馬具記録在一起，可能還是馬具的一種”。④ 按：包山簡牘和天星觀簡中的“䡴”和“童”，應該是一字異體，與望山簡中的“童”，可能都是同類馬具。《廣雅・釋器》：“幢謂之翿。”⑤只是，《廣雅》中的“幢”與“翿”，似乎並非馬纛。

① 湖北省荆沙鐵路考古隊：《包山楚簡》，文物出版社 1991 年版，第 38~39 頁。

② 湖北省文物考古研究所、北京大學中文系：《望山楚簡》，中華書局 1995 年版，第 107、118 頁。

③ 劉信芳：《包山楚簡解詁》，藝文印書館 2003 年版，第 301 頁。

④ 田河：《出土戰國遣冊所記名物分類滙釋》，吉林大學博士學位論文，2007 年，第 130 頁。

⑤ 《廣雅》卷七下。

包山簡 272 中的“紝綸”，劉信芳師認爲是“緑色錦”，並括注爲“青錦”。① 包山簡 276、望山簡 2-12、2-13 均有“霝光之童”；包山簡 277 記有“二紝綃之繶”；包山牘 1 反記有“番芋之童”；望山簡 2-6 記有“丹硅紣之兩童”；望山簡 2-9 記有“支組之童”。田河指出：“簡文‘丹厗(重)紣’、‘夌(纓)組’、‘靈光’、‘紝綸(錦)’、‘紝絹’、‘番芋’都是説明纛上之纓絡的材質。”②按：“紝綸”“霝光”“紝絹”“丹硅紣”“支組”，應該都是“繶”“童”的修飾語。③

天星觀簡記有“生綸素綸之童/繶”和“素綸生綸之童”。按：“生綸”，疑即包山簡 272 中的“紝綸”。不知“生綸素綸”與“素綸生綸”是否存在區别。

“黄綢之繶”，何琳儀師隸爲“黄繝之繶”，懷疑“繝”是“綢”的繁文，讀爲“錦文”之“繝”。④ 按：“綢”可能指質料。

“紫緑之童”，如果從字面上理解，“紫”“緑”均指顔色；如果依照辭例“生綸之童”“黄綢之繶”，“紫”應指顔色，“緑”疑指質地。

“鄙組之童”，待考。

“綽童”，當即“緄童”。按：此處的“緄”，也可能讀爲“縕”，表顔色。⑤

“長促童”，疑當斷爲“長促、童”。“促”，疑指“緐纓”之“纓”。⑥

望山簡 2-6“丹硅紣之兩童”之後，記有“黄支組之賌十又八”。“黄支組之賌”，疑即“黄支組之纘”。⑦

十六、韄韜

韄韜。	曾侯乙墓簡 3、10、15、17、20、28、30、34、37、40+41、83、84、86、89、91、103
鞎韄韜。	曾侯乙墓簡 78、56、59、113

---

① 劉信芳：《楚簡器物釋名(上篇)》，《中國文字》新二十二期，藝文印書館 1997 年版，第 185 頁；劉信芳：《包山楚簡解詁》，藝文印書館 2003 年版，第 293 頁。

② 田河：《出土戰國遣册所記名物分類滙釋》，吉林大學博士學位論文，2007 年，第 130 頁。

③ “霝光”，參本章第二節之“鈦、銍”，“紝絹”參本章第一節之“蓋”，“番芋”參本節之“項”，“丹硅紣”、“支組”參本章第一節之“軒反”。

④ 何琳儀：《戰國文字聲系》，中華書局 1998 年版，第 913 頁。

⑤ 參本節之“鞠”。

⑥ 參本章第四節之“緐、纓”。

⑦ 參本章第一節之“軒反”。

㪯韄韜。	曾侯乙墓簡 69
韜。賹。	曾侯乙墓簡 97

“韄韜”，何琳儀師認爲“韜”是“韜”的異文，讀爲“韜”，訓爲“弓藏”。① 蕭聖中懷疑是《詩・小戎》中的“龍盾”；“韜”是“飾於馬面之當盧（形如小盾且常繪有龍紋）”；“韄”是“韜的飾語”，指“龍紋”。② 田河指出：“‘韄韜’在簡文中凡22見，其中多處都位於兵器類器物的後面，‘鞃鞅賹’的前面。置於車馬器中間僅3處。大部分辭例爲‘二戈，屯一翼之翻（翻）。韄韜，顯鞅賹’。我們懷疑‘韄韜’可能是革質配件。”並將“韄”讀爲“貛”，一種猿類動物，“貛韜”指“貛皮做的‘韜’”，具體待考。③ 按：經統計，與“韄韜”同記的物品中，馬具類占總數的三分之二弱。“韄韜”可能是馬具。

“鞁韄韜”，田河推測，“鞁”指色彩，讀爲“緅”。④ 按：此説可從。

“㪯韄韜”，田河推測，“㪯”表色彩。⑤ 按：“㪯”，疑讀爲“黺”。⑥

十七、鞶

紫黄紡之鞶。	曾侯乙墓簡 4、7、10、15、17+18、21+22⑦、24、28、30、35、37+38、41、46+47、49、56、59、64、69、95、83、84+85、86+87、89、91、97、103
紫录之鞶。	曾侯乙墓簡 78、66、115
紫鞶。	曾侯乙墓簡 80
紫鞶。賹。	曾侯乙墓簡 113

---

① 何琳儀：《戰國文字聲系》，中華書局 1998 年版，第 1334 頁。

② 蕭聖中：《曾侯乙墓竹簡釋文補正暨車馬制度研究》，科學出版社 2011 年版，第 211～212 頁。

③ 田河：《出土戰國遣册所記名物分類滙釋》，吉林大學博士學位論文，2007 年，第 269 頁。

④ 田河：《出土戰國遣册所記名物分類滙釋》，吉林大學博士學位論文，2007 年，第 269 頁。

⑤ 田河：《出土戰國遣册所記名物分類滙釋》，吉林大學博士學位論文，2007 年，第 269 頁。

⑥ 參第二章第一節之“韌、籧、席”。

⑦ 按：簡 21 中的“紡”字，參蕭聖中：《曾侯乙墓竹簡釋文補正暨車馬制度研究》，科學出版社 2011 年版，第 24 頁。

黄紡之縈。　　曾侯乙墓簡 93

“縈”，整理者認爲此字从“陳”聲，“陳”爲“陳列之‘陳’的本字”。[①]何琳儀師懷疑，“縈”是“紳”的異文，讀爲“紳”，訓爲“束”。[②] 田河指出，“縈”大多記録在“鞅”“紳(鞀)”之間，是“馬具或馬具上的裝飾物”；考慮到曾侯乙墓簡中已有“紳”，故不當讀爲“紳”；又認爲“不排除爲了區别一字多義，而借用不同的字來記録其不同的義項”。[③] 劉信芳師指出：“大致是用於馬的不同部位而有不同的稱名。”[④]按：經統計，幾乎所有的“縈”，都與“顯、鞅”“鞍”“鞀”等馬具記録在一起。因此，“縈”是馬具的可能性較大。

曾侯乙墓簡中，“紫录之縈”凡 3 見，“紫縈”凡 2 見，其餘全部都是“紫黄紡之縈”(簡 93 殘損，根據殘存文字“黄紡之縈”懷疑其前當補“紫”字)。按：“紫黄”指顔色。“紡”，亦見於信陽簡“紡蓋”，疑指質地。“紫縈”之“紫”，也應指顔色。“紫录”，亦見於曾侯乙墓簡“削紫录之鞅”，疑指顔色。

“賠”，曾侯乙墓簡習見。

十八、轒

黄金之轒。　　曾侯乙墓簡 69
黄金▨　　曾侯乙墓簡 20

“轒”，何琳儀師釋爲“轋”，指安放在“輿下當軸之處”的“車伏兔”。[⑤]蕭聖中認爲，“轒”是“鞴韜”的“附飾”，爲“馬器”，不是伏兔。[⑥]

簡 20 中的“黄金▨”，整理者指出：“此簡簡尾約殘去二字。……殘缺之字疑是‘之轒’二字。如此，則此簡文字可能與下面 21 號簡相接。”[⑦]

按：簡 69 中，“轒”之前有“歆敗”和“歆鞴韜”，之後有“酉鞍”。簡 20，如果整理者的推測成立，則“轒”後是“鰷鞍，勂蓍之鞆”。因此，

① 湖北省博物館：《曾侯乙墓》，文物出版社 1989 年版，第 507 頁。
② 何琳儀：《戰國文字聲系》，中華書局 1998 年版，第 1133 頁。
③ 田河：《出土戰國遣册所記名物分類滙釋》，吉林大學博士學位論文，2007 年，第 138 頁。
④ 劉信芳：《楚系簡帛釋例》，安徽大學出版社 2011 年版，第 131 頁。
⑤ 何琳儀：《戰國文字聲系》，中華書局 1998 年版，第 255 頁。
⑥ 蕭聖中：《曾侯乙墓竹簡釋文補正暨車馬制度研究》，科學出版社 2011 年版，第 212 頁。
⑦ 湖北省博物館：《曾侯乙墓》，文物出版社 1989 年版，第 513 頁。

“轅”可能是馬具。

十九、冡

鼾首之雺。	曾侯乙墓簡 3、7、22、38、83、87
劯首之雺。	曾侯乙墓簡 11、56、69
劯首之雺。鏃賠。	曾侯乙墓簡 15
虓首之雺。	曾侯乙墓簡 18、28、91+92
虓线之雺。	曾侯乙墓簡 93
虓雺。	曾侯乙墓簡 24+25
虎雺。	曾侯乙墓簡 80
鼾雺。	曾侯乙墓簡 35、41、66、79、89、114
鼾霿。	曾侯乙墓簡 47、49
鼾雵。	曾侯乙墓簡 97
劯霿。	曾侯乙墓簡 59
無雺。	曾侯乙墓簡 95
之雺。	曾侯乙墓簡 31
鼆莫之冡，紫韋之[illegible]，皆紃。	望山簡 2-6
魚鞁之冡。	望山簡 2-23
紛霥。	天星觀簡(《楚系》第 821 頁)
紛雵。	天星觀簡(《楚系》第 599、923、1018 頁)

曾侯乙墓簡中的“雺”，整理者懷疑是“霥”字之省，在簡文中也寫作“獴”(簡 61)和“雵”(簡 44、97)，並指出“用作車馬器的名稱，常與韅、鞅、靷、鞁、轡等記在一起，如‘豻首之雺’、‘豻雺’等”，具體待考。①田河懷疑“‘雺’、‘霿’當讀爲‘冡’或‘幏’”，可能指“靷”上的“包裹物”。② 劉信芳師認爲，“雺”是“蒙”的異構，應讀爲“轆”，指“車軎”；也可以讀爲“蒙”，指車軸端的“覆蒙”。③ 望山簡 2-6 記有“鼆莫之冡”，簡 2-23 記有“魚鞁之冡”，整理者分别釋爲“貍莫之冡”和“魚鞁(皮)之冡”，

① 湖北省博物館：《曾侯乙墓》，文物出版社 1989 年版，第 506~507 頁。

② 田河：《出土戰國遣冊所記名物分類滙釋》，吉林大學博士學位論文，2007 年，第 135~136 頁。

③ 劉信芳：《楚簡釋讀與〈方言〉補例試説》，《文獻》2010 年第 3 期。

並認爲："'冡'即蒙覆之'蒙'的本字。……此'鞁'字似不能讀爲'皮'。"①田河指出，望山簡中的"冡"，與曾侯乙墓簡中第一種用法的"雺"，應該是同類物品，都是放在"靷"之後；並認爲"貍貘之冡"指蒙覆在靷上的貍皮，"魚皮之冡"與"鼆(貍)莫(貘)之冡"屬於同類物品。② 李家浩認爲，"鞁"讀"皮"。③ 李守奎將"鞁"改釋爲"皸"。④ 鵬宇認爲："简文'豻首之雺'疑與銅器銘文中所記使用情況類似，指軾、輿外蒙覆有獸頭錦，其中之'雺'並非指車馬器的名稱。"⑤按：經統計，曾侯乙墓簡中，表物品的"雺"，幾乎全都與馬具"靷"記載在一起。這種情況亦見於望山簡。由此可見，田河的説法是正確的。另外，"雺"的釋讀，存在兩種可能："雺"是與"靷"同類的馬具，即整理者所提到的；"雺"是附屬於"靷"的物品，即田河所説的。我們更傾向於第一種可能。

天星觀簡記有"紛霥""紛冥"。曾侯乙墓簡整理者指出："天星觀一號墓竹簡'冡'亦从'犬'作'冥'。"⑥按："紛"，疑讀爲"豂"。⑦

曾侯乙墓簡記有"豻首之雺""貂首之雺""虓首之雺"，"虓雺""虎雺""貂霥""豻雺"。整理者將"虓"括注爲"虎"。⑧ 田河認爲："豻首""貂首""虎首"是"幏"上的"紋飾圖"，"豻""貂""虎"既可能指"幏"的材質，也可能指"文飾圖案"。⑨ 鵬宇認爲："豻首，疑即豻首之錦，即錦上繡獸頭者。"⑩按："豻首之雺"與"豻雺""貂首之雺"與"貂霥""虓首之雺"與"虓雺"之間，可能存在某種區别。

簡 93 記有"虓戔之雺"，整理者釋爲"虓(虎)㓞之雺"。⑪ 陳偉師等據

---

① 湖北省文物考古研究所、北京大學中文系：《望山楚簡》，中華書局 1995 年版，第 107、109、118、122 頁。

② 田河：《出土戰國遣冊所記名物分類滙釋》，吉林大學博士學位論文，2007 年，第 136 頁。

③ 李家浩：《楚大府鎬銘文新釋》，《語言學論叢》第二十二輯，商務印書館 1999 年版，第 97 頁。

④ 李守奎：《楚文字編》，華東師範大學出版社 2003 年版，第 335 頁。按：該書將其出處標爲"簡 13"。

⑤ 鵬宇：《曾侯乙墓竹簡文字集釋箋證》，華東師範大學碩士學位論文，2010 年，第 267 頁。

⑥ 湖北省博物館：《曾侯乙墓》，文物出版社 1989 年版，第 507 頁。

⑦ 參第二章第一節之"韌、籧、席"。

⑧ 湖北省博物館：《曾侯乙墓》，文物出版社 1989 年版，第 491 頁。

⑨ 田河：《出土戰國遣冊所記名物分類滙釋》，吉林大學博士學位論文，2007 年，第 136 頁。

⑩ 鵬宇：《曾侯乙墓竹簡文字集釋箋證》，華東師範大學碩士學位論文，2010 年，第 266 頁。

⑪ 湖北省博物館：《曾侯乙墓》，文物出版社 1989 年版，第 495 頁。

紅外影像將“⿱丝土”改隸爲“⿱丝戈”，認爲此字“上从‘丝’”，推測爲“‘幾’字異構或訛寫”。① 按：“⿰月虎”後一字，原篆作“”，隸爲“⿱丝戈”可從。

“⿰金縢⿰目舌”，曾侯乙墓簡習見。

二十、⿰革睪

⿰鼠干⿰革睪。	曾侯乙墓簡 3、11、22、31、35、47、56、87、95、97、114
⿰鼠刀⿰革睪。	曾侯乙墓簡 7、69
⿰月虎⿰革睪。	曾侯乙墓簡 93
無⿰車睪。	曾侯乙墓簡 92
⿰革睪。	曾侯乙墓簡 59、89
⿰車睪。	曾侯乙墓簡 79

“⿰革睪”，或作“⿰車睪”。整理者認爲：“此字右半从魏三體石經古文‘狄’。”②滕壬生將“⿰革卒”“䡞”釋爲“⿰革卒”。③ 田河認爲，“⿰革卒”是“車馬器”，具體待考。④ 按：經統計，“⿰革睪”之前的物品全部爲“冡”（或“⿱穴毛”“⿱穴夫”）。“⿰革睪”之後的物品中，馬具占多數。在上文中，我們提到，“冡”可能是馬具。因此，“⿰革睪”爲馬具的可能性比較大。

另外，就辭例而言，“⿰革睪”與“冡”（或“⿱穴毛”、“⿱穴夫”）較爲接近（見表1-3-1）：

表 1-3-1　**曾侯乙墓簡⿰革睪、冡辭例對比**

⿰革睪（或⿰車睪）	冡（或⿱穴毛、⿱穴夫）
豻⿰革睪［3、11、22、31、35、47、56、87、95、97、114］	豻冡［35、41、47、49、66、79、89、97、114］
貂⿰革睪［7、69］	貂⿱穴毛［59］
無⿰車睪［92］	無冡［95］
虎⿰革睪［93］	虎冡［24+25、80］

① 陳偉等：《楚地出土戰國簡冊［十四種］》，經濟科學出版社 2009 年版，第 347、358 頁。

② 湖北省博物館：《曾侯乙墓》，文物出版社 1989 年版，第 507 頁。

③ 滕壬生：《楚系簡帛文字編》，湖北教育出版社 1995 年版，第 223 頁。

④ 田河：《出土戰國遣冊所記名物分類滙釋》，吉林大學博士學位論文，2007 年，第 107 頁。

鑒於"䡕"與"冡"經常一起出現，辭例又比較接近，這兩種物品應該具有很強的相關性。

二十一、緄

䶂緄。　　包山簡 268

"䶂緄"，黄錫全懷疑"䶂"隸爲"䶂"。[①] 李天虹認爲，"䶂"當隸爲"䶂"，讀爲"狐"。[②] 滕壬生釋爲"豹緄"。[③] 劉國勝懷疑，"豹緄"可能是"車綏之類的結帶"。[④] 按：不知"䶂緄"是"耆經"的附屬物，抑或是單獨的物品。

二十二、耑

紷組之耑。　包山簡 267

劉信芳師認爲，"耑"是"以絲繩編織的馬繮繩的握手之處"。[⑤] 劉國勝認爲，"耑"與望山簡中的"綴"相當，可能是同類物品；並懷疑"簡文'縢組之耑'是記上文'鹽萬之紋'上的繫帶"。[⑥] 田河認爲："'耑'應是車馬具的一種，具體所指不明。"[⑦]按："耑"可能爲"紋"的裝飾，也可能是馬具。"紷"，疑讀"縢"。[⑧]

戰國簡册所記載的馬具數量較多，能確定的有"韅""鞅""靷""靳""韉""轡""勒""靽""鞍""鑣""銜""鏑""策"等。其中，以帶類物品爲最多。有的馬具無法確證具體爲何物，如"鞁""經""帶""組""項""童""韄韜""繫""軇"；有的與馬具關係密切，但無法確證其爲馬具，還是馬具上

① 黄錫全：《〈包山楚簡〉部分釋文校釋》，見氏編著《湖北出土商周文字輯證》，武漢大學出版社 1992 年版，第 189 頁。

② 李天虹：《〈包山楚簡〉釋文補正》，《江漢考古》1993 年第 3 期。

③ 滕壬生：《楚系簡帛文字編》，湖北教育出版社 1995 年版，第 743 頁。

④ 劉國勝：《楚喪葬簡牘集釋》，科學出版社 2011 年版，第 52 頁。

⑤ 劉信芳：《包山楚簡解詁》，藝文印書館 2003 年版，第 294 頁。

⑥ 劉國勝：《楚喪葬簡牘集釋》，科學出版社 2011 年版，第 50 頁。

⑦ 田河：《出土戰國遣册所記名物分類滙釋》，吉林大學博士學位論文，2007 年，第 136 頁。

⑧ 参本章第二節之"釱、銍"。

的裝飾，抑或是馬具的附屬物，如“冡”“�”“緅”“紻”等。

第四節　馬　　飾

一、繇、纓

一鞈玉瞏□⧄	新蔡簡甲三 237-1
⧄遺、筭。兩馬之繼。	天星觀簡(《楚系》第 145 頁)
二筭。	天星觀簡(《楚系》第 363、956 頁)
二馬之筭。	天星觀簡(《楚系》第 363、753、956 頁)
四馬之筭。	天星觀簡(《楚系》第 363、493、753、1006、1042 頁)
筭、綏。組繼。	天星觀簡(《楚系》第 363、1138 頁)
筭、纓。組繼。	天星觀簡(《楚系》第 908、912 頁)
綏。組轡。	天星觀簡(《楚系》第 946 頁)
犇筭、綏。	天星觀簡(《楚系》第 363、784 頁)
奔筭、纓。	天星觀簡(《楚系》第 908 頁)
⧄□筭。衜⧄	望山簡 2-35
六瓔。	曾侯乙墓簡 57
一緋組之緩。	包山簡 277
緩。纆項。	望山簡 2-12、2-13
⧄長佞童⧄	天星觀(《楚系》第 197 頁)
兩馬之長纓。	天星觀簡(《楚系》第 493 頁)
兩馬之長佞。	天星觀簡(《楚系》第 753、909 頁)
長纓。	天星觀簡(《楚系》第 908 頁)
長佞。	天星觀簡(《楚系》第 734、909 頁)
長綏。	天星觀簡(《楚系》第 734 頁)
二長佞。	天星觀簡(《楚系》第 956 頁)
兩馬虡，長佞。	天星觀簡(《楚系》第 635 頁)
兩馬之紩纓。	天星觀簡(《楚系》第 636、908 頁)
兩馬之紩綏。	天星觀簡(《楚系》第 492、753 頁)
紩綏。	天星觀簡(《楚系》第 743、908、929 頁)
(乘馬)₌之章翆、紩綏。	天星觀簡(《楚系》第 1123 頁)

馬之鋇、纓。	天星觀簡(《楚系》第493、908頁)
☒紩綏。馬之鋇、綏。	天星觀簡(《楚系》第1001頁)
二緯綏。	天星觀簡(《楚系》第938頁)
羅緌……纂紒。	清華簡《封許之命》簡6

新蔡簡甲三237-1記有“一韒玉𦋇”，整理者釋爲“一韒玉夏”。① 徐在國將“羿”讀“緐”，指“馬髦飾”；將“韒”讀爲“紛”；認爲“一紛玉緐”是指“一件粉白色的飾玉的馬冠”。② 按：徐在國對“韒”“羿”的釋讀可從。但是，“緐”與“馬冠”應該是兩種不同的物品。楊英傑認爲：“纓即聯絡軛下兩鉤之鞅，因其橫於嬰下而名纓。……關於樊纓的樣式，文獻記載有兩種：……另一種爲穗形。《周禮・巾車》之‘樊纓’，賈公彥疏引賈逵、馬融之釋云：‘鞶纓，馬飾，在膺前，十有二帀，以旄牛尾金塗十二重。’帀即束。十二帀即十二束旄牛尾或十二束由細革條聚扎成的穗。可能與秦始皇陵二號銅車挽馬嬰下所垂懸的穗飾相類似。”③我們懷疑，《説文》所謂“馬髦飾”，應讀爲“馬旄飾”，指的是“馬之旄飾”而非“馬髦之飾”，是“牦牛尾製作的穗狀物”，繫結於馬頸之下，就是伴隨秦始皇陵一、二號銅車馬出土的“纓絡”，“纓”是承接“緐”的革帶，繫結在馬頸之下。④ “馬冠”，朱鳳瀚指出：“是加在馬頭頂前方前額上的獸面飾物。”⑤按：伴隨秦始皇陵一號銅車馬出土的1件銅纓絡是依靠“小銅鉤”“懸掛在喉革部位的鏈條上”；而“二號銅車的四匹銅馬的項下頷革部位的鏈條上，各懸掛著一件銅纓絡”。⑥《説文》糸部：“纓，冠系也。”段玉裁注：“以二組系於冠，卷結頤下，是謂纓。”⑦可見，“纓”以繫“緐”，位於“頤下”，與馬頸處的“鞅”並非同一物件。因此，從銅纓絡的位置來看，楊英傑將“纓”理解爲“鞅”恐怕不妥。

天星觀簡中，“筭”字習見。“筭纓組轡”之“筭”，李家浩摹作“”，

① 河南省文物考古研究所：《新蔡葛陵楚墓》，大象出版社2003年版，第196頁。

② 徐在國：《談新蔡葛陵楚簡中的幾支車馬簡》，《簡帛》第二輯，上海古籍出版社2007年版，第355頁。

③ 楊英傑：《戰車與車戰》，東北師範大學出版社1986年版，第115~116頁。

④ 羅小華：《説緐纓》，《考古與文物》2014年第1期。

⑤ 朱鳳瀚：《中國青銅器綜論》，上海古籍出版社2009年版，第494~495頁。

⑥ 秦始皇兵馬俑博物館、陝西省考古研究所：《秦始皇陵銅車馬發掘報告》，文物出版社1998年版，第93、229頁。

⑦ 《説文解字注》卷一三上。

並引朱德熙之説隸爲“笂”，釋爲“笲”，認爲“簡文此字似借爲鞭策之‘鞭’”。[①] 按：“笲纓組轡”，疑應斷爲“笲纓”和“組轡”。《説文》糸部：“，緐或从㝸。㝸，籀文弁。”[②]因此，“笲纓”當讀爲“緐纓”。傳世文獻中，有關於“弁”“纓”的記載。《周禮正義》：“《文選·張衡〈西京賦〉》‘璿弁玉纓’，薛注云：‘弁，馬冠也，叉髦以璿玉作之。纓，馬鞅也，以玉飾之。’案：璿弁玉纓即《左》僖公二十八年傳之‘璿弁玉纓’。”[③]《西京賦》和《左傳》中的“璿弁玉纓”，可能並不相同，前者當讀爲“璿緐玉纓”。“組轡”，當爲組製之“轡”。“纓組轡”，疑爲“笲纓組轡”之殘。

望山簡2-35中的“笲”，整理者指出：“此處‘笲’字之義待考。或疑當讀爲‘鞭’。”[④]“笲”前一字，整理者闕釋。[⑤] 劉國勝懷疑，字當作“緌”，讀爲“纓”。[⑥] 按：此字左旁从“糸”，右下从“女”，右上不清。

“犇笲緌”之“犇”，原篆作“”。[⑦] 滕壬生或釋爲“奔”。按：“犇笲緌”中的“笲緌”，疑即“笲纓組轡”中的“笲纓”。

“笲兩馬之轡”，疑當爲“笲、兩馬之轡”，記録“緐”和兩匹馬的“轡”。“二笲”，疑指兩件“緐”。“二馬之笲”和“四馬之笲”，疑分别指兩匹馬或四匹馬的“緐”。望山簡2-35中的“笲”，疑讀爲“緐”。

望山簡2-12、2-13記有“緌、纀項”。“緌”，可能指“緐纓”之“纓”。

曾侯乙墓簡57記有“琝”，整理者釋爲“瓔”，讀爲“樊纓”之“纓”。[⑧]田河指出：“‘瓔’作玉石無法講通，讀爲‘纓’，可從。”[⑨]按：《後漢書·輿服志》上：“競修奇麗之服，飾以輿馬，文罽玉纓，象鑣金鞶，以相夸上。”[⑩]據此，“瓔”，疑爲“玉纓”之“纓”的專字。

包山簡277“一紷組之緌”，劉信芳師釋爲“紩（滕）組之緌（纓）”。[⑪]

---

① 李家浩：《釋“弁”》，《古文字研究》第一輯，中華書局1979年版，第391～392、395頁。

② 《説文解字》卷一三上。

③ 《周禮正義》卷五二。

④ 湖北省文物考古研究所、北京大學中文系：《望山楚簡》，中華書局1995年版，第110、122～123頁。

⑤ 湖北省文物考古研究所、北京大學中文系：《望山楚簡》，中華書局1995年版，第110頁。

⑥ 劉國勝：《楚喪葬簡牘集釋》，科學出版社2011年版，第105頁。

⑦ 滕壬生：《楚系簡帛文字編》，湖北教育出版社1995年版，第784頁。

⑧ 湖北省博物館：《曾侯乙墓》，文物出版社1989年版，第493、517～518頁。

⑨ 田河：《出土戰國遣冊所記名物分類滙釋》，吉林大學博士學位論文，2007年，第129頁。

⑩ 《續漢書志》卷二九。

⑪ 劉信芳：《包山楚簡解詁》，藝文印書館2003年版，第317頁。

田河認爲："簡文'縢組之纓'大概指馬胸前用組帶綴聯而成的索帬狀飾物。"①劉國勝認爲："《左傳》桓公二年'鞶、厲、斿、纓'，杜預注：'纓，在馬膺前，如索帬。'簡文'縢組之纓'疑指這類馬飾。"②按：此"纓"可能是"緐纓"之"纓"，但不一定是"索帬狀"。

天星觀簡中，有兩個从"妟(晏)"的字——"綅"和"偠"。《楚系》中記有"紩纓"和"紩綅"，"長纓"和"長綅""長偠"，因此，它們都應釋爲"纓"。

"長纓童"，應斷爲"長纓、童"。"長纓"，疑指較長的"纓"。"二長纓"，可能指兩條長"纓"。"兩馬虘長纓"，疑斷爲"兩馬虘，長纓"。"兩馬之長纓"，可能指兩匹馬所配的"長纓"。

"紩纓"之"紩"，當爲"纓"的修飾詞。"兩馬之紩纓"，可能指兩匹馬所配的"紩纓"。

"馬之鋇纓""馬之鋧纓"。"鋇"和"鋧"，疑即"鍸"，讀爲"鏑"。

"二縪纓"，即"二緄纓"。望山簡2-6記有"緄紳"。"緄"，疑指繩帶。"二緄纓"，疑指兩條"緄"製作的"纓"。

"羅綅"和"纂絣"，清華簡整理者指出："羅，即縠，見《淮南子·齊俗》高注。羅纓，應即樊纓。……纂，《説文》：'似組而赤。'弁，《文選·張衡〈西京賦〉》薛注：'馬冠也。'"③陳劍將"纂"改釋爲"暴"，讀爲"鑣"，指"馬鑣"，並指出："'絣'即《説文·十三上·糸部》'緐'字或體，訓爲'馬髦飾'，本可不必另外作解。"④按："羅纓"，指"緐纓"之"纓"是用"羅"製作的。"絣"，即《説文》"緐"字或體，應讀爲"緐纓"之"緐"。"纂緐"，指"緐"是用"纂"製作的。也就是説，"纂緐"和"羅纓"一起，才構成了"緐纓"。

二、緬

白金鈁、面。　包山簡272

四馬晧面。　包山牘1

四馬之凵面。　包山簡271

---

① 田河：《出土戰國遣冊所記名物分類滙釋》，吉林大學博士學位論文，2007年，第128頁。

② 劉國勝：《楚喪葬簡牘集釋》，科學出版社2011年版，第64頁。

③ 李學勤主編：《清華大學藏戰國竹簡(伍)》，中西書局2015年版，第121頁。

④ 陳劍：《〈清華簡(伍)〉與舊説互證兩則》，復旦大學出土文獻與古文字研究中心網，2015年4月14日。

鋯面。	望山簡 2-12、2-13
鑑。賶。賅。	天星觀簡(《楚系》第 524 頁)
鑑。賈。	天星觀簡(《楚系》第 525、996 頁)
賶。賅。	天星觀簡(《楚系》第 524 頁)
賈。賅。	天星觀簡(《楚系》第 525 頁)
賶。鑑。賅。	天星觀簡(《楚系》第 524 頁)
賈。鑑。	天星觀簡(《楚系》第 525、996 頁)
白面。	天星觀簡(《楚系》第 647、713 頁)
黄金之面。	天星觀簡(《楚系》第 493、982、994、999 頁)
鐄面。	天星觀簡(《楚系》第 635、669、713、1003 頁)

"四馬之凵面"，整理者認爲："凵，解作鍱，朱駿聲云：'金銀銅鐵之椎薄成葉者'。面，指馬頭。墓中有以皮革做的馬頭護甲，當爲鍱面。"①李家浩認爲，"面"是"馬勒之當面"，即《說文》中訓爲"勒靼"的"䩄"，是"革面"之"面"的專字。② 何琳儀師懷疑，"凵"讀"叒"或"鋄"，指"馬首飾"。③ "四馬晧面"，李家浩懷疑，"晧面"與望山簡中的"鋯面"都是"臼面"的異文；"晧"和"鋯"，读爲"旧"。④ "鋯面"之"面"，整理者隸爲"𦣻"，疑讀爲"銜"。⑤ 田河認爲："讀'鋯面'、'凵(臼)面'、'晧面'爲'舊面'，即舊的當盧，可備一說。"⑥"面"，亦見於天星觀簡。《楚系》摹作""，隸爲"賈"。⑦ 李家浩懷疑，"賶"是"貝面"之"面"的專字。⑧ 按：包山簡牘與望山簡中的"面"，一般都與馬具記在一起，李家浩讀爲"䩄"，指"馬勒之當面"，可從。天星觀簡中，"鐄面"之"鐄"，李家浩懷疑是"黄金"的專字，指銅。⑨ 此說可信。至於"黄金之面"和"白面"，我們懷疑，可能分别指黄金製作或裝飾的"面"和白色的"面"。"黄金之面"，疑與"鐄面"有關。

---

① 湖北省荆沙鐵路考古隊：《包山楚簡》，文物出版社 1991 年版，第 38、66 頁。
② 李家浩：《包山遣冊考釋(四篇)》，《古籍整理研究學刊》2003 年第 5 期。
③ 何琳儀：《戰國文字聲系》，中華書局 1998 年版，第 1455 頁。
④ 李家浩：《包山遣冊考釋(四篇)》，《古籍整理研究學刊》2003 年第 5 期。
⑤ 湖北省文物考古研究所、北京大學中文系：《望山楚簡》，中華書局 1995 年版，第 108、130~131 頁。
⑥ 田河：《出土戰國遣冊所記名物分類滙釋》，吉林大學博士學位論文，2007 年，第 128 頁。
⑦ 滕壬生：《楚系簡帛文字編》，湖北教育出版社 1995 年版，第 525 頁。
⑧ 李家浩：《包山遣冊考釋(四篇)》，《古籍整理研究學刊》2003 年第 5 期。
⑨ 李家浩：《包山遣冊考釋(四篇)》，《古籍整理研究學刊》2003 年第 5 期。

“白金釛面”，疑當斷讀爲“白金釛、面”。“釛”指馬勒。① 此處的“面”，亦當讀爲“鞴”。

三、鉤、膺

鉤。環。賠。　　曾侯乙墓簡 115
鉤、雁。　　清華簡《封許之命》簡 6

“鉤環”，整理者懷疑是“游環”：“《詩·秦風·小戎》‘游環脅驅，陰靷鋈續’，毛傳：‘游環，靷環也，游在背上，所以禦出也。’”②我們認爲，“鉤”指《周禮·春官·巾車》中記載的“婁頷之鉤”，“環”指“游環”。“婁頷之鉤”已有實物出土：“張家坡二號車馬坑一號車挽馬籠嘴中間的皮帶上(馬鼻正中)穿有‘兩個彎曲的長銅片’。《灃西發掘報告》中有關於這‘兩個彎曲的長銅片’更爲詳細的介紹：銅飾的‘籠嘴在中線的皮條上串有兩件帶獸面裝飾的長條鉤狀銅飾。一件較長，位於馬鼻上；一件較短，在馬嘴下。后者上端的獸面壓住前者的末端。’浚縣辛村西周墓地出土馬籠嘴，也有‘一長一短’兩條彎曲的銅條。楊英傑認爲‘這類鉤形銅飾繫於馬的上頷與下頷，應就是鉤’。劉永華認爲，‘鉤’是‘繫在馬嘴上下的曲鉤’，出土實物即爲‘大小兩件上端獸面、下端微彎的鉤形銅飾’，其位置在‘籠嘴正面，下起馬口，上至雙目中間眉心處……大的在上，小的在下’。”③按：從傳世文獻記載和出土實物來看，“鉤”之爲物，應該可以確定了。另外，從毛傳的解釋來看，“游環”指的是“靷環”，其實就是“靳”。④ 而在曾侯乙墓簡中，一方面已經出現了大量的“靷”(一律寫作“紳”)，而不見“靳”，“環”則僅此一見；另一方面，“環”與“鉤”記在一起，是某種馬飾的可能性比較大。傳世文獻和金文賞賜物中，“鉤”、“膺”常常連言。我們作出一個大膽的推測：“環”有没有可能就是“膺”？

“鉤、雁”，清華簡整理者指出：“鉤膺，見《詩·崧高》，毛傳云：‘鉤膺，樊纓也。’由簡文看恐實係兩物。”⑤石小力指出：“據馬瑞辰之説，‘鉤膺’應爲兩種馬飾，‘膺’指繁纓，即馬胸部的帶飾，‘鉤’則爲馬嘴部

---

① 參本章第三節之“鞁、轡、勒”。
② 湖北省博物館：《曾侯乙墓》，文物出版社 1989 年版，第 520 頁。
③ 羅小華：《曾侯乙墓竹簡選釋三則》，《華夏考古》2015 年第 3 期。
④ 參本章第三節之“靳”。
⑤ 李學勤主編：《清華大學藏戰國竹簡(伍)》，中西書局 2015 年版，第 121 頁。

的飾物。"①按：《韓奕》《采芑》中有"鉤膺"；毛公鼎、師𩛥鼎、召簋記有"金膺"；㸓戒鼎、七年師兌簋蓋、寏盤記有"膺"。② 由"金膺"和"膺"可知，"鉤"與"膺"是相對獨立的。因此，整理者認爲"鉤"和"膺""恐實係兩物"的觀點是對的。石小力指出，"膺"稱爲"金膺"，與其"材質"有關。③ 我們認爲，"鉤"，是"婁頷之鉤"；"膺"，不是"鲦纓"。《説文》肉部："膺，胷也。"④"膺"有金屬製作和位於馬胸前這兩大特點。據此，則"膺"可能就是伴隨秦始皇陵一號、二號銅車馬出土的"纓環"："一號銅車馬出土時，左右兩匹驂馬的頸部各套著金銀纓環一件。纓環俗名項圈。……兩件金銀纓環的形制、結構、大小完全相同，均呈卵形，周長76.6釐米，由金銀管相間排列的短小節節組成，節與節之間焊接成爲一體。纓環的内部爲銅芯。……每件纓環計有金質構件42件，銀質構件45件，銅構件1件，合計88件。……二號銅車的左、右驂馬頸上各套一件金銀質的項圈，古名纓環。……兩件金銀纓環均爲卵圓形，周長75、體徑0.7釐米。纓環的内部爲一卵圓形的銅圈爲芯，銅芯上套連著八十四節金銀相同排列的管狀節，其中金管、銀管各42節。管與管之間焊接成一體，交接處刻劃兩道陰弦紋，使上下節之間的界綫分明。金銀管把卵圓形銅芯全部包裹在内，從外表看純爲金銀節相間排列組成。"⑤

以上是對"膺"的分析，接下來，我們回過頭來看看曾侯乙墓簡中的"環"。據傳世文獻記載，有一種套在田犬頸上的裝飾，叫作"纓環"。《詩·齊風·盧令》："盧令令，其人美且仁。盧重環，其人美且鬈。盧重鋂，其人美且偲。"毛亨傳："盧，田犬。令令，纓環聲。……重環，子母環也。"孔穎達疏："此言'鈴鈴'，下言'環'、'鋂'，鈴鈴即是環、鋂聲之狀。環在犬之頷下，如人之冠纓然，故云'纓環聲'也。……上言重環，謂'環相重'，故知謂'子母環'，謂大環貫一小環也。"⑥《秦始皇陵銅車馬發掘報告》將驂馬"金銀質的項圈"飾物命名爲"纓環"，可能是根據這一記

---

① 石小力：《清華簡(伍)〈封許之命〉名物補釋二則》，陳偉武主編：《古文字論壇》第二輯，中西書局2016年版，第236頁。

② 參石小力：《清華簡(伍)〈封許之命〉"鉤、膺"補説》，簡帛網，2015年4月12日；《清華簡(伍)〈封許之命〉名物補釋二則》，陳偉武主編：《古文字論壇》第二輯，中西書局2016年版，第237頁。

③ 石小力：《清華簡(伍)〈封許之命〉名物補釋二則》，陳偉武主編：《古文字論壇》第二輯，中西書局2016年版，第237頁。

④ 《説文解字》卷四下。

⑤ 秦始皇兵馬俑博物館、陝西省考古研究所編：《秦始皇陵銅車馬發掘報告》，文物出版社1998年版，第102~103頁、第227~228頁。

⑥ 《毛詩正義》卷五。

載。關於狗的"纓環"，河北平山縣中山王墓出土有一對金銀狗項圈："出於雜殉坑兩具狗骨架的頸部。用狹長方形金片或銀片卷成扁狀管，外面正中有一凹溝將管平分兩部分，於管片内面中間合縫，四角有細孔可聯綴。金銀二種管相間穿在革帶上，外側中間綴一銅環便可結帶。"①揚之水認爲，這對狗項圈"大約可以算作重環重鋂中的極品"，而《盧令》中的"鋂"應該是"各式各樣製作精巧的小銅管、小銅泡"。② 毛傳明確指出，田犬的"纓環"，是"大環貫一小環"的"子母環"，形制上與出土的狗項圈十分相似，而狗項圈又與驂馬"金銀質的項圈"非常相似。據此，我們懷疑，這種以貴金屬製作的項圈，套在狗頸上可以稱爲"纓環"，而套在馬頸上，爲強調其形狀，可以像曾侯乙墓簡那樣稱爲"環"，爲強調其在馬身上的部位，也可以像清華簡那樣稱爲"膺"。

四、珥

紫組珥。　　　　曾侯乙墓簡 64
組珥、填。　　　曾侯乙墓簡 10

"紫組珥"，整理者認爲"與馬器記在一起，當是馬飾"，與古書訓"珥"爲耳飾者異。③ 田河認爲，"紫組珥"記在馬勒之後，當是"馬勒上面的裝飾"。④ 蕭聖中認爲，"珥"本來是"耳飾"，在簡文中用爲"馬飾"。⑤《續漢書志・輿服上》："駙馬，左右赤珥流蘇，飛鳥節，赤膺兼。"⑥《鹽鐵論・散不足》："今富者鞼耳銀鑷韅，黄金琅勒，罽繡弇汗，華韡明鮮。"王先謙："盧'鞼'作'韤'。案'韤'與'韉'同，《篇》、《韻》並云：'韉也。韤耳蓋以革爲之，著馬耳。'"⑦王利器認爲："鞼耳蓋以革飾於馬耳左右如流蘇狀者。其在貴族，以玉爲之故曰'珥'，此則以革爲之，故逕稱'耳'耳。"⑧我們據此認爲："簡文 64 中的'紫組珥'，應該是以'紫

① 河北省文物研究所：《礬墓 戰國中山國國王之墓》，文物出版社 1995 年版，第 154 頁。
② 揚之水：《詩經名物新證》，北京古籍出版社 2000 年版，第 449～450 頁。
③ 湖北省博物館：《曾侯乙墓》，文物出版社 1989 年版，第 512 頁。
④ 田河：《出土戰國遣冊所記名物分類滙釋》，吉林大學博士學位論文，2007 年，第 126 頁。
⑤ 蕭聖中：《曾侯乙墓竹簡釋文補正暨車馬制度研究》，科學出版社 2011 年版，第 216 頁。
⑥ 《續漢書志》卷二九。
⑦ 王先謙：《鹽鐵論校勘小識》，轉引自王利器校注：《鹽鐵論校注》，中華書局 1992 年版，第 375 頁。
⑧ 王利器校注：《鹽鐵論校注》，中華書局 1992 年版，第 375 頁。

組'製作'珥'。"①按：馬飾"珥"，文獻罕見，更無實物出土。

"組珥填"，整理者懷疑"填"讀爲"瑱"，認爲"簡文的'珥瑱'與車器記載一起，當是車飾"，與古書訓"瑱"爲耳飾者異。② 田河認爲，"組珥填"記在車轄後，應該是車轄的裝飾。③ 蕭聖中認爲，"珥瑱"本來是"耳飾"，在簡文中用爲"車飾"。④ 我們認爲："'組珥填'，可能斷讀爲'組珥、填'。'組珥'可能就是'紫組珥'的同類物，也是指用紡織物製成的珥，裝飾在馬耳附近。'組珥'與'紫組珥'之間的關係，就像'組綎'(曾侯乙墓簡 31、70)與'紫組之綎'(曾侯乙墓簡 63、75、88)。"⑤

五、翠䦦

良馬，貴翬䦦。　　　信陽簡 2-4

"良馬"，彭浩所釋，指"好馬"。⑥ 按：彭説可從。同簡還記有"一乘良轞"。新蔡簡乙四 139 記有"☐一勳，北方兄(祝)禱乘良馬、珈(加)璧☐"。⑦

"貴"，亦作"䝿"，見於信陽、包山、郭店、上博等戰國簡冊。信陽簡 2-4、2-21 中的"䝿"。何琳儀師認爲，"貟"是"首"字的繁文。⑧ 李家浩釋爲"首"。⑨ 包山簡 269、270、牘 1 記有"䝿皐"，或作"貴皐"。整理者釋爲"䝿皐"，懷疑"䝿"讀"首"。⑩ 田河認爲"'首冑'包括人冑和馬冑"。⑪ 劉信芳師認爲，包山簡牘中的"䝿皐"就是"人首之冑"，信陽簡和望山簡

---

① 羅小華：《曾侯乙墓竹簡選釋三則》，《華夏考古》2015 年第 3 期。
② 湖北省博物館：《曾侯乙墓》，文物出版社 1989 年版，第 512 頁。
③ 田河：《出土戰國遣冊所記名物分類滙釋》，吉林大學博士學位論文，2007 年，第 126 頁。
④ 蕭聖中：《曾侯乙墓竹簡釋文補正暨車馬制度研究》，科學出版社 2011 年版，第 216 頁。
⑤ 羅小華：《曾侯乙墓竹簡選釋三則》，《華夏考古》2015 年第 3 期。
⑥ 彭浩：《信陽長臺關楚簡補釋》，《江漢考古》1984 年第 2 期。
⑦ 河南省文物考古研究所：《新蔡葛陵楚墓》，大象出版社 2003 年版，圖版一五三。
⑧ 何琳儀：《信陽楚簡選釋》，《文物研究》第八期，黄山書社 1993 年版，第 173 頁。
⑨ 李家浩：《信陽楚簡"樂人之器"研究》，《簡帛研究》第三輯，廣西教育出版社 1998 年版，第 15 頁。
⑩ 湖北省荆沙鐵路考古隊：《包山楚簡》，文物出版社 1991 年版，第 38~39、65 頁。
⑪ 田河：《出土戰國遣冊所記名物分類滙釋》，吉林大學博士學位論文，2007 年，第 165 頁。

中的“𦣻”均指“馬之首冑”。① 包山簡276記有“四馬𦣻遺”，整理者釋爲“四馬𦣻，遺”。② 望山簡2-9中的“𦣻”。整理者釋爲“又(有)臣”。③ 劉信芳師認爲“‘又臣’二字應是‘𦣻’字”，並指出“‘皆𦣻’之辭例與上引包山簡270‘皆𦣻軸(冑)’相類，所謂‘兩馬，皆𦣻’，是説兩匹御車之馬，皆配有首冑”。④ 郭店簡《尊德義》簡28中有“𣗥”字，裘錫圭讀爲“置”，並指出，相關文句見於《孟子・公孫丑上》。⑤ 陳偉武認爲“‘𣗥’字當隸定爲‘梢’，釋爲‘植’，讀作‘置’”，並指出，“𦣻”上部所从之“之”，乃“‘首’旁上端的頭髮”聲化所致。⑥ 上博簡《鬼神之明》簡2正、背均記有“而受𦣻於只袿”，整理者將“𦣻”直接釋爲“首”。⑦ 上博簡《申公臣靈王》簡4記有“繘公子皇𦣻皇子”，整理者將“𦣻”括注爲“首”。⑧ 陳偉師懷疑，“𦣻”讀“止”，猶“囚”。⑨ 李學勤認爲“‘𦣻’讀爲‘止’”，訓爲“俘獲”。⑩ 上博簡《慎子曰恭儉》簡5記有“首𦣻茅芙”，整理者認爲“𦣻”是“之首”合文，“首𦣻”屬上讀。⑪ 劉洪濤指出，劉建民認爲“𦣻”讀“戴”；“首戴茅蒲”見於《國語・齊語》。⑫ 沈培認爲，信陽簡2-4、2-21，包山簡269～270、牘1中的“𦣻”，均應讀爲“戴”；《鬼神之明》和《申公臣靈王》中的“𦣻”，在簡文中都應該讀爲“得”，意思均爲“抓獲”“捕獲”。⑬ 陳偉師認爲，《尊德義》中的“𣗥”，應該釋爲“植”，讀爲“置”；“𦣻”，可以分析爲“从止从首”，是“直”的異體；《申公臣靈王》與《鬼神之明》中的“𦣻”，可

---

① 劉信芳：《信陽楚簡2-04號所記車馬器研究》，《古文字研究》第二十六輯，中華書局2006年版，第295頁。

② 湖北省荆沙鐵路考古隊：《包山楚簡》，文物出版社1991年版，第39頁。

③ 湖北省文物考古研究所、北京大學中文系：《望山楚簡》，中華書局1995年版，第108頁。

④ 劉信芳：《望山楚簡校讀記》，《簡帛研究》第三輯，廣西教育出版社1998年版，第38頁；劉信芳：《信陽楚簡2-04號所記車馬器研究》，《古文字研究》第二十六輯，中華書局2006年版，第295頁。

⑤ 荆門市博物館：《郭店楚墓竹簡》，文物出版社1998年版，第174～175頁。

⑥ 陳偉武：《楚系簡帛釋讀掇瑣》，《古文字研究》第二十四輯，中華書局2002年版，第363頁。

⑦ 馬承源主編：《上海博物館藏戰國楚竹書(五)》，上海古籍出版社2005年版，第312、316頁。

⑧ 馬承源主編：《上海博物館藏戰國楚竹書(六)》，上海古籍出版社2007年版，第246～247頁。

⑨ 陳偉：《讀〈上博六〉條記》，簡帛網，2007年7月9日。

⑩ 李學勤：《讀上博簡〈莊王既成〉兩章筆記》，清華大學簡帛研究網，2007年7月16日。

⑪ 馬承源主編：《上海博物館藏戰國楚竹書(六)》，上海古籍出版社2007年版，第280頁。

⑫ 參劉洪濤：《上博竹書〈慎子曰恭儉〉校讀》，簡帛網，2007年7月6日。

⑬ 沈培：《試釋戰國時代从“之”从“首(或从‘頁’)”之字》，簡帛網，2007年7月17日。

讀爲“止”，其義與“囚”相通；古書中，“植”“止”都有與“戴”相通的例證，因此，“䓯”又可讀爲“戴”。① 劉國勝認爲，信陽長簡 2-21 中的“賁”，可從沈培讀爲“戴”。② 按：信陽簡 2-21 中的“戴”，疑與《禮記·喪大記》中“皆戴圭”“皆戴綏”之“戴”相同。③ 信陽簡 2-4、包山簡 276、望山簡 2-9、《慎子曰恭儉》簡 5 中的“䓯”，均當讀爲“戴”。包山簡 269、270、牘 1 中有“䓯”和“賁”。④ 不知“䓯”字應釋爲“戴”還是“直”。《喪大記》鄭玄注“戴之言值也”。⑤ 不知“值”與陳偉師所説的“植”是否有關。

“翚嫴”，何琳儀師認爲，“翚”讀“翠”，將後一字釋爲“媎”，讀“造”或“纛”，“翚媎”，指“翠羽狀馬飾”。⑥ 李守奎將“”改隸爲“𩁹”。⑦ 劉國勝認爲：“簡文‘兩馬賁翠𩁹’亦與望山遣册 9 號簡‘兩馬皆䓯短翣’文例相似。‘翠𩁹’應是戴在馬頭上的一種翠羽馬飾，疑與‘短翣’爲同類物。‘𩁹’、‘翣’或皆讀爲‘纛’。”⑧按：“”字右旁从“造”字聲符。⑨ 此字應隸定爲“嫴”，與曾侯乙墓簡中的“賠”並非同類物品。“翚嫴”疑指某種翠羽馬飾。

六、羽

兩馬之轡，紫勒，屯戠䨥翆。	曾侯乙墓簡 43+44
鷕₌鸃白翆。	曾侯乙墓簡 81
戠羽。	天星觀簡（《楚系》第 297、878 頁）

“屯戠雲翆”，整理者釋爲“屯戠雲(雺)翆(羽)”，懷疑“戠”讀“戴”或“載”。⑩ 陳偉師等將“雲”改釋爲“䨥”。⑪ “䨥翆”，亦見於曾侯乙墓簡 42+

---

① 陳偉：《〈慎子曰恭儉〉校讀》，簡帛網，2007 年 7 月 19 日。
② 劉國勝：《信陽遣册“梠”蠡測》，簡帛網，2010 年 10 月 22 日。
③ 參本節之“羽”。
④ 參第二章第二節之“甲、胄”。
⑤ 《儀禮注疏》卷四五。
⑥ 何琳儀：《信陽楚簡選釋》，《文物研究》第八期，黄山書社 1993 年版，第 173 頁。
⑦ 李守奎：《楚文字編》，華東師範大學出版社 2003 年版，第 691 頁。
⑧ 劉國勝：《楚喪葬簡牘集釋》，科學出版社 2011 年版，第 9 頁。
⑨ 參陳劍：《釋造》，《出土文獻與古文字研究》第一輯，復旦大學出版社 2006 年版，第 55～100 頁。
⑩ 湖北省博物館：《曾侯乙墓》，文物出版社 1989 年版，第 492、515 頁。
⑪ 陳偉等：《楚地出土戰國簡册［十四種］》，經濟科學出版社 2009 年版，第 344 頁。

43“䨻羿之𦊓”，整理者認爲：“‘蒙羽’蓋謂雜色的羽。”①我們指出，《禮記·喪大記》有“戴圭”“戴綏”，《禮記·明堂位》鄭玄注有“戴以璧”的記載。簡文中的“戠”，就相當於這種用法的“戴”。② 按：“戠”讀“戴”，可從。“䨻”，原篆作“”，其下部當从“龙”。

“𪈽白羿”，整理者將“羿”括注爲“羽”；並懷疑，“𪈽”是在“戠”字之上加注聲符“翼”，當讀爲“戴”或“載”。③ 按：讀“戴”可從。

“䤻羽”之“䤻”，《楚系》摹作“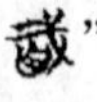”“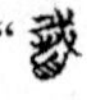”。④ 蘇建洲認爲，“䤻羽”應讀爲“戴羽”。⑤ 上博簡《容成氏》簡 9“履地戴天”之“戴”，原篆作“”。整理者隸爲“䤻”，並認爲：“‘䤻’即‘戴’。原从首从𢦏，‘𢦏’疑同‘𢦒’。”⑥按：天星觀簡中的“䤻”，與《容成氏》中的“䤻”是同一個字。“䤻羽”，可與曾侯乙墓簡中的“戠䨻羿”和“𪈽白羿”對照，都是指以羽毛做裝飾。

筆者曾總結説：“曾侯乙墓簡所記的‘戴蒙羽’、‘戴白羽’之‘戴’，天星觀簡所記的‘戴羽’之‘戴’，都應該屬於‘頂在頭上’，或者改爲‘置於頭上’可能更好些。楚簡中的‘戴羽’與‘戴某羽’，亦見於傳世文獻。”⑦

七、翣

二翠翣。	包山簡 277
兩馬，皆𦐂耑翣。	望山簡 2-9
長翣。	天星觀簡(《楚系》第 303、734 頁)
二長翣。	天星觀簡(《楚系》第 303、956 頁)
二翣。	天星觀簡(《楚系》第 444 頁)
兩馬長翣。	天星觀簡(《楚系》第 303、635、753 頁)
兩馬之章翣。	天星觀簡(《楚系》第 303、422、492、753 頁)

① 湖北省博物館：《曾侯乙墓》，文物出版社 1989 年版，第 492、514 頁。

② 羅小華：《楚簡札記三則》，《出土文獻研究》第十二輯，中西書局 2013 年版，第 74～76 頁。

③ 湖北省博物館：《曾侯乙墓》，文物出版社 1989 年版，第 494、515、520 頁。

④ 滕壬生：《楚系簡帛文字編》，湖北教育出版社 1995 年版，第 878 頁。

⑤ 蘇建洲：《楚簡从“𢦒”之字考釋》，清華大學簡帛研究網，2003 年 7 月 2 日。

⑥ 馬承源主編：《上海博物館藏戰國楚竹書(二)》，上海古籍出版社 2002 年版，第 257 頁。

⑦ 羅小華：《楚簡札記三則》，《出土文獻研究》第十二輯，中西書局 2013 年版，第 75 頁。

四馬之章翆。	天星觀簡(《楚系》第 303、422、753、930、1042 頁)
☐馬之章翆。	天星觀簡(《楚系》第 422 頁)
騫₌之章翆。	天星觀簡(《楚系》第 303、422、743 頁)
(乘馬)₌之章翆。	天星觀簡(《楚系》第 1123 頁)
兩馬之檯翆。	天星觀簡(《楚系》第 303、444、1120 頁)
檯翆。	天星觀簡(《楚系》第 444 頁)
二檯。	天星觀簡(《楚系》第 444、956 頁)

望山簡記有"耑翆"。"耑",亦見於望山簡 2-48 中的"耑戈"。田河認爲,"耑翆"之"耑",當讀爲"雕",訓爲"繪飾";也可能讀爲"短"。① 劉國勝指出:"'翆'不見於字書,推測是一個从矛得聲的字。簡文'翆'疑讀爲'旄'。……簡文'翆'疑即《説文》訓爲'幢'的旄,如段注所云'在乘輿左騑馬頭上'的羽葆幢,是戴在馬頭頂上的旗幟,即翿,也稱纛。……我們猜想,從用字或造字的角度看,楚文字用來表示旄牛尾的旄字多寫作从毛,而使用从羽从矛的'翆'字表示戴在馬頭上繫有旄牛尾或鳥羽的旄旗。大家都知道,楚簡中表示旌旗的字常从羽作,如旗作翼,旆作翇,旌作翟等,'翆'从'羽'可能與之類似。"②我們認爲,"耑翆"之"耑",當讀爲"短";望山簡中的"兩馬,皆耆耑(短)翆",可與天星觀簡中的"兩馬長翆"對照;並指出:"'兩馬,皆戴短旄',就是指馬額頭掛有牦牛尾製作的飾物"。③ 按:讀爲"旄",可備一説。"翆"从"羽",疑與羽毛有關。

"翠翆",劉釗認爲,"翠"應釋"翍",訓爲"多羽","二翠翆",指"二件多羽的矛",並指出,包山二號墓出土三件矛,其柲上均捆扎有三束羽毛,可能與簡文"二翠翆"有關。④ 劉信芳師認爲,"翠"是"翠"的異體,"翠翆"是指用翠羽裝飾的矛。⑤ 田河同意劉師的意見,並指出:"包

① 田河:《出土戰國遣冊所記名物分類滙釋》,吉林大學博士學位論文,2007 年,第 156 頁。

② 劉國勝:《楚簡車馬名物考釋二則》,《古文字研究》第二十九輯,中華書局 2012 年版,第 478 頁。

③ 羅小華:《楚簡札記三則》,《出土文獻研究》第十二輯,中西書局 2013 年版,第 75 頁。按:"兩馬,皆耆耑翆"的斷讀,以及"耑翆"與天星觀簡中諸"翆"的對應,均蒙劉國勝老師面告。謹致謝忱!

④ 劉釗:《包山楚簡文字考釋》,見氏著《出土簡帛文字叢考》,臺灣古籍出版有限公司 2004 年版,第 30 頁。

⑤ 劉信芳:《楚簡器物釋名(上篇)》,《中國文字》新二十二期,藝文印書館 1997 年版,第 192 頁。

山二號墓所出小刺矛柲上就裝飾有羽毛。但簡文'翚(翠)翇'是不是'小刺矛'很難肯定。"①按："翚"，从"羽""辛"聲。"辛"，心紐真部；"翠"，清紐物部。"辛""翠"二字韻部較遠。因此，"翚"讀爲"鞯"的可能性較大。此處的"翇"，疑與望山簡、天星觀簡中的"翇"有關。

"章翇"和"檻翇"，劉國勝認爲："天星觀簡的'章翇'疑讀爲'敦旄'，指繫有茂盛旄、羽的旄，'樸翇'疑指樸素、無文采的旄。"②按：天星觀簡中的"章翇"和"檻翇"，也應該是馬飾。

八、遺

乘₌黄金貴。	曾侯乙墓簡 124
乘₌黄金之貴。	曾侯乙墓簡 137
乘₌黄金之貴，鞞𨛃。	曾侯乙墓簡 138
四馬，𡜊遺。	包山簡 276
𢦏遺。	天星觀簡(《楚系》第 145、878 頁)
首遺。	天星觀簡(《楚系》第 145、714 頁)
☐遺。笄。兩馬之轡。	天星觀簡(《楚系》第 145 頁)

曾侯乙墓簡記有"乘馬黄金貴""乘馬黄金之貴"。整理者認爲："天星觀一號墓竹簡記車馬器有'首遺'、'𢦏遺'。'遺'从'貴'聲，與此墓簡文之'貴'當指一物。"③包山簡 276 記有"四馬𡜊遺"。整理者釋爲"四馬𡜊，遺"，並認爲"遺"借爲"繢"。④ 劉信芳師隸定爲"遚"，即"遺"字。⑤ 劉國勝認爲："就'四馬戴遺'、'乘馬黄金貴'的辭例看，'遺'是戴在馬頭上的裝備或飾物，可用銅製作。簡文'遺'似與文獻中的'錽'相當。"⑥按："𡜊"與"𢦏"，均當讀爲"戴"。從辭例看，曾侯乙墓簡的"乘馬黄金之貴"，恰好可與包山簡中的"四馬𡜊遺"對讀。"貴"和"遺"都與馬相關。而天星觀簡中，"遺"後記有"笄"和"兩馬之轡"，很明顯，也應該與馬相

---

① 田河：《出土戰國遣冊所記名物分類滙釋》，吉林大學博士學位論文，2007 年，第 156 頁。

② 劉國勝：《楚簡車馬名物考釋二則》，《古文字研究》第二十九輯，中華書局 2012 年版，第 478 頁。

③ 湖北省博物館：《曾侯乙墓》，文物出版社 1989 年版，第 523 頁。

④ 湖北省荆沙鐵路考古隊：《包山楚簡》，文物出版社 1991 年版，第 39、66 頁。

⑤ 劉信芳：《包山楚簡近似之字辨析》，《考古與文物》1996 年第 2 期。

⑥ 劉國勝：《楚喪葬簡牘集釋》，科學出版社 2011 年版，第 57 頁。

關。如果結合“戴”的含義來看，“貴”和“遺”有可能都是馬飾。天星觀簡中有“首遺”，疑即“譣遺”。

“鶽瑅”，整理者釋爲“鶽(翠)瑅(?)”。① 田河認爲：“‘翠瑅’就是翠玉。翠玉可能是該簡所記甲冑之飾玉。”②按：“鶽瑅”記載在“乘馬黄金之貴”後面，疑爲“貴”之附屬物。

綜上所述，戰國簡冊所記載的物品中，能確定爲馬飾的有“緐”“纓”“面”“鉤”“膺”“珥”等。除“纓”和“珥”外，其餘四類裝飾均有實物出土。目前，無法確定的馬飾有“翠媎”“羽”“翜”“遺”(或作“貴”)。前三者可能都與羽毛有關。

① 湖北省博物館：《曾侯乙墓》，文物出版社 1989 年版，第 497 頁。

② 田河：《出土戰國遣冊所記名物分類滙釋》，吉林大學博士學位論文，2007 年，第 201 頁。

第二章　戰國簡冊所見車載器分類研究

在上一章中，我們對車構件、車器、馬具與馬飾等四類物品進行討論。除此之外，先秦马車上還載有其他用品，如：兵器、甲胄、旗幟以及其他雜器等。《周禮·春官·巾車》在記録"王之五路""王后之五路""王之喪車五乘"以及"服車五乘"的相關器物時，有不少内容涉及這部分器物。已經公佈的戰國簡冊中，有明確的"載"字，可以統領這部分器物，如：包山簡269"其上載"、包山簡273"其上載"、包山牘1"其上軡(載)"、包山牘1反"一軩車之上【軡】(載)"、信陽簡2-04"載"、天星觀簡"其上載"等。① 另外，曾侯乙墓簡整理者指出，天星觀簡中有這樣一段文字："一方䍐，紫綳。其上載二戈、一戟。"並據此認爲，"載䖍"之名源於"'䍐'是車上一種承載兵器等物的東西"。② 白於藍先將整理者的意思理解爲："該簡文中'其上載'之'其'即指'䍐'，而'二戈'和'一戟'則是'䍐'上所承載的兵器。"後將包山簡牘中的記載結合起來進行考慮，提出新的見解："由上引文句可以看出，'其上載'之'其'顯然不可能是針對'其'字之前所記各類物品而言，而應當是指'車'，'其上載'也就是車上所載。"③這一説法的提出，促使我們對車馬器物的類别作更爲細緻的劃分。

戰國簡冊所記載的、過去被統稱爲"車馬器"的器物，有一部分僅僅是承載於馬車車輿之上，而非構成馬車所必需的部件。鑒於信陽簡、包山簡牘、天星觀簡等三批簡冊中均有"其上載"(或"載")的文字，可以"其上載"(或"載")作爲界限，對傳統概念中的"車馬器"作進一步的區分。

---

① 按：曾侯乙墓簡77有"才"字。蕭聖中括注爲"載"。參蕭聖中：《曾侯乙墓竹簡釋文補正暨車馬制度研究》，科學出版社2011年版，第182頁。此字是否與我們所討論的"載"字相關，還有待研究。

② 湖北省博物館：《曾侯乙墓》，文物出版社1989年版，第504頁。

③ 白於藍：《曾侯乙墓竹簡中的"鹵"和"櫓"》，《中國文字》新二十九期，藝文印書館2003年版，第198~199頁。

换句話説，就是將承載於馬車車輿之上的器物獨立出來，稱爲“車載器”。“其上載”(或“載”)之前的器物才是“車馬器”。雖然前輩學者並未提出車載器的概念，但是，已有學者對車載器進行了專題研究：楊英傑曾分出《戰車的武器》《戰車的旗、鼓、金》兩個章節結合傳世典籍、古文字形體、出土實物等材料，對車馬雜器中的兵器、甲冑、旗鼓等進行綜合研究。① 曹菁菁碩士學位論文《曾侯乙墓遣冊車載兵器研究》則是以曾侯乙墓竹簡材料中車載兵器爲對象的專門研究。② 另外，“車載器”在考古實物中也是有所體現的。

梁雲指出：“目前發掘的秦人車馬坑年代從春秋早期延續至戰國早期……車輿内外常出土車戰兵器和工具，有矛、戈、弓、矢、斧、錛、鏟、鉗、钁、鑿等。……殷墟和西周時期殷遺民的車馬坑内……輿内出土戈、弓、矢等兵器，以及弓形器、刀、錛、鑿、策柄等工具。”③可見，從殷商晚期到戰國早期，“車載器”一直存在。“車載器”這一概念的提出，也是符合客觀事實的。

包山簡牘中，“正車”上的“車載器”主要有：“絑旌”“旆中干”“車戟……其旆”“殰”“椊(柽)”“㐭甲……冑”“䩞甲……冑”“敀”“梂”“鐃”“皲”；“韋車”的“車載器”主要有：“㒵旌”、“戟……旆”“殰”。總結這些記載可知：包山簡牘中的“車載器”，包括旌旗(如“絑旌”“旆中干”“車戟……其旆”“㒵旌”“戟……旆”等)、長兵器(如“殰”)、人甲冑(如“㐭甲……冑”“䩞甲……冑”等)、軍樂器(如“敀”與“䩻”、“梂”與“榎”、“鐃”等)。

天星觀簡“其上載二戈一戟”中的“戈”和“戟”，可歸入長兵器。

將包山簡牘和天星觀簡的記載結合起來考慮，戰國簡冊中的“車載器”，應該包括旌旗、長兵器、人馬甲冑、軍樂器等四類物品。

然而，包山牘1所記“車載器”中，“四馬晧面”“繙芓結項”“告紝”“番芓之童”等四件物品存在問題。除“告紝”的情況不明外，其他三件物品均有可能是馬具。是什麽原因導致它們被記載在“車載器”之中，值得我們思考。

此外，包山簡牘“其上載”之前記有“虎韔”，本爲裝弓的專用囊袋，並非馬車上必須配備的物品，按理不應記於“車馬器”之中。方便起見，

① 楊英傑：《戰車與車戰》，東北師範大學出版社1986年版，第121—186頁。
② 曹菁菁：《曾侯乙墓遣冊車載兵器研究》，北京大學碩士學位論文，2007年。
③ 梁雲：《論早期秦文化的來源與形成》，《考古學報》2017年第2期。

我們將其歸入"車載器"的"兵器類"。

曾侯乙墓簡117記有"其一乘，白金之弼，載紉裹"。這裹的"載"字，是否就是包山簡牘的"其上載"、信陽簡的"載"？我們認爲，可能性比較小，主要有兩個方面的原因：第一，曾侯乙墓簡數量龐大，記載方式基本一致，卻不見這類"載"字；第二，曾侯乙墓簡中出現大量的車器"載扂"，"載紉裹"很可能與"載扂"類似，只是器物名稱。因此，這個"載"字可不予考慮。

除了上述各種器物，戰國簡冊中還記載著一些不屬於"車馬器"的器物，如：曾侯乙墓簡記有大量的"席""蔽""弓""矢""箙""韔"等。這些物品可以歸入席蔽和兵器兩大類。考慮到曾侯乙墓簡所記載的物品都是馬車所裝配的，因此，這部分物品也應該列入"車載器"。

最後，我們認爲，"車載器"應該包括席蔽類、兵器類(含人馬甲冑、長兵器、箙韔、弓矢、盾、夬、拾等)、旌旗類、雜類(含軍樂器等)等四大類。曾侯乙墓簡中的"殳"與"晋殳"，包山簡中"戟"與"車戟"，均用作"旃"的旗杆。爲方便同類物品之間的相互比較，我們將"殳""晋殳""戟""車戟"歸入"兵器類"，將"旃"歸入"旌旗類"。

第一節　席　　蔽

一、韌、籧、席

歛韌。	曾侯乙墓簡 1、36
歛韌，猏綏。	曾侯乙墓簡 26
歛韌；二鶷綏。	曾侯乙墓簡 4
貧韌。	曾侯乙墓簡 39
紛韌，紫維，革綏。	曾侯乙墓簡 43
西韌。	曾侯乙墓簡 13、16
剸韌。	曾侯乙墓簡 60+61
繇韌。……紫扂。	曾侯乙墓簡 62
繇韌，革綏。	曾侯乙墓簡 32、38、105
轆韌。	曾侯乙墓簡 22+23
轆韌，革綏。	曾侯乙墓簡 25
紛韌；剸扂。	曾侯乙墓簡 67

斂鞎，組綎，紫纑之綏；紫扆。	曾侯乙墓簡 31
斂鞎；剸扆；紫箬。	曾侯乙墓簡 18
貧鞎；貧扆，綒綏；紫箬。	曾侯乙墓簡 45
斂鞎；斂扆；紫箬，二貘綏。	曾侯乙墓簡 8
貧鞎，貘綏；剸扆；紫箬。	曾侯乙墓簡 71
斂鞎，貘綏；剸扆；紫箬。	曾侯乙墓簡 73、96①
繽鞎，貘綏；剸扆；紫箬。	曾侯乙墓簡 104
斂鞎，紫組之綎，縞綏；剸扆；紫箬。	曾侯乙墓簡 88
䌛鞎，紫組之綎；紫扆；紫箬，紫录之綏。	曾侯乙墓簡 63+64
繽鞎，縛组之綎，貘绥；繽扆，黿组之绥；紫因之箬，录裏。	曾侯乙墓簡 53+78②
繽鞎，紫組之綎，二貘綏；繽扆；紫箬，黿組之綏。	曾侯乙墓簡 75
貧鞎，戠組之綎；貧扆，二貘綏；䌛韋之箬，鄦紫之韡。	曾侯乙墓簡 54+55
斂鞎；剸扆，二貘綏。……䣶韋之箬，紫裉之韡。	曾侯乙墓簡 58
韂鞎☐	曾侯乙墓簡 28
剸扆；紫箬。	曾侯乙墓簡 6
紫榦之扆；▯梟录之箬。	曾侯乙墓簡 65+66
榦扆；剸鞎；晉箬，組綎，縞綏。	曾侯乙墓簡 70+95③
紫因之箬，录裏，屯瓔組之綏。	曾侯乙墓簡 76
剸箬，紫䌛。	曾侯乙墓簡 116
☐之笞，絵純。	望山簡 2-20
☐純緂笞。	望山簡 2-21
緄笞。	望山簡 2-22

① 按：簡 96 中的“斂”、“鞎”、“貘”三字，參蕭聖中：《曾侯乙墓竹簡殘泐字試補十九則》，《簡帛》第一輯，上海古籍出版社 2006 年版，第 20 頁。

② 按：“扆”前之“繽”。參蕭聖中：《曾侯乙墓竹簡釋文補正暨車馬制度研究》，科學出版社 2011 年版，第 137 頁。

③ 按：簡 70 之後接簡 95。參蕭聖中：《曾侯乙墓竹簡釋文補正暨車馬制度研究》科學出版社 2011 年版，第 94 頁。

紡席。	天星觀簡(《楚系》第 640 頁)
紡筶。	天星觀簡(《楚系》第 893 頁)
緅席。	天星觀簡(《楚系》第 640 頁)
緅筶。	天星觀簡(《楚系》第 927 頁)
毾席。	天星觀簡(《楚系》第 640、641 頁)
毾筶。	天星觀簡(《楚系》第 1053 頁)
罟席。	天星觀簡(《楚系》第 641 頁)
罟筶。	天星觀簡(《楚系》第 1053 頁)
絑羽之緯筶。	天星觀簡(《楚系》第 668 頁)
䩞= 席。	天星觀簡(《楚系》第 640 頁)
▨之席，象▨	天星觀簡(《楚系》第 640 頁)
▨之筶，象▨	天星觀簡(《楚系》第 743 頁)
▨筶。	天星觀簡(《楚系》第 599、1018 頁)
▨席杙▨	天星觀簡(《楚系》第 640 頁)
筶疋。	天星觀簡(《楚系》第 175 頁)

“箘”，整理者認爲是“[illegible]”(席)字繁體。① 按：《説文》巾部：“席，籍也。”②孫機指出：“牀、榻等家具及室内地面就坐之處皆鋪席。”③

“扂”，何琳儀師分析爲“从巨，户爲疊加音符”。④ 田河對此字作過統計，指出此字多與“席”“韌”“綏”等文字相接，少數與兵器文字相連，認爲“此物所指尚待研究”。⑤ 我們認爲讀“籧”，即典籍中的“籧篨”。《説文》竹部：“籧，籧篨，粗竹席也。”《玉篇》竹部：“籧，籧篨，竹席也，江東人呼䈲也。”“簡文將‘籧篨’簡稱爲‘扂’，是取第一個字，與‘桃枝’席省稱爲‘桃’情況相同。”⑥按：釋“籧”於文意較爲通順。至於此字爲何从“户”，有待研究。

曾侯乙墓簡中，“韌”“籧”“席”經常被記録在一起。現將此三者的顔色、附屬物情況列成表格進行比較(見表 2-1-1、表 2-1-2)。

---

① 湖北省博物館：《曾侯乙墓》，文物出版社 1989 年版，第 510 頁。

② 《説文解字》卷七下。

③ 孫機：《漢代物質文化資料圖説(增訂本)》，上海古籍出版社 2011 年版，第 253 頁。

④ 何琳儀：《戰國文字聲系》，中華書局 2004 年版，第 496 頁。

⑤ 田河：《出土戰國遣冊所記名物分類滙釋》，吉林大學博士學位論文，2007 年，第 268 頁。

⑥ 羅小華：《釋籧》，《簡帛研究 2010》，廣西師範大學出版社 2012 年版，第 40 頁。

表 2-1-1　　　**靭、籧、席著色對比**

靭	籧	席
剸靭［簡 60+61、70］	剸籧［簡 6、18、58、67、71、73、88、96、104］	剸席［簡 116］
	紫籧［簡 31、62、63］	紫席［簡 6、8、18、45、63、71、73、75、88、96、104］
貧靭［簡 39、45、54、71］ 歛靭［簡 1、4、8、18、26、31、36、58、73、88、96］ 繽靭［簡 53、75、104］	貧籧［簡 45、54］ 歛籧［簡 8］ 繽籧［簡 53、75］	
	紫錦之籧［簡 65+66］	紫因之席［簡 53、76］

表 2-1-2　　　**靭、籧、席附屬物對比**

靭	籧	席
歛靭，紫組之綎，縞綏［簡 88］ 歛靭，組綎，紫纑之綏［簡 31］		晉席，組綎，縞綏［簡 70］
歛靭，二䮦綏［簡 4］ 貧靭，犒綏［簡 71］ 歛靭，犒綏［簡 73］ 歛靭，犒綏［簡 96］ 繽靭，犒綏［簡 104］	貧籧，二犒綏［簡 54］ 剸籧，二犒綏［簡 58］	紫席，二犒綏［簡 8］
緐靭，革綏［簡 25］ 繇靭，革綏［簡 32、38、105］		
	繽籧，黿組之綏［簡 53+78］ 貧籧，綒綏［簡 45］	紫席，黿組之綏［簡 75］

表 2-1-1、表 2-1-2 顯示，“靭”“籧”“席”應屬同類物品。“籧”常與“席”一起出現。可見，“籧”亦爲席類物品。我們懷疑：曾侯乙墓簡中的“靭”，似乎也應該是席類物品。

“韌”，白於藍釋爲“茵”，訓爲“車重席”；認爲“茵是一種車上所使用的用皮革製造的坐蓐，與普通用竹、草編製而成的席有所不同”。[①] 劉信芳師疑讀爲“軔”，爲“止車之木”。[②] 蕭聖中認爲：“不與‘席’同記的‘韌’大部分記於‘鞎’和‘韔’之間(少數在中間插入‘韓’或‘扈’)，最特別的第60-61簡，將‘韌’記於弓矢和旆、戟之間，這甚至給人以‘韌’是兵器的強烈暗示。當然，由於他簡‘席’的記録位置正好是位於記‘韔’的文字之前，所以也不排除‘韌’、‘扈’、‘席’是一類物品。‘韌’的出現頻率較高，是否即是文獻所記的‘車茵’，尚不能完全論定。”[③]按：“韌”字疑當讀爲“衽”，典籍多訓爲“臥席”。曾侯乙墓簡中的“韌”，應該是用作車席。

馬王堆漢墓帛書《老子》甲本：“百仁之高，台(始)於足[下]。”“仁”，嚴遵本作“仞”。《銀雀山漢墓竹簡·守法守令等十三篇》：“城高七仁。”“仁”，整理者釋爲“仞”。又：“凡欲富國狠(墾)草仁邑，必外示之以利，内爲禁邪除害。”“仁”，整理者釋爲“仞”。[④] “仁”，真部泥紐；“仞”，文部泥紐。真、文旁轉。“仁”可通爲“仞”。《史記·春申君列傳》“以臨仁、平丘”，張守節正義：“仁一作任。”[⑤]鮑良紅據此將《外台秘要》卷三十九“足不仁身”之“仁”讀爲“任”。《針灸甲乙經》卷十第二、第三天柱穴主治與《靈樞·寒熱病》均作“足不任身”。[⑥] “仁”，真部泥紐；“任”，侵部泥紐。二字均屬泥紐。真、侵二部有通轉關係。[⑦] “仁”可通爲“任”。“衽”“任”二字均从“壬”得聲；“仞”“韌”二字均从“刃”得聲。故“韌”可讀爲“衽”。在傳世文獻中，“衽”可以被訓爲“臥席”。《禮記·曲禮上》：“請席何鄉，請衽何趾。”鄭玄注：“衽，臥席也。”《史記·魯仲連鄒陽列傳》“攝衽抱机，視膳於堂下”，張守節正義：“衽，臥席也。”[⑧]字或作“袵”

---

① 白於藍：《曾侯乙墓竹簡考釋(四篇)》，《中國文字》新三十期，藝文印書館2004年版，第202頁。

② 劉信芳：《曾侯乙簡文字補釋六則》，《簡帛》第一輯，上海古籍出版社2006年版，第7頁。

③ 蕭聖中：《曾侯乙墓竹簡釋文補正暨車馬制度研究》，科學出版社2011年版，第200頁。

④ 張儒、劉毓慶：《漢字通用聲素研究》，山西古籍出版社2002年版，第943頁。

⑤ 《史記會注考證》卷七八。

⑥ 鮑良紅：《古醫籍通假字考釋》，《國醫論壇》2005年第20卷第3期。

⑦ 按：裘錫圭先生認爲“侵部與真、文存在通轉可能”。參裘錫圭：《獄簋銘補釋》，復旦大學出土文獻與古文字研究中心網，2008年4月25日；《安徽大學學報》(哲學社會科學版)，2008年第4期。

⑧ 《禮記正義》卷二；《史記會注考證》卷八三。

“𧘂”，《集韻·沁韻》：“衽，袵，或从任。亦書作𧘂。”①

“紫席”，田河認爲是紫色的車席。② 我們懷疑：“‘紫扈’亦當爲紫色席。”③

“晉席”，整理者懷疑“晉”讀“縉”，訓爲“赤色”。④ 李家浩認爲，“晉席”應該讀“荐席”；“荐”是“複席”。⑤ 按：從曾侯乙墓簡中“席”的相關辭例來看，“晉”表顏色或質料。整理者的意見可備一説。

“𠟭席”之“𠟭”，整理者分析爲从“刀”从“[illegible]”，認爲“‘[illegible]’與簡文‘晝’字所从‘𦘔’旁相同”。⑥ 此字亦見於信陽簡，何琳儀師隸定爲“𠟭”，認爲是“劃”字之省，讀爲“畫”。⑦ 田河認爲“𩃬席”指“彩繪之席”；“𩃬鞇”指“彩繪之茵”。⑧ 白於藍認爲“‘𩃬’當用作‘文’，指彩繪紋飾”。⑨ 按：從字形上看，此字釋“劃”可從。“𠟭扈”“𠟭鞇”，可能分别讀爲“畫籧”“畫衽”，彩色“籧”席、彩色“衽”席。

“□鼠录之席”。第一字，蕭聖中據紅外照片釋爲“繰”，訓爲“帛如紺色”。⑩ 田河認爲，此字當釋爲“褓”，讀爲“繰”或“藻”，指“色彩”。⑪ 按：細審圖片，此字右旁的確从“喿”，左旁不清，可讀爲“繰”。就一般辭例的結構而言，“繰”當表顏色，“录”讀爲“緑”，很可能表質料。實際上，“繰”當訓爲“帛如紺色”，是質料名；“緑”在典籍中多表顏色。

“紫因之席”，田河將“因”讀“絪”，訓爲“麻莫”，推測是“一張用紫麻製的車席”。⑫ 按：讀“絪”可備一説。

---

① 《集韻》卷八。

② 田河：《出土戰國遣冊所記名物分類滙釋》，吉林大學博士學位論文，2007 年，第 210 頁。

③ 羅小華：《釋籧》，《簡帛研究 2010》，廣西師範大學出版社 2012 年版，第 41 頁。

④ 湖北省博物館：《曾侯乙墓》，文物出版社 1989 年版，第 519 頁。

⑤ 李家浩：《楚大府鎬銘文新釋》，《語言學論叢》第二十二輯，商務印書館 1999 年版，第 98 頁。

⑥ 湖北省博物館：《曾侯乙墓》，文物出版社 1989 年版，第 510 頁。

⑦ 何琳儀：《信陽楚簡選釋》，《文物研究》第八輯，黄山書社 1993 年版，第 171 頁。

⑧ 田河：《出土戰國遣冊所記名物分類滙釋》，吉林大學博士學位論文，2007 年，第 210、106 頁。

⑨ 白於藍：《釋“紋”》，復旦大學出土文獻與古文字研究中心網，2010 年 4 月 5 日；《古文字研究》第二十八輯，中華書局 2010 年版，第 515 頁。

⑩ 蕭聖中：《曾侯乙墓竹簡殘泐字試補十九則》，《簡帛》第一輯，上海古籍出版社 2006 年版，第 18 頁。

⑪ 田河：《出土戰國遣冊所記名物分類滙釋》，吉林大學博士學位論文，2007 年，第 210~211 頁。

⑫ 田河：《出土戰國遣冊所記名物分類滙釋》，吉林大學博士學位論文，2007 年，第 210 頁。

“䌛韋之席”，“䌛”即“䌛”，曾侯乙墓簡記有“䌛鞍”。“䌛”疑釋爲“䌷”。曾侯乙墓簡中的“䌛靭”，或作“䌛靭”，疑即“䌛韋之靭”的簡稱。

“䏍韋之席”，“䏍”字亦見於曾侯乙墓簡“䏍鞍”。白於藍認爲，“䏍韋之席”是指紅色皮革的席。[①]“西靭”，白於藍將“西”釋爲“鹵”，讀爲“盧”或“黸”，並認爲“西靭”是指“黑色皮革製作之‘靭’”。[②] 劉信芳師認爲：“西(茜)字或作䏍……疑讀爲‘茜’，典籍亦作‘蒨’。《史記·貨殖列傳》：‘若千畝卮茜。’徐廣曰：‘一名紅藍，其花染繒赤黃也。’《爾雅·釋草》：‘茹藘，茅蒐。’注：‘今之蒨也，可以染絳。’”[③]按：根據曾侯乙墓簡中的“䏍韋之席”，“西靭”疑爲“西韋之靭”的簡稱。白於藍的意見可備一說。

“貧㡰”“敓㡰”“緍㡰”“貧靭”“敓靭”“紛靭”“緍靭”。整理者認爲“緍”爲“紛”之異體；“敓”爲“攽”字異體。[④] 白於藍認爲，簡文中的“貧(或敓、緍)靭”，可能是《小戎》中的“文茵”，指虎皮之茵。[⑤] 田河認爲，“紛”與“貧”“緍”是一字，當讀爲“紛”，“頒”疑讀爲“班”。[⑥] 我們懷疑，“緍”“攽”“敓”讀爲“豳”，訓爲“豳彩文”。[⑦]

“㯋㡰”之“㯋”，亦見於曾侯乙墓簡“紫㯋之安”。“㯋”，整理者括注爲“錦”，並指出：“簡文‘㯋’亦从‘金’聲，故可讀爲‘錦’。”[⑧]我們認爲：“‘㯋㡰’應爲錦席；‘紫㯋之㡰’則爲紫錦之席。”[⑨]

望山簡中的“□之笞”，辭例殘缺。

“□純緂席”，望山簡整理者認爲，與仰天湖簡13“一純緅席”的文例相近。[⑩] 田河推測“‘緂’也許仍表色彩鮮豔”。[⑪] 按：“緂”，疑當從《廣

---

① 白於藍：《曾侯乙墓竹簡中的“鹵”和“櫓”》，《中國文字》新二十九期，藝文印書館2003年版，第198頁。

② 白於藍：《曾侯乙墓竹簡中的“鹵”和“櫓”》，《中國文字》新二十九期，藝文印書館2003年版，第197頁。

③ 劉信芳：《楚系簡帛釋例》，安徽大學出版社2011年版，第133~134頁。

④ 湖北省博物館：《曾侯乙墓》，文物出版社1989年版，第502頁。

⑤ 白於藍：《曾侯乙墓竹簡考釋(四篇)》，《中國文字》新三十期，藝文印書館2004年版，第202頁。

⑥ 田河：《出土戰國遣冊所記名物分類滙釋》，吉林大學博士學位論文，2007年，第106、268頁。

⑦ 羅小華：《釋籩》，《簡帛研究2010》，廣西師範大學出版社2012年版，第41頁。

⑧ 湖北省博物館：《曾侯乙墓》，文物出版社1989年版，第492、514頁。

⑨ 羅小華：《釋籩》，《簡帛研究2010》，廣西師範大學出版社2012年版，第42頁。

⑩ 湖北省文物考古研究所、北京大學中文系：《望山楚簡》，中華書局1995年版，第122頁。

⑪ 田河：《出土戰國遣冊所記名物分類滙釋》，吉林大學博士學位論文，2007年，第208頁。

韻·敢韻》訓爲"青黄色"。①

"緄席","緄"亦見於"緄童"。

天星觀簡中有"紡席""緅席""䋎/罝席""絑羽之緄席""鞁₌席"等辭例。彭浩認爲:"絲織品做成的席子則直接稱之爲'紡席'。"②李零認爲"䋎"應讀爲"氈"。③ 劉國勝指出:"天星觀簡記有'氈席'。"④按:這裹的"紡"和"䋎"可能都是指質料。"緅"可能指顔色。信陽簡記有"紡蓋"。"紡"爲絲織品。"緅",曾侯乙墓簡記有"緅顯、鞅"。"緅"指"帛青赤色"。劉國勝所説的"氈席",應該就是指的"䋎席""罝席"。曾侯乙墓簡整理者指出:"古文字多以'罝'爲'單'。"⑤典籍中,从"單"得聲之字,多與从"亶"得聲之字相通。⑥ 因此,李零與劉國勝的意見是可取的。《玉篇》毛部:"氈,毛爲席。"⑦《廣韻·仙韻》:"氈,席也。"⑧"氈",亦作"氊"。古書中有"氊席"。《晉書·良吏傳》:"尋拜度支尚書、太常,以竹篷爲屏風,坐無氊席。"⑨"絑"讀爲"朱"。"絑羽之緄席",疑指朱色羽毛裝飾的緄製之席。"鞁₌席",可能與信陽簡 2-8 所記的"鈔席"有關。其他辭例不全,兹不贅述。

"鄘紫之䘰","䘰",整理者認爲是"襮"字異體,用作"表"。⑩ 田河認爲,"鄘"可讀"綾"。⑪ 按:"齊紫",可能是一個固定的詞,疑指齊地出産的紫色。《史記·蘇秦列傳》:"齊紫,敗素也,而賈十倍……"張守節正義引《韓子》云:"齊桓公好服紫,一國盡服紫,當時十素不得一紫,公患之。管仲曰:'君欲止之,何不試勿衣也?'公謂左右曰:'惡紫臭。'公語三日,境内莫有衣紫者。"⑫"鄘"字从"邑",疑爲齊地之"齊"的專字。

"紫帬之䘰",田河懷疑,"帬"當讀"莨",訓爲"草",與茅草類似,

---

① 《廣韻》卷三。

② 彭浩:《楚人的紡織與服飾》,湖北教育出版社 1996 年版,第 92 頁。

③ 李零:《讀〈楚系簡帛文字編〉》,《出土文獻研究》第五集,科學出版社 1999 年版,第 154 頁。

④ 劉國勝:《楚喪葬簡牘集釋》,科學出版社 2011 年版,第 83 頁。

⑤ 湖北省博物館:《曾侯乙墓》,文物出版社 1989 年版,第 529 頁。

⑥ 高亨纂著,董治安整理:《古字假借會典》,齊魯書社 1989 年版,第 203 頁。

⑦ 《大廣益會玉篇》卷二六。

⑧ 《廣韻》卷二。

⑨ 《晉書》卷九〇。

⑩ 湖北省博物館:《曾侯乙墓》,文物出版社 1989 年版,第 508~509 頁。

⑪ 田河:《出土戰國遣册所記名物分類滙釋》,吉林大學博士學位論文,2007 年,第 173 頁。

⑫ 《史記》卷六九。

可以用來製席。[1] 按："帗"可能是質料名。"帗"字从"市"，很可能是某種織物。

"录裹"，整理者釋"录(緑)□"。[2] 簡53末字爲"录"，蕭聖中據紅外照片將簡78首字釋爲"裹"，並將簡78接在簡53之後。[3] 按：這裹的"裹"，可能是指席子的底層。

"組絓"之"絓"，整理者所隸。[4] 何琳儀師隸定爲"絓"，讀爲"繢"，訓爲"繩束"。[5] 田河認爲："絓可能是繩帶類物。"[6]按："絓"字似可讀爲"絎"。出土文獻中，从"㞷"得聲之字多與从"黄"得聲之字相通。[7] 傳世文獻中，"衡"多與"横"通假。[8] "行""黄""㞷"均爲陽部匣紐字，故可通。"絎"當訓爲"緣"，即馬王堆遣策中所載諸席之"掾(緣)"，楚簡中多作"純"。"組絓"，疑指組製緣邊；"紫絓"，疑指紫色的緣邊。

"紫组之絓"，疑爲紫色組製作的緣邊。

"帱組之絓"。"帱"，何琳儀師隸爲"帱"，讀爲"韓"，指"車下索"。[9] 田河認爲，"帱"既可能表顏色，也可能用爲"縛"。[10] 陳偉師等改隸爲"帱"。[11] 蕭聖中認爲是"韓"字異寫，指"車用繩索"。[12] 按："帱"字原篆作""。從形體上看，右上不从"甫"，當爲"叀"。"帱"，疑讀爲"縛"。《説文》糸部："縛，白鮮色也。"[13]"帱組之絓"，可能是指用白鮮色的組製作的緣邊。

"戠組之絓"。整理者懷疑"戠"讀"黓"，訓爲"黑"。[14] 按："戠"整理

---

① 田河：《出土戰國遣册所記名物分類滙釋》，吉林大學博士學位論文，2007年，第105頁。

② 湖北省博物館：《曾侯乙墓》，文物出版社1989年版，第494~495頁。

③ 蕭聖中：《曾侯乙墓竹簡釋文補正暨車馬制度研究》，科學出版社2011年版，第18、91頁。

④ 湖北省博物館：《曾侯乙墓》，文物出版社1989年版，第491頁。

⑤ 何琳儀：《戰國文字聲系》，中華書局1998年版，第634~635頁。

⑥ 田河：《出土戰國遣册所記名物分類滙釋》，吉林大學博士學位論文，2007年，第137頁。

⑦ 白於藍編著：《戰國秦漢簡帛古書通假字彙纂》，福建人民出版社2012年版，第716~717頁。

⑧ 高亨纂著，董治安整理：《古字假借會典》，齊魯書社1989年版，第278~279頁。

⑨ 何琳儀：《戰國文字聲系》，中華書局1998年版，第600頁。

⑩ 田河：《出土戰國遣册所記名物分類滙釋》，吉林大學博士學位論文，2007年，第137頁。

⑪ 陳偉等：《楚地出土戰國簡册[十四種]》，經濟科學出版社2009年版，第344頁。

⑫ 蕭聖中：《曾侯乙墓竹簡釋文補正暨車馬制度研究》，科學出版社2011年版，第81頁。

⑬ 《説文解字》卷一三上。

⑭ 湖北省博物館：《曾侯乙墓》，文物出版社1989年版，第515頁。

者的意見可備一説。"戠"，也可能讀爲"熾"，"赤色"。《書・禹貢》"厥土赤埴墳"，陸德明釋文："埴，鄭作戠。徐、鄭、王皆讀曰熾。"①

"絵純"，望山簡整理者釋爲"絵(錦)純"。② 按："錦純"，疑即錦製緣邊。

"二猜綏"，整理者認爲："疑'鷊'、'猜'二字讀爲'縞'。或説'鷊'、'縞'當讀爲'猜'。'猜'應即'獒'之異體。……'猜綏'即獒皮作的綏。他簡尚有'革綏'。這兩種'綏'大多與車器記在一起，與簡文常見的附於其他東西之上的'組綏'之'綏'有别。……疑'猜綏'、'革綏'之'綏'即指車綏。"③按：將"鷊""猜"視爲"縞"的借字，可備一説。《説文》糸部："縞，鮮色也。"④"縞綏"，可能是鮮色的裝飾之"綏"。

"紫录之綏"。曾侯乙墓簡 98 記有"削紫录之鞅"。"紫录"疑指顔色。

"𩲡組之綏"，李零指出，"𩲡"字下从鬼。⑤ 何琳儀師認爲，"𩲡"應讀"孛"，懷疑"𩲡組"是"紅色之組"。⑥ 田河將"𩲡"讀爲"騩"或"黖"，認爲"𩲡組之綏"指的是"黑色組帶做的綏"，是"𩲡""鞞"或"箙"的附飾。⑦ 按："𩲡"當指顔色。

"瓢組之綏"，整理者釋爲"瓢(纁)組之綏"。⑧ 田河將"纁"訓爲"淺絳"，認爲"瓢組之綏"是"箙""鞞""韔"的附飾。⑨ 按：從辭例來看，"瓢"應指顔色，讀爲"纁"，訓爲"淺絳"可從。

"紫繐之綏"，何琳儀師將"繐"讀爲"纑"，指"布縷"。⑩ 田河認爲，"繐"似是"韌"的附飾。⑪ 按："綏"是附飾。"繐"是"綏"的修飾語，不當爲附飾，而應該是與"組"一樣，指質料。"繐""纑"二字均从"虍"聲，何

---

① 《經典釋文》卷三。

② 湖北省文物考古研究所、北京大學中文系：《望山楚簡》，中華書局 1995 年版，第 109 頁。

③ 湖北省博物館：《曾侯乙墓》，文物出版社 1989 年版，第 509 頁。

④ 《説文解字》卷一三上。

⑤ 李零：《讀〈楚系簡帛文字編〉》，《出土文獻研究》第五集，科學出版社 1999 年版，第 149 頁。

⑥ 何琳儀：《戰國文字聲系》，中華書局 1998 年版，第 250 頁。

⑦ 田河：《出土戰國遣冊所記名物分類滙釋》，吉林大學博士學位論文，2007 年，第 99 頁。

⑧ 湖北省博物館：《曾侯乙墓》，文物出版社 1989 年版，第 494 頁。

⑨ 田河：《出土戰國遣冊所記名物分類滙釋》，吉林大學博士學位論文，2007 年，第 98 頁。

⑩ 何琳儀：《戰國文字聲系》，中華書局 1998 年版，第 449 頁。

⑪ 田河：《出土戰國遣冊所記名物分類滙釋》，吉林大學博士學位論文，2007 年，第 99 頁。

説可信。

"革綏"，詳上文。

"縛綏"，徐在國將"縛"分析爲从"糸"、"學"聲，並認爲："可讀爲'校'。是顏色的一種，似緑。"①趙平安師將"縛"釋爲"緄"，認爲"緄綏"是指"登車握持的繩帶"。② 田河先指出，簡 45 中的"縛綏"並非車綏。③按：曾侯乙墓簡中，"縛綏"僅兩見：一記於"貧启"之後(簡 45)，一記於"豻加"之後(簡 85)，應爲裝飾之"綏"。"縛綏"之"縛"，疑指顏色或質料。

"紫䢫"，整理者釋爲"紫䢫"。④

現在，我們對"席""鞃""籧"三種車席的顏色(或質地)進行分析：

①"紫席"最爲常見，凡 11 例；"紫因之席""繇韋之席""𦡱韋之席""繰緑之席""晉席"各 1 例。

②"貧鞃"(或作"斂鞃""繽鞃""紛鞃")最爲常見，凡 18 例；"剸鞃"只有 2 例；"繇鞃"(或作"䌛鞃")共計 6 例；"西鞃"的具體情況仍不明，也只有 2 例。

③"剸籧"最爲常見，凡 9 例；"斂籧"(或作"繽籧")共計 5 例；"紫籧"有 3 例；"紫检之籧"和"检籧"各 1 例。

"席""鞃""籧"3 種車席的顏色(或質地)存在相同點：

①3 種車席各自都有不同的主打色彩——"紫席""貧鞃""剸籧"。

②"席""鞃""籧"都有相同的色彩——"剸"；"席"和"籧"具有相同的色彩——"紫"；"鞃"和"籧"具有相同的色彩——"貧"。

接下來，我們對"席""鞃""籧"3 種車席的記載方式進行分析：

"席"存在 6 種記載方式：⑤

①"席"："紫席"(簡 6、18、45、71、73、88、96、104)，"繰緑之席"(簡 66)。

②"席"+"表"："繇韋之席，齊紫之表"(簡 54+55)，"𦡱韋之席，紫

① 徐在國：《上博竹書(二)文字雜考》，簡帛研究網，2003 年 1 月 14 日；《學術界》2003 年第 1 期。

② 趙平安：《釋曾侯乙墓竹簡中的"縛"和"桴"》，《簡帛》第一輯，上海古籍出版社 2006 年版，第 14 頁。

③ 田河：《出土戰國遣冊所記名物分類滙釋》，吉林大學博士學位論文，2007 年，第 98 頁。

④ 湖北省博物館：《曾侯乙墓》，文物出版社 1989 年版，第 496 頁。

⑤ 按：簡 116 記有"剸席，紫䢫"。由於目前還無法確證"紫䢫"爲何物，暫不納入記載方式的討論。

幬之表”(簡 58)。

③“席”+“裹”:“紫因之席,緑裹”(簡 53+78)。

④“席”+“裹”+“綏”:“紫因之席,緑裹,屯纁組之綏”(簡 76)。

⑤“席”+“紟”+“綏”:“晉席,組紟,縞綏”(簡 70+95)。

⑥“席”+“綏”:“紫席,二貓綏”(簡 8),“紫席,紫緑之綏”(簡 63+64),“紫席,龜組之綏”(簡 75)。

“韔”存在 4 種記載方式:

①“韔”:“貣韔”(簡 39、45),“歆韔”(簡 1、4、8、18、36、58),“紛韔”(簡 67),“繇韔”(簡 62),“鰯韔”(簡 22+23、28),“酉韔”(簡 13、16),“剸韔”(簡 60+61、70)。

②“韔”+“紟”:“貣韔,戠組之紟”(簡 54),“繇韔,紫組之紟”(簡 63)。

③“韔”+“紟”+“綏”:“歆韔,組紟,紫纑之綏”(簡 31),“紛韔,紫紟,革綏”(簡 43),“繽韔,轉組之紟,貓綏”(簡 53),“繽韔,紫組之紟,二貓綏”(簡 75),“歆韔,紫組之紟,縞綏”(簡 88)。

④“韔”+“綏”:“貣韔,貓綏”(簡 71),“歆韔,貓綏”(簡 26、73、96),“繽韔,貓綏”(簡 104),“繇韔,革綏”(簡 32、38、105),“鰯韔,革綏”(簡 25)。

“籧”存在 2 種記載方式:

①“籧”:“剸籧”(簡 6、18、67、71、73、88、96、104);“歆籧”(簡 8),“繽籧”(簡 75),“紫籧”(簡 31、62、63),“紫錦之籧”(簡 65+66),“錦籧”(簡 70)。

②“籧”+“綏”:“貣籧,綒綏”(簡 45),“繽籧,龜組之綏”(簡 53),“貣籧,二貓綏”(簡 54),“剸籧,二貓綏”(簡 58)。

就記載方式的數量而言,“席”最多;“韔”次之;“籧”最少。

通過對“席”“韔”“籧”3 種車席記載方式的探討,我們還發現,這 3 種車席的附飾存在以下 4 個方面的特徵:

①“席”“韔”“籧”都有附飾“綏”。

②“席”“韔”都有附飾“紟”“綏”。

③“紟”和“綏”既可以同時出現,也可以分别出現。

④“席”有“表”“裹”。“席”上的“表”“裹”,和附飾“紟”從未一起出現過,甚至連二者同現的情況也不存在。

就附飾而言,“席”的附飾最繁雜;“韔”次之;“籧”的附飾最簡單。

綜上所述,“席”“韔”“籧”3 種車席記載方式的數量與附飾的多少成正比。另外，“席”“韌”“籧”都裝配的馬車並不多：“乘車”“少廣”“輴車”“鄴君之車”“王魚軒”“左軒”“𤕦車”“鄗尹之畋車”“畋車”“檔轂”“王僮車”、?（88）、?（96）、?（104）。① 從已知馬車的情況來看，同時裝配“席”“韌”“籧”的，似乎都可以歸入非戰爭用車。②

二、弼、䩞

弼，䡅。琱䝨。孝。	曾侯乙墓簡 1、7、13、16、18、22、36、38、105
弼，䡅。琱䝨。剸。	曾侯乙墓簡 25、26、32、39
弼，䡅。琱䝨。	曾侯乙墓簡 4
革䡅。	曾侯乙墓簡 47、75
革䡅。☐	曾侯乙墓簡 12
䡅。琱䝨。	曾侯乙墓簡 28、31
䡅。匋。銅䝨。	曾侯乙墓簡 62
白金之弼，截紉裹。	曾侯乙墓簡 117

“弼”，整理者指出：“毛公鼎、番生簋等均有‘簟弼魚服’之語。《詩·小雅·采芑》作‘簟茀魚服’。王國維以‘弼’爲‘茀’的本字(《觀堂集林·釋弼》)。‘茀’是遮蔽車廂的竹席。”③田河推測“‘白金之弼’大概是有銀飾的茀”。④ 劉信芳師將“金”讀爲“錦”，並指出：“弼之質地有革，有錦，看來並不僅限於革。”⑤按：“弼”，物部並紐；“弗”，物部幫紐。二字音近。从“弗”得聲之字，往往與“弼”相通假。⑥ 故“弼”可讀爲“茀”。《詩·齊風·載驅》“簟茀朱鞹”，毛亨傳：“車之蔽曰茀。”⑦

“䡅”，整理者暫隸爲“䡅”。⑧ 李零認爲，此字从“艮”，當釋爲“䩞”，

---

① 按：句中“?”表示車名不明，括號裏的數字爲曾侯乙墓竹簡簡號。

② 參第三章第二節“曾侯乙墓竹簡所見車陣研究”。

③ 湖北省博物館：《曾侯乙墓》，文物出版社 1989 年版，第 502 頁。

④ 田河：《出土戰國遣冊所記名物分類滙釋》，吉林大學博士學位論文，2007 年，第 101 頁。

⑤ 劉信芳：《楚系簡帛釋例》，安徽大學出版社 2011 年版，第 129 頁。

⑥ 高亨纂著，董治安整理：《古字通假會典》，齊魯書社 1989 年版，第 601~603 頁。

⑦ 《毛詩正義》卷五。

⑧ 湖北省博物館：《曾侯乙墓》，文物出版社 1989 年版，第 502 頁。

指“輿前革”。① 張新俊隸爲“鞶”，認爲是“鞎”之異體，並指出，“鞎”是竹製或革製的遮蔽物，在車輿的前面，其作用是蔽塵和美觀，其具體形制待考。② 按：“鞎”字原篆作“”，上博簡《周易》簡48、49有“艮”字，形體分别爲“”“”。對比可知，“”字左上確實从“艮”，隸“鞶”釋“鞎”可從。《説文》革部：“鞎，車革，前曰鞎。”③

關於“茀”和“鞎”，王引之已有詳細論證：“以革爲篕，則在前者謂之鞎，在後者謂之茀。”④曾侯乙墓簡12、47、75記有“革鞎”，明確指出其材質爲“革”。可見，“鞎”雖从“革”，卻不一定都是革製。曾侯乙墓簡中，所有的“弼”均未指明材質，不知與“鞎”有何異同。

“琱賠”，曾侯乙墓簡習見，簡62記有“匋銅賠”。整理者認爲“‘銅賠’，應即簡文常見的‘琱賠’的異文”。⑤ 何琳儀師認爲，“匋”字讀“畠”，並指出“簡文‘鞎畠銅造’似指用白銅裝飾車前的皮革，這與《秦風·小戎》‘陰靷鋈續’十分類似”。⑥ 程燕認爲：“簡文‘銅造’應該是指上引文字中車輿上用青銅製造的裝飾物件。”⑦按：“匋”與“銅賠”疑爲二物。“銅賠”與“琱賠”，在曾侯乙墓簡中只記於“弼”“鞎”之後，當與“弼”“鞎”有密切聯繫。

“剗”“婁”中的“”，整理者隸定爲“紶”。⑧ 何琳儀師隸定爲“髺”，認爲从“舌”得聲。⑨ 田河認爲：“‘髺’主要用在‘鞎’後、‘靭’前，有時在‘戈’、‘果’之後。似乎是一種毛狀裝飾物。究竟爲何物尚待進一步研究。”並指出“畫”和“劃”可能是“兩種不同的繪畫或刻畫方式”。⑩ 曹菁菁認爲，“紶”在簡文中指的是“戟的刺頭”。⑪ 宋華強改隸爲“髾”，認

① 李零：《讀〈楚系簡帛文字編〉》，《出土文獻研究》第五集，科學出版社1999年版，第143頁。

② 張新俊：《曾侯乙墓竹簡“鞎”字補釋》，劉釗等主編《廈大史學》第二輯，廈門大學出版社2006年版，第76~77頁。

③ 《説文解字》卷三下。

④ 《經義述聞》卷二七。

⑤ 湖北省博物館：《曾侯乙墓》，文物出版社1989年版，第490、493、518頁。

⑥ 何琳儀：《隨縣竹簡選釋》，《華學》第七輯，中山大學出版社2004年版，第122~123頁。

⑦ 程燕：《談曾侯乙墓竹簡中的“沙”》，《江漢考古》2015年第2期。

⑧ 湖北省博物館：《曾侯乙墓》，文物出版社1989年版，第490頁。

⑨ 何琳儀：《戰國文字聲系》，中華書局1998年版，第930頁。

⑩ 田河：《出土戰國遣冊所記名物分類滙釋》，吉林大學博士學位論文，2007年，第268頁。

⑪ 曹菁菁：《曾侯乙墓遣冊車載兵器研究》，北京大學碩士學位論文，2007年，第34頁。

爲从“𢊁”得聲，並分出兩種類型：一種是車上的器物。“畫𩣡(軝/篆)”相當於典籍中的“夏篆”，是指“有五彩刻畫的轂約”。“斆𩣡”和“繽𩣡”都當讀爲“文𩣡(軝/篆)”，相當於典籍中的“約軝”，是指“用青赤刻畫的轂約”。一種記於“果”之後，疑爲表示“戟的刺”，讀爲“錣”。[①] 程燕認爲，“畫沙”是指“有花紋的繁纓”，也是車輿上的飾物。[②] 按：从“□”的相關辭例來看，“□”主要記在“鞎”“弼”“戟”之後。因此，田河、宋華強將“□”分爲兩類是正確的。但是，簡 43 中的“繽□”，記於“紛韌”之後。考慮到“韌”爲車席，“鞎”“弼”均爲車蔽。據此，不能排除“繽□”可以歸入第一類。簡 101 中的“斆□”，記在“戈”後。“戈”“戟”又都是長兵器。依此，也不能排除“斆□”可以歸入第二類。廣西貴縣羅泊灣 1 號漢墓出土《從器志》正面第二欄記有“栝戟二”。[③] 不知“栝戟”是否與有“□”之“戟”相關。“𠜾”“𡜂”當讀爲“劃”“畫”。[④] 二者可能是一字異體。

三、䄙

鼾鞎。	曾侯乙墓簡 48、63、85
鼾鞎，录裏。	曾侯乙墓簡 45、71、96[⑤]
鼾鞎，反录之裏。	曾侯乙墓簡 73
鯉鞎。	曾侯乙墓簡 70
虓鞎。	曾侯乙墓簡 115、117
𧖴鞎。	曾侯乙墓簡 119
䄓𠢐與录魚之鞎，紫紟之裏。	曾侯乙墓簡 55
䄓𠢐與录魚之鞎，紫紟之裏，䨥組之綏。	曾侯乙墓簡 106

曾侯乙墓簡中，“鞎”字習見，整理者認爲：“毛公鼎、番生簋等銘文記車馬器有‘虎冟’。‘鞎’从‘冟’聲。簡文的‘虎鞎’當即金文的‘虎冟’。孫詒讓謂金文‘冟’字當讀爲‘䄙’。……冟、冥並从冖聲，得相通借也

---

① 宋華強：《曾侯乙墓竹簡考釋一則》，簡帛網，2011 年 3 月 21 日。

② 程燕：《談曾侯乙墓竹簡中的“沙”》，《江漢考古》2015 年第 2 期。

③ 李均明、何雙全編：《散見簡牘合輯》，文物出版社 1990 年版，第 127 頁。

④ 參本節之“韌、籧、席”。

⑤ 按：簡 96 中的“豻鞎”，參蕭聖中：《曾侯乙墓竹簡殘泐字試補十九則》，《簡帛》第一輯，上海古籍出版社 2006 年版，第 20 頁。

(《籒高述林》7·9上)。按孫説甚是。《周禮·春官·巾車》'王之喪車五。乘木車，蒲蔽，犬褀，尾櫜疏飾'，鄭玄注：'犬褀，以犬皮爲覆笭。'簡文'豻韔'蓋指以豻皮作的褀。"①田河認爲，"褀"是"車蘭(欄)或車軾上的覆蓋物"。② 按：賈公彦疏："云'犬褀，以犬皮爲覆笭'者，古者男子立乘須凴軾，軾上須皮覆之，故云犬褀。"③《説文》竹部："笭，車笭也。"④《釋名·釋車》："笭，横在車前，織竹作之，孔笭笭也。"⑤"褀"，應該是指車笭的覆蓋物。比照"豻韔"，"貍韔"疑指貍皮製作的"褀"。車軾上的覆蓋物，一般被稱作"鞃"。賈公彦所謂"軾上須皮覆之，故云犬褀"，應該是將"褀"與"鞃"混爲一談了。

"襛貂與緑魚之韔"。"襛貂與緑魚"，也見於簡2"二縣箙，襛貂與緑魚"。曾侯乙墓簡記有"襛載扈""襛弇扈"。"襛"疑指顔色。

"蠿䩞"，疑與望山簡2-15所記"剀圭"有關。⑥

曾侯乙墓簡中的韔及其附飾，見表2-1-3。

表2-1-3　**曾侯乙墓簡中的韔及其附飾**

簡　號	韔	裹	綏
48、63、85	豻韔		
45、71、96	豻韔	緑裹	
73	豻韔	反緑之裹	
70	貍韔		
115、117	虎韔		
119	蠿韔		
55	襛貂與緑魚之韔	紫錦之裹	
106	襛貂與緑魚之韔	紫錦之裹	黿組之綏

① 湖北省博物館：《曾侯乙墓》，文物出版社1989年版，第516頁。

② 田河：《出土戰國遣册所記名物分類滙釋》，吉林大學博士學位論文，2007年，第104頁。

③ 《周禮注疏》卷二七。

④ 《説文解字》卷五上。

⑤ 《釋名》卷七。

⑥ 參第一章第一節之"蓋"。

“緑裹”，“裹”疑指底層。“紫錦之裹”，整理者所釋。① 按：“紫錦之裹”，疑指“褀”的底層是用紫色錦製作的。

“反緑之裹”，整理者所釋。② 田河認爲，“反”讀爲“繁”，意爲“繁複”；“反緑”大概是指緑色。③ 按：“反緑”，應該與一般的“緑”有所區别。

“黿組之綏”，亦爲“席”類物品的附飾。

由表 2-1-3 可知：曾侯乙墓簡中的“韔”，是可以有“裹”（凡 6 例）和“綏”（僅 1 例）的。

四、鞃

勮定之笀。	曾侯乙墓簡 10
革弓。	曾侯乙墓簡 54
紫弓，緑裹。	曾侯乙墓簡 45
革弦。	曾侯乙墓簡 48
反录之弦。	曾侯乙墓簡 53
紡軒，紫□□□□弦（?），屯貂䎎。④	曾侯乙墓簡 57+58

整理者指出：“48 號簡有‘革弦’，53 號簡有‘反緑之弦’。‘笀’與‘弦’當指同一種東西，疑並當讀爲‘鞃’。簡文還有‘紫弓’（45 號）、‘革弓’（54 號）。‘革弓’即 48 號簡‘革弦’的異文，此二‘弓’字亦當讀爲‘鞃’。‘鞃’的異體作‘鞁’、‘鞨’（《玉篇・革部》）、‘茲’（《詩・大雅・韓奕》陸德明《釋文》）等形，‘弘’、‘厷’、‘弓’皆可用爲聲符，故簡文‘弦’、‘笀’、‘弓’等字可以讀爲‘鞃’。《詩・大雅・韓奕》‘鞹鞃淺幭’，毛傳：‘鞹，革也。鞃，軾中也。’簡文‘革弘’和‘革弓’，猶此‘鞹鞃’。”⑤田河指出：“《説文》：‘鞃，車軾也，从革，弘聲。詩曰：‘鞹鞃淺幭’，徐鍇繫傳：‘鞹鞃，以革裹車軾也。’段玉裁注：‘鞃，謂以去毛之皮輓軾中人所凭處。’朱駿聲《説文通訓定聲》：‘鞃，亦作鞁、作輷、作

① 湖北省博物館：《曾侯乙墓》，文物出版社 1989 年版，第 493 頁。
② 湖北省博物館：《曾侯乙墓》，文物出版社 1989 年版，第 494 頁。
③ 田河：《出土戰國遣冊所記名物分類滙釋》，吉林大學博士學位論文，2007 年，第 104 頁。
④ 按：“紫”“弦”二字之間有四字缺文，無法斷讀。
⑤ 湖北省博物館：《曾侯乙墓》，文物出版社 1989 年版，第 511~512 頁。

弦、作軚、作䩨。’”①按：“笎”“弦”“鞃”三字均从“厷”得聲，諧聲通假。“弓”“厷”均爲蒸部見紐字。“弓”或从“弓”得聲之字，與从“厷”得聲之字往往相通。② 因此，“弓”可讀“鞃”。曾侯乙墓簡中的“笎”“弦”“弓”，多與席蔽類物品記在一起，“笎”“弦”“弓”三字讀爲“鞃”可從，當爲裹軾之革。

整理者懷疑“定”用爲“頞”，訓爲“題”；“貂定”，猶其他簡文中的“貂首”。③ 田河認爲，“貂定之笎”是“貂首之皮做的裹軾之鞃”。④ 按：田説可從。據此，“紫弓”，疑指紫色的“鞃”；“革弦”，疑指革製的“鞃”。

“反緑之弦”，整理者所釋。⑤ 田河認爲：“‘反录之鞃’大概是指緑色的裹軾之鞃。”⑥按：“反緑”，亦見於“豻韔，反緑之裏”。

五、⿰阝敫

貧⿰阝敫，黄紡之綏。	曾侯乙墓簡 45
貧⿰阝敫，紫組之綏。	曾侯乙墓簡 54
紛⿰阝敫，紫組之敾。	曾侯乙墓簡 63
斂⿰阝敫，紫組之綏。	曾侯乙墓簡 73
繽⿰阝敫，黽組之綏。	曾侯乙墓簡 75
繽⿰阝敫，黽組之敾。	曾侯乙墓簡 67
繇⿰阝敫，黽組之綏。	曾侯乙墓簡 71
晶真吴甲，鞁⿰阝敫，紫組之縢，綍維，玉[illegible]。	曾侯乙墓簡 122+123

“⿰阝敫”，整理者隸定爲“⿰阝敫”，分析爲“从‘阜’从‘土’从‘杲’从‘支’”，認爲“杲”與望山簡中的“綶”字所从“果”形近，並懷疑“⿰阝敫”與“綶”是“同

---

① 田河：《出土戰國遣冊所記名物分類滙釋》，吉林大學博士學位論文，2007年，第104頁。

② 高亨纂著，董治安整理：《古字通假會典》，齊魯書社1989年版，第30~31頁。

③ 湖北省博物館：《曾侯乙墓》，文物出版社1989年版，第511頁。

④ 田河：《出土戰國遣冊所記名物分類滙釋》，吉林大學博士學位論文，2007年，第104頁。

⑤ 湖北省博物館：《曾侯乙墓》，文物出版社1989年版，第493頁。

⑥ 田河：《出土戰國遣冊所記名物分類滙釋》，吉林大學博士學位論文，2007年，第104頁。

一種東西"。[①] 李零認爲，"𨻰"應釋"𨻰"。[②] 按：簡123中的"鞍𨻰"，疑爲人甲上的物品，暫不討論。記載在"𨻰"前後的物品中，主要有"鞞""韔""韍""韏""韌"等5種。這5種物品可能都屬於席蔽類，占前後物品總數的四分之三強。因此，"𨻰"也可能屬於席蔽類。

就辭例而言，曾侯乙墓簡中有"貣𨻰""紛𨻰""繽𨻰""歙𨻰""緐𨻰"等幾種不同顏色(或質地)的"𨻰"，與"簻""韌"都比較接近："貣簻""繽簻""歙簻"，"貣韌""紛韌""繽韌""歙韌""緐韌"。"𨻰"的附飾主要有"綏"和"歜"(字或作"賸")。"簻""韌"的附飾，主要是"綏"和"絓"。

現在，先將"𨻰"的辭例按顏色(或質地)、附飾進行分類(見表2-1-4)。

表2-1-4 **曾侯乙墓簡中的𨻰及其附飾**

簡號	𨻰	綏	歜
簡45	貣𨻰	黄紡之綏	
簡54	貣𨻰	紫組之綏	
簡63	紛𨻰		紫組之歜
簡67	繽𨻰		黿組之歜
簡75	繽𨻰	黿組之綏	
簡73	歙𨻰	紫組之綏	
簡71	緐𨻰	黿組之綏	
簡123	鞍𨻰		紫組之賸

由表2-1-4可知，"𨻰"似乎只有一種附飾，有"綏"則無"歜"，有"歜"則無"綏"。這樣看來，整理者認爲"'歜'(續)與'綏'似爲同類物"的説法基本可信。另外，簡123所記"鞍𨻰"上的附飾"紫組之賸"，與簡63"紛𨻰"上的附飾"紫組之歜"，很可能是同一種物品。因此，目前也不能排除"鞍𨻰"與曾侯乙墓簡中其他的"𨻰"爲相同物品的可能性。

再將顏色(或質地)、附飾有關係的"𨻰"和"簻""韌"放在一起進行對比(見表2-1-5)。

① 湖北省博物館：《曾侯乙墓》，文物出版社1989年版，第515頁。

② 李零：《讀〈楚系簡帛文字編〉》，《出土文獻研究》第五集，科學出版社1999年版，第162頁。

表 2-1-5　　曾侯乙墓簡𨻰、𥳓、韌對比

𨻰	𥳓	韌
貧𨻰，黄紡之綏[45] 貧𨻰，紫組之綏[54]	貧𥳓，綷綏[45] 貧𥳓，二貘綏[54]	貧韌，貘綏[71]
敓𨻰，紫組之綏[73]		敓韌，貘綏[26、73、96]
繽𨻰，黿組之綏[75]	繽𥳓，黿組之綏[53]	繽韌，貘綏[104]
䌛𨻰，黿組之綏[71]		䌛韌，革綏[32、38、105]

由表 2-1-5 可知，相同顔色(或質地)的“𨻰”和“韌”，在附飾上略有差異：“𨻰”的附飾“綏”均爲“組”製(僅簡 45 所記“貧𨻰”的附飾是“紡”製)，都是紡織品；而“韌”的附飾一般爲“貘綏”和“革綏”，應該都是革製品。但是，簡 53+78 所記“繽𥳓”上的附飾，與簡 75“繽𨻰”上的附飾完全一樣，都是“黿組之綏”。

由此可見，雖然目前還無法對“𨻰”進行釋讀，但是通過對比，可以清楚地認識到，“𨻰”與“𥳓”“韌”是爲同一類物品。因此，“𨻰”可能屬於席薦類物品。

“貧”“紛”“繽”“敓”，均讀爲“豳”。“䌛”，疑讀“鼬”。①

“鞁𨻰”之“鞁”，待考。

“黄紡之綏”，田河指出：“‘黄紡之綏’就是用黄色的紡(素紗)做的綏。主要用爲𨻰、韓或箙的附飾。”②按：“紡”，也用於製作車蓋。“黄紡”疑爲黄色織物。

“紫組之綏”“紫組之歜”“黿組之綏”“黿組之歜”，“綏”多爲“席”類物品的附飾，“歜”亦爲“鞍”的附飾。

“紫組之䐣”，整理者指出：“《禮記·少儀》‘國家靡敝，則車不彫幾，甲不組縢’，鄭玄注：‘組縢，以組飾之，及紟帶也。’簡文‘縢’多寫作从‘糸’从‘䐣’，或借‘䐣’爲之。”③田河指出：“曾簡中的‘縢’多置於‘甲’、‘冑’之後，應爲編聯綴合甲冑片用的繩帶。”④按：曾侯乙墓出土

① 參第一章第三節之“鞍”。

② 田河：《出土戰國遣冊所記名物分類滙釋》，吉林大學博士學位論文，2007 年，第 99 頁。

③ 湖北省博物館：《曾侯乙墓》，文物出版社 1989 年版，第 515 頁。

④ 田河：《出土戰國遣冊所記名物分類滙釋》，吉林大學博士學位論文，2007 年，第 245 頁。

的人甲“甲片上均開有用以編綴的孔眼”，有的孔眼仍保存有編聯甲片的絲帶。① 簡文中的“縢”，疑指這種“編聯甲片的絲帶”。

六、簾

革⿰酉𩏂。	曾侯乙墓簡 4、28
革⿰糸𩏂。	曾侯乙墓簡 26
革𩏂。	曾侯乙墓簡 45、48、63、73、75
革𩏂，組綏。	曾侯乙墓簡 47
革𩏂，紫組之綏。	曾侯乙墓簡 57
革𩏂，屯鼩定之⿰毛再。	曾侯乙墓簡 54
簟𩏂，紫裏，紫[
](#)之纯。	曾侯乙墓簡 67
簟𩏂，紫裏，鼩⿰毛再。	曾侯乙墓簡 70
苲𩏂，紫裏，紫䘝之杶，紫𦀚之斆。	曾侯乙墓簡 65
苲𩏂；笮輭，紫裏，鼩薹之⿰毛再。	曾侯乙墓簡 71
紫䘝之𩏂。	曾侯乙墓簡 53

針對曾侯乙墓簡中的“𩏂”即从“𩏂”諸字(“⿰酉𩏂”“⿰糸𩏂”“⿱竹𩏂”)，整理者指出，此字亦見於戰國梁十九年鼎銘，在西周金文中用作偏旁，並由“⿰酉𩏂”字从“西”推測“大概指席一類的東西”。② 何琳儀師先懷疑釋爲“簟”；後釋爲“弗”。③ 劉信芳師傾向於將“𩏂”讀爲“簾”，認爲“作爲車之遮蔽物，則是可以考慮的”。④ 禤建聰贊同將“𩏂”釋爲“弗”，並指出簡文中用爲“茀”，與“弼”同見，應是“席子一類的物品”。⑤ 李家浩指出，望山二號楚墓簡 23 中，有一段文字與曾侯乙墓簡 71 的内容類似“豚僾、晉，皆錦

① 湖北省博物館：《曾侯乙墓》，文物出版社 1989 年版，第 334 頁。
② 湖北省博物館：《曾侯乙墓》，文物出版社 1989 年版，第 508 頁。
③ 何琳儀：《隨縣竹簡選釋》，《華學》第七輯，中山大學出版社 2004 年版，第 120 頁；《戰國文字聲系》，中華書局 1998 年版，第 1557 頁。
④ 劉信芳：《曾侯乙簡文字補釋六則》，《簡帛》第一輯，上海古籍出版社 2006 年版，第 9~10 頁。
⑤ 禤建聰：《楚簡文字補釋五則》，《古文字研究》第二十六輯，中華書局 2006 年版，第 365~366 頁。

純，丹厚緂之里，黄緟組之縢”，並據此認爲“晉”應讀“荐”。[①] 李天虹對比兩條簡文，指出：“䩜”很可能“是一個會意兼形聲的字，即以手持箭，箭亦聲”，釋爲“搢”，讀爲“荐”；曾侯乙墓簡71中的“䩜”，很可能指“重席”；此字相當於現在什麽字，待考，也許是“淺”字的異體。[②] 我們曾贊同釋“搢”，改讀爲“輚”。《説文》車部：“輚，大車簣也。”《集韻·先韻》：“輚，大車簣，或作轖。”馬王堆三號漢墓遣策簡61記有“大車一乘，駕六馬”，簡64記有“大車一乘，駕四馬”。據此，我們認爲，“輚”可能指“車席的一種”，用於“遮蔽車廂”。[③] 蕭聖中指出，此物“多與弼、鞎同記”。[④] 陳劍改隸爲“䩜”和“䩜”，釋爲“疌”，指“車蓋”，並指出：“‘䩜’形省去其中一個‘倒矢’形偏旁，下方本代表矢鏃的‘屮’形再演變爲‘止’形，就變成後代的‘疌(疌)’形了。……‘䩜/疌’應該就是‘挾矢’之‘挾’的表意初文。”[⑤]我們認爲：“大可不必將該字與‘疌’聯繫起來。戰國簡册中的‘䩜’和‘䩜’都可以直接看作‘挾’字。類似的情況在漢字之中也還是有的，如‘傘’是象形字，‘繖’是形聲字。……這些字還應該指的是席蔽類物品。从‘䩜’諸字均當視爲从‘挾’得聲，可讀爲‘簾’或‘幨’。”[⑥]按：陳劍對於該字的隸定和“表意初文”的説法，都是正確的。並且，該字應該指的是車上的遮蓋類物品，是“蓋”是“簾”還可作進一步的探討。

“革䩜”，我們認爲：“指皮革製作的車簾。”[⑦]

“紫㡆之䩜”，我們認爲：“指紫錦製作的車簾。”[⑧]

“苲䩜”，田河認爲“或疑“‘苲’讀爲‘笮’，指屋笮……《説文》‘笮，迫也，在瓦之下棼上。’《釋名·釋宫室》‘笮，迮也，編竹相連迫迮也。’‘苲(笮)䩜’大概就是指這種類似屋笮的席”。[⑨] 我們先指出：“不知‘苲

---

① 李家浩：《楚大府鎬銘文新釋》，《語言學論叢》第二十二輯，商務印書館1999年版，第97~98頁。

② 李天虹：《釋曾侯乙墓竹簡中的“䩜”》，《古文字研究》第二十六輯，中華書局2006年版，第304~306頁。

③ 羅小華：《釋輚》，《甘肅省第二届簡牘學國際學術研討會論文集》，上海古籍出版社2012年版，第655~656頁。

④ 蕭聖中：《曾侯乙墓竹簡釋文補正暨車馬制度研究》，科學出版社2011年版，第197頁。

⑤ 陳劍：《釋“疌”及相關諸字》，《出土文獻與古文字研究》第五輯，上海古籍出版社2013年版，第260~268頁。

⑥ 羅小華：《清華簡〈越公其事〉簡3“挾弳秉橐”臆説》，簡帛網，2017年4月25日。

⑦ 羅小華：《清華簡〈越公其事〉簡3“挾弳秉橐”臆説》，簡帛網，2017年4月25日。

⑧ 羅小華：《清華簡〈越公其事〉簡3“挾弳秉橐”臆説》，簡帛網，2017年4月25日。

⑨ 田河：《出土戰國遣册所記名物分類滙釋》，吉林大學博士學位論文，2007年，第216頁。

韛’是否與‘柏席’有關”，後懷疑：“疑指類似屋笮的車簾”。[①]

“箄韛”之“箄”，原篆作“”。張鐵慧認爲，此字上从“竹”，下从“罜”，應隸爲“箄”，疑讀爲“簭”，指“一種竹皮製的用品”。[②] 陳劍認爲：“‘箄’字除了釋爲‘箄’，恐難有他想。‘箄’與‘簭’僅有聲符繁簡的不同，作爲一字異體是很自然的。‘簭’即竹筍皮，俗稱‘筍殼’。以筍殼製作雨具、鞋子、鍋蓋等日常用品，在今天南方地區仍很盛行。古人或用以製冠、履、笠等，古書記載甚多。”[③]我們認爲：“‘箄韛’可能指的是以筍殼製作的車簾。”[④]

辭例中的“綏”，陳劍認爲是“車蓋正或有‘綏’即下垂之纓飾”。[⑤]

就“簾”的記載方式而言，可以分爲以下 6 種：

①“簾”：“革簾”（簡 4、26、28、45、48、63、73、75），“紫錦之簾”（簡 53），“苲簾”（簡 71）。

②“簾”+“綏”：“革簾，組綏”（簡 47），“革簾，紫組之綏”（簡 57）。

③“簾”+“䋣”：“革簾，屯貂定之䋣”（簡 54）。

④“簾”+“裏”+“䋣”：“簭簾，紫裏，貂䋣”（簡 70）。

⑤“簾”+“裏”+“純”：“簭簾，紫裏，紫錦之純”（簡 67）。

⑥“簾”+“裏”+“純”+“敹”：“苲簾，紫裏，紫錦之純，紫纑之敹”（簡 65）。

七、加

鼾加，录裏。	曾侯乙墓簡 48
鄬紫之加，录裏。	曾侯乙墓簡 76
鼾加，录裏，緄綏。鏴賠。	曾侯乙墓簡 85

田河認爲：“‘加’可能也是一種席。《儀禮·鄉飲酒禮》：‘有諸公則辭加席’，鄭玄注：‘加席，上席也，大夫席再重。’不知‘加’是否爲‘加

---

① 羅小華：《釋韗》，《甘肅省第二届簡牘學國際學術研討會論文集》，上海古籍出版社 2012 年版，第 656 頁；《清華簡〈越公其事〉簡 3“挾弳秉橐”臆説》，簡帛網，2017 年 4 月 25 日。

② 張鐵慧：《〈曾侯乙墓竹簡釋文與考釋〉讀後記》，《江漢考古》1996 年第 3 期。

③ 陳劍：《釋“疌”即相關諸字》，《出土文獻與古文字研究》第五輯，上海古籍出版社 2013 年版，第 270 頁。

④ 羅小華：《清華簡〈越公其事〉簡 3“挾弳秉橐”臆説》，簡帛網，2017 年 4 月 25 日。

⑤ 陳劍：《釋“疌”及相關諸字》，《出土文獻與古文字研究》第五輯，上海古籍出版社 2013 年版，第 272 頁。

席’之簡稱，指一種複席。”並指出，“豻加”是“豻皮做的加席”；“鄰紫之加”之“鄰”，即“齊”，讀爲“緀”，訓爲“帛文皃”，“鄰紫之加”是“一張有紋飾的紫色加席”。① “鄰紫”，見於曾侯乙墓簡 54+55“䌛韋之席，鄰紫之表”。

曾侯乙墓簡中，“加”的記載方式可以概括爲：“加”+“裏”+“綏”(或省)(見表 2-1-6)。

表 2-1-6　**曾侯乙墓簡中的加及其附飾**

簡　號	加	裏	綏
48	豻加	緑裏	
76	齊紫之加	緑裏	
85	豻加	緑裏	綒綏

將關於“加”的辭例，與“䡅”的辭例進行對比(見表 2-1-7)：

表 2-1-7　**加、䡅對比**

加	䡅
豻加，緑裏[簡 48]	豻䡅，緑裏[簡 45、71、96]
豻加，緑裏，綒綏[簡 85]	褊貂與緑魚之䡅，紫錦之裏，黿組之綏[簡 106]

可見，“加”的記載方式，與“䡅”比較接近；另外，“豻加”之前均記“豻䡅”。因此，“加”也可能屬於車蔽。

“緑裏”“綒綏”，常用於裝飾“席”類物品。

八、軒

园軒，紡𦄎，紫裏，𠠓䋎。　　曾侯乙墓簡 4

园軒，紡𦄎，紫裏，𠠓定之䋎。　　曾侯乙墓簡 7+8、45

① 田河：《出土戰國遣冊所記名物分類滙釋》，吉林大學博士學位論文，2007 年，第 217 頁。

囩軒，紫韐之䘿，录裏，䵼定之𦀚。	曾侯乙墓簡 53①
𧜵軒，貂𦀚。	曾侯乙墓簡 48
上軒，䵼𦀚；下軒，𣂺𦀚，㲋組之繳。	曾侯乙墓簡 50
紡軒，紫□□□□弦(?)，屯䵼𦀚。	曾侯乙墓簡 57+58
四𨊠車，囩軒。……遊車九乘，囩軒。	曾侯乙墓簡 120
方軒。	望山橋簡 6

"囩軒"，整理者認爲，"囩"用爲"圓"，是"車上之物"，可能是"圓形的軒"；車名"圓軒"因有"圓軒"而得名；並指出"軒車車廂兩旁有較高的屏藩，與建築物欄杆上有軒形近，所以二者同名"。② 李守奎認爲："所謂'圓軒'就是兩個弧形木質圍欄側立於側，外面圍上皮革或織物，上與車蓋相連，形成一個圓形的帷幄之物。"③白於藍指出"在曾侯乙墓楚簡當中，器物'囩軒'之有無與車名並無實質性關係"，並推測"囩軒"應讀爲"雲幰"，指古代"車之帷幔上畫雲氣之文以爲裝飾"。④

"𧜵軒"，整理者懷疑"𧜵"讀爲《晉書·輿服志》中"油幢車"之"幢"，並推測"'幢軒'似是指蒙覆有帷幕的軒"。⑤ 白於藍讀爲"幢幰"，指"帷幔一類物件"。⑥ 李守奎懷疑是"重軒"，指的是"一柄上裝有上下兩蓋"。⑦

"上軒""下軒"，白於藍認爲："蓋古代車上所使用的幰有分成上下兩部分者。"⑧田河認爲："當是指'軒'的上、下部分。"⑨

"紡軒"，白於藍讀爲"紡幰"，認爲是用紡製作的幰。⑩ 田河認爲：

---

① 按："录"字，參陳偉等：《楚地出土戰國簡冊[十四種]》，經濟科學出版社 2009 年版，第 356 頁。

② 湖北省博物館：《曾侯乙墓》，文物出版社 1989 年版，第 508 頁。

③ 李守奎：《出土簡策中的"軒"和"圓軒"考》，《古文字研究》第二十二輯，中華書局 2000 年版，第 198 頁。

④ 白於藍：《曾侯乙墓竹簡考釋(四篇)》，《中國文字》新三十期，藝文印書館 2004 年版，第 195 頁。

⑤ 湖北省博物館：《曾侯乙墓》，文物出版社 1989 年版，第 516 頁。

⑥ 白於藍：《曾侯乙墓竹簡考釋(四篇)》，《中國文字》新三十期，藝文印書館 2004 年版，第 195～196 頁。

⑦ 李守奎：《出土簡策中的"軒"和"圓軒"考》，《古文字研究》第二十二輯，中華書局 2000 年版，第 198 頁。

⑧ 白於藍：《曾侯乙墓竹簡考釋(四篇)》，《中國文字》新三十期，藝文印書館 2004 年版，第 196 頁。

⑨ 田河：《出土戰國遣冊所記名物分類滙釋》，吉林大學博士學位論文，2007 年，第 88 頁。

⑩ 白於藍：《曾侯乙墓竹簡考釋(四篇)》，《中國文字》新三十期，藝文印書館 2004 年版，第 196 頁。

“蒙覆有紡(素紗)的軒。”①李守奎認爲是“織物遮圍者”。②

蕭聖中指出：“軒是曾簡簡文所記最重要的車構件之一，許多車都使用了軒。最典型的軒是圓軒，除簡53所記鄦君之車在簡203中徑以圓軒爲車名以外，是用圓軒的車還有：簡4所記乘䡅、簡7所記乘車、簡45所記椎車。另外，簡120總計中所記四䡅車及游車九乘均使用圓軒。使用其他軒的車有：簡26及28所記䡅軒(所用可能是圓軒)、簡48所記安車(使用褈軒)、簡50所記新安車(使用上軒、下軒)、簡54所記王魚軒、簡57所記左軒(使用紡軒且以軒爲車名)。”③劉信芳師指出：“囩(圓)軒、褈軒、紡軒所指爲車輿。紡軒之‘紡’不太可能指質地，而應是指形制，疑讀爲‘方’。”並認爲：“‘方軒’，與‘圓軒’相對而言，指車上方形障蔽物。”④

望山橋簡中的“方軒”，我們認爲：“可以有兩種理解：1. 方形的‘軒’，可與曾侯乙墓簡中的‘囩(圓)軒’(簡4、7、45、53)相對應。……2. 例7中記有‘緄妥(綏)’。據此，‘方軒’可讀爲‘紡軒’，即紡製之軒，見於曾侯乙墓簡57。”⑤

就“軒”的記載方式而言，主要爲：“軒”+“表”+“裏”+“䋎”。僅簡48中的“褈軒”、簡50中的“上軒”只記“䋎”；簡50中的“下軒”卻在“䋎”之後記有“纂組之𢿛”，“軒”的附飾有“𢿛”也是僅此一例。簡57+58中關於“軒”的辭例已經殘損，情況不明。

經統計，記載在“軒”前後的物品主要有“弼、鞎”“貧㽁”“革鞯”“𢿛韌”“貧韌”“豻韔”“反绿之弦”“弦(?)”等，共計10件。其中“弼、鞎”“革鞯”屬於車蔽，“貧㽁”“𢿛韌”“貧韌”屬於車席，“豻韔”“反绿之弦”“弦(?)”屬於車上覆蓋用的物品。簡120所記兩件“囩軒”是記車名之後的附帶物品，我們不加以考慮。簡50“纂組之𢿛”之後的文字殘，不計入總數。這樣，席蔽類物品數量占總數的四分之三強。

另外，“軒”上的附飾也可與“席”上的附飾對比(見表2-1-8)：

---

① 田河：《出土戰國遣冊所記名物分類滙釋》，吉林大學博士學位論文，2007年，第88頁。

② 李守奎：《出土簡策中的“軒”和“圓軒”考》，《古文字研究》第二十二輯，中華書局2000年版，第198頁。

③ 蕭聖中：《曾侯乙墓竹簡釋文補正暨車馬制度研究》，科學出版社2011年版，第179頁。

④ 劉信芳：《楚系簡帛釋例》，安徽大學出版社2011年版，第118、132頁。

⑤ 羅小華：《荆州望山橋楚簡選釋》，簡帛網，2017年3月16日。

表 2-1-8　　曾侯乙墓簡席、軒及其附飾

附飾名	席	軒
表	齊紫之表[54+55] 紫帹之表[58]	紡表［4、7+8、45］ 紫錦之表［53］
裏	緑裏[53+78、76]	紫裏[4、7+8、45] 緑裏[53]
緣	組絎[70+95]	貂𦍑[4、48、50] 貂定之𦍑[7+8、45、53] 豻𦍑[50]
飾	黿組之綏[75] 狵綏[8] 紫緑之綏[63+64] 纁組之綏[76] 縞綏[70+95]	黿組之斆[50]

由表 2-1-8 可知，“軒”的附飾有“表”“裏”“𦍑”“斆”等四種，可分别與“席”上的“表”“裏”“絎”“綏”對應。因此，“軒”可能是一種席類用作遮蓋物。

“紡表”“紫錦之表”，分别指“軒”的表層是用紡、紫錦所製作的。

“紫裏”“緑裏”，疑指“軒”的内層是紫色、緑色的。

“貂𦍑”“貂定之𦍑”“豻𦍑”。“𦍑”，亦見於曾侯乙墓簡中的“鞍”飾。“貂定”，亦見於“貂定之鞃”。

“黿組之斆”，也用以裝飾“鞍”。

戰國簡册所記載的馬車席蔽，以曾侯乙墓簡數量最多。目前，能確認爲車席的是“席”，與它一起記載並且頻繁出現的有“韌”和“扂”。在上文中，我們已經提到，“席”“扂”“韌”三種物品的顔色、質地以及附飾均有密切關係。由“席”爲車席，可以推測“韌”和“扂”也應該是車席。能確認爲車蔽的物品主要有“弼”“鞎”“轀”“鞃”等。“弼”“鞎”的記載方式，與車席相比顯得非常簡單。出現次数最多的也是“弼”“鞎”。“弼”“鞎”之後，大多記有“琱䝵”。“轀”上的“裏”“綏”均見於車席，但是，製作“轀”的材料多爲動物皮。“鞃”上有“裏”“𦍑”，都只有一例。“裏”見於車席，“𦍑”作爲緣邊，該是相當於車席上的“絎”。

另外，曾侯乙墓簡還記有“犇”“𨻶”“加”“軒”等物品。從辭例上看，

它們與車席也都有相近之處。“鞞”，疑讀爲“簾”，其上所裝飾的“裏”“綏”均見於車席，“䩒”“純”相當於車席上的“絎”，“㪔”則與“綏”類似。“𨻰”“加”“軒”爲何物，目前還無法確定。“𨻰”的著色與附飾“綏”（或“㪔”），與車席中的“席”和“韌”比較接近。“加”上也是有“裏”有“綏”。“軒”的附飾，比上述幾種物品都要多，有“表”“裏”“䩒”“㪔”等四種，可分别與“席”上的“表”“裏”“絎”“綏”對應。考慮到馬車上不應該有太多的車席，我們懷疑，這幾種物品可能都是席子用作車蔽。曾侯乙墓簡中爲何會出現如此之多的席蔽類物品，值得我們思考。

第二節　兵　　器

一、甲、胄

三吴甲，屯紫縢；韋，𧙃、賠。兩馬之㲻甲，紫縢；韋，𩋋、賠，無𣫓。	曾侯乙墓簡 43+44
二真吴甲，紫蕻；韋，𧙃、賠。鷰₌之☐	曾侯乙墓簡 61
二真楚甲，索，紫𧙋之縢；韋，𩏑、賠。一真楚甲，紫𧙋之縢；韋，𩏑、賠，𩌏、賠。鷰₌之彤甲，韋，𩋋、𩌞、賠，屯玄組之縢。	曾侯乙墓簡 122
晶真吴甲，鞁𨻰，紫組之縢，綒椎，玉；韋，𧙃、賠。一氏裪，𧙀縢，組纓。一常，組纓。一綢，組纓。一革𣏟。一革夜，鉤，鞾，賠，𩌏、賠。	曾侯乙墓簡 122+123
一真吴甲，紫組之縢，綒維，犀；韋，𧙃、賠。一真楚甲，索，紫組之縢；㠯韋，𧙃、賠。一真吴甲，索，紫繢之縢，綒唯；㠯韋，索，𧙃、賠，三𩌏。鷰₌畫甲，黄紡之縢；韋，𩋋、𩋘、賠。	曾侯乙墓簡 123+124
三真楚甲，𧙀𧙋之縢；韋，𧙃、賠。一革綢，三𩌏。鷰₌彤甲，黄紡之縢；韋，𩋋、𩋘、賠。	曾侯乙墓簡 124+125

二真吴甲，紫纑之縢；臯，𨊠、䡅。一吴甲，紫市之縢，綒唯；臯，𨊠、䡅。鴽₌彤甲，黄紡之縢；臯，䡴、𨌷、䡅。　曾侯乙墓簡 125+126

一楚甲，吴組之縢；臯，𨊠、䡅。二吴甲，吴組之縢；臯，𨊠、䡅，鞑、䡅。鴽₌畫甲，紫組之縢；臯，䡴、歁、䡅。　曾侯乙墓簡 126

三真楚甲，紫市之縢；臯，𨊠、䡅，鞑、䡅。鴽₌彤甲，黄紡之縢；臯，䡴、歁、䡅。　曾侯乙墓簡 127

三真吴甲，吴組之縢；臯，𨊠、䡅，鞑、䡅。鴽₌畫甲，黄紡之縢；臯，䡴、歁、䡅。一綢。　曾侯乙墓簡 127+128

二吴甲，吴組之縢；乚臯，𨊠、䡅。一吴甲，紫組之縢，綒唯；臯，𨊠、䡅。一綢，六馬畫甲，黄紡之縢；臯，䡴、𨌷、䡅。　曾侯乙墓簡 128+129

一吴甲，索，吴組之縢，綒唯；臯，𨊠、䡅，襨纀，紫組之縢。一吴甲，吴組之縢；臯，𨊠、䡅。一吴甲，紫市之縢；臯，𨊠、䡅，鞑、䡅。晶䮞䣮甲，黄紡之縢；䮞₌索甲，紫市之縢；臯，䡴、歁、䡅。　曾侯乙墓簡 129+130

一索楚甲，紫市之縢；臯，𨊠、䡅。一楚甲，紫市之縢；臯，𨊠、䡅。一吴甲，紫𥿍之縢；臯，𨊠、䡅，鞑、䡅。鴽₌彤……　曾侯乙墓簡 130

二吴甲，吴組之縢；臯，𨊠、䡅。一楚甲，棗紑之縢組；𩣻臯，𨊠、䡅。一綢，三鞑。三䮞畫甲，玄市之縢；䮞₌……　曾侯乙墓簡 131

☐甲，黄紡之縢；臯……　曾侯乙墓簡 132

……䡴、歁、䡅。一綢。　曾侯乙墓簡 133①

一吴甲，紫績之縢，綒唯；臯，𨊠、䡅。一革綢，一吴甲，紫市之縢；臯☐☐𨊠、䡅。一吴甲，䨻組之縢；臯，𨊠、䡅。鴽₌彤甲，黄紡之縢；臯，䡴、歁、䡅。三鞑。□☐　曾侯乙墓簡 133+134+135

---

① 按："綢"字，參蕭聖中：《曾侯乙墓竹簡殘泐字試補十九則》，《簡帛》第一輯，上海古籍出版社 2006 年版，第 21 頁。

一吴甲，紫市之縢；乇韋，紫組之縢，鷎鳑，帼、賠。一楚甲，紫市之縢；韋。　　曾侯乙墓簡 136

三真楚甲，紫市之縢；韋，帼、賠⧄三軑。鷟=彤甲，黄紡之縢；韋，韡、歆、賠。　　曾侯乙墓簡 136+139

……甲，屯紫組之縢；韋，幃、賠，軑、賠。一氏裀。鷟=畫甲，㯱市之縢；韋，韡、韖、賠。　　曾侯乙墓簡 137

備甲，紫欥之縢，一玉，翠珓，畫幃；韋，賠，鷎鳑。一真吴甲，纚縢；韋，幃、賠。一真吴甲，紫組之縢；韋，幃、賠，軑、賠。鷟=畫甲，紫組之縢；韋，韡、䡀、賠。帶，滾鞅，賠。　　曾侯乙墓簡 137+138

⧄□所賠十真又五真。大凡六十真又三真。　　曾侯乙墓簡 140①

⧄□所賠卅=䮼之甲。大凡仐=馬甲叒=馬之甲。　　曾侯乙墓簡 141

一和𦋊虗，峕韋，緑組之縍。馭、右二真𩤢虗，皆峕韋，紫縍。　　包山簡 269+270

一和𦋊虗，肯韋，緑組之縢。馭、右二真𩤢虗，皆峕韋，紫縢。　　包山牘 1

三真虗。　　天星觀簡(《楚系》第 36、395、674 頁)

三真行虗。　　天星觀簡(《楚系》第 36、169、395、674 頁)

二真行備虗。　　天星觀簡(《楚系》第 169、659、673、956 頁)

行備虗二真。　　天星觀簡(《楚系》第 169、659、673 頁)

行服虗二真。　　天星觀簡(《楚系》第 395 頁)

兩馬虗。　　天星觀簡(《楚系》第 395、635、753 頁)

驪=虗。　　天星觀簡(《楚系》第 395 頁)

(馬鹿)=虗。　　天星觀簡(《楚系》第 1124 頁)

(馬鹿)=三虗。　　天星觀簡(《楚系》第 1124 頁)

悳韋。　　天星觀簡(《楚系》第 633、793 頁)

---

① 按："六十真"之"真"，參張光裕、黄錫全、滕壬生主編：《曾侯乙墓竹簡文字編》，藝文印書館 1997 年版，第 327 頁。

惪𩊛，綠組之繲。　　天星觀簡(《楚系》第 941 頁)
惪𩊛，𦘒彫，綠組之繲。天星觀簡(《楚系》第 941 頁)
☐𩊛，𦘒倜。　　天星觀簡(《楚系》第 669 頁)

曾侯乙墓簡中，人甲主要有“吴甲”“楚甲”“備甲”，馬甲主要有“㓞甲”“畫甲”“彤甲”“索甲”。按：《釋名・釋兵》：“甲，似物有孚甲，以自禦也。亦曰介，亦曰函，亦曰鎧，皆堅重之名也。”①這指明了甲的製作是受了“動物‘孚甲以自禦’的啟發”。②《左傳》宣公二年：“使其驂乘謂之曰：‘牛則有皮，犀兕尚多，弃甲則那？’”③可見，製作甲的原材料可以是牛皮，也可能用犀、兕之皮。《廣雅・釋器》：“甲，鎧也。”王念孫疏證：“《周官・司甲》注：‘甲，今時鎧也。’疏云：‘今古用物不同，其名亦異，古用皮謂之甲，今用金謂之鎧。’”④後世也用金屬製作甲，並以原材料的質地爲標準，對甲和鎧進行區分。

田河認爲：“‘吴甲’、‘楚甲’之‘吴’、‘楚’當爲國名，也就是吴地所造之甲，楚地所造之甲。也有可能是具有地域特徵的甲冑樣式。‘吴甲’、‘楚甲’前後常接一‘索(素)’字，大概是指没有髹漆繪飾的甲。”⑤曹菁菁認爲“遣冊中所謂的‘吴甲’、‘楚甲’，其命名的依據爲其産地”。⑥“備甲”之“備”，田河括注爲“服”。⑦

“綒椎玉鋻冑”“綒維犀鋻冑”“綒唯㔾冑”“綒唯冑”“玉鋻𩣡玳畫韓冑”，整理者分别釋爲“綒椎玉墬𩊛”“綒維犀墬𩊛”“綒唯㔾𩊛”“綒唯𩊛”“玉墬𩣡玳畫幃𩊛”。⑧ 按：一直以來，“綒維”(或作“綒椎”“綒唯”)、“玉鋻”“𩣡玳”“畫韓”等，都被看作“冑”上的飾物。從記載方式上看，飾物往往被記載主體物品之後。據此，我們懷疑，以上這些飾物應該屬於“甲”。

① 《釋名》卷七。
② 楊泓：《中國古代的甲冑》，見氏著《中國古兵器論叢》，文物出版社 1980 年版，第 1 頁。
③ 《春秋左傳正義》卷二一。
④ 《廣雅》卷八上。
⑤ 田河：《出土戰國遣冊所記名物分類滙釋》，吉林大學博士學位論文，2007 年，第 165 頁。
⑥ 曹菁菁：《曾侯乙墓遣冊車載兵器研究》，北京大學碩士學位論文，2007 年，第 48 頁。
⑦ 田河：《出土戰國遣冊所記名物分類滙釋》，吉林大學博士學位論文，2007 年，第 165 頁。
⑧ 湖北省博物館：《曾侯乙墓》，文物出版社 1989 年版，第 496~497 頁。

簡 123 中，“縟維”之“維”，整理者釋爲“椎”，並指出“此簡下文作‘維’，124 號、128 號、129 號、133 號等簡作‘唯’”。① 蕭聖中據紅外照片改釋爲“維”。② “縟”，亦見於席類物品的裝飾“縟綏”。趙平安師將“縟維”釋爲“緄維”，認爲是“編聯皮冑的繩帶”。③ 按：細審圖片，“縟”後一字右旁當从“隹”，左旁所从無法辨識。

“玉”，田河從整理者之説釋爲“塈”，讀爲“瑿”，玉名。④ 蕭聖中認爲：“此字上半部與楚簡‘監’字所从類似，似當釋‘塈’，讀爲‘鑑’。”⑤ 按：“玉”，可能是玉作的飾物。簡 123 記有“犀”。“犀”，《文選·曹子建〈七啟〉》：“飾以文犀，彫以翠緑。”吕向注：“文犀，犀角有文章者也。”⑥與“玉”類似，“犀”大概是以犀角作的飾物。

“鶾䊵”，曹菁菁認爲“翠鳥的羽毛很有可能是裝飾在冑頂的”。⑦ 按：“䊵”亦見於“黄金之䊵”，用於裝飾“扈”。

“畫韓”，詳下文。

“㓞甲”，整理者認爲：“漆甲，黑色的甲。《國語·吴語》右軍‘皆玄裳、玄旗、黑甲、烏羽之矰，望之如墨’，韋昭注：‘墨，漆甲，尚黑。右，陰也。’”⑧曹菁菁認爲是“全甲都髹黑漆的馬甲”。⑨ 按：曾侯乙墓出土的 XⅣ號馬甲，彩繪甲片有五片，其餘爲黑色甲片。⑩ 可參考。

“畫甲”，整理者指出曾侯乙墓出土有“内外髹黑漆”、外有“朱漆彩繪”的馬身甲，可能指“畫甲”。⑪ 田河認爲：“‘畫甲’應爲施有彩繪之甲。曾侯乙墓出土的馬甲片有的繪有龍獸紋、絢紋、雲紋等圖案，非常精

---

① 湖北省博物館：《曾侯乙墓》，文物出版社 1989 年版，第 522 頁。

② 蕭聖中：《曾侯乙墓竹簡釋文補正暨車馬制度研究》，科學出版社 2011 年版，第 100 頁。

③ 趙平安：《釋曾侯乙墓竹簡中的“縟”和“桴”》，《簡帛》第一輯，上海古籍出版社 2006 年版，第 14 頁。

④ 田河：《出土戰國遣冊所記名物分類滙釋》，吉林大學博士學位論文，2007 年，第 166 頁。

⑤ 蕭聖中：《曾侯乙墓竹簡殘泐字三補（六則）》，簡帛網，2011 年 1 月 3 日；《曾侯乙墓竹簡釋文補正暨車馬制度研究》，科學出版社 2011 年版，第 101 頁。

⑥ 《六臣注文選》卷三四。

⑦ 曹菁菁：《曾侯乙墓遣冊車載兵器研究》，北京大學碩士學位論文，2007 年，第 48 頁。

⑧ 湖北省博物館：《曾侯乙墓》，文物出版社 1989 年版，第 515 頁。

⑨ 曹菁菁：《曾侯乙墓遣冊車載兵器研究》，北京大學碩士學位論文，2007 年，第 50 頁。

⑩ 湖北省博物館：《曾侯乙墓》，文物出版社 1989 年版，第 347 頁。

⑪ 湖北省博物館：《曾侯乙墓》，文物出版社 1989 年版，第 344 頁。

美。”①曹菁菁認爲是“甲片上繪有各種花紋的馬甲”。② 按：曾侯乙墓出土的馬甲片，大多有朱漆圖案。③ 可參考。

“彤甲”，田河認爲是“赤色之甲”。④ 曹菁菁認爲是“紅色的馬甲”。⑤ 按：“彤甲”疑即“丹甲”。《左傳》宣公二年：“役人曰：‘從其有皮，丹漆若何？’”⑥可見，皮甲之上是要塗“朱紅色的漆”的。⑦《國語·吴語》：“左軍亦如之，皆赤常、赤旟、丹甲、朱羽之矰，望之如火。”韋昭注：“丹，彤也。”⑧包山 2 號墓出土馬甲“内髹黑漆，外髹紅漆”。⑨ 可參考。

“索甲”，整理者認爲“簡文‘索’均用爲‘素’”；“素甲”，指“白甲”。⑩ 田河認爲：“簡文有‘漆甲’、‘彤甲’、‘畫甲’，都是指有色施繪之甲，‘素甲’當指無飾之甲。”⑪按：天星觀簡記有“素韠”。“素”，當指“無飾”。《禮記·檀弓下》“奠以素器”，鄭玄注：“凡物無飾曰素。”⑫

整理者認爲：“‘睾’爲甲胄之‘胄’的異體，見《説文》，《荀子·議兵》作‘軸’。”⑬按：《説文》冃部：“胄，兜鍪也。”段玉裁注：“古謂之胄，漢謂之兜鍪，今謂之盔。”⑭《書·費誓》“善敹乃甲胄”，孔穎達疏：“《説文》云：‘胄，兜鍪也。’兜鍪，首鎧也。”⑮“胄”就是頭盔。

“㐌睾”，田河認爲“㐌”是指“胄”的“材質”或“顔色”，懷疑是“尨”的“異寫”，並提出兩種理解：一是訓爲“長毛狗”，“尨胄”是指“尨皮做的胄”；二是訓爲“雜色”。田河傾向於後一種讀法。⑯ “韗睾”，整理者指

---

① 田河：《出土戰國遣冊所記名物分類滙釋》，吉林大學博士學位論文，2007 年，第 165 頁。

② 曹菁菁：《曾侯乙墓遣冊車載兵器研究》，北京大學碩士學位論文，2007 年，第 50 頁。

③ 湖北省博物館：《曾侯乙墓》，文物出版社 1989 年版，第 342～349 頁。

④ 田河：《出土戰國遣冊所記名物分類滙釋》，吉林大學博士學位論文，2007 年，第 165 頁。

⑤ 曹菁菁：《曾侯乙墓遣冊車載兵器研究》，北京大學碩士學位論文，2007 年，第 50 頁。

⑥ 《春秋左傳正義》卷二一。

⑦ 楊泓：《中國古代的甲胄》，見氏著《中國古兵器論叢》，文物出版社 1980 年版，第 4 頁。

⑧ 《國語》卷一九。

⑨ 湖北省荆沙鐵路考古隊：《包山楚墓》，文物出版社 1991 年版，第 219 頁。

⑩ 湖北省博物館：《曾侯乙墓》，文物出版社 1989 年版，第 497、522 頁。

⑪ 田河：《出土戰國遣冊所記名物分類滙釋》，吉林大學博士學位論文，2007 年，第 166 頁。

⑫ 《禮記正義》卷九。

⑬ 湖北省博物館：《曾侯乙墓》，文物出版社 1989 年版，第 501 頁。

⑭ 《説文解字注》卷七下。

⑮ 《春秋左傳正義》卷一五。

⑯ 田河：《出土戰國遣冊所記名物分類滙釋》，吉林大學博士學位論文，2007 年，第 167 頁。

出，“䴡”是“翠”之異體，據此認爲：“簡文‘翠䡊’當是指插有翠鳥羽毛的冑。”①按：不知“䡊”字如何解釋。至於“翠冑”，傳洛陽金村古墓出土的一件戰國銅鏡上，騎馬武士所戴頭盔“插二鳥羽”。② 馬山一號墓出土“田獵紋絛”上，搏虎武士“頭戴長尾兜鍪”。③ 可參考。

“鞁𩏶”之“𩏶”，應隸定爲“𨽍”。

“氏裪”，整理者疑讀爲“衹裯”，指“汗襦”。④ 劉信芳師認爲“‘氏裪’應即經傳之‘複陶’”，是用羽或毛製作的“複裏之衣”。⑤ 按：“氏裪”讀爲“衹裯”，可信。

“常”，整理者認爲：“‘常’即《説文》‘裳’的正篆，注云：‘下裠也。’”⑥

“綢”，田河懷疑讀爲“裯”，認爲是“衹裯”的單稱。⑦ 劉信芳師將“綢”讀爲“裯”，認爲是今人所謂的披風。⑧ “革綢”，鵬宇認爲：“‘一革綢’，大概即是纓飾的材料。”⑨按：簡 123 中，“氏裪”和“綢”同時出現，不太可能是同一種物品。因此，“綢”不當指“衹裯”。《方言》卷四：“裯謂之襤。無緣之衣謂之襤。”⑩“裯”疑即“無緣之衣”。“革裯”，疑即革製的“無緣之衣”。

“革𤿰”之“𤿰”，整理者釋爲“衦”，認爲：“‘衦’疑讀爲《説文》訓爲‘臂鎧’的‘釬’。”⑪張鐵慧改釋爲“迀”。⑫ 按：“革𤿰”，疑即“韝”。《周禮·夏官·繕人》：“繕人掌王之用弓、弩、矢、箙、矰、弋、抉、拾。”鄭玄注：“韝扞著左臂裹，以韋爲之。”⑬

---

① 湖北省博物館：《曾侯乙墓》，文物出版社 1989 年版，第 509、524 頁。

② 沈從文：《中國古代服飾研究》，上海書店 2005 年版，第 82~83 頁。

③ 湖北省荆州地區博物館：《江陵馬山一號楚墓》，文物出版社 1985 年版，第 47 頁。

④ 湖北省博物館：《曾侯乙墓》，文物出版社 1989 年版，第 523 頁。

⑤ 劉信芳：《楚簡釋讀與〈方言〉補例試説》，《文獻》2010 年第 3 期。

⑥ 湖北省博物館：《曾侯乙墓》，文物出版社 1989 年版，第 523 頁。

⑦ 田河：《出土戰國遣冊所記名物分類滙釋》，吉林大學博士學位論文，2007 年，第 184 頁。

⑧ 劉信芳：《楚簡釋讀與〈方言〉補例試説》，《文獻》2010 年第 3 期。

⑨ 鵬宇：《曾侯乙墓竹簡文字集釋箋證》，華東師範大學碩士學位論文，2010 年，第 255 頁。

⑩ 《方言》卷四。

⑪ 湖北省博物館：《曾侯乙墓》，文物出版社 1989 年版，第 523 頁。

⑫ 張鐵慧：《曾侯乙墓竹簡文字編》，吉林大學碩士學位論文，1995 年；轉引自田河：《出土戰國遣冊所記名物分類滙釋》，吉林大學博士學位論文，2007 年，第 169 頁。

⑬ 《周禮注疏》卷三二。

"革夜"，整理者釋爲"革□"，認爲指"革帶"。① 蕭聖中據紅外照片將"□"釋爲"夜"。② 田河認爲。"夜"讀"裿"，有兩種訓釋：一是訓爲"袖"，認爲"'革夜'就是革製之袖，可能是上文'臂鎧'下所用之袖"；二是輾轉訓爲"蔽膝"，認爲"革裿"是"革製蔽膝"。③ 按：曾侯乙墓出土的人甲皆有袖。④ 天星觀1號楚墓出土的甲無袖片。⑤ 簡文中的"革夜"，疑指"革製之袖"，與無袖之甲配套使用。

"鉤"，原篆作""。整理者懷疑是革帶上面的帶鉤。⑥ 蕭聖中釋爲"鞫"，通作"裪"。⑦ 曾侯乙墓簡115有"鉤"字作""，簡179有"駒"作""。對比可知，簡123中的"鉤"字所从"丩"旁筆畫呈方折狀，與簡115中"鉤"、簡179中"駒"形體所从之"丩"有别。其實，戰國簡冊中有這種方折寫法的"丩"旁，如上博簡《采風曲目》簡6有"狗"字作""、上博簡《三德》有"詢"字作""。""與""最爲接近。因此，我們同意將""釋爲"鉤"，訓爲"帶鉤"。

"紫組之賸"即"紫組之縢"，疑指以紫色組製作的"縢"。依此，"玄組之縢"疑指以玄色組製作的"縢"。

"黿組之縢"，田河認爲"'黿(騩)組之縢'就是指黑色組帶做的縢繩"。⑧ 按："黿組"，亦見於"黿組之綏"，席類物品的裝飾。

"吴組之縢"，整理者指出"這就是講到了絲帶的産地"。⑨ 按：所謂産地，應指"吴"而言。

"黄紡之賸"即"黄紡之縢"，疑指以黄色紡製作的"縢"。

"紫縢"，或作"紫蕂"，田河認爲："即紫色的繩帶，主要用在'吴

---

① 湖北省博物館：《曾侯乙墓》，文物出版社1989年版，第496、523頁。

② 蕭聖中：《曾侯乙墓竹簡釋文訂補(十則)》，《簡帛》第二輯，上海古籍出版社2007年版，第48頁。

③ 田河：《出土戰國遣冊所記名物分類滙釋》，吉林大學博士學位論文，2007年，第169頁。

④ 湖北省博物館：《曾侯乙墓》，文物出版社1989年版，第333~342頁。

⑤ 湖北省荆州地區博物館：《江陵天星觀1號楚墓》，《考古學報》1982年第1期。

⑥ 湖北省博物館：《曾侯乙墓》，文物出版社1989年版，第523頁。

⑦ 蕭聖中：《曾侯乙墓竹簡釋文訂補(十則)》，《簡帛》第二輯，上海古籍出版社2007年版，第48頁。

⑧ 田河：《出土戰國遣冊所記名物分類滙釋》，吉林大學博士學位論文，2007年，第245頁。

⑨ 湖北省博物館：《曾侯乙墓》，文物出版社1989年版，第352頁。

甲’的後面。”①按：“紫縢”，不知是否爲紫色之“縢”的統稱。

“𢂏縢”，田河懷疑，“𢂏”讀“沰”，訓爲“赭”，並指出“‘𢂏縢’就是赭色之縢帶，其結構方式同‘紫縢’”。② 按：望山 2-8 號簡記有“組縢”，“組”爲質地。“𢂏”，可能表顏色或質地。

“纀賸”，包山簡 271 中的“緘緹”、牘 1 中的“秋之緹”，均飾有“纀純”。

“紫市之縢”，整理者認爲：“《玉篇·糸部》‘紱’字的或體作‘紼’，注云：‘綬也。’《漢書·匈奴傳》‘授單于印紱’，顏師古注：‘紱者，印之組也。’疑簡文‘市’讀‘紼’(紱)，‘紫紼之縢’猶簡文‘紫組之縢’。”③按：此說可從。

“紫敀之縢”“紕敀之縢”，整理者懷疑，“紕”是“紫”的異體，“敀”是“市”的異體；並指出“或疑‘敀’即‘布’字，‘布’从‘巾’‘父’聲，簡文‘巾’旁寫作‘市’”。④ 田河認爲，“紕敀之縢”是“紫色綬帶做的繩帶”。⑤ 按：“紕”應从“此”得聲。而“敀”應从“父”得聲，而非从“市”得聲，讀爲“布”的可能性較大。

“紫縝之縢”，何琳儀師將“縝”改釋爲“緮”，指“絹”。⑥ 按：“縝”，疑指質料。

“紫纑之縢”，席類物品有附飾“紫纑之綏”。

“塿紼之縢組”，整理者指出：“‘塿紼’二字 137 號簡作‘鞻帀’。”⑦ “螻帀之賸”，整理者釋爲“鞻帀之賸(縢)”。⑧ 陳秉新將“螻”分析爲“从屮，塿聲”，認爲是“鬘之異文”。⑨ 鵬宇認爲：“頗疑簡文之‘鞻’、‘塿’讀爲雉，古代有以雉爲名者，如吕雉。……我們認爲這裏的‘紼’應釋爲

① 田河：《出土戰國遣冊所記名物分類滙釋》，吉林大學博士學位論文，2007 年，第 245 頁。

② 田河：《出土戰國遣冊所記名物分類滙釋》，吉林大學博士學位論文，2007 年，第 245 頁。

③ 湖北省博物館：《曾侯乙墓》，文物出版社 1989 年版，第 523 頁。

④ 湖北省博物館：《曾侯乙墓》，文物出版社 1989 年版，第 522 頁。

⑤ 田河：《出土戰國遣冊所記名物分類滙釋》，吉林大學博士學位論文，2007 年，第 245 頁。

⑥ 何琳儀：《戰國文字聲系》，中華書局 1998 年版，第 255 頁。

⑦ 湖北省博物館：《曾侯乙墓》，文物出版社 1989 年版，第 523 頁。

⑧ 湖北省博物館：《曾侯乙墓》，文物出版社 1989 年版，第 497 頁。

⑨ 陳秉新：《楚系文字釋叢》，《楚文化研究論集》第五集，黄山書社 2003 年版，第 358 頁。

周匝之‘匝’。”①按：“[貝遲]”與“[屖土]”，均从“夷”得聲；“[糸市]”从“市”得聲。“[貝遲]市”與“[屖土][糸市]”，當爲同類物品。整理者的意見可從。另外，从“縢”的相關辭例結構來看，“[屖土][糸市]之縢組”中的“組”，可能是衍文。

“紫[貝欠]之縢”，李守奎改隸爲“[足欠]”，讀爲“[糸疋]衣”(見於仰天湖簡 2、6、33)之“[糸疋]”，指“疏布”。② 田河懷疑釋“[貝欠]”，指出是“組、綬類物”，如何訓讀則待考。③ 按：“[貝欠]”字原篆作“”，其右旁確有可能爲“只”。“[貝欠]”爲質料。

“[巾回][貝舌]”“幃[貝舌]”，整理者指出：“‘幃’字所从‘巾’旁亦寫作‘市’……‘[巾回][貝告]’一詞常見於下面 B 類簡，多出現在甲皐之‘皐’之後，字或作‘幃[貝告]’。”④“[革此][貝舌]”，施謝捷認爲：“‘[革此]’與包山簡的‘鞀’字一樣，是‘橐’的另一種異體。”⑤鵬宇認爲：“從辭例看，記録在冑之後的‘[革此]’，有可能讀如爲包山簡‘朱縞七就’、‘侵羽一就’、‘朮五就’等簡文之‘就’，亦即《周禮·巾車》玉路‘繁纓，十有再就’，金路‘繁纓，十有再就’之就。”⑥按：簡 124、135 均記有“三[革此]”，應該是指三件“[革此]”。也就是説，“[革此]”是一種單獨的物品。簡 137 中，“皐”後僅記“[貝舌]”，似可説明，“[貝舌]”也是一種單獨的物品(但不排除“[貝舌]”附屬於“[革此]”)。作爲單獨物品而存在的“[貝舌]”，在 A 類簡是比較常見的。因此，我們懷疑，“[革此][貝舌]”應該斷爲“[革此]、[貝舌]”。依此，上文提到的“[巾回][貝舌]”和“幃[貝舌]”可能也應該斷開爲“[巾回]、[貝舌]”和“幃、[貝舌]”。簡 137 記有“畫幃”。整理者懷疑，“幃”讀爲皮韋之“韋”。⑦ 田河認爲：“‘畫韋’就是用彩繪皮革。”⑧“畫幃”記在“備甲”之後，“幃”和“[巾回]”基本上都記在“皐”之後，“[貝舌]”之前。由此可見，“[巾回]”就是“幃”，而“畫幃”和“幃”可能是同一種飾物。前者附屬於“備甲”，後者附屬於“皐”。

“[弓雚]歆[貝舌]”之“歆”，整理者指出“字或寫作‘[革耳]’、‘韇’等形”，認爲

---

① 鵬宇：《曾侯乙墓竹簡文字集釋箋證》，華東師範大學碩士學位論文，2010 年，第 271 頁。

② 李守奎：《楚文字考釋(三組)》，《簡帛研究》第三輯，廣西教育出版社 1998 年版，第 24 頁。

③ 田河：《出土戰國遣冊所記名物分類滙釋》，吉林大學博士學位論文，2007 年，第 245~246 頁。

④ 湖北省博物館：《曾侯乙墓》，文物出版社 1989 年版，第 510、515 頁。

⑤ 施謝捷：《楚簡文字中的“橐”字》，《語文研究》2002 年第 4 期。

⑥ 鵬宇：《曾侯乙墓竹簡文字集釋箋證》，華東師範大學碩士學位論文，2010 年，第 254 頁。

⑦ 湖北省博物館：《曾侯乙墓》，文物出版社 1989 年版，第 522 頁。

⑧ 田河：《出土戰國遣冊所記名物分類滙釋》，吉林大學博士學位論文，2007 年，第 167 頁。

“䩡”是“歁”的“變體”。① 按：簡 43 記有“無歁”，對比曾侯乙墓簡中的“無聶”“無䩭”“無弓”“無䩢”可知：“無”字之後都應該是物名。另外，簡 43“皐”之後記有“彁䁥”和“無歁”；而其他簡文都是在“皐”之後記有“彁歁䁥”，無一例外。因此，“歁”是物名。“彁歁䁥”應斷爲“彁、歁、䁥”。我們剛剛討論過，“䁥”可能是一種單獨的物品。依此，則“彁”也可能是單獨的物品。

“彁䁥”之“彁”，整理者分析爲“从‘弓’从‘革’从‘䖵’”，懷疑是“彁”的“異文”。② 按：既然“䩭䁥”當斷爲“䩭、䁥”，“彁歁䁥”當斷爲“彁、歁、䁥”，那麽，“彁䁥”也應該斷爲“彁、䁥”。

“組繯”，何琳儀師認爲“繯”是“組絡”。③ 田河推測“‘組繯’大概是指上述衣服所用之繫帶”。④

“襹䌖”，曾侯乙墓簡記有“襹載扂”“襹弇扂”。甲冑之飾中有“䌖賸”。

“翱䳃”，整理者釋爲“翱(翠)䳃”。⑤ 何琳儀師將“䳃”讀爲“邊”，認爲“翱䳃”是指用翠羽作緣飾。⑥ 按：天星觀簡記有“童組之𦑐”“纏組之𦑐”。⑦ 望山橋簡 8 記有“青絲之𦑐”。⑧ 不知是否與此有關。

“韇䁥”之“韇”，整理者所隸，括注爲“韇”，並指出：“簡文‘韇’从‘革’‘犢’聲，當是‘韇’字的異體。”⑨按：《説文》革部：“韇，弓矢韇也。”⑩“韇”字記於“甲冑”簡，不當爲兵器類物品，而應該屬於服飾。我們懷疑，簡 123 中的“韇”讀“襩”。《玉篇》衣部：“襩，同襡。”“襡，長襦也，連腰衣也。”⑪

包山簡 269、牘 1 記有“亂虖”，整理者隸定爲“嬴虖”和“龍虖”。⑫ 李家浩認爲，簡 269 中的原篆是“亂”之異體，“虖”暫讀爲“甲”，並指出

---

① 湖北省博物館：《曾侯乙墓》，文物出版社 1989 年版，第 515 頁。

② 湖北省博物館：《曾侯乙墓》，文物出版社 1989 年版，第 515 頁。

③ 何琳儀：《戰國文字聲系》，中華書局 1998 年版，第 991 頁。

④ 田河：《出土戰國遣冊所記名物分類滙釋》，吉林大學博士學位論文，2007 年，第 196 頁。

⑤ 湖北省博物館：《曾侯乙墓》，文物出版社 1989 年版，第 497 頁。

⑥ 何琳儀：《戰國文字聲系》，中華書局 1998 年版，第 1075 頁。

⑦ 滕壬生：《楚系簡帛文字編》，湖北教育出版社 1995 年版，第 197、288、493、912、1045 頁。

⑧ 荊州博物館：《湖北荊州望山橋一號楚墓發掘簡報》，《文物》2017 年第 2 期。

⑨ 湖北省博物館：《曾侯乙墓》，文物出版社 1989 年版，第 496、523 頁。

⑩ 《説文解字》卷三下。

⑪ 《大廣益會玉篇》卷二八。

⑫ 湖北省荊沙鐵路考古隊：《包山楚簡》，文物出版社 1991 年版，第 38~39 頁。

“肁”是牛名，疑讀爲“㹌”，指“特牛”。① 劉信芳師認爲：“疑字讀如‘纍’……《説文》：‘纍，綴得理也。’《國語·齊語》：‘諸侯甲不解纍，兵不解翳。’”②何琳儀師將牘1中的“肁”讀爲“羸”；將簡269中的“肁”隸定爲“𣪠”，懷疑是“攍”之異文，讀爲“羸”，“羸”，指“虎豹貔貙之屬淺毛者”。③ 按：李零懷疑：“夲字古音原同於甲，乃闔押之押的本字；韩字从之，則是柙的本字。”④李家浩進一步指出：“《玉篇》虍部有‘虖’字，注云‘今作狎’。又木部有‘㭸’字，即‘柙’字的異體。我們認爲‘𣟴’就是‘虖’字的異體，‘㯝’就是‘㭸’的異體。”⑤包山簡牘中的“𢈰”字，就是將“韩”字的左旁(即聲旁)置於“虍”之下，並且替换“虎”旁的下部。不知“肁”字如何訓讀。

包山簡270、牘1記有“䩛𢈰”。“䩛”，包山簡牘記有“䩛牛之革靳”“䩛牛之革靳”。

包山簡269、270，牘1記有“砦皐”，或作“貴皐”。“砦”，疑讀“戴”。⑥

包山簡記有“緑組之縍”和“紫縍”，牘1“縍”字均作“縢”。整理者將簡文中的“縍”字隸定爲“䋲”，認爲是“繩”的借字；將牘文中的“縢”字隸定爲“縏”。⑦ 李家浩將“縍”分析爲“从‘糸’从‘力’从‘乘’省聲”，懷疑是“縢”字異體。⑧ 何琳儀師認爲，牘文中的字應釋爲“縢”，訓爲“繩”。⑨ 按：“紫縍”“紫縢”，應即曾侯乙墓簡中的“紫縢”；“緑組之縍”“緑組之縢”，猶曾侯乙墓簡中的“紫組之縢”，只不過顔色不同。

天星觀簡中也有關於“甲”“胄”的記載。

“行𢈰”，彭浩認爲是“行甲”。⑩ 按：《周禮·天官·庖人》：“凡用禽獻，春行羔豚，膳膏香；夏行腒鱐，膳膏臊；秋行犢麛，膳膏腥；冬行鱻

---

① 李家浩：《包山遣冊考釋(四篇)》，《古籍整理研究學刊》2003年第5期。

② 劉信芳：《楚簡器物釋名(上篇)》，《中國文字》新二十二期，藝文印書館1997年版，第194頁。

③ 何琳儀：《戰國文字聲系》，中華書局1998年版，第872~873頁。

④ 李零：《古文字雜識(兩篇)》，《于省吾教授百年誕辰紀念文集》，吉林大學出版社1996年版，第271頁。

⑤ 李家浩：《讀〈郭店楚墓竹簡〉瑣議》，《中國哲學》第二十輯，遼寧教育出版社2000年版，第351頁。

⑥ 參第一章第四節之“翠𡛷”。

⑦ 湖北省荆沙鐵路考古隊：《包山楚簡》，文物出版社1991年版，第38~39、66頁。

⑧ 李家浩：《包山遣冊考釋(四篇)》，《古籍整理研究學刊》2003年第5期。

⑨ 何琳儀：《戰國文字聲系》，中華書局1998年版，第151頁。

⑩ 彭浩：《楚人的紡織與服飾》，湖北教育出版社1996年版，第181頁。

羽，膳膏羶。"賈公彦疏："言行者，義與用同。"①"行虖"之"行"，疑即此義。"行甲"，猶金文中的"行戈""行戟"等。

"行備虖"，曾侯乙墓簡137記有"備甲"。不知二者是否相關。

"驪₌虖"，疑爲馬甲。

"悳韋"，包山簡269+270記有"晋韋，緑組之縍"，包山牘1記有"貴韋，緑組之縢"，可與天星觀簡中的"悳韋，緑組之緜(縢)"和"悳韋，肀彫，緑組之緜(縢)"對比。"緑組之縢"，疑即包山簡牘中的"緑組之縢"和"緑組之縍"。因此，天星觀簡中的"悳"，可能就是包山簡牘中的"晋""貴"。② 我們指出"包山簡、牘所記'戴胄'之'戴'，都應該屬於'加於物上'"。③

"肀"，疑讀爲"盡"，訓爲"皆""悉"。《左傳》昭公二年"周禮盡在魯矣"，定公八年"盡客氣也"。《助字辨略》："盡，皆也，悉也。"④"肀倜"，或釋爲"肀彫"，猶望山簡2-11所記"紫盍，軥、杠皆敭"之"皆敭"。天星觀簡中的"倜""彫"，疑與"皆敭"之"敭"一樣，也是"指漆飾而言"。

天星觀簡中的"虖""行虖""行備虖"(或作"行服虖")可能都是人甲；"馬虖"和"驪₌虖"可能都是馬甲；"韋"，疑爲人胄。

比較曾侯乙墓簡、包山簡牘、天星觀簡這3批材料可知，對人馬甲胄的記載既有相同點又有不同點。

人甲：

曾侯乙墓簡存在兩種情況：一是使用"真"作量詞，一是省略量詞。

包山簡牘則有"和""真"兩種量詞。

天星觀簡也使用"真"。

人胄：

曾侯乙墓簡與包山簡牘中的人胄，都是附屬於人甲，暗含甲胄成套。没有量詞。

天星觀簡中的"韋"，疑爲人胄。

馬甲：

曾侯乙墓簡記爲"某馬某甲"，没有量詞。"馬"前爲數詞，用以記録馬的數量，馬甲數與馬數相合，暗含一馬一甲的意思。"馬"後記"甲"的特徵。

天星觀簡記有"兩馬虖""驪₌虖"(?)，與曾侯乙墓簡的記載相類似，没有記録"甲"的特徵。

---

① 《周禮注疏》卷四。

② 按：天星觀簡與包山簡牘相關簡文的對照，蒙凡國棟先生面告。謹致謝忱！

③ 羅小華：《楚簡札記三則》，《出土文獻研究》第十二輯，中西書局2013年版，第75頁。

④ 《助字辨略》卷二。

馬冑：

曾侯乙墓簡中的馬冑，也是附屬於馬甲，暗含甲冑配套使用的意思。

另外，曹菁菁認爲，曾侯乙墓簡中人甲的記載格式爲："數詞+真+某甲"，"縢"的記載格式爲："定語詞+絲織品名稱+之縢"。①

我們認爲，曾侯乙墓簡人甲冑的記載方式可以概括爲："甲"+"縢"+"冑"+"䩐、䫇"+"鞁、䫇"，馬甲冑的記載方式可以概括爲："甲"+"縢"+"冑"+"韊、軟、䫇"。包山簡牘人甲冑的記載方式可以概括爲："甲"+"冑"+"縢"。天星觀簡冑的記載方式可以概括爲："冑"+"縢"。

二、韔、箙

虓䡅，䴎聶。䣌殉之䡅，鯉䴎之聶。二䌖䡅，䄏紫魚與录魚，二鯉䴎之聶；一䌖䡅，录魚，䋣聶，屯璑組之綏。	曾侯乙墓簡 1+2
录魚之䡅，屯䣛䔲之聶。三䄏䣛與录魚之䡅，狐白之聶；一䄏䣛與紫魚之䡅，䋬聶，屯璑組之綏。	曾侯乙墓簡 4+5
录魚之䡅，虓䔲之聶。三䣛䄏紫魚之䡅，屯鯉䔲之聶。	曾侯乙墓簡 8+9
虓䡅，虓䔲之聶。一䄏紫魚录魚之䡅，䋬聶；二䄏䣛與录魚之䡅，鯉䔲之聶；一录魚之䡅，䋬聶。	曾侯乙墓簡 13
虓䡅，屯录魚聶。一䄏紫魚录魚之䡅，䋬聶；三䣌殉之䡅，屯䋬聶。	曾侯乙墓簡 16
紫魚[之]䡅，屯鯉䔲之聶。三䡅，屯䄏紫魚录魚之䡅，四䋬聶；一䄏䣛紫魚之䡅，一鯉䔲之聶。	曾侯乙墓簡 18+19②
虓䡅，屯狐聶。二䄏紫☐	曾侯乙墓簡 23、25
虓䡅，屯狐聶。二䄏紫魚录魚之䡅，屯一䋬聶；一䄏䣛录☐	曾侯乙墓簡 26

---

① 曹菁菁：《曾侯乙墓遣冊車載兵器研究》，北京大學碩士學位論文，2007年，第46、48頁。

② 按：整理者指出："此簡簡尾殘缺，據鄰近之簡的長度推測，約殘去一字。45號等簡有'紫魚之韔'語，方括號中的'之'即據此而補。"參湖北省博物館編：《曾侯乙墓》，文物出版社1989年版，第513頁。

虓䈞，屯虓蒉之聶。三𧜵紫魚录魚之䈞，三鯉蒉之聶，一录魚之聶；一𧜵𩊚與录魚之聶〈䈞〉，屯狐白之聶。　曾侯乙墓簡 29

虓䈞，屯虓蒉之聶。四䈞，屯𧜵䚷與鯉，三鯉蒉之聶，一紫魚之聶。　曾侯乙墓簡 32+33

虓䈞，屯狐聶。四𧜵𩊚與录魚之䈞，三鯉莫聶，一狐白之聶。　曾侯乙墓簡 36+37

虓䈞，二狐白之聶。一𧜵紫魚與录魚之䈞，鯉蒉之聶。三䚷䋎之䈞，屯一鯉蒉之聶。　曾侯乙墓簡 39+40

虓䈞，虓蒉之聶。䚷□之䈞，無聶；二紫桧之䈞，䚷玳。　曾侯乙墓簡 42

紫魚之䈞，鯉蒉之聶。𧜵𩊚與紫魚之䈞，狐白之聶，屯𤨏組之綏。　曾侯乙墓簡 45+46

紫魚之䈞，無聶。录魚之䈞，無聶。　曾侯乙墓簡 48

录魚之䈞，桧裏，虓蒉之聶，录裏。一𧜵𩊚與录魚之䈞，屯鯉蒉之聶。　曾侯乙墓簡 78①

紫魚之䈞，黄紡之裏，鯉蒉之聶，紫裏。𧜵𩊚與紫魚之䈞，鯉蒉之聶，紫裏，屯紫組之綏。　曾侯乙墓簡 55+56

紫魚之䈞，虓蒉之聶。二𩊚𧜵录魚之䈞，䚷蒉之聶，屯紫桧之裏，䨲組之綏。　曾侯乙墓簡 58+59

虓䈞，虓蒉之聶。䚷䈞，無聶；二紫桧之䈞，䚷玳。　曾侯乙墓簡 60

虎䈞，䶂□之䍐。䚷䈞，鯉蒉之䍐。　曾侯乙墓簡 62

录魚之䈞，𧜵聶。𧜵𩊚與录魚之䈞，一𧜵聶。　曾侯乙墓簡 63

虓䈞，虓蒉之聶。鯉䈞，蒉聶。　曾侯乙墓簡 65

䚷䈞，虓蒉之聶。𧜵紫魚與䚷之䈞，屯狐白之聶。　曾侯乙墓簡 67+68

虓䈞，虓蒉之聶。𧜵𩊚與紫魚之䈞，鯉蒉之聶。　曾侯乙墓簡 70

---

① 按：“录裏”之“录”字，參蕭聖中：《曾侯乙墓竹簡釋文補正暨車馬制度研究》，科學出版社 2011 年版，第 91 頁。

录魚之䪅，鼾𣯛之𦐂。䙡䝤與紫魚之䪅，鼿䜘之𦐂。　　曾侯乙墓簡 71+72

虓䪅，鼿韓之𦐂。䙡䝤與紫魚之☐　　曾侯乙墓簡 73

录之䪅。䙡䝤之䪅。　　曾侯乙墓簡 74

一䙡䝤與录魚之䪅，䘳裏，屯狐白之𦐂。　　曾侯乙墓簡 86

录魚之䪅，紫裏，一䙡䝤與录魚之𦐂〈䪅〉，紫䘳裏，一鼾䜘之𦐂。　　曾侯乙墓簡 88

☐䝤录魚之䪅，一鼿䜘之𦐂，一㡭𦐂。　　曾侯乙墓簡 90

紫魚之䪅，虓䜘之𦐂。䙡䝤與录魚之䪅，狐白之𦐂，紫組之綏。　　曾侯乙墓簡 96①

鼾䪅，屯紫魚之𦐂。一䪅，䙡䝤與紫魚，屯虓䜘之𦐂；二䪅，䙡䝤與录魚，二䝤𦐂，一㡭𦐂。　　曾侯乙墓簡 99

虓䪅，一虓䜘之𦐂。一录魚之䪅，屯㡭𦐂。三鼾殉之䪅，一㡭𦐂，一鼿𦐂，一狐白之𦐂。　　曾侯乙墓簡 102

录魚之䪅，鼿䜘之𦐂。䙡䝤與紫魚之䪅，屯鼿䜘之𦐂。　　曾侯乙墓簡 104

虓䪅，屯☐　　曾侯乙墓簡 105

录魚之䪅，鼾䜘之𦐂。一䙡䝤與紫魚之䪅。　　曾侯乙墓簡 106②

☐□䝤之䪅，屯☐　　曾侯乙墓簡 109

鼩長。　　包山簡 268

虎長。　　包山簡 271、273、牘 1

鼿䮧之䪅，□純。　　望山簡 2-8

䪅，㓶純。　　望山簡 2-9

䪅，㓶純，□☐　　望山簡 2-17

鼾䪅䪅，鼿𣯛之㚖。　　望山橋簡 7

魚箙。　　天星觀簡(《楚系》第 823 頁)

豹備。　　天星觀簡(《楚系》第 745 頁)

---

① 按："綏"字，參蕭聖中：《曾侯乙墓竹簡釋文補正暨車馬制度研究》，科學出版社 2011 年版，第 94 頁。

② 按："紫"字，參蕭聖中：《曾侯乙墓竹簡殘泐字試補十九則》，《簡帛》第一輯，上海古籍出版社 2006 年版，第 20 頁。

鼩備。	天星觀簡(《楚系》第 659、744 頁)
鼩繡。	天星觀簡(《楚系》第 659 頁)
豻備。	天星觀簡(《楚系》第 745 頁)
☒箙，毼豎。	天星觀簡(《楚系》第 360 頁)
虎韔。	天星觀簡(《楚系》第 392、426、444、930、956 頁)
虎長。	天星觀簡(《楚系》第 734 頁)
魚韔。	天星觀簡(《楚系》第 426、823 頁)
☒魚韔，豻蓍涉。	天星觀簡(《楚系》第 659、745 頁)
☒魚韔，豻豎。	天星觀簡(《楚系》第 745 頁)
豻韔。	天星觀簡(《楚系》第 743、745、1138 頁)
鼾韔。	天星觀簡(《楚系》第 427 頁)
豻蓍涉。	天星觀簡(《楚系》第 744 頁)

“韔”，整理者分析爲“从‘𡧊’从‘長’。‘𡧊’象囊一類東西之形，‘長’是聲符，故釋爲訓作弓囊之‘韔’。……《詩·秦風·小戎》：‘虎韔鏤膺。’‘虎韔’即用虎皮作的弓韔”。[①] 按：《說文》韋部：“韔，弓衣也。”[②]“韔”就是裝弓的套子。由於“韔”都是用獸皮製作，不易保存，因此未見先秦時期的實物出土。“韔”在文獻中也稱爲“韃”。《後漢書·輿服志》“揵弓韣九鞬”，劉昭注引《通俗文》：“弓韔謂之鞬。”[③]沂南畫像石所畫馬廄之中懸有弓鞬。[④]

“箙”，整理者認爲：“《周禮·夏官·司弓矢》‘中秋獻矢箙’，鄭玄注：‘箙，盛矢器也，以獸皮爲之。’……簡文‘箙’……从‘𡧊’‘葡’聲。‘葡’即‘箙’字的初文……”[⑤]按：“箙”就是盛放箭矢的工具。《說文》竹部：“箙，弩矢箙也。”段玉裁注：“本以竹木爲之，故字从竹。”[⑥]可見，“箙”也可以用竹木製作。“箙”在包山 4 號墓，望山 1、2 號墓，沙冢 1 號墓等楚墓均有實物出土，均爲竹木製作。[⑦]

---

① 湖北省博物館：《曾侯乙墓》，文物出版社 1989 年版，第 502 頁。
② 《說文解字》卷五下。
③ 《續漢書志》卷二九。
④ 孫機：《漢代物質文化資料圖說(增訂本)》，上海古籍出版社 2008 年版，第 162 頁。
⑤ 湖北省博物館：《曾侯乙墓》，文物出版社 1989 年版，第 503 頁。
⑥ 《說文解字注》卷五上。
⑦ 參湖北省荊沙鐵路考古隊：《包山楚墓》，文物出版社 1991 年版，第 303～304 頁；湖北省文物考古研究所：《江陵望山沙冢楚墓》，文物出版社 1996 年版，第 60、138、179 頁。

“豻韔”與“豻箙”，依據整理者對於“虎韔”的解釋，可能分別指用豻皮製作的韔和箙。望山橋簡7中，“韔”作“䪅”，从“害”“倀”聲；“箙”作“䪅”，从“害”“備”聲。此二字與曾侯乙墓簡中的形體相比，都多出了“人”旁。簡文中的“豻韔箙”，我們認爲：“應指豻皮製作的韔和箙。”①

“鯉箙”，何琳儀師認爲，“鯉”是“貍”的“異文”，指“狐類”。② 按：疑即貍皮製作的箙。

“录魚之韔”“紫魚之韔”。按：“录魚”與“紫魚”，疑指緑色和紫色的魚獸之皮。③ 簡74記有“录之韔”，疑“录”字之後脱“魚”字。

“豻殉之箙”，整理者指出：“簡文‘貘’、‘豻’、‘貍’、‘貂’等字所从‘豸’旁，原文均寫作‘鼠’。古代‘豸’、‘鼠’二形旁往往混用。”④滕壬生認爲，此字對應《説文》中的“殉”。⑤ 何琳儀師懷疑“殉”讀“幓”，引申爲“邊幅”。⑥ 楊澤生指出，“殉”是“膈”的異體，訓爲“臆”，並認爲“豻殉之箙”指“用豻胸部的皮裝飾或製作的箭袋子”。⑦ 蕭聖中懷疑，簡42“豻□之箙”可能是“豻殉之箙”。⑧

“縣箙”，整理者所釋。⑨ 曹菁菁認爲“‘箙’前的定語‘懸’強調的是箙在戰車上的裝置方式”。⑩ 按：《説文》県部：“縣，繫也。”⑪“縣箙”，疑指繫掛的箙。沈文倬認爲“矢箙最初應是皮革製作的，車戰時繫著於輿内兩側的革或竹席上”。⑫

“穚紫魚與緑魚”，整理者認爲：“5號等簡‘穚貂與緑魚之箙’、‘穚貂與紫魚之箙’語，‘穚貂’與‘緑魚’、‘紫魚’對言。‘穚’似指某種顔色，與《集韻》‘穚’字不同義。‘穚紫魚與緑魚’當指‘二懸箙’是用穚紫色的魚皮和緑色的魚皮作的。簡文屢見‘紫魚之箙’、‘緑魚之箙’。《詩·小雅·采薇》‘象弭魚服’，毛傳：‘魚服，魚皮也。’孔穎達正義引陸璣《毛詩草木鳥獸蟲魚疏》：‘魚服，魚獸之皮也。魚獸似豬，東海有之，其皮背上

① 羅小華：《荆州望山橋楚簡選釋》，簡帛網，2017年3月16日。
② 何琳儀：《戰國文字聲系》，中華書局1998年版，第84頁。
③ 參第二章第一節之“䘰”。
④ 湖北省博物館：《曾侯乙墓》，文物出版社1989年版，第490、503頁。
⑤ 滕壬生：《楚系簡帛文字編》，湖北教育出版社1995年版，第336頁。
⑥ 何琳儀：《戰國文字聲系》，中華書局1998年版，第1044頁。
⑦ 楊澤生：《楚系簡牘中从“肉”从“歺”之字考釋》，《古漢語研究》2001第3期。
⑧ 蕭聖中：《曾侯乙墓竹簡釋文補正暨車馬制度研究》，科學出版社2011年版，第73頁。
⑨ 湖北省博物館：《曾侯乙墓》，文物出版社1989年版，第490頁。
⑩ 曹菁菁：《曾侯乙墓遣冊車載兵器研究》，北京大學碩士學位論文，2007年，第18頁。
⑪ 《説文解字》卷九上。
⑫ 沈文倬：《説箙》，《浙江大學學報》(人文社會科學版)2006年第3期。

班文，腹下純青，今以爲可（“可”字當是衍文）弓鞬、步叉者也。’”①白於藍認爲，“紫魚”之“紫”與“緑魚”之“緑”，均當指底漆。② 曹菁菁認爲：“‘襮’的意義相當於‘綴連’之類的意思。‘襮 A 與 B’即表示矢箙是兩種皮質綴合而成的；‘A 襮 B’則表示以 A 皮質爲主，綴連 B 皮質而成。”③按：考慮到“襮”的辭例還有“襮載扈”“襮弇扈”，而與“扈”有關的辭例有“畫扈”和“剌載扈”，“畫”和“剌”都是指色彩。據此，則“襮”指色彩的可能性比較大。④ 只是，“襮”後常接“紫魚”“緑魚”，“紫”“緑”也是指顏色，而“襮”與“紫”“緑”如何體現？白於藍的意見可備一説。“襮貂與緑魚之箙”，疑指在貂皮和緑色的魚皮上塗襮色，然後製作成箙。“襮貂與紫魚之箙”，與“襮貂與緑魚之箙”相類似。

簡 8 記有“貂襮紫魚之箙”，簡 4 記有“襮貂與紫魚之箙”。可見，“貂襮”應爲“襮貂”之誤。“襮貂與紫魚之箙”省去“與”字，就成了“襮貂紫魚之箙”；再將“襮”與“貂”互换，就成了“貂襮紫魚之箙”。這種省寫“與”字的情況，還見於“襮紫魚緑魚之箙”（簡 13、16、19、26、29）、“襮貂紫魚之箙”（簡 19）。

簡 58 中的“貂襮緑魚之箙”，原本可能是“襮貂與緑魚之箙”。

“襮貂之箙”“緑魚之箙”，按：分别指以“襮貂”“緑魚”的皮製作的“箙”。簡 109 中的“□貂之箙”，疑爲“襮貂之箙”。

“紫幹之箙”，整理者釋爲“紫幹（錦）之箙”。⑤ 按：疑指紫色錦製作的箙。

田河推測：“簡文中的䶂（豻）、紪（紫）魚、录（緑）魚、虎、䶃（貍）䶅（貘）大概是指韔之材質”，並懷疑“‘箙’前所謂的‘緑魚’、‘紫魚’、‘貂’、‘豻’、‘貍’等並非實指這些動物，也有可能是指矢箙上所繪製或雕刻的這些動物的圖案”。⑥ 曹菁菁認爲，製作“韔”所用的動物皮有“貴賤等級之分”：“紫魚之箙”級别最高，以下依次是“緑魚、貂、豻、

---

① 湖北省博物館：《曾侯乙墓》，文物出版社 1989 年版，第 503 頁。

② 白於藍：《曾侯乙墓竹簡中的“鹵”和“櫓”》，《中國文字》新二十九期，藝文印書館 2003 年版，第 204 頁。

③ 曹菁菁：《曾侯乙墓遣冊車載兵器研究》，北京大學碩士學位論文，2007 年，第 31～32 頁。

④ 參第一章第一節之“扈”。

⑤ 湖北省博物館：《曾侯乙墓》，文物出版社 1989 年版，第 492 頁。

⑥ 田河：《出土戰國遣冊所記名物分類滙釋》，吉林大學博士學位論文，2007 年，第 159、161 頁。

虎”。① 按：“韔”“箙”之前的修飾語，應該是指製作“韔”“箙”的顏色、質地。“韔”以虎皮爲材料，可能是取老虎有“勇猛”之義。《周禮·夏官·序官》：“虎賁氏，下大夫二人，中士十有二人，府二人，史八人，胥八十人，虎士八百人。”鄭玄注：“不言徒曰虎士，則虎士徒之選勇力者。”②

曾侯乙墓簡中，“韔”“箙”之後，大多記有“聶”，簡62作“聑”。整理者認爲：“簡文‘聶’當讀爲‘攝’。《儀禮·既夕》‘貳車白狗攝服’，鄭玄注：‘攝，猶緣也。’”③曹菁菁認爲，“攝”是箙口上的一塊皮質部件，其作用除了裝飾之外，還能管束箭矢。④ 按：“攝”的形制不明。

“䋞聶”，何琳儀師認爲“䋞”讀“纂”，訓爲“似組而赤”。⑤

“貘聶”，整理者認爲“‘貘攝’蓋指‘虎韔’有貘皮的緣飾”。⑥ 陳偉武認爲：“‘㲠’當即後代之‘鞲’，《集韻》：‘鞊鞲，皮也。’……‘㲠’作‘莫’作‘鼷’者假其音，且‘鼷’當是受‘鼆’、‘鼾’、‘鼩(貂)’之類化而从鼠。……㲠、鞲指毛皮，膜指肉間胲膜，均爲覆蓋物，音近義通，字屬同源。”⑦按：曾侯乙墓簡記有“鼷聶”(簡1)、“㲠聶”(簡65)。“鼷”和“㲠”應該指的是同一種物品。簡文中還有“狐聶”(簡23、25、26、36)、“貂聶”(簡99)、“貍聶”(簡102、115)、“綠魚聶”(簡16)、“綠魚之聶”(簡29)和“紫魚之聶”(簡32+33、99)的記載，分別指用狐、貂、貍、魚獸等動物的皮革製作的緣飾。據此，則“鼷”和“㲠”應該指的是同一種動物。考慮到“貍”“豻”“貂”等動物名，所从“豸”旁在簡文中一律寫作“鼠”。據此，則“鼷”應讀爲“貘”，“㲠”是“鼷”之通假。另外，簡文中還記有“貍鼷之聶”(簡2)、“貍㲠之聶”(大量存在)和“貍莫聶”(簡36)。並且，表領屬關係的“之”常常被省略。⑧ 這樣一來，“莫”也應該是“鼷(貘)”的假借字。而簡文中的“貘”，又會是怎樣的動物呢？陳偉武指出：“古文字資料中‘貘’字所指……是現存於熱帶地區之貘。”⑨“貘聶”，是指

① 曹菁菁：《曾侯乙墓遣冊車載兵器研究》，北京大學碩士學位論文，2007年，第31頁。

② 《周禮注疏》卷二八。

③ 湖北省博物館：《曾侯乙墓》，文物出版社1989年版，第503頁。

④ 曹菁菁：《曾侯乙墓遣冊車載兵器研究》，北京大學碩士學位論文，2007年，第32頁。

⑤ 何琳儀：《戰國文字聲系》，中華書局1998年版，第944頁。

⑥ 湖北省博物館：《曾侯乙墓》，文物出版社1989年版，第503頁。

⑦ 陳偉武：《説“貘”及相關諸字》，《古文字研究》第二十五輯，中華書局2004年版，第252頁。

⑧ 參第三章第二節“曾侯乙墓竹簡所見車陣研究”。

⑨ 陳偉武：《説“貘”及相關諸字》，《古文字研究》第二十五輯，中華書局2004年版，第253頁。

單用貘皮製作緣飾。簡文中的“虎貘”“貍貘”“豻貘”“貂貘”，分别指用“虎”“豻”“貂”“貍”等動物的皮毛與貘皮一起製作物品。

“狐白之聶”，整理者指出，《漢書·匡衡傳》記有“狐白之裘”，顔師古注：“狐白，謂狐掖下之皮，其色純白，集以爲裘，輕柔難得，故貴也。”①按：據此，“貍韗之聶”中的“韗”，疑讀爲“髀”。《説文》骨部：“髀，股也。”②“貍韗之聶”，疑指用貍股上的皮製作的緣飾。

“緑魚聶”“紫魚之聶”，可能分别指緑色、紫色魚獸之皮製作的緣飾。

簡88記有“一襦貂與緑魚之聶”。張鐵慧指出，簡29“一襦貂與緑魚之聶”中的“聶”，應爲“箙”字之誤。③ 按：簡78記有“一襦貂與緑魚之箙”、簡13記有“二襦貂與緑魚之箙”、簡5記有“三襦貂與緑魚之箙”、簡36記有“四襦貂與緑魚之箙”。以上辭例均説明，張鐵慧的意見是對的。據此，簡88“一襦貂與緑魚之聶”中的“聶”，也應該是“箙”字之誤。

“敮聶”，整理者懷疑“敮”左旁从“臿”。④ 此字亦見於簡11，何琳儀師隸爲“敨”，讀爲“縌”，指“綬帶”。⑤ 田河認爲：“‘敨’在此處可能是安置緣飾的一種方式，爲‘插’之意。”⑥劉釗認爲：“‘敮(褔)聶’就是‘多重的緣’的意思。當然‘敮聶’的‘敮(敨)’應該讀爲音同或音近的另外一個什麽字的可能也不能完全排除。”⑦按：從曾侯乙墓簡中有關“聶”的辭例來看，“敮”更可能表顔色或質料。

“無聶”，田河認爲“無”是動詞。⑧ 按：“無”，疑表顔色或質料。

簡70記有“虎蘉之𨪈”。曾侯乙墓簡中，這是“箙”上有“𨪈”的唯一記載。“𨪈”多用於裝飾“鞍”，訓爲“緣”。此處的“𨪈”，既可能是“聶”的誤寫，也可能是義近换用。

“箙”上飾有“纁組之綏”，簡文僅三見(簡1、5、46)。曹菁菁推測“箙上的‘綏’依然是絲織品編成的條狀裝飾，它可能就是裝飾在箙口周圍或箙邊的流蘇”。⑨

---

① 湖北省博物館：《曾侯乙墓》，文物出版社1989年版，第509頁。

② 《説文解字》卷四下。

③ 張鐵慧：《〈曾侯乙墓竹簡釋文與考釋〉讀後》，《江漢考古》1996年第3期。

④ 湖北省博物館：《曾侯乙墓》，文物出版社1989年版，第490、503頁。

⑤ 何琳儀：《隨縣竹簡選釋》，《華學》第七輯，中山大學出版社2004年版，第119頁。

⑥ 田河：《出土戰國遣冊所記名物分類滙釋》，吉林大學博士學位論文，2007年，第172頁。

⑦ 劉釗：《“臿”字源流考》，《古文字研究》第三十輯，中華書局2014年版，第594頁。

⑧ 田河：《出土戰國遣冊所記名物分類滙釋》，吉林大學博士學位論文，2007年，第135～136頁。

⑨ 曹菁菁：《曾侯乙墓遣冊車載兵器研究》，北京大學碩士學位論文，2007年，第33頁。

"豻玳"，整理者推測"簡文'豻飾'蓋謂'二紫錦之箙'以豻皮作緣飾"。①

包山簡牘記有"䝖長"和"虎長"。整理者認爲"長，借作韔。《詩·小戎》'虎韔鏤膺，交韔二弓'，毛傳：'虎，虎皮也；韔，弓室也。'"②劉國勝指出："此墓出土4件'車壁袋'，其兩側及下邊爲木質邊框，中間爲皮革袋。疑簡文中的'韔'是指這類'車壁袋'。"③按：《詩·秦風·小戎》與曾侯乙墓簡都記有"虎韔"。"韔"从"長"得聲。因此，包山簡中的"虎長"，應該就是"虎韔"。據此，"䝖長"，應該讀爲"豹韔"，指豹皮製作的弓韔。

望山簡2-8記有"貍貘之韔"。整理者將"韔"字分析爲"'㕡'象囊形，'長'爲聲符"，指"弓囊"。④ 按：望山簡中的"韔"字形體，與曾侯乙墓簡中"韔"的形體吻合。望山簡中的"貍貘"，應該就是曾侯乙墓簡中的"貍貘"。

望山簡2-9"[illegible]韔"，整理者釋爲"□韔"。⑤ 商承祚隸定爲"壔圌"。⑥程燕認爲"壔"讀"雕"，推測"雕韔"是指"有畫紋的弓衣"。⑦ 劉國勝認爲："此字下从'土'，'土'之上似當从'鹿'从'耳'，疑是'麛'字的異寫。簡文'麛韔'指用幼鹿皮製成的韔。"⑧

望山簡2-8"貍貘之韔"之後記有"□純"。望山簡2-9"[illegible]韔"、簡2-17"韔"之後均記有"𠜱純"。望山簡中的"純"，與曾侯乙墓簡中的"聶"，應該是同類物品，可能完全相同，也可能有所區别。

天星觀簡記有"魚韔""豻韔""虎韔"(或作"虎長")，曾侯乙墓簡均見。

天星觀簡記有"豹備"(或作"䝖絠")和"豻備"。⑨ 疑當讀爲"豹箙"和"豻箙"，分别指豹皮、豻皮製作的箙。

---

① 湖北省博物館：《曾侯乙墓》，文物出版社1989年版，第514頁。
② 湖北省荆沙鐵路考古隊：《包山楚簡》，文物出版社1991年版，第38~39、65頁。
③ 劉國勝：《楚喪葬簡牘集釋》，科學出版社2011年版，第52頁。
④ 湖北省文物考古研究所、北京大學中文系：《望山楚簡》，中華書局1995年版，第118頁。
⑤ 湖北省文物考古研究所、北京大學中文系：《望山楚簡》，中華書局1995年版，第108頁。
⑥ 商承祚編著：《戰國楚竹簡匯編》，齊魯書社1995年版，第104頁。
⑦ 程燕：《望山楚簡考釋六則》，《江漢考古》2003年第3期。
⑧ 劉國勝：《楚喪葬簡牘集釋》，科學出版社2011年版，第101頁。
⑨ 滕壬生：《楚系簡帛文字編》，湖北教育出版社1995年版，第659、745頁。

天星觀簡中的“韔”“箙”之後，或記有“豻蒙涉”“鑞聖”“豻聖”。我們懷疑“涉”讀“攝”。①

“豻蒙涉”，我們指出：“應該就是曾侯乙墓簡59中的‘豻蒙之聶’，是指以豻和貘這兩種動物的皮來製作緣邊。”②

“蒙涉”，我們認爲：“應該就是曾侯乙墓簡中的‘蒙聶’、‘貘聶’、‘莫聶’。”③

“齒涉”，我們認爲：“有可能是用象牙製作或裝飾的緣邊。……也有可能是‘齒狀的緣飾’。”④

“聖”，《楚系》摹作“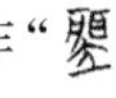”“”。⑤ 何琳儀師隸作“聖”，並分析爲：“从土(原篆作立形)，聶省聲。疑墉之省文，甗之異文。”⑥我們認爲“聖”讀“攝”。⑦ 根據望山橋簡7中的“㻂”字形體，我們認爲：“摹本具有一定主觀性，照片更爲可信。天星觀簡中的‘聖’更可能作‘㻂’。”⑧

“鑞聖”，我們認爲：“應該就是曾侯乙墓簡中的‘䜌聶’。”⑨按：疑與望山簡中的“𠜱”爲同一字。⑩

“豻聖”，我們指出：“從‘蒙涉’的情況看，應該是指以豻的皮所製作的緣邊。這種以一種動物的皮來製作緣邊的情況，也見於曾侯乙墓簡……”⑪

曾侯乙墓簡中的“聶”(或作“䎎”)，天星觀簡寫作“涉”和“聖”，望山橋簡寫作“㻂”。這五個字可分爲兩種類型：①“䎎”“聖”“㻂”與“聶”形音均相關；②“涉”與“聶”僅爲音近相通。這種用字現象亦見於望山簡，車蓋之“蓋”寫作“箁”或“盍”。

曹菁菁將“韔”的“記録格式”概括爲：“某某之韔/某韔，(某某之裹)，(屯)某某之聶/某聶，(某裹)。”“韔”前定語用以指出韔皮的種類；

① 羅小華：《天星觀簡中的攝》，簡帛網，2013年8月24日；《考古與文物》2015年第3期。

② 羅小華：《天星觀簡中的攝》，《考古與文物》2015年第3期。

③ 羅小華：《天星觀簡中的攝》，《考古與文物》2015年第3期。

④ 羅小華：《天星觀簡中的攝》，《考古與文物》2015年第3期。

⑤ 滕壬生：《楚系簡帛文字編》，湖北教育出版社1995年版，第853頁。

⑥ 何琳儀：《戰國文字聲系》，中華書局1998年版，第1433頁。

⑦ 羅小華：《天星觀簡中的攝》，《考古與文物》2015年第3期。

⑧ 羅小華：《荆州望山橋楚簡選釋》，簡帛網，2017年3月16日。

⑨ 羅小華：《天星觀簡中的攝》，《考古與文物》2015年第3期。

⑩ 參第一章第一節之“蓋”。

⑪ 羅小華：《天星觀簡中的攝》，《考古與文物》2015年第3期。

“韔”後的句子用以描述“韔”的“韔裹、攝、攝裹”等“細節特徵”。①

曹菁菁指出，關於“韔裹”的描述包括“顔色和質地、質地、顔色”。②

至於“韔”上之“聶”的記載方式，曹菁菁將其分爲3類：

a.“(屯)/(數詞)+表材質的名詞[貂/豻/虎/貍毫、狐白、貍韗]+之聶”。

b.“(屯)+(顔色詞)+動物名詞[貘/魚/虎/狐]+聶”，“這裹動物名詞代指作爲材料的動物皮”。

c.“無聶”，“表示所記之韔没有‘聶’這一附件”。

並指出“韔之攝裹的記録主要是‘紫裹’”。③

曹菁菁認爲曾侯乙墓中“箙的記録格式”主要分爲以下幾類：

①“(數詞+箙)，(數詞)/(屯)+某某之箙，(數詞)/(屯)某某之聶，(數詞+某某之聶)，(某某之裹)，(某某之綏)”。

②“(數詞)+(懸)箙，表材質名詞，(數詞)+某某之聶”。

③“數詞+紫錦之箙，豻飾”。

“聶”的格式爲：

①“(數詞)+(屯)某某之聶”。

②“數詞+某某之聶，數詞+某某之聶”。

③“褐聶”。

④“絕聶”。

⑤“無聶”。

曹菁菁認爲，“箙”的第一類記録格式中，“‘箙’前的定語表示其皮類的種類……表示材質的‘某某’有如下幾種：狐白、紫魚、緑魚、狸毫、豻毫”；“有的攝有裹子”，“有的箙還有附件‘綏’，其格式爲‘某組之綏’”；“箙”的第二類記録格式中，“‘箙’前的定語‘懸’強調的是箙在戰車上的裝置方式，其後描述箙的材質和聶的情况”；“箙”的第三類記録格式中，“箙的材質是紡織品，没有關於攝的記載”。④

在此，我們將“韔”的記載方式總結爲3類：

①“韔”+“聶”。以這種方式記載的“韔”數量很多。兹不贅述。

②“韔”+“裹”。以這種方式記載的“韔”只有1例：“緑魚之韔，紫

① 曹菁菁：《曾侯乙墓遣冊車載兵器研究》，北京大學碩士學位論文，2007年，第17頁。

② 曹菁菁：《曾侯乙墓遣冊車載兵器研究》，北京大學碩士學位論文，2007年，第17頁。

③ 曹菁菁：《曾侯乙墓遣冊車載兵器研究》，北京大學碩士學位論文，2007年，第17~18頁。

④ 曹菁菁：《曾侯乙墓遣冊車載兵器研究》，北京大學碩士學位論文，2007年，第18頁。

裹"(簡 88)。

③"韔"+"裹"+"聶"+"裹"。以這種方式記載的"韔"只有 2 例："綠魚之韔，錦裹，虎貘之聶，綠裹"(簡 78)；"紫魚之韔，黄紡之裹，貍貘之聶，紫裹"(簡 55)。

"箙"的記載方式可總結爲 5 類：

①"箙"+"裹"+"聶"："一襟貂與綠魚之箙，錦裹，屯狐白之聶"(簡 86)。

②"箙"+"聶"："豻殎之箙，貍貘之聶"(簡 1+2)；"貍箙，貘聶"(簡 65)。

③"箙"+"聶"+"綏"："一襟貂與紫魚之箙，𢇍聶，屯纁組之綏"(簡 5)；"襟貂與紫魚之箙，狐白之聶，屯纁組之綏"(簡 45+46)。

④"箙"+"聶"+"裹"+"綏"："襟貂與紫魚之箙，貍貘之聶，紫裹，屯紫組之綏"(簡 55+56)；"二貂襟綠魚之箙，豻貘之聶，屯紫錦之裹，黿組之綏"(簡 58+59)。

⑤"箙"+"玳"："二紫錦之箙，豻玳"(簡 42、60)。

至於"箙"上"聶"的"記録格式"，曹菁菁的論述已經比較清楚。

另外，我們在此想補充一點：簡 2 記有三張"懸箙"——"二懸箙，襟紫魚與綠魚，二貍貘之聶；一懸箙，綠魚，㪍聶，屯纁組之綏"。這種記載方式與以上 5 種記載方式相比，最明顯的區别就在於將表示顔色質地的詞後置。簡 32+33"四箙，屯襟豻與貍，三貍貘之聶，一紫魚之聶"與簡 2 相比，只是缺少一個"懸"字。簡 19"三箙，屯襟紫魚綠魚之箙，四𢇍聶"的記載方式與簡 32+33 相比，是表示顔色質地的詞之後多出"之箙"二字。如果將簡 19"三箙"與"屯襟紫魚綠魚之箙"濃縮爲"三襟紫魚綠魚之箙"，也就是將"三"字之後的"箙""屯"二字省去，就與以上 5 種記載方式相吻合。[1] 因此，我們懷疑，以上 5 種記載方式都是"懸箙"記載方式的變體。也就是説，以上 5 種記載方式記載的可能都是"懸箙"。

曹菁菁總結説："韔、箙都是武器的盛袋，一般由動物的皮製作，在工藝上也有相通之處，所以記載格式有很多相似性。記載的重點在於袋子及其内裹的皮質、顔色以及攝及其内裹的材質、顔色。"[2]按：除以上所述

① 按：實際上，並非所有的"箙"的記載方式發生改變都會出現"屯"字。只有當"箙"的數量超過 1，並且，這些"箙"的顔色質地完全一樣時，才可能出現"屯"字。就曾侯乙墓簡中的内容來看，能同時滿足這兩個條件的"箙"並不多。因此，在一般情形下，我們可以將變體視爲只省略"箙"字。

② 曹菁菁：《曾侯乙墓遣册車載兵器研究》，北京大學碩士學位論文，2007 年，第 18 頁。

共性之外，“韔”“箙”之間也還存在附飾上的差異：有的“箙”上有“綏”和“⿰王弋”，卻不見於“韔”。有的“韔”及其“聶”都有“裏”，“箙”卻是二者只有其一。

曾侯乙墓簡中，還記載一種“箙”，與“弓”“矢”一起記載，形式較簡單，没有附屬物，辭例一般爲“二秦弓，弦晤；矢，箙五秉”。我們推測，可能是兩張“秦弓”，與五“秉”“箙”的“矢”配套使用。這種“箙”大概是可以靈活使用的。上文提到的那些附飾較多的“箙”，有的可能是固定的，所以稱爲“懸箙”。

曾侯乙墓簡中，有兩處記載，從辭例上看，很可能是“韔”“箙”類物品，暫附於此：

> 貍聶，組綏。縞綏。(簡 115)
> ⧄鼜之聶。四襹紫魚□⧄(簡 108)

三、戟

一⿹戈丝。	曾侯乙墓簡 61
一⿹戈丝，二果，一翼⿱羽曾。	曾侯乙墓簡 17
一⿹戈丝，二果，一翼之⿱羽曾。	曾侯乙墓簡 37、82、91
一⿹戈丝，二菓，一翼⿱羽曾。	曾侯乙墓簡 62
一⿹戈丝，二菓，一翼之⿱羽曾。	曾侯乙墓簡 68
一⿹戈丝，二果，二翼之⿱羽曾。	曾侯乙墓簡 99
一⿹戈丝，三果，一翼之⿱羽曾。	曾侯乙墓簡 14、20、33、40、102
一⿹戈丝，三果，又[illegible]，一翼之⿱羽曾。	曾侯乙墓簡 30、84
一⿹戈丝，三菓，又[illegible]，一翼⿱羽曾。	曾侯乙墓簡 3①
二⿹戈丝。	曾侯乙墓簡 42
二⿹戈丝，屯三菓，屯一翼之⿱羽曾。	曾侯乙墓簡 6、9
車⿰犭戈，戢羽一⿱羽召，其⿱罒巾，朮五⿱羽召。	包山簡 269、牘 1
二⿰犭戈，戢二⿱羽召；二⿱罒巾，皆朮九⿱羽召。	包山簡 273
一戟。	天星觀簡(《楚系》第11、956頁)

① 按：“三”字參陳偉等：《楚地出土戰國簡冊[十四種]》，經濟科學出版社 2009 年版，第 350 頁。

一戕。	天星觀簡(《楚系》第 869 頁)
其上載一戟。	天星觀簡(《楚系》第 18、1020 頁)
其上載二戈一戟。	天星觀簡(《楚系》第 956、1020 頁)
二戟。	天星觀簡(《楚系》第 956 頁)
二戕。	天星觀簡(《楚系》第 869 頁)

“戟”，裘錫圭隸爲“𢦔”“𢧢”，釋爲“戟”。①“戟”之後一般都記有“果”，字或作“菓”。裘錫圭指出：“簡文所記的戟幾乎都加上‘二果’或‘三果’的説明語。很多同志認爲二果就是有兩個戈頭，三果就是有三個戈頭。這應該是正確的。‘戈’、‘果’古音極近。大概當時人爲了與一般的戈相區别，有意稍微改變一下‘戈’字的音，用來稱呼戟的戈頭。”②按：《説文》戈部：“戟，有枝兵也。”③1930 年，郭沫若指出：“矛頭與戈頭接近而成垂直，或與鐏形之物相連之直綫與戈體之横軸成正交者，則古戟之殘骸也。”④直到此時，東周“戟”的形制才得以弄清。《説文》所謂的“枝”，應該指的就是“戈頭”。

“某翼之翻”，整理者指出：“簡文所記的‘戟’和‘戈’幾乎都加上‘一翼之翻’、‘二翼之翻’等説明。河北汲縣山彪鎮出土的水陸攻戰紋鑑、四川成都百花潭出土的宴樂水陸攻戰紋壺和故宫博物院藏宴樂水陸攻戰紋壺等畫像中的戈戟，柲上都有二至三對翼狀物，疑簡文‘一翼之翻’等即指此。”⑤

“縯”“歓”中的“”，亦見於“弼、鞎”之後。“縯”與“歓”，疑讀爲“黺”。⑥

包山簡 269、牘 1 記有“車戕”，簡 273 記有“二戕”，整理者分别釋爲“車戕”“二戕”“車必”，認爲“戕”讀“戟”。⑦李家浩認爲“‘車戟’和‘二戟’都是旆的旗杆，而不是刺殺用的武器”，並推測：278 號戟可能對應於簡 269 中的“車戟”，228 號、229 號戟可能對應於簡 273 中的“二戟”；也

① 裘錫圭：《談談隨縣曾侯乙墓的文字資料》，《文物》1979 年第 7 期。

② 裘錫圭：《談談隨縣曾侯乙墓的文字資料》，《文物》1979 年第 7 期。

③ 《説文解字》卷一二下。

④ 郭沫若：《説戟》，見氏著《郭沫若全集(考古編)》第四卷，科學出版社 2002 年版，第 185 頁。

⑤ 湖北省博物館：《曾侯乙墓》，文物出版社 1989 年版，第 505 頁。

⑥ 參本章第一節之“韌、籧、席”。

⑦ 湖北省荆沙鐵路考古隊：《包山楚簡》，文物出版社 1991 年版，第 38~39、65 頁。

可能是229號戟是“車戟”，228號、278號戟是“二戟”。①

包山簡269、牘1記有“䊷羽一翣”，簡273記有“䊷二翣”，整理者認爲“䊷”讀“纖”，“纖羽”，是指“戟柄上裝飾的黑白相雜的羽毛，與出土實物相符”。② 李家浩認爲，“䊷”通“侵”，是“一種羽毛的名字”，與曾侯乙墓簡的“翻”是“同一個詞的不同寫法”。③ 何琳儀師懷疑是“侵”的異文，讀爲“綅”，指“絳綫”。④

天星觀簡記有“其上載二戈一戟”“其上載一戟”，表明“戟”和“戈”當爲車輿所載之器。⑤《楚系》中，關於“戟”的辭例，如“一戟”“二戟”等，辭例較爲簡單，兹不贅述。

此外，天星觀簡中有一個字从“羽”从“䊷”，相關辭例有：“玄羽之䎗”“絑羽之䎗”“白羽之䎗”“蒙羽之䎗”（“蒙”字或作“霥”“獴”“䑃”“冡”）。⑥ 何琳儀師讀爲“綅”。⑦

現在，將曾侯乙墓簡、包山簡牘、天星觀簡中的相關辭例進行對比：

> 曾侯乙墓簡“某翼之罶”；
> 包山簡269、牘1“䊷羽一翣”，簡273“䊷二翣”；
> 天星觀簡“某羽之䎗”。

據此，可以得出以下幾點推測：

①曾侯乙墓簡中的“翼”，應該相當於包山簡牘、天星觀簡中的“羽”。

②如李家浩所言，“䊷”與“罶”是“同一個詞的不同寫法”。天星觀簡中的“䎗”字，則很可能就是包山簡牘中“䊷”字的繁構。

③由天星觀簡中的“某羽之䎗”可知，“䎗”可能是某種羽毛製成品的名稱。“䊷”和“罶”有可能不是“一種羽毛的名字”，而是某種羽毛製成品的名稱。

---

① 李家浩：《包山楚簡中的旌旆及其他》，陳勝長主編：《第二届國際中國古文字學研討會論文集續編》，香港中文大學中國語言及文學系1995年版，第385~386、389頁。

② 湖北省荆沙鐵路考古隊：《包山楚簡》，文物出版社1991年版，第38~39、65頁。

③ 李家浩：《包山楚簡中的旌旆及其他》，陳勝長主編：《第二届國際中國古文字學研討會論文集續編》，香港中文大學中國語言及文學系1995年版，第375、386頁。

④ 何琳儀：《戰國文字聲系》，中華書局1998年版，第1416~1417頁。

⑤ 參本章開篇關於“車載器”定義的討論。

⑥ 滕壬生：《楚系簡帛文字編》，湖北教育出版社1995年版，第253、297~298、329、492、647、821、877、899頁。

⑦ 何琳儀：《戰國文字聲系》，中華書局1998年版，第1417頁。

④天星觀簡中的“翜”，有可能屬於“戟”。

上舉天星觀簡辭例中的“玄”“絑”“白”“蒙”均指羽毛的顏色。“絑”應讀爲“朱”，指赤色；“蒙”，當讀爲“尨”，指雜色。

田河認爲：“記‘戟’的簡文表達格式多爲：‘二𢧵(戟)，屯三(或‘二’)菓(或‘果’)，屯一(或‘二’)翼之䎃’。”①按：此説基本可信。但是，有一點需要補充：簡3、30中的“戟”有“”。“”記録在“菓”(或“果”)與“某翼之䎃”之間。

曹菁菁認爲，曾侯乙墓簡中“戟”的記載格式爲：②

①“單獨記載”：

a. “一戟，二/三菓，(有䋰，)一翼(之)䎃”。

b. “二戟，屯+二/三+菓，屯一翼之䎃”。

②“與其他兵器合記”：

“一/二戟、二𢦏(戈)；屯羽(之)䎃”。

我們認爲，曾侯乙墓簡中“戟”的記載方式，應該分爲以下3類：

①“戟”：“二戟”(簡42)，“一戟”(簡61)。

②“戟”+“菓/果”+“”+“䎃”：“一戟，三菓，又，一翼䎃”(簡3)，“一戟，三果，又，一翼之䎃”(簡30、84)。

③“戟”+“菓/果”+“䎃”。這種記載方式最爲常見。除以上2種之外，其他的“戟”幾乎都是以這種方式記載。

曾侯乙墓簡110記有“☑果，一翼之䎃”。從辭例上看，應該是記載“戟”的内容，暫附於此。

四、殳

一杸，二旆，屯八翼之䎃。旃䞈。	曾侯乙墓簡3、40、82+83、102+103
一杸，二旆，屯八翼之䎃。丌旃䞈。	曾侯乙墓簡20
一晉杸，二旆，屯八翼之䎃。	曾侯乙墓簡14、68
一晉杸，二旆，䎃屯八翼。	曾侯乙墓簡37
一晉杸，二旆，屯八翼之䎃。旃䞈。	曾侯乙墓簡17、30、91

① 田河：《出土戰國遣冊所記名物分類滙釋》，吉林大學博士學位論文，2007年，第153頁。

② 曹菁菁：《曾侯乙墓遣冊車載兵器研究》，北京大學碩士學位論文，2007年，第19頁。

一晉杸，二旆，屯八翼之翻。旃賠。 曾侯乙墓簡 84
一晉杸，二旆，屯八翼之☒ 曾侯乙墓簡 33
一杸，二旆，屯六翼之…… 曾侯乙墓簡 62
一杸，二☒ 曾侯乙墓簡 99
一晉杸☒ 曾侯乙墓簡 110

“杸”與“晉杸”，整理者認爲：“古代的殳分無刃、有刃兩種。《説文·殳部》：‘杸，軍中士所持殳也。从木从殳。《司馬法》曰執羽從杸。’古書中多寫作‘殳’。同書云：‘殳，以杸殊人也。禮，殳以積竹，八觚，長丈二尺，建於兵車，旅賁以先驅。’……從上引材料可以知道殳是長一丈二尺(約合現在八九尺)的竹木杖。據《考工記》注，殳的兩端還有銅套。這是無刃殳。夏侯湛《獵兔賦》：‘擬以鋭殳，規以良弓。’(《夏侯常侍集》)此以‘鋭殳’與‘良弓’對言，鋭，利也。‘鋭殳’當是有刃的殳。《北堂書鈔》卷一二四引《吴都賦》‘干鹵殳鋋’，注曰：‘殳、鋋，皆矛也。’可知有刃之殳與矛相類。”曾侯乙墓出土的有刃殳，即“鋭殳”，指“三棱刮刀型刃部的矛狀長柄兵器”，共七件；無刃殳指“長三米多的長杖，一端有八棱形的銅鐏，另一端有圓形的銅帽，帽頂有一半圓形鈕”，共十四件。簡文中的“杸”，指“有刃的殳”；“晉杸”之“晉”並非國名，疑指“矛戟下銅鐏”，“晉杸”是指“兩端有銅套的無刃殳”。這兩種“杸”都用作旗杆。在汲縣山彪鎮出土的水陸攻戰紋鑑、成都百花潭出土的宴樂水陸攻戰紋壺和故宫博物院藏宴樂水陸攻戰紋壺等畫像中，都有旗的圖像：杆首有矛，矛下方繫二旆的旗，可能對應簡文中的“一杸，二旆”；杆頂無戈矛，杆首之上繫有二旆的旗，可能對應簡文中的“一晉杸，二旆”。無刃殳上“銅帽”上的“半圓形鈕”是用來繫旆的。①

“旆”，指旌旆之“旆”。“某翼之翻”，爲羽狀裝飾，也用於裝飾“戟”。“旃賠”，待考。

曹菁菁總結説“殳總是與旆大旆出現，格式非常固定”：“一(晉)杸，二旆，屯八翼之翻，(旃賠)”，“‘屯八翼之翻’一句有三個例外，有兩例作‘屯六/九翼之翻’，還有一個例作‘翻屯八翼’”。②

我們認爲，曾侯乙墓簡中，“杸”的記載方式可概括爲：“(晉)杸”+“旆”+“翻”+“旃賠”。

---

① 湖北省博物館：《曾侯乙墓》，文物出版社1989年版，第505~506頁。
② 曹菁菁：《曾侯乙墓遣冊車載兵器研究》，北京大學碩士學位論文，2007年，第19頁。

簡 37 中的"翯屯八翼"，疑爲"屯八翼翯"的誤寫。"屯八翼翯"，疑即"屯八翼之翯"的省寫。這種省"之"的現象，在戰國簡冊中比較常見。①

五、戟、戈

二戟、戈，屯一翼之蕾。	曾侯乙墓簡 3
二戟，屯翯翇之翯。	曾侯乙墓簡 42+43
二戟、戈，屯獴翇翯。	曾侯乙墓簡 61
黄金之戟。二戈，紫緄，屯二翼之翯。	曾侯乙墓簡 10
二黄金之戟。二戈，紫緄，屯一翼之翯。	曾侯乙墓簡 6、20
畫戟，鄱紫之綳。	曾侯乙墓簡 54
畫戟,鄱紫之綳。二戈,紫緄,屯一翼之翯。	曾侯乙墓簡 88
畫戟。二戈，紫緄，屯一翼之翯。	曾侯乙墓簡 104
畫戟。二戈，屯一翼之翯。	曾侯乙墓簡 103
二畫戟。二戈，屯一翼之翯。	曾侯乙墓簡 17、27+28、30、34、37、40、83、84、97
二畫戟。二戈，屯一蕒之翯。	曾侯乙墓簡 15
二畫戟。二戈，屯一翼之翼〈翯〉。	曾侯乙墓簡 91
二畫戟。二戈，紫緄，屯一翼之翯。	曾侯乙墓簡 69
革戟。二戈，紫緄，屯一翼之翯。	曾侯乙墓簡 46
二虓首之戟。二戈，屯一翼之翯，敓。	曾侯乙墓簡 100+101②
……鄱紫之綳。一戈，紫緄，一翼之翯。	曾侯乙墓簡 106
二戈。	天星觀簡(《楚系》第 853、868 頁)
其上載二戈。	天星觀簡(《楚系》第 956、1020 頁)
鏟戈。	天星觀簡(《楚系》第 868、1003 頁)
鏟戈，緑組綴。	天星觀簡(《楚系》第 1045 頁)
郋戈。	天星觀簡(《楚系》第 868 頁)
黄金之戈。	天星觀簡(《楚系》第 868、994 頁)

① 參第三章第二節"曾侯乙墓竹簡所見車陣研究"。

② 按："屯"字，參張光裕、黄錫全、滕壬生：《曾侯乙墓竹簡文字編》，藝文印書館 1997 年版，第 307 頁。

曹菁菁指出：“曾侯乙墓遣冊中，戈、盾總是同時出現(個别有盾無戈或有戈無盾)。《周禮·夏官》專有‘司戈盾’一職，其職責是‘掌戈盾之物而頒之’。可見，戈、盾在使用和管理過程中是常見的配套武器。”①按：河南安陽殷墟小屯M167出土“一戈一盾”：“盾係豎立戈則置於盾的中間，戈頭與盾頂呈十字形交插。”石璋如認爲“這裏的戈當係平放在楯上的”。另外，石璋如還指出，《説文》中的“戈盾合文”，代表“戈與盾兩種器物”是“一套”，並總結，金文中存在許多“戈”“盾”放置在一起的例子，如“”(《三代》17.28.1、2)、“”(《三代》16.8.7)。② 金文中，不僅有“戈”“盾”一起放置的例子，也還有“戈”“盾”配套使用的例子，如“”(《集成》3222)、“”(《集成》5601)。

“㦸”，整理者認爲：“即‘瞂’字的或體，《玉篇·盾部》：‘瞂，扶發切，盾也。《詩》曰“蒙瞂有苑”。本亦作“伐”。鄭玄云：“伐，中干也。”瞂，同上。’據此，‘瞂’似應分析爲从‘盾’‘伐’省聲。”③田河指出，《廣韻·月韻》與《集韻》中，都收有“瞂”之或體，从“戈”作“㦸”。④ 劉信芳師認爲，“㦸”是“彩繪之盾”。⑤ 按：《説文》盾部：“盾，瞂也。所以扞身蔽目。”⑥《吴越春秋·闔閭内傳》“操劍盾而立”，徐天祐注：“盾，兵器，所以蔽身。”⑦《慧琳音義》卷六十八“排盾”，注引《文字集略》云：“盾，持板自蔽也。”⑧據此，則“盾”是一種“扞身蔽目”的防衛性“兵器”，以手持，形狀像塊板子。如果“瞂”是指“彩繪之盾”，簡文中的“畫瞂”則語義重複。劉説不可從。

“黄金之㦸”，曹菁菁認爲：“‘黄金’指的是盾面的裝飾物是鍍金的。”⑨蕭聖中認爲：“曾侯乙墓出土有大量貼金馬飾，而㦸(盾)面亦可貼以金箔爲飾，如三門峽虢國墓即出土有作爲盾飾的金箔二片，故‘黄金’

① 曹菁菁：《曾侯乙墓遣冊車載兵器研究》，北京大學碩士學位論文，2007年，第40~41頁。

② 石璋如：《小屯殷代的成套兵器》，《歷史語言研究所集刊》第二十二本，1950年，第66~68頁。

③ 湖北省博物館：《曾侯乙墓》，文物出版社1989年版，第506頁。

④ 田河：《出土戰國遣冊所記名物分類滙釋》，吉林大學博士學位論文，2007年，第158頁。

⑤ 劉信芳：《楚簡釋讀與〈方言〉補例試説》，《文獻》2010年第3期。

⑥ 《説文解字》卷四下。

⑦ 《吴越春秋》徐天祐音注卷四。

⑧ 《慧琳音義》卷六八。

⑨ 曹菁菁：《曾侯乙墓遣冊車載兵器研究》，北京大學碩士學位論文，2007年，第45頁。

指‘金箔’的可能性更大。”①按：曾侯乙墓出土有“盾飾”：“這種盾飾在北室還出土十件，在東室出土六件，除五件没有貼金箔外(有的可能脱落)，餘均單面貼金箔。”②從出土實物和簡文的記載的情況看，“黄金”確實當指盾飾上貼有金箔。1974 年，北京房山琉璃河 252 號墓出土盾飾背面有銘作“燕侯舞錫”。李學勤指出：“‘錫’原作‘昜’，係盾上銅飾。此件原屬之盾當爲燕侯侍衛武舞所用，故名‘舞錫’。”③後來，同樣的盾飾又在北京房山琉璃河 1029、1193 號墓出土。④ 另外，1029 號墓中還有銘爲“匽医舞戈”的青銅戈出土。⑤ 成東指出：“‘昜’即指盾飾。《禮記・郊特牲》：‘朱干設錫，冕而舞大武’，注：‘干，盾也。錫，傅其背如龜也。’”⑥這種盾飾還見於虢季墓，被稱爲“盾錫”。⑦

“畫戲”，田河認爲“應指有彩繪之飾的盾”。⑧ 曹菁菁認爲“‘畫盾’指的就是背面和盾柄均有彩繪裝飾的盾”。⑨ 按：曾侯乙墓出土的盾，有的繪有繁複精細的彩色圖案。⑩ 可參考。

“革戲”，田河認爲“應指皮質之盾”。⑪ 按：曾侯乙墓東室出土有 23 面盾，有的盾面可能是皮質做成，外面均髹黑漆。⑫ 可參考。

“虩首之戲”，田河懷疑，“虎首”是“盾面所繪虎頭類圖案”。⑬ 按：河南安陽殷墟小屯 M167 出土的盾“正面爲深棕色如漆的地子”，盾面“畫

---

① 蕭聖中：《曾侯乙墓竹簡釋文補正暨車馬制度研究》，科學出版社 2011 年版，第 58 頁。

② 湖北省博物館：《曾侯乙墓》，文物出版社 1989 年版，第 303 頁。

③ 李學勤主編：《中國美術全集・青銅器(上)》，文物出版社 1985 年版，第 58 頁。

④ 中國科學院考古研究所、北京市文物工作隊、琉璃河考古工作隊：《1981—1983 年琉璃河西周燕國墓地發掘簡報》，《考古》1984 年第 5 期；中國科學院考古研究所、北京市文物研究所、琉璃河考古工作隊：《北京琉璃河 1193 號大墓發掘簡報》，《考古》1990 年第 1 期。

⑤ 中國科學院考古研究所、北京市文物工作隊、琉璃河考古工作隊：《1981—1983 年琉璃河西周燕國墓地發掘簡報》，《考古》1984 年第 5 期。

⑥ 成東：《先秦時期的盾》，《考古》1989 年第 1 期。

⑦ 河南省文物考古研究所、三門峽市文物工作隊：《三門峽虢國墓》，文物出版社 1999 年版，第 87 頁。

⑧ 田河：《出土戰國遣冊所記名物分類滙釋》，吉林大學博士學位論文，2007 年，第 158 頁。

⑨ 曹菁菁：《曾侯乙墓遣冊車載兵器研究》，北京大學碩士學位論文，2007 年，第 45 頁。

⑩ 湖北省博物館：《曾侯乙墓》，文物出版社 1989 年版，第 303 頁。

⑪ 田河：《出土戰國遣冊所記名物分類滙釋》，吉林大學博士學位論文，2007 年，第 158 頁。

⑫ 湖北省博物館：《曾侯乙墓》，文物出版社 1989 年版，第 303 頁。

⑬ 田河：《出土戰國遣冊所記名物分類滙釋》，吉林大學博士學位論文，2007 年，第 158 頁。

著兩個對背的老虎”。① 田説可信。

曾侯乙墓簡中，僅簡 54、88 在“敝”之後記有“鄰紫之綳”，整理者釋爲“齊紫之綳”。② “齊紫”，亦見於“繇韋之席，齊紫之表”。“綳”，亦見於“紫黄紡之綳”，“㔷”之裝飾。

簡 106 也記有“齊紫之綳”，且後接“一戈，紫緄，一翼之䎘”，與“敝”後記“戈”的方式接近。頗疑簡 106 之前當記“敝”。

《説文》戈部：“戈，平頭戟也。”③《周禮・考工記・冶氏》“已句則不決”，鄭玄注：“戈，句兵也。”④《新序・義勇》“直兵將推之，曲兵將句之。”⑤所謂“平頭戟”，是指“戈”上没有裝“矛頭”。所謂“曲兵”，指的是“戈”有“援”。朱鳳瀚指出：“援。作條形，是戈具殺傷作用的主要部位。其鋒在前，故戈可以用以横擊，又因刃在下，故戈在横擊後將繼之以向内勾殺，戈被稱爲‘勾兵’即緣於此。”⑥曾侯乙墓北室和東室一共出土 66 件戈：“完整的戈，柲爲扁圓形木杆，背側厚、内側薄，外用藤皮(或革帶)纏繞，再髹以黑漆。”⑦

“某翼之䎘”，田河認爲“‘翻’爲‘戈’柄翼狀飾物”⑧。

簡文記有“䨲䎃之䎘”(簡 42+43)，“𤢕䎃䎘”(簡 61)。整理者分别釋爲“雺䎃(羽)之翻”、“𤢕䎃(羽)翻”，並認爲：“‘雺羽’一詞亦見於 44 號、61 號二簡。‘雺’可能是‘霿’字的簡寫，在此讀爲《詩・秦風・小戎》‘蒙伐有苑’之‘蒙’。‘蒙羽’蓋謂雜色的羽。”⑨田河認爲：“曾簡‘雺羽之翻’61 號簡又作‘𤢕(蒙)䎃(羽)䎘’都主要是用作‘𥈊(盾)’的飾物。”⑩按：簡 42+43 中的“屯䨲䎃之䎘”，的確是用以修飾“二敝”的；簡 61 中的“屯𤢕䎃䎘”，可能是用以修飾“二敝”和“戈”的。

簡 3 記有“一翼之䔉”。“䔉”當爲“䎘”之異文；簡 15 記有“一蓂之

① 石璋如：《小屯殷代的成套兵器》，《歷史語言研究所集刊》第二十二本，1950 年，第 66、68 頁。

② 湖北省博物館：《曾侯乙墓》，文物出版社 1989 年版，第 493、495 頁。

③ 《説文解字》卷一二下。

④ 《周禮注疏》卷四〇。

⑤ 《新序》卷八。

⑥ 朱鳳瀚：《古代中國青銅器》，南開大學出版社 1995 年版，第 256 頁。

⑦ 湖北省博物館：《曾侯乙墓》，文物出版社 1989 年版，第 253 頁。

⑧ 田河：《出土戰國遣冊所記名物分類滙釋》，吉林大學博士學位論文，2007 年，第 149 頁。

⑨ 湖北省博物館：《曾侯乙墓》，文物出版社 1989 年版，第 492、493、514 頁。

⑩ 田河：《出土戰國遣冊所記名物分類滙釋》，吉林大學博士學位論文，2007 年，第 171 頁。

罶”，“蒖”當爲“翼”之異文；簡 91 記有“一翼之翼”，後一個“翼”字當爲“罶”之誤寫。

“紫緄”，整理者認爲：“‘緄’疑即‘紕’字的異體。《爾雅·釋言》：‘紕，飾也。’《詩·鄘風·干旄》：‘素絲紕之’，鄭箋：‘素絲者以爲縷，以紕旌旗之旒縿，或以維持之。’”①田河懷疑，“緄”讀爲“柲”，指“戈柄”；“紫柲”是指“髹紫漆之柲”。② 曹菁菁認爲“曾侯乙墓遣冊中提到的‘紫紕’可能也是一種絲質縷狀的裝飾，可以固定在胡的下端或内的末端”；並指出，戈“紕”可能與金文中的“彤沙”有關聯，有可能就是“同一種裝飾”。③

曹菁菁認爲：“盾、戈大多時候同時出現在車載配置中”，其“記載格式”可以概括爲：

①“二戢、戈，屯+一翼之䎉/冢羽䎉”。

②“(二)+畫/革/黄金之+戢，(鄬紫之綳)；一/二戈，(紫緄)，屯+一/二翼之䎉”。

並補充説：“也有盾單獨出現的情況，比如王魚軒上只出現了畫盾，卻没有配戈。”④

我們認爲，曾侯乙墓簡中的“戢”和“戈”，有 3 種記載方式：

①“戢”+“戈”+“罶”。這種記載方式最爲常見。

②“戢”+“戈”+“紫緄”+“罶”：“(二)畫戢。二戈，紫緄，屯一翼之罶”(簡 69、104)；“革戢。二戈，紫緄，屯一翼之罶”(簡 46)。

③“戢”+“綳”+“戈”+“紫緄”+“罶”：“畫戢，齊紫之綳。二戈，紫緄，屯一翼之罶”(簡 88)。簡 106 記有“齊紫之綳。一戈，紫緄，一翼之罶”。在上文中，我們懷疑，簡 106“齊紫之綳”之前當記“戢”。因此，簡 106 也可以歸入此類。

天星觀簡中的“鏜戈”“鄓戈”，待考。“黄金之戈”，疑即錯金之戈。由“鏜戈緑組纓”的辭例可知，“戈”有“緑組”製成的“纓”飾。

曾侯乙墓簡 55 記有“二豬□，紫緄，屯二翼之罶”。⑤ 從辭例上看，可能是記載“戈”的内容，暫附於此。

---

① 湖北省博物館：《曾侯乙墓》，文物出版社 1989 年版，第 510 頁。

② 田河：《出土戰國遣冊所記名物分類滙釋》，吉林大學博士學位論文，2007 年，第 149~150 頁。

③ 曹菁菁：《曾侯乙墓遣冊車載兵器研究》，北京大學碩士學位論文，2007 年，第 41 頁。

④ 曹菁菁：《曾侯乙墓遣冊車載兵器研究》，北京大學碩士學位論文，2007 年，第 20 頁。

⑤ 按：“豬”字，參蕭聖中：《曾侯乙墓竹簡殘泐字試補十九則》，《簡帛》第一輯，上海古籍出版社 2006 年版，第 17 頁。

六、弓、矢

二鄰弓，𨻶賠。羊，鹵五秉。	曾侯乙墓簡 3、15、16+17、33、37、40
二鄰弓，𨻶賠。用羊，鹵五秉。	曾侯乙墓簡 5、9、20、68
二鄰弓，𨻶☐鹵五秉。	曾侯乙墓簡 29+30
一鄰弓，𨻶賠。羊五秉。	曾侯乙墓簡 48、56、86、97
一鄰弓，𨻶賠……羊五秉。	曾侯乙墓簡 46
一鄰弓，𨻶賠。五秉羊。	曾侯乙墓簡 72
一鄰弓，羊二秉癸=。	曾侯乙墓簡 43
一鄰弓，九羊。	曾侯乙墓簡 60、70
一鄰弓，三羊。	曾侯乙墓簡 65
羊五秉，無弓。	曾侯乙墓簡 95
二鄰弓，𨻶賠。羊，鹵五☐	曾侯乙墓簡 90
……弓，𨻶賠。羊，鹵五秉。	曾侯乙墓簡 84
☐賠。羊，鹵五秉。	曾侯乙墓簡 94
鄰弓，𨻶賠。羊，鹵☐	曾侯乙墓簡 107
一踁，三羊。	曾侯乙墓簡 116
一箁。鼢殕之盾。二十鈇。	包山簡 277
一弓。	天星觀簡(《楚系》第 11、883 頁)
一弓，紡宫。	天星觀簡(《楚系》第 616、684 頁)

"鄰弓"，整理者認爲："'鄰'，从'邑''秦'聲，即秦國之'秦'的專用字。'秦弓'見於《楚辭·九歌·國殤》：'帶長劍兮挾秦弓。'"①曹菁菁推測："'秦弓'或指弓箭出産於秦，或指因原産於秦而得名的一類弓。我們猜測後者的意義可能更符合實際情況。……'秦弓'可能是王弓、弧弓之類的强弓。"②按：《説文》弓部："弓，以近窮遠。"③這一解釋並不明顯。"以近窮遠"應該是指，"弓"是"遠距離的殺傷武器"。④ 朱駿聲的解釋更

① 湖北省博物館：《曾侯乙墓》，文物出版社 1989 年版，第 490、504 頁。

② 曹菁菁：《曾侯乙墓遣冊車載兵器研究》，北京大學碩士學位論文，2007 年，第 27～28 頁。

③ 《説文解字》卷一二下。

④ 楊英傑：《戰車與車戰》，東北師範大學出版社 1986 年版，第 143 頁。

接近實際情況："弓，兵也，所以發矢。"[①]曾侯乙墓東室和北室共出土 55 件弓，"除 N. 78 爲一小圓木條做成外，其餘的弓皆爲木片疊合而成。即把木片劈成竹片狀……弓片的木材，經中國林業科學研究院木材工業研究所鑒定爲刺槐"。[②] 這些弓應該就是簡文所謂的"秦弓"。

"匸系"，整理者指出："在簡文中都是在講到弓的時候提及的，或疑即'弦'字。"[③]何琳儀師釋爲"幻"，讀爲"弦"，指"弓弦"。[④] 肖曉輝指出："甲骨文'弦'字作''，从弓从○。○是指事符號，兼表音，標在弓弦部位表示'弓弦'義，同時表明此部位讀如'○'。秦簡'弦'字與之相比，形體已發生變化，原本粘合的構件發生剥裂脱離，各自獨立，成爲會意字。○變爲的原因，應當是以此來表示'絲束'意，故秦簡'弦'字乾脆从'糸'，楚簡'幻'也从'糸'，原構件的表音功能轉變爲表意功能。"[⑤]曹菁菁認爲"標注'弦賠'的弓，應當指的是弓體上綁縛了弓弦"[⑥]。劉信芳師認爲"'弦賠'是連接弓與弦的裝置"[⑦]。按：木條上綁"弦"就叫"弓"。《易·繫辭下》"弦木爲弧"。[⑧]《説文》弓部："弧，木弓也。"[⑨]肖説可謂卓識。

曾侯乙墓簡 116 中的""，整理者釋爲"囟"。[⑩] 何琳儀師疑讀爲"細"。[⑪] 張光裕、黄錫全、滕壬生釋爲"白"。[⑫] 宋華強懷疑此字内部"从'云'得聲"。[⑬] 賴怡璇隸作"卤"，認爲可能是"囩"字的異體。[⑭] 按：此字内部恐非从"云"。

曾侯乙墓簡 116 中的""，整理者隸定爲"弻"，認爲是"一種弓

---

① 《説文通訓定聲》卷二。
② 湖北省博物館：《曾侯乙墓》，文物出版社 1989 年版，第 295 頁。
③ 湖北省博物館：《曾侯乙墓》，文物出版社 1989 年版，第 490、504 頁。
④ 何琳儀：《戰國文字聲系》，中華書局 1998 年版，第 986 頁。
⑤ 肖曉輝：《説'幻'》，《古文字論集(三)》，《考古與文物》2005 年增刊，第 156 頁。
⑥ 曹菁菁：《曾侯乙墓遣冊車載兵器研究》，北京大學碩士學位論文，2007 年，第 27 頁。
⑦ 劉信芳：《楚系簡帛釋例》，安徽大學出版社 2011 年版，第 136 頁。
⑧ 《周易正義》卷八。
⑨ 《説文解字》卷一二下。
⑩ 湖北省博物館：《曾侯乙墓》，文物出版社 1989 年版，第 496 頁。
⑪ 何琳儀：《戰國文字聲系》，中華書局 1998 年版，第 1163 頁。
⑫ 張光裕、黄錫全、滕壬生主編：《曾侯乙墓竹簡文字編》，藝文印書館 1997 年版，第 313 頁。
⑬ 宋華强：《釋曾侯乙墓竹簡的"弩"》，簡帛網，2011 年 1 月 7 日。
⑭ 賴怡璿：《〈楚地出土戰國簡冊"十四種"〉校訂》，中興大學碩士學位論文，2011 年，第 161 頁；轉引自蕭聖中：《曾侯乙墓竹簡殘泐字補釋五則》，《江漢考古》2014 年第 5 期。

名”。[①] 何琳儀師改隸爲“弳”。[②] 李零認爲：“右半上部疑从叕。”[③]宋華強認爲此字右旁从“槖”之异體，疑讀“弩”。[④] 何家興、楊現昌認爲“該字疑即‘夾弓’之‘夾’的專字。‘夾弓’爲古代‘六弓’之一，見於《周禮·司弓矢》……‘夾弓’也可單稱‘夾’”[⑤]。蕭聖中認爲此字“左从弓，右从‘夾’，而附加一個‘土’作爲繁化符號”，當釋爲“𢏚”，讀爲“夾弓”之“夾”，“夾弓”見於《周禮·夏官·司弓矢》，並指出：“簡文‘囩(圓)夾’，或即指其弓體略呈圓弧形。”[⑥]按：此字釋“𢏚”可從。

“羊”，整理者認爲：“原文作，爲倒‘矢’形。……疑簡文當是《説文》訓爲‘撥也’的‘羊’字。此字簡文常見，義同箭矢。或疑此即‘箭’字古文。”[⑦]按：今本《詩·國風·猗嗟》“四矢反兮，以禦亂兮”，上博簡《孔子詩論》簡22作“四弁，以御亂”。整理者將“”徑釋爲“矢”。[⑧]《説文》矢部：“矢，弓弩矢也。”[⑨]《易·繫辭下》：“剡木爲矢。”[⑩]以上這些記載指明：①“矢”屬於“弓”和“弩”；②“矢”可以用“木”來製作。曾侯乙墓北室與東室共出土4507件箭鏃。[⑪]

“秉”，整理者認爲：“‘秉’是箭的數量單位。西周曶鼎銘文亦有‘矢五秉’之語。43號簡言‘羊二秉又六’，60號、70號二簡言‘九羊’，是一‘秉’矢數不能低於十。……疑矢一‘秉’即箭十支，‘羊，箙五秉’是説一個箭箙裏裝有五十支箭。《荀子·議兵》‘負服矢五十個’，與此合。”整理者指出，出土箭杆有的“成捆放置，一捆杆數約五十支”，與竹簡的記載相符。[⑫] 曹菁菁對曾侯乙墓簡中眾多馬車的配矢情況進行一一分析。[⑬]

---

① 湖北省博物館：《曾侯乙墓》，文物出版社1989年版，第520頁。

② 何琳儀：《戰國文字聲系》，中華書局1998年版，第1533頁。

③ 李零：《讀〈楚系簡帛文字編〉》，《出土文獻研究》第五輯，科學出版社1999年版，第151~152頁。

④ 宋華强：《釋曾侯乙墓竹簡的“弩”》，簡帛網，2011年1月7日。

⑤ 何家興、楊現昌：《楚簡考釋四則》，《江漢考古》2012年第2期。

⑥ 蕭聖中：《曾侯乙墓竹簡釋字二則》，簡帛網2012年5月12日；《曾侯乙墓竹簡殘泐字補釋五則》，《江漢考古》2014年第5期。

⑦ 湖北省博物館：《曾侯乙墓》，文物出版社1989年版，第504頁。

⑧ 參馬承源主編：《上海博物館藏戰國楚竹書(一)》，上海古籍出版社2001年版，第152、34頁。

⑨ 《説文解字》卷五下。

⑩ 《周易正義》卷八。

⑪ 湖北省博物館：《曾侯乙墓》，文物出版社1989年版，第296頁。

⑫ 湖北省博物館：《曾侯乙墓》，文物出版社1989年版，第504~505、296~297頁。

⑬ 曹菁菁：《曾侯乙墓遣冊車載兵器研究》，北京大學碩士學位論文，2007年，第29~30頁。

按：從簡文内容和出土實物的情況來看，簡文中的“矢五秉”當指五十支箭。

“鉃”，包山簡整理者釋爲“鉾”。① 劉釗認爲：“鉃字見於《玉篇》，乃鏃字異構。簡文言‘二十鉃’即指二十個箭鏃。”②李家浩認爲，“鉃”是“矢”字的繁體，“鉃”字从“金”是因爲矢鏃是用銅作的。③ 何琳儀師認爲“鉾”是“夲”的繁文，讀爲“箭”。④

“箁”，包山簡整理者懷疑讀爲“箙”。⑤ 李家浩認爲：“簡文‘箁’是‘笮’字的異體。……《禮儀·既夕禮》‘役器，甲、冑、干、笮’，鄭玄注：‘笮，矢箙。’《釋名·釋兵》：‘其受矢之器，以皮曰服(箙)，柔服之義也；織竹曰笮，相迫笮之名也。’……此墓南室出土一件‘竹箙’，内裝有二十支箭，與簡文所記的‘一笮’、‘二十矢’相合。”⑥按：李説甚確，可證“鉃”當釋“矢”，“箁”當讀爲“笮”。

“豹韋之盾”，包山簡整理者釋爲“豹韑之冒”。⑦ 何琳儀師將“冒”改釋爲“盾”。⑧ 李家浩先認爲“豹韑”指“豹韋”；後指出“盾”讀爲“韥”，“豹韋之韥”是“豹皮作的裝‘笮’的袋子”。⑨

天星觀簡記有“一弓紡亯”。“亯”也見於包山簡 259“縞亯”。整理者認爲：“亯，讀如褱。《説文》以爲書囊，簡文指套在枕外的囊。”⑩李家浩釋爲“序”，指裝弓用的袋子；“紡”指袋子的質地。⑪ 按：此“弓”疑即兵器之“弓”。“亯”指裝東西的囊套或袋子，可信。

在探討曾侯乙墓簡文所記“弓、矢”的“記載格式”時，曹菁菁將“弓”“矢”分成兩個獨立的部分進行分析，並認爲“弓的記載格式最爲穩定：

---

① 湖北省荆沙鐵路考古隊：《包山楚簡》，文物出版社 1991 年版，第 39 頁。

② 劉釗：《包山楚簡文字考釋》，見氏著《出土簡帛文字叢考》，臺灣古籍出版有限公司 2004 年版，第 31 頁。

③ 李家浩：《包山遣册考釋(四篇)》，《古籍整理研究學刊》2003 年第 5 期。

④ 何琳儀：《仰天湖竹簡選釋》，《簡帛研究》第三輯，廣西教育出版社 1998 年版，第 113 頁。

⑤ 湖北省荆沙鐵路考古隊：《包山楚簡》，文物出版社 1991 年版，第 66 頁。

⑥ 李家浩：《包山遣册考釋(四篇)》，《古籍整理研究學刊》2003 年第 5 期。

⑦ 湖北省荆沙鐵路考古隊：《包山楚簡》，文物出版社 1991 年版，第 39 頁。

⑧ 何琳儀：《包山竹簡選釋》，《江漢考古》1993 年第 4 期。

⑨ 李家浩：《包山遣册考釋(四篇)》，《古籍整理研究學刊》2003 年第 5 期；《仰天湖楚簡剩義》，《簡帛》第二輯，上海古籍出版社 2007 年版，第 38 頁。

⑩ 湖北省荆沙鐵路考古隊：《包山楚簡》，文物出版社 1991 年版，第 62 頁。

⑪ 李家浩：《包山楚簡中的“枳”》，《徐中舒先生百年誕辰紀念文集》，巴蜀書社 1998 年版，第 174 頁。

‘一/二+秦弓，(弦賠)’”。①

曹菁菁將“矢”的“記載格式”分爲3個大類，大類之中又分小類：

①“(用)矢+(名)數量”：

a.“矢，箙五秉，意爲每箙有五秉。這是表示單位數量的，量詞爲‘秉’。”

b.“矢，五秉。這是表示總量的，量詞爲‘秉’。”

c.“矢，二秉又六。這也是表示總量的，是一個混合結構，‘二秉’用了明顯的量詞‘秉’，‘六’則是直接用數詞計數單矢，無量詞。”

②“數詞+矢”：

a.“九矢”。

b.“三矢”。

c.“數詞+量詞+名詞：五秉矢”。②

曾侯乙墓簡中，“弓”“矢”應該是配套使用的。“弦賠”附屬於“弓”，“箙”附屬於“矢”，應該放在一起進行分析。我們認爲，“弓”“矢”的記載方式可分爲以下3種：

①“秦弓”+“弦賠”+“(用)矢”+“箙五秉”，如簡5、9、20、68，3、15、16+17、33、37、40。這是最爲常見的記載方式。“矢”前的“用”字，似乎可有可無。

②“秦弓”+“弦賠”+“矢五秉”，如簡48、56、86、97，46。這些辭例中没有記載“箙”字，我們懷疑，可能是因爲没有配套使用的“箙”。

③“秦弓”+“矢”，如“一秦弓，矢二秉又六”(簡43)，“一秦弓，九矢”(簡60、70)，“一秦弓，三矢”(簡65)。這是最簡單的記載方式。可見，並不是所有的“弓”都配備有“矢五秉”。

另外，曾侯乙墓簡所記載的“弓”“矢”還存在著一些特殊情況：

①“矢五秉，無弓”(簡95)。先記“矢”，後記“弓”，僅此一例。“無弓”，可能是某種弓的名字。

②“五秉矢”(簡72)。大概是“矢五秉”的倒裝，僅此一例。

七、䊭

䥍，三䍐。　　　　　包山簡269、牘1

① 曹菁菁：《曾侯乙墓遣冊車載兵器研究》，北京大學碩士學位論文，2007年，第18~19頁。

② 曹菁菁：《曾侯乙墓遣冊車載兵器研究》，北京大學碩士學位論文，2007年，第19頁。

臼戣。　　　　　　包山簡 272
二戣，皆彔戠二䍐。　　包山簡 273

“戣”，見於包山簡 269、272、273，牘 1。整理者認爲：“‘戣’，借作鍛。《廣雅·釋詁二》：‘鍛，椎也。’出土實物中有小如錐狀之矛，或許稱作鍛。”①曾憲通讀爲“錞”或“鐏”，並指出“鐏、錞二字同源，泛指長兵柲下之銅飾物，其制有鋭底平底之分，渾言之則鐏錞不別，彼此可以互注；析言之則略有差異，當視其實際情況加以判定”。② 李家浩認爲：“‘戣’字應當分析爲从‘戈’从‘負’聲。……‘戣’从‘戈’，説明它應當是一種兵器，疑即‘矡’字的異體。‘矡’从‘䂂’聲。‘矡’字的通行寫法作‘穳’，其異體或作‘鋑’。……《玉篇》矛部：‘穳、鋋也。矡，同上。’《説文》金部：‘鋋，小矛也。’玄應《一切經音義》卷一一引《字詁》：‘古文録、鑽二形，今作(欑)矡，同粗亂反。穳，小矛也。’……穳是短小的矛。”李家浩還指出“臼”當讀爲“舊”，簡 273 的“二穳”，對應南室出土的 2：231、2：232 號“小刺矛”；簡 269 和牘 1 中的“穳”，則對應南室出土的 2：234 號“小刺矛”，這三件矛“柲上部捆扎三匝羽毛”。③ 劉信芳師認爲，簡 269、273 和牘 1 中的“戣”，是指包山 2 號墓出土的“小刺矛”；簡 272 中的“戣”，應“讀爲‘鑽’”，“臼鑽”，疑指“車軎之轄”。④ 田河認爲，簡 272 所記的“臼穳”可能没有隨葬；234 號“小刺矛”對應簡 269 和牘 1 中的“穳”；231 號、232 號‘小刺矛’對應簡 273 中的“二穳”。⑤ 按：李家浩對“戣”字的釋讀可以信從。田河的解釋存在問題：簡 273 所記的“二戣”“皆彔戠二䍐”，明顯與實物的“柲上部捆扎三摭羽毛”有别。另外，包山 2 號墓一共出土 4 種矛。其中 3 件“小刺矛”的“銅矛”，都比其他矛短：231、232 號“銅矛”均長 12.4 釐米，234 號“銅矛”長 12.5 釐米。⑥ 所謂“穳是一種短小的矛”，可能指矛體短小。因此，“戣”可對應“234 號‘小刺矛’”；

---

① 湖北省荆沙鐵路考古隊：《包山楚簡》，文物出版社 1991 年版，第 38~39、65 頁。
② 曾憲通：《楚文字釋叢(五則)》，《中山大學學報》1996 年第 3 期。
③ 李家浩：《包山遣冊考釋(四篇)》，《古籍整理研究學刊》2003 年第 5 期。
④ 劉信芳：《楚簡釋讀與〈方言〉補例試説》，《文獻》2010 年第 3 期。
⑤ 田河：《出土戰國遣冊所記名物分類滙釋》，吉林大學博士學位論文，2007 年，第 155 頁。
⑥ 參湖北省荆沙鐵路考古隊：《包山楚墓》，文物出版社 1991 年版，第 205~206 頁。

此外，231 號、232 號“銅矛”各方面尺寸基本一致，可作爲對應“二戣”的旁證。而“臼戣”是否“没有隨葬”則待考。

“三罢”之“罢”，整理者讀爲“厹”，認爲是《詩・小戎》毛傳所説的“三隅矛”，並指出“出土的實物中有一件矛，雙葉下延，成倒鈎狀，或許就是厹矛”。① 李家浩懷疑，“罢”讀爲“就”，訓爲“重”“匝”。② 劉信芳師認爲，“罢”當讀“游”，指“旌旗下部飄游的部分”。③ 按：李家浩的訓釋放在簡文中講很通順。但是，“㕣”爲群紐幽部字，“就”爲從紐覺部字。群紐屬牙音，從紐屬齒音。“罢”之讀“就”，仍不確定。

“皆𦒻二罢”之“𦒻”，曾憲通認爲：“𦒻在此當讀爲鋟，鋭末曰鋟，字也作鑯。”④按：“𦒻”當指某種羽毛裝飾，在包山簡中也用於裝飾“戟”。

八、夬、拾

一㿝、一骻。　　包山簡 277

“骻”，整理者僅將其左旁隸定爲“骨”，右旁存原篆。⑤ 劉信芳師隸爲“骳”，疑讀爲“靶”，指“馬繮之執手”。⑥ 劉國勝認爲：“似當釋爲‘骻’，讀爲‘決’，扳指。”⑦田河認爲：“此字右邊所从似爲‘夬’漏寫一筆。仰天湖有‘骨夬’，骻可能是‘骨夬’的專字。”⑧按：釋“骻”可從。

“㿝”，何琳儀師分析爲“从缶、合聲”。⑨ 劉信芳師認爲，“㿝”字又作“梒”，即“扁形鼓”。⑩ 田河認爲：“‘㿝’上下文都是武具類物品，學者

---

① 湖北省荆沙鐵路考古隊：《包山楚簡》，文物出版社 1991 年版，第 65 頁。

② 李家浩：《包山楚簡中的旌旆及其他》，陳勝長主編：《第二屆國際中國古文字學研討會論文集續編》，香港中文大學中國語言及文學系 1995 年版，第 381 頁。

③ 劉信芳：《楚簡器物釋名(上篇)》，《中國文字》新二十二期，藝文印書館 1997 年版，第 181 頁。

④ 曾憲通：《楚文字釋叢(五則)》，《中山大學學報》1996 年第 3 期。

⑤ 湖北省荆沙鐵路考古隊：《包山楚簡》，文物出版社 1991 年版，第 39 頁。

⑥ 劉信芳：《包山楚簡解詁》，藝文印書館 2003 年版，第 319 頁。

⑦ 劉國勝：《楚喪葬簡牘集釋》，科學出版社 2011 年版，第 64 頁。

⑧ 田河：《出土戰國遣冊所記名物分類滙釋》，吉林大學博士學位論文，2007 年，第 169 頁。

⑨ 何琳儀：《戰國文字聲系》，中華書局 1998 年版，第 1388 頁。

⑩ 劉信芳：《包山楚簡解詁》，藝文印書館 2003 年版，第 318 頁。

都解爲樂器恐不妥。"①我們認爲："'𠫓'當爲'拾'之假。……典籍中，'拾'又稱作'遂'、'捍'、'韝'。《詩·小雅·車攻》'決拾既佽'。毛傳：'決，鉤弦也。拾，遂也。'《廣雅·釋器》'拾、捍、韝，韘也。'王念孫《疏證》：'拾、捍、韝爲一物；韘爲一物。拾、捍、韝，皆謂遂也，著於左臂，所以扞弦也。'"②按：釋"拾"可從。

九、其他

旇、鍦、敽、兼、銉、旜炦☐　　曾侯乙墓簡 11

"旇"，整理者以爲"物名"。③ 張鐵慧認爲："旇，疑讀爲'鋃'。《説文》：'鋃，鋃鐺，瑣也，从金良聲。'"④劉信芳師讀爲"狼"。《廣雅·釋器》："狼，鈹也。"《廣韻·唐韻》："狼，短矛。"⑤

"鍦"，整理者闕釋，以爲"物名"。⑥ 張鐵慧釋爲"鍦"，並認爲："《説文》：'鍦，臿屬。从金危聲。一曰瑩鐵也。''鍦'字簡文中指一種臿屬的農具。"⑦劉信芳師認爲："鍦本義爲臿屬農具，依文義應爲兵器，蓋以農具改造爲兵器也。"⑧

"敽"，整理者以爲"物名"，疑即"訓爲'鍬'的'臿'"。⑨ 何琳儀師隸定爲"敿"。⑩ 劉信芳師讀爲"臿"，輾轉訓爲"長矛"。⑪ 田河認爲，"敿"應"解爲臿"，指"後世所謂鍬"。⑫ 劉釗釋爲"敽(敿)"，並認爲："在簡

---

① 田河：《出土戰國遣冊所記名物分類滙釋》，吉林大學博士學位論文，2007 年，第 69 頁。

② 羅小華：《楚簡中的韝》，《簡帛》第六輯，上海古籍出版社 2011 年版，第 323 頁。

③ 湖北省博物館：《曾侯乙墓》，文物出版社 1989 年版，第 490、512 頁。

④ 張鐵慧：《〈曾侯乙墓竹簡釋文與考釋〉讀後》，《江漢考古》1996 年第 3 期，。

⑤ 劉信芳：《曾侯乙簡文字補釋六則》，《簡帛》第一輯，上海古籍出版社 2006 年版，第 5 頁。

⑥ 湖北省博物館：《曾侯乙墓》，文物出版社 1989 年版，第 490、512 頁。

⑦ 張鐵慧：《〈曾侯乙墓竹簡釋文與考釋〉讀後》，《江漢考古》1996 年第 3 期。

⑧ 劉信芳：《曾侯乙簡文字補釋六則》，《簡帛》第一輯，上海古籍出版社 2006 年版，第 5 頁。

⑨ 湖北省博物館：《曾侯乙墓》，文物出版社 1989 年版，第 490、512 頁。

⑩ 何琳儀：《隨縣竹簡選釋》，《華學》第七輯，中山大學出版社 2004 年版，第 119 頁。

⑪ 劉信芳：《曾侯乙簡文字補釋六則》，《簡帛》第一輯，上海古籍出版社 2006 年版，第 5 頁。

⑫ 田河：《出土戰國遣冊所記名物分類滙釋》，吉林大學博士學位論文，2007 年，第 172 頁。

文中指用於起土的農具‘臿’(又寫作‘鍤’、‘梮’)，就再合適不過了。”①

“兼”，整理者以爲“物名”，讀爲“鎌”。② 劉信芳師認爲：“鎌本爲農具，然亦有鎌狀鉤兵，《墨子·備城門》：‘十步一長鎌，柄長八尺。’此鎌明顯是守禦兵器。”③田河認爲：“簡文‘兼(鎌)’釋爲農具更圓通。”④

“銉”，整理者以爲“物名”。⑤ 張鐵慧懷疑是“鉮”字，訓爲“針”，指“一種類似今之錐子的尖狀物”。⑥ 劉信芳師懷疑“銉”讀“穫”，訓爲“矛鋋之柲”。⑦

“旛炑”，整理者以爲“物名”。⑧ 劉信芳師認爲：“簡文‘旛’應讀爲‘纊’，絮也。‘炑’讀爲‘燧’……纊、燧乃用以鑽燧起火的器具，燧用於鑽火，絮用於引火。”⑨

按：以上7件物品均載於“乘車”。鑒於“乘車”屬於車陣，這7種物品爲兵器的可能性較大。因此，“旅”讀爲“稂”；“兼”讀爲“鎌”；“旛”讀“纊”，訓爲“絮”；“炑”讀“燧”等意見都可備一說。至於“鍦”“敮”“銉”等字的釋讀，則有待進一步研究。

戰國簡冊中所記載的兵器有“甲”“冑”“韔”“箙”“戟”“殳”(含“晉殳”)“盾”“戈”“弓”“矢”“穳”“夬”“拾”等。“甲”“冑”“盾”都應該屬於“防禦性”兵器；“韔”“箙”“夬”“拾”等均爲“弓”“矢”的配套物品，本身不具備殺傷性；剩下的“戟”“殳”(含“晉殳”)“戈”“弓”“矢”“穳”等才是真正的“殺傷性”兵器。以上這些兵器中，見於曾侯乙墓簡、包山簡和天星觀簡記載的，一般可以確定爲用於戰車作戰。另外，曾侯乙墓簡11中記有“稂”“鍦”“敮”“鎌”“銉”“纊燧”等物品，用於戰車作戰的可能性較大，只是有幾件物品還無法確定爲何種兵器。

---

① 劉釗：《“臿”字源流考》，《古文字研究》第三十輯，中華書局2014年版，第594頁。

② 湖北省博物館：《曾侯乙墓》，文物出版社1989年版，第490、512頁。

③ 劉信芳：《曾侯乙簡文字補釋六則》，《簡帛》第一輯，上海古籍出版社2006年版，第6頁。

④ 田河：《出土戰國遣冊所記名物分類滙釋》，吉林大學博士學位論文，2007年，第173頁。

⑤ 湖北省博物館：《曾侯乙墓》，文物出版社1989年版，第490、512頁。

⑥ 張鐵慧：《〈曾侯乙墓竹簡釋文與考釋〉讀後》，《江漢考古》1996年第3期。

⑦ 劉信芳：《曾侯乙簡文字補釋六則》，《簡帛》第一輯，上海古籍出版社2006年版，第6頁。

⑧ 湖北省博物館：《曾侯乙墓》，文物出版社1989年版，第490、512頁。

⑨ 劉信芳：《曾侯乙簡文字補釋六則》，《簡帛》第一輯，上海古籍出版社2006年版，第6頁。

第三節　旌　旗

一、旆

一杸，二旆，屯八翼之䎖。旃賠。	曾侯乙墓簡 3、40、82+83、102+103
一杸，二旆，屯八翼之䎖。丌旃賠。	曾侯乙墓簡 20
一杸，二□□旆，屯六翼之䎖。旃賠。	曾侯乙墓簡 99+100
一杸，二旆，屯六翼之……	曾侯乙墓簡 62
一晉杸，二旆，屯八翼之䎖。	曾侯乙墓簡 14
一晉杸，二旆，屯八翼之䎖。	曾侯乙墓簡 68
一晉杸，二旆，屯八翼之䎖。旃賠。	曾侯乙墓簡 17、30、91
一晉杸，二旆，屯八翼之䎖。旃賠。	曾侯乙墓簡 84
一晉杸，二旆，䎖屯八翼。	曾侯乙墓簡 37
一晉杸，二旆，屯八翼之□	曾侯乙墓簡 33
二旆，屯八翼之䎖。	曾侯乙墓簡 6
二旆，屯九翼之䎖。	曾侯乙墓簡 9
二旆。	曾侯乙墓簡 42
一旆。	曾侯乙墓簡 61
車𢦔，𢧐羽一䎔，亓𦑡，术五䎔。	包山簡 269、牘 1
二𢦔，𢧐二䎔；二𦑡，皆术九䎔。	包山簡 273
白市，翡翠之首。	望山簡 2-13
一旆。	天星觀簡(《楚系》第 11、1015 頁)
一旆，鸛羽之翦，纛羽	天星觀簡(《楚系》第 298 頁)
一旆。騠	天星觀簡(《楚系》第 877 頁)
二旆。	天星觀簡(《楚系》第 956、1015 頁)

關於“旆”，整理者認爲：“‘二旆’是屬於‘杸’和‘晉杸’的，‘屯八翼之䎖’又是形容‘二旆’的。……另一種旗有兩條正幅，在正幅兩側有兩兩相對的翼狀物。這種旗疑即簡文所記的有‘八翼之䎖’的旆。”①按：《説

① 湖北省博物館：《曾侯乙墓》，文物出版社 1989 年版，第 505~506 頁。

文》㫃部："旆，繼旐之旗也，沛然而垂。"①《爾雅·釋天》"繼旐曰旆"，郭璞注："帛續旐末爲燕尾者。"②楊英傑認爲："其實不僅繼旐曰旆，繼接各種旗的附帛都叫做旆。……旆是縿的佩屬物。可以根據需要，隨時取下或佩上。"③任慧峰結合曾侯乙墓簡和望山簡中的記載認爲："望山簡中的白旆、翡翠之首都是'隹旌'的組成部分，白旆指旌的旗幅，翡翠之首指竿首裝飾有羽毛。類似的，曾侯乙墓簡中的'二旆'也指旗幅，所不同的是它與柭、晉柭共同構成一種旗"，並由此得出"除了接於旐末外，旆還可用來作旌的旗幅"的結論。④ "接於旐末"的説法歷來有之，由於戰國簡冊中目前尚未出現"旐"，因此不予討論。至於"用來作旌的旗幅"一説，則是可以商榷的。任慧峰將望山簡中的"白旆"理解爲"'隹旌'的組成部分""旌的旗幅"，是認爲"㒸旌"和"白旆"之間爲統屬關係。考慮到傳世文獻中没有將"旆"解釋爲"旌的旗幅"的記載，因此，"白旆"和"㒸旌"更可能是並列關係。任慧峰將曾侯乙墓簡中的"二旆"解釋爲"旗幅"則是可取的。也就是説，"旆"也可能是一種可以單獨使用的"旗幅"。

曾侯乙墓簡文中，有3處單獨記載"二旆"（簡6、9、42），1處單獨記載"一旆"（簡61）。整理者根據簡文記載和出土實物數量進行推測："這五處旆所用的旗杆很可能也是'晉柭'。"⑤只不過，這五處簡文中的旗杆都被漏記了。

"某翼之翻"，整理者認爲"旗上的翼狀物與戈戟柲上的翼狀物相似，故二者同名"。⑥ 田河認爲，"'八翼之翻'之類的旗幅緣飾"是"旗幟之鋸齒形邊緣"。⑦ 按："翻"爲羽狀裝飾，也用於裝飾"戟"。

"旃䝰"，劉信芳師認爲"是插置旌旗的裝置"。⑧

包山簡牘中的"帣"，整理者隸爲"帣"，讀爲"巾"，指"矛鞘外包裹的巾"。⑨ 李家浩改隸爲"帣"，即"旆"之異體，並認爲"'其旆'和'二旆'

① 《説文解字》卷七上。
② 《爾雅注疏》卷六。
③ 楊英傑：《先秦旗幟考釋》，《文物》1986年第2期。
④ 任慧峰：《先秦旌旆考》，《中華文史論叢》2010年第2期。
⑤ 湖北省博物館：《曾侯乙墓》，文物出版社1989年版，第506頁。
⑥ 湖北省博物館：《曾侯乙墓》，文物出版社1989年版，第506頁。
⑦ 田河：《出土戰國遣冊所記名物分類滙釋》，吉林大學博士學位論文，2007年，第140頁。
⑧ 劉信芳：《楚系簡帛釋例》，安徽大學出版社2011年版，第136頁。
⑨ 湖北省荊沙鐵路考古隊：《包山楚簡》，文物出版社1991年版，第65頁。

是屬於‘車戟’和‘二戟’的”。① 按：“䍐”“旆”均从“市”得聲，諧聲通假，故“䍐”可讀爲“旆”。包山簡記載“戟”與“旆”的格式，與曾侯乙墓簡記載“杸”“晉杸”與“旆”的格式形式相似，亦可作爲李説的旁證。因爲是旗幟，故“旆”从“㫃”作，因爲有“翻羽”裝飾，故“䍐”从“羽”作。

“术”，整理者隸定爲“朮”，指“麻”。② 李家浩認爲，“旆幅的翼狀物”叫做“术”，也就是《公羊傳》宣公十二年何休注“繼旐如燕尾曰旆”中所謂的“燕尾”。③ 劉信芳師釋爲“朮”，讀爲“繸”，訓爲“綬”，指“組帶”。④ 何琳儀師讀爲“絿”，指“繩”。⑤ 湯餘惠釋爲“秫”。⑥ 田河認爲，“朮”可能與尹灣簡牘中的“鋸齒”類似，並認爲“鋸齒”是“旗幟之鋸齒形邊緣”。⑦

包山簡269、273，牘1中的“翏”，亦爲“矛”之裝飾。

望山簡2-13“白市”之“市”，李家浩讀爲“旆”，並指出“是古代旌旗正幅之下所接的一段旗的名稱”。⑧ 按：“白市”記於“髡旌”之後，又有“翡翠之首”，應該是旗幟，釋“旆”可從。

“翡翠之首”，陳邦懷指出“翡翠”即“翡翠”。⑨ 李家浩認爲，“翡翠之首”是指“用翡翠鳥之羽毛繫於旌旗之杆首”。⑩ 望山簡整理者認爲：“此旌蓋用翡翠鳥之羽，故稱翡翠之首。”⑪按：用翡翠鳥羽作裝飾，甚至是作旗飾，在古代都是比較常見的。《逸周書·王會》：“倉吾翡翠，翡翠者所以取羽。”⑫《楚辭·招魂》“翡帷翠帳”，王逸注：“言復以翡翠之羽，雕餝

---

① 李家浩：《包山楚簡中的旌旆及其他》，陳勝長主編：《第二届國際中國古文字學研討會論文集續編》，香港中文大學中國語言及文學系1995年版，第382、385頁。

② 湖北省荊沙鐵路考古隊：《包山楚簡》，文物出版社1991年版，第65頁。

③ 李家浩：《包山楚簡中的旌旆及其他》，陳勝長主編：《第二届國際中國古文字學研討會論文集續編》，香港中文大學中國語言及文學系1995年版，第386~387頁。

④ 劉信芳：《楚簡器物釋名(上篇)》，《中國文字》新二十二期，藝文印書館1997年版，第182頁。

⑤ 何琳儀：《戰國文字聲系》，中華書局1998年版，第1243頁。

⑥ 湯餘惠主編：《戰國文字編》，福建人民出版社2001年版，第481頁。

⑦ 田河：《出土戰國遣冊所記名物分類滙釋》，吉林大學博士學位論文，2007年，第148、140頁。

⑧ 李家浩：《信陽楚簡“澮”及从“𠔉”之字》，《中國語言學報》第一期，商務印書館1982年版，第194頁。

⑨ 陳邦懷：《戰國楚文字小記》，《楚文化新探》，湖北人民出版社1981年版，第151頁。

⑩ 李家浩：《信陽楚簡“澮”及从“𠔉”之字》，《中國語言學報》第一期，商務印書館1982年版，第195頁。

⑪ 湖北省文物考古研究所、北京大學中文系：《望山楚簡》，中華書局1995年版，第121頁。

⑫ 《逸周書》卷七。

幬帳，張之高堂，以樂君也。"《楚辭·九歌·少司命》"孔蓋兮翠旍"，王逸注"翡翠之羽爲旗旍"。[①] 只不過，"翠旍"應指以翠羽裝飾"旍"。曾侯乙墓簡6記有"翠首"，可與"翡翠之首"參照。《説文》羽部："翡，赤羽雀也。""翠，青羽雀也。"[②]《楚辭·招魂》："翡翠珠被，爛齊光些。"王逸注："雄曰翡，雌曰翠。"洪興祖補注："翡，赤羽雀；翠，青羽雀。《異物志》云：'翠鳥形如燕，赤而雄曰翡，青而雌曰翠。'"[③]可見，"翡"與"翠"是存在區別的。"翡翠之首"，指用翡翠鳥羽裝飾旗杆杆首，顔色有赤有青；"翠首"，則指用翠鳥羽裝飾旗杆杆首，顔色爲青。

天星觀簡中記有"矛巾"。何琳儀師讀爲"帑"，指"鬃巾"或"車衡上衣"。[④] 按："矛巾"，疑即以矛爲旗杆的"旆"的專字。"二矛巾"，可與曾侯乙墓簡中的"二旆"、包山簡中的"二帣"對應。"一矛巾"，可與曾侯乙墓簡中的"一旆"對應。汲縣山彪鎮出土有水陸攻戰紋鑑，有一種旗杆首部只有矛，二旆繫於矛的下方。[⑤] "矛巾"，可能就是指的這種"旆"。天星觀簡記有"一矛巾鼺羽之翵貘羽"和"一矛巾鴺"。我們推測，"鼺羽之翵"和"貘羽"大概是羽毛作的裝飾。"鼺"即"鴺"之誤釋。此外，《楚系》收有"鵜羽翵""鵜羽之翵"。[⑥] "鴺"，應即"鵜"字。《説文》鳥部："鵜，鵜胡，污澤也。"[⑦]《集韻·齊韻》："鵜，鳥名"。[⑧] "鵜羽"，可能就是"鵜胡"的羽毛。

曾侯乙墓簡中"旆"的記載方式，我們在討論"殳"時有所論及。包山簡"旆"的記載方式爲："戟"+"棫"+"旆"+"朮"。曾侯乙墓簡與包山簡中的"旆"，都是以長兵器作爲旗杆，與旗杆非長兵器的旗幟在記載方式上也有區別。[⑨]

二、旃

䳣旃，墨毛之首。	曾侯乙墓簡 46
䳣旃，朱毛之首。	曾侯乙墓簡 86
䳣旃，鞞首，𨜶定之頸。	曾侯乙墓簡 89

---

① 《楚辭》卷九、二。
② 《説文解字》卷四上。
③ 《楚辭補注》卷九。
④ 何琳儀：《戰國文字聲系》，中華書局 1998 年版，第 259 頁。
⑤ 湖北省博物館：《曾侯乙墓》，文物出版社 1989 年版，第 506 頁。
⑥ 滕壬生：《楚系簡帛文字編》，湖北教育出版社 1995 年版，第 316、511 頁。
⑦ 《説文解字》卷四上。
⑧ 《集韻》卷二。
⑨ 參本節之"戰國簡冊所記旗幟相關物品次序分析"。

紫旃，玄羿之首，一翼之習。　　曾侯乙墓簡 79
紫旃，鷎首，鷎頸。　　曾侯乙墓簡 72
朱旃。　　曾侯乙墓簡 115

“鶽旃”，整理者釋爲“鵻旃”：“‘鵻’當是‘鵻’的異體。……‘旃’字原文作，‘丹’下加‘口’……‘丹’上从‘羽’……簡文‘鵻旃’疑是指畫有隼的旃。”①“鶽”，原篆作“”。單育辰將此字隸定爲“鶽”，分析爲“从‘勹’得聲”，認爲是“鳧”，指用某種方式將鳧羽“綴於旃的邊幅”，鳧羽飾旗，見於《北堂書鈔》卷一二〇“黑旌”，虞世南注引《周書》“常四張羽鳧(鳧羽)旗也”。② 田河認爲，整理者的意見不符合典籍中“旌旗不畫”的訓釋；單育辰的意見“可備一説”。③ 按：單育辰對此字形體的論證，以及對“鳧旃”的訓釋，都是可信的。《説文》㫃部：“旃，旗曲柄也。旜，旃或从亶。”④《周禮·春官·司常》“通帛爲旜”，鄭玄注：“通帛謂大赤，從周正色無飾。”賈公彦疏：“今旌旃通體盡用絳之赤帛，是用周之正色，無他物之飾也。”⑤孫詒讓認爲：“旜物者，五旗之通制……凡五正旗，各有旜有物，通帛者，謂以同色之帛爲縿斿，縿與斿上下通一色也。”⑥《釋名·釋兵》：“通帛爲旃。旃，戰也。戰戰恭己而已。通以赤色爲之，無文采，三孤，所建象無事也。”“雜帛爲物，以雜色綴其邊，爲燕尾，將帥所建，象物雜色也。”⑦《爾雅·釋天》“因章曰旃”，郭璞注：“以帛練爲旒，因其文章，不復畫之。”⑧據此可知，“旃”的“柄”是彎曲的，“縿”和“斿”的顔色都是“大赤”，並且“無飾”。

“紫旃”“朱旃”，田河認爲：“簡文‘朱’、‘紫’都是説明旃的顔色。與孫炎、朱駿聲的訓釋相合。”⑨劉信芳師指出：“曾簡‘旃’似與周制有差

---

① 湖北省博物館：《曾侯乙墓》，文物出版社 1989 年版，第 516 頁。

② 單育辰：《談戰國文字中的“鳧”》，簡帛網，2007 年 5 月 26 日；《簡帛》第三輯，上海古籍出版社 2008 年版，第 24～25 頁。

③ 田河：《出土戰國遣冊所記名物分類滙釋》，吉林大學博士學位論文，2007 年，第 142 頁。

④ 《説文解字》卷七上。

⑤ 《周禮注疏》卷二七。

⑥ 《九旗古誼述》。

⑦ 《釋名》卷七。

⑧ 《爾雅注疏》卷六。

⑨ 田河：《出土戰國遣冊所記名物分類滙釋》，吉林大學博士學位論文，2007 年，第 142 頁。

異，不僅有‘朱’、‘紫’之不同，且有以‘㒵’爲飾者。”①按：簡文中的“朱旃”，大概就是指“通以赤色爲之，無文采”。“紫旃”與“通帛謂大赤”的説法相矛盾。“㒵旃”又與“無他物之飾”的説法相矛盾。

簡46記有“墨毛之首”，整理者懷疑“毛”讀“旄”，認爲“墨毛之首”指用黑色的牦牛尾繫於旗杆之首。②

簡72、89所記“翠首”，整理者認爲指“用翠鳥之羽繫於旗杆之首”。③ 按：“翠首”，當爲青色羽毛裝飾的旗杆杆首，詳上文。

簡79記有“玄羿之首”，整理者釋爲“玄羿(羽)之首”，指“用黑色的鳥羽繫於旗杆之首”。④

簡86記有“朱旄之首”，整理者懷疑是“指用朱色的牦牛尾繫於旗杆之首”。⑤

簡72記有“翠頸”，簡9亦見。簡89記有“貂定之頸”。整理者認爲：“89號簡有‘貂定之頸’。《文選·魏都賦》‘旍(旌)旗躍莖’，劉良注：‘莖，旗竿也。’‘頸’、‘莖’二字並从‘巠’聲，疑簡文‘翠頸’、‘貂定之頸’之‘頸’當讀爲‘莖’。”⑥按：“翠莖”，應爲翠羽所裝飾的旗杆。“貂定”，猶“貂首”。⑦ 不知“貂定之頸”爲何種形制的旗杆。

簡79記有“一翼之翟”。曾侯乙墓簡中，記有大量的“一翼之翻”。“翟”，疑與“翻”爲同類裝飾物。

曾侯乙墓簡中，關於“旃”的記載有6條，其中“㒵旃”3見，“紫旃”2見，“朱旃”1見。它們的記載方式也詳略不一，可分爲以下4類：

①“旃”：“朱旃”(簡115)。

②“旃”+“首”：“㒵旃，墨旄之首”(簡46)；“㒵旃，朱旄之首”(簡86)。

③“旃”+“首”+“莖”：“紫旃，翠首，翠莖”(簡72)；“㒵旃，翠首，貂定之莖”(簡89)。

④“旃”+“首”+“翟”：“紫旃，玄羽之首，一翼之翟”(簡79)。

---

① 劉信芳：《楚系簡帛釋例》，安徽大學出版社2011年版，第164頁。
② 湖北省博物館：《曾侯乙墓》，文物出版社1989年版，第492、509頁。
③ 湖北省博物館：《曾侯乙墓》，文物出版社1989年版，第494、509頁。
④ 湖北省博物館：《曾侯乙墓》，文物出版社1989年版，第494、509頁。
⑤ 湖北省博物館：《曾侯乙墓》，文物出版社1989年版，第494、509頁。
⑥ 湖北省博物館：《曾侯乙墓》，文物出版社1989年版，第511頁。
⑦ 按：“定”參第一節之“鞎”。

三、旌

朱旌。 曾侯乙墓簡 65

絑署，一百纫四十𠊊翠䎉₌，笔中干，絑縞七翣。 包山簡 269

絑署，百條四十攸翠䎉₌，笔中干，絑縞七翣。 包山牘 1

鷈署，毫首。 包山簡 273

隼署。白市，䎣翠之首，彤开，黄末，翠朐，䎣羸，豕毛之首。 望山簡 2-13

秦高之[illegible]署。 望山簡 2-13

鵅署。 天星觀簡(《楚系》第 317 頁)

鷌旌。 天星觀簡(《楚系》第 572 頁)

絑署。 天星觀簡(《楚系》第 572、900 頁)

曾侯乙墓簡 65 記有“朱旌”。整理者釋爲“朱旌(旌)”。① 包山簡 269、牘 1，天星觀簡記有“絑署”。包山簡整理者認爲：“署，讀如旌，《集韻》以署爲字之異體。絑，純赤色。絑旌，赤紅色的旌旗。”②按：“旌”字原篆从“㫃”作，“署”字原篆从“羽”作，與“旆”的情況相同。

包山簡 273 記有“鷈署”。整理者認爲，“鷈”即“鱇”字，借作“黴”，訓爲“黑”。③ 李家浩認爲，“黴旌”猶《北堂書鈔》卷一二〇所引《周書》中的“樓煩黑旌”，並指出，包山 2 號墓出土的 290 號黑彩漆殳，應該是“黴旌”的旗杆。④ 劉信芳師將“鷈”讀爲“鼬”，認爲“‘鷈署’即鼬旌，以黄鼠狼之尾注於旌首”。⑤ 何琳儀師將“鷈”隸爲“鷈”，讀爲“黴”，訓爲“黑”。⑥ 范常喜認爲此字當从“鳥”、“付”聲，可隸爲“鷈”或“鷈”，讀爲“鳧”，“鳧旌”，指“用鳧羽裝飾的旌旗”。⑦ 按：范説更好地解釋了該字

① 湖北省博物館：《曾侯乙墓》，文物出版社 1989 年版，第 493 頁。

② 湖北省荆沙鐵路考古隊：《包山楚簡》，文物出版社 1991 年版，第 65 頁。

③ 湖北省荆沙鐵路考古隊：《包山楚簡》，文物出版社 1991 年版，第 66 頁。

④ 李家浩：《包山楚簡中的旌旆及其他》，陳勝長主編：《第二屆國際中國古文字學研討會論文集續編》，香港中文大學中國語言及文學系 1995 年版，第 382、388 頁。

⑤ 劉信芳：《楚簡器物釋名(上篇)》，《中國文字》新二十二期，藝文印書館 1997 年版，第 179 頁。

⑥ 何琳儀：《戰國文字聲系》，中華書局 1998 年版，第 208 頁。

⑦ 范常喜：《包山楚簡遣册所記“鷈署”新釋》，《文史》2014 年第 3 期。

的原篆形體。

望山簡 2-13 記有“隹署”。李家浩將“隹”括注爲“堆”，認爲此字與曾侯乙墓簡中的“雔”是“一字之異文”，“堆旌”指“畫有隼的旌”。① 曾侯乙墓簡整理者認爲，望山簡“隹(堆)署(旌)”之“堆”，當讀爲“雔”，並懷疑“雔旌”是指“畫有隼的旌”。② 望山簡整理者認爲：“‘隹’當即‘堆’字，在此疑讀爲‘綏’。古代稱旌旗上所加的羽旄之類裝飾爲‘綏’。”③單育辰將此字隸定爲“隹”，分析爲从“皃”省聲，認爲“隹旌”就是《逸周書・王會解》中的“皃旌”。④ 按：“皃”，亦見於“皃旃”。

望山簡 2-13 記有“秦高之署”，整理者釋爲“秦高(縞)之巠署(旌)”。⑤ 商承祚認爲：“高，即縞，白色生絹也。……秦高，即秦地所產之縞。”⑥李家浩釋爲“秦高(縞)之霝䎁(旌)”。⑦ 劉國勝釋爲“秦高(縞)之坪署(旌)”。⑧

關於“旌”的形制，歷來都認爲與羽毛有關，並且常與“旞”放在一起討論。《説文》㫃部：“旌，游車載旌，析羽注旄首，所以精進士卒。”“旞，導車所以載，全羽以爲允。允，進也。”⑨《周禮・春官・司常》：“全羽爲旞，析羽爲旌。”鄭玄注：“全羽、析羽皆五采，繫之於旞、旌之上，所謂注旄於干首也。”⑩楊英傑認爲“全羽即一束羽，析羽即分枝兩束羽。旞、旌是用羽毛編綴而成。……旌羽或爲純白，或爲五彩”。⑪ 蔡運章認爲：“全羽當是在干首柄端飾一周羽旄。……析羽就是在干首柄上飾兩束相同的羽旄。”⑫王厚宇、谷玲認爲：“析羽是用斧斤刀剪等工具加工過的羽毛，

---

① 李家浩：《信陽楚簡“澮”及从“龹”之字》，《中國語言學報》第一期，商務印書館 1982 年版，第 194 頁。

② 湖北省博物館：《曾侯乙墓》，文物出版社 1989 年版，第 516 頁。

③ 湖北省文物考古研究所、北京大學中文系：《望山楚簡》，中華書局 1995 年版，第 121 頁。

④ 單育辰：《談戰國文字中的“皃”》，《簡帛》第三輯，上海古籍出版社 2008 年版，第 25 頁。

⑤ 湖北省文物考古研究所、北京大學中文系：《望山楚簡》，中華書局 1995 年版，第 108 頁。

⑥ 商承祚編著：《戰國楚竹簡匯編》，齊魯書社 1995 年版，第 101 頁。

⑦ 李家浩：《包山楚簡中的旌旆及其他》，陳勝長主編：《第二屆國際中國古文字學研討會論文集續編》，香港中文大學中國語言及文學系 1995 年版，第 379 頁。

⑧ 劉國勝：《楚喪葬簡牘集釋》，科學出版社 2011 年版，第 91 頁。

⑨ 《説文解字》卷七上。

⑩ 《周禮注疏》卷二七。

⑪ 楊英傑：《先秦旗幟考釋》，《文物》1986 年第 2 期。

⑫ 蔡運章：《銅干首考》，《考古》1987 年第 8 期。

全羽相對析羽來講，就是完整的天然羽毛。”①揚之水認爲：“旗的正幅，不用帛，而只用羽毛編綴，便是旌。”②任慧峰認爲：“旌是一種以羽或旄作旗幅的旗幟。”③耿雪敏認爲：“旞是由一束完整的天然的五彩羽毛構成。……旌是由許多鳥的羽毛構成，通常由兩束或多束分枝狀羽毛組成。……旞、旌又可以作爲其他旗的裝飾，作爲旗飾。”④《周禮·天官·大宰》曰“以九職任萬民：……飭化八材”，鄭玄注引鄭司農云：“八材，珠曰切、象曰瑳、玉曰琢、石曰磨、木曰刻、金曰鏤、革曰剝、羽曰析。”⑤從鄭司農對“八材”的解釋看，“切”“磋”“琢”“磨”“刻”“鏤”“剝”“析”，應該是針對“珠”“象”“玉”“石”“木”“金”“革”“羽”等八種材質的加工手段。據此，則王、谷所謂“析羽是用斧斤刀剪等工具加工過的羽毛，全羽相對析羽來講，就是完整的天然羽毛”的説法有一定道理。只是，加工羽毛用“刀剪”，是比較有可能的，用“斧斤”則不太可能。另外，望山簡中的“”字雖無定論，但“秦縞”一詞證明，“旌”是可以用紡織品製作的。據此，則所謂“旌”“不用帛”，而只用“羽或旄作旗幅”的説法不適用於戰國簡冊。

《楚系》記有“鴕署”和“鶅旌”。滕壬生將“鵝”字誤隸爲“鷆”。⑥“鶅”，可能是“鴕”，疑即《集韻·東韻》中的“鴓”字，爲“鳥名”。⑦“鴕署”，可能與望山簡中的“䳄旌”類似，指“鴓”羽所飾之“旌”。

包山簡269記有“一百攸四十翛翚之首”，包山牘1作“百絛四十攸翚之首”。“攸”“翛”“絛”“攸”四字，整理者均存原篆。“翚”，整理者分别隸定爲“䍐”和“翚”，並認爲：“䍐，字从羽从首从辛。……䍐也作䍐，讀作翠。‘翠之首’指絑旌上裝飾的翠鳥羽毛。”⑧簡269中的“攸”與“翛”，何琳儀師均隸作“攸”，認爲是“攸”的異文；包牘中的“攸”和“絛”，何師認爲是省形。以上四字何師均讀爲“絛”。⑨李家浩將簡269中的“攸”與“翛”都釋爲“翛”，並認爲：“簡牘文字‘翛’、‘絛’等大概是翠羽的個體

① 王厚宇、谷玲：《戰國時代的羽旌》，《社會科學戰線》1997年第5期。
② 揚之水：《詩經名物新證》，北京古籍出版社2000年版，第463頁。
③ 任慧峰：《先秦旌旆考》，《中華文史論叢》2010年第2期。
④ 耿雪敏：《先秦軍旗考述》，《濟南大學學報》(社會科學版)2013年第2期。
⑤ 《周禮注疏》卷二。
⑥ 參本節之“旆”。
⑦ 《集韻》卷一。
⑧ 湖北省荆沙鐵路考古隊：《包山楚簡》，文物出版社1991年版，第36、37、65頁。
⑨ 何琳儀：《包山竹簡選釋》，《江漢考古》1993年第4期。

量詞，與相當於《爾雅》‘一羽謂之箴’的‘箴’。”①田河認爲，“𠆢”“絛”“攸”爲一字異寫。② 按：“𠆢”“𠐊”“絛”“攸”等，應該是同一個量詞。

包山簡273記有“亳首”。整理者認爲：“毷，皆作翯，《廣雅·釋器》：‘翯，白也。’翯首即是白色羽毛裝飾的旌旗頂端。”③李家浩將“亳”釋爲“毫”，疑指“豪豬之毛”，並認爲：“‘毫首’猶言‘旄首’，指用豪豬毛裝飾的旗杆之首。……此墓出的夾紵胎子母口漆奩蓋漆畫中……旗杆之首都有纓狀之物，當是簡牘所記的翠首或毫首之類。”④按：《穆天子傳》卷四：“天子之豪馬豪牛、尨狗、豪羊，以三十祭文山。”郭璞注：“豪，猶髦也。《山海經》云：‘髦馬如馬，足四節，皆有毛。’”⑤不知“亳首”之“亳”，是與豪豬有關，還是與“豪馬”“豪牛”“豪羊”等動物有關。

望山簡2-13中，“白市”讀爲“白旆”，“䎶翟之首”讀爲“翡翠之首”。

“彤玕”，李家浩釋爲“彤(丹)𠔃”，懷疑“𠔃”讀爲“旛”，指“旌旗正幅”。⑥ 時兵認爲“𠔃”讀“旃”。⑦ 范常喜改釋爲“玕”，讀爲“旜/旃”，“彤旜/旃”是指“红色的旃旗”。⑧ 我們認爲：“從形體上看……確實應該釋爲“玕”。……‘玕’可讀爲‘杆’，指旗杆。……‘杆’，或作‘竿’。……‘彤杆’，即紅色的旗杆。‘皃䍐。白市，䎶翟之首，彤玕’可總結爲‘旗幟+杆首+旗杆’。……這種記載方式亦見於曾侯乙墓簡和包山簡牘。”⑨按：從文字形體、上下文義，以及旗幟的記載方式三個方面來看，釋爲“玕”讀爲“杆”可從。

---

① 李家浩：《包山楚簡中的旌旆及其他》，陳勝長主編：《第二届國際中國古文字學研討會論文集續編》，香港中文大學中國語言及文學系1995年版，第378頁。

② 田河：《出土戰國遣冊所記名物分類滙釋》，吉林大學博士學位論文，2007年，第147頁。

③ 湖北省荆沙鐵路考古隊：《包山楚簡》，文物出版社1991年版，第66頁。

④ 李家浩：《包山楚簡中的旌旆及其他》，陳勝長主編：《第二届國際中國古文字學研討會論文集續編》，香港中文大學中國語言及文學系1995年版，第383、389頁。

⑤ 《穆天子傳》卷四。

⑥ 李家浩：《信陽楚簡“澮”及从“𠔃”之字》，《中國語言學報》第一期，商務印書館1982年版，第194頁。

⑦ 時兵：《釋楚簡中的“㮗”字》，复旦大學出土文献与古文字研究中心網，2008年5月24日。

⑧ 范常喜：《望山楚簡遣冊所記“彤𠔃”新釋》，未刊稿；轉引自石小力：《清華簡(伍)〈封許之命〉所載“朱旃”考》，簡帛網，2015年4月12日；《清華簡(伍)〈封許之命〉名物補釋二則》，陳偉武主編：《古文字論壇》第二輯，中西書局2016年版，第234頁。

⑨ 羅小華：《試論望山簡中的“彤玕”》，《出土文獻》第九輯，中西書局2016年版，第145~146頁。

“黄末”，李家浩認爲：“《儀禮·士喪禮》記銘旌之制云：‘爲銘，各以其物，亡則以緇長半幅，經末長終幅，廣三寸，書銘於末曰：某氏某之柩。’鄭玄注：‘今文……“末”爲“旆”’也。簡文‘黄末’之‘末’大概也是指‘旆’一類東西。”①按：讀爲“旆”，可備一説。

“翚朐”和“翫蠃”，李家浩釋出“翚(翠)”和“翫(翡)”。② 整理者釋出“朐”和“蠃”。③ 時兵認爲：“‘朐’讀爲‘句’，《説文·句部》：‘句，曲也。’‘翠朐’就是用翠鳥羽毛繫於旗杆彎曲處，即曾侯乙墓竹簡所言‘翠頸’之意。”④劉國勝懷疑“朐”讀爲“拘”，“蠃”讀爲“羸”，此二字的意思均爲“拘繫”“纏繞”，認爲“簡文‘翠拘翡蠃’似指旌旗旗杆上纏有翡翠鳥羽的裝飾”。⑤

“冡毛之首”，李家浩懷疑“毛”讀“旄”，認爲“冡”表顔色，疑讀爲“蒙”，與“尨”通，指“雜色”；並推測“冡毛之首”是指“用雜色的氂牛尾繫於旌旗杆之首”。⑥ 按：可與包山簡牘中的“蒙旄之首”(簡 269)和“蒙旄首”(牘 1)對照。望山簡 2-13 記有“翡翠之首”和“蒙旄之首”，應該分屬不同的兩面旗幟。據此，“㒸旌。白市，翡翠之首，彤幵，黄末，翠朐，翡蠃，蒙毛之首”一句，至少記有兩面旗幟。

楚簡中，“朱旌”最爲常見，曾侯乙墓簡、包山簡、天星觀簡均有記載。只是，包山簡對“朱旌”的描述較爲詳細；曾侯乙墓簡對“朱旌”的描述最爲簡單；天星觀簡中的“朱旌”，目前情況不明。“㒸旌”，見於包山簡和望山簡。“秦高之旌”則僅見於望山簡，且情況不明。“鴕旌”，僅見於天星觀簡。

① 李家浩：《信陽楚簡“澮”及从“𠔃”之字》，《中國語言學報》第一期，商務印書館 1982 年版，第 194 頁。

② 李家浩：《信陽楚簡“澮”及从“𠔃”之字》，《中國語言學報》第一期，商務印書館 1982 年版，第 194 頁。

③ 湖北省文物考古研究所、北京大學中文系：《望山楚簡》，中華書局 1995 年版，第 108 頁。

④ 時兵：《釋楚簡中的“楃”字》，复旦大学出土文献与古文字研究中心網，2008 年 5 月 24 日。

⑤ 劉國勝：《楚喪葬簡牘集釋》，科學出版社 2011 年版，第 103~104 頁。

⑥ 李家浩：《信陽楚簡“澮”及从“𠔃”之字》，《中國語言學報》第一期，商務印書館 1982 年版，第 195 頁。

四、常

紫羿之常。	曾侯乙墓簡 6
䩛常，紫綏。	曾侯乙墓簡 53
絣常。	曾侯乙墓簡 69
玄羽之常。	天星觀簡(《楚系》第 298、329、494、639 頁)
生絵之常。	天星觀簡(《楚系》第 494、509、639 頁)
生絵常。	天星觀簡(《楚系》第 916 頁)
☐常，緑組之繶。	天星觀簡(《楚系》第 639 頁)

“紫羿之常”，曾侯乙墓簡整理者指出：“‘羿’，《説文》以爲‘雩’字的或體，而簡文用爲‘羽’。……‘常’字所从‘巾’旁原文作‘市’。”①田河認爲：“汲縣山彪鎮出土的水陸攻戰紋鑑、成都百花潭出土的宴樂水陸攻戰紋壺和故宫博物院藏宴樂水陸攻戰紋壺等畫像中，其中一種旗作長帶形，上面有四個、六個或八個圓圈。古書謂‘日月爲常’。上舉銅器畫像中旗上的圓圈無疑就是日，這種旗大概就是五旗之一的常。”②蕭聖中認爲：“本簡云‘紫雩(羽)之常’，係用純紫……常即常旗之正幅。而此旗疑即普通畫日月之旗，非大常。”③按：《周禮·春官·巾車》“建大常”，鄭玄注：“大常，九旗之畫日月者。”④《釋名·釋兵》：“九旗之名日月爲常，畫日月於其端，天子所建，言常明也。”⑤戰國簡冊中，没有關於“常”之旗圖案的記載。天星觀簡記有“玄羽之常”，可與“紫羽之常”相對照。《説文》玄部：“玄，幽遠也。黑而有赤色者爲玄。”⑥“玄羽之常”，疑即黑赤色羽毛裝飾的“常”。

“䩛常”，田河指出：“53 號簡的‘䩛(豻)常(常)’前後都是車席，是不是旗還很難確定，不過解爲衣也不合適，故暫歸此處。”⑦按：此“豻

---

① 湖北省博物館：《曾侯乙墓》，文物出版社 1989 年版，第 510 頁。

② 田河：《出土戰國遣冊所記名物分類滙釋》，吉林大學博士學位論文，2007 年，第 144 頁。

③ 蕭聖中：《曾侯乙墓竹簡釋文補正暨車馬制度研究》，科學出版社 2011 年版，第 57 頁。

④ 《周禮注疏》卷二七。

⑤ 《釋名》卷七。

⑥ 《説文解字》卷四下。

⑦ 田河：《出土戰國遣冊所記名物分類滙釋》，吉林大學博士學位論文，2007 年，第 145 頁。

常”可能仍屬旗幟類。曾侯乙墓簡中，旗幟夾雜記録在其他物品之中並非只有這一例，如：

> 一秦弓，弦賠。五秉矢。紫旃，翠首，翠頸。緅敗。　曾侯乙墓簡 72
>
> ……屯紫裏，屯纁組之綏。鳧旃，翠首，貂定之頸。緅敗。　曾侯乙墓簡 89
>
> ……貍聶，組綏。縞綏。朱旃。緅敗。　曾侯乙墓簡 115
>
> 一秦弓，三矢。朱旌。紫錦之韔；繰緑之席。　曾侯乙墓簡 65+66

“絣常”，整理者指出：“《説文》以‘絣’爲‘緐’的異體。”①田河將“絣”讀爲“緐”，推測“緐常”是指“有集絲垂飾的旗”。②

天星觀簡記有“生錦之常”。③ 按：“生錦”，疑即包山簡 272“絓絵之纏”中的“絓絵”。

天星觀簡記有“生絵常”，疑即“生絵之常”省“之”。

天星觀簡記有“☐常緑組之繽☐”。曾侯乙墓簡中，“絣常”上飾有“紫綏”。不知“繽”與“綏”是否爲同類裝飾物。

五、旗

丌旃，鞞首，紫羊須之總。	曾侯乙墓簡 6
☐翼。八杋。	天星觀簡(《楚系》第 75、305、453 頁)
☐匕。翼☐	天星觀簡(《楚系》第 304、674 頁)
□□。狐襩之翼。	天星觀簡(《楚系》第 768 頁)
☐□□。齣襩之翼。	天星觀簡(《楚系》第 683 頁)
☐□□。豹裏之翼。☐	天星觀簡(《楚系》第 304 頁)
☐齣襩☐	天星觀簡(《楚系》第 683 頁)
☐狐襩☐	天星觀簡(《楚系》第 768 頁)

---

① 湖北省博物館：《曾侯乙墓》，文物出版社 1989 年版，第 519 頁。

② 田河：《出土戰國遣冊所記名物分類滙釋》，吉林大學博士學位論文，2007 年，第 145 頁。

③ 滕壬生：《楚系簡帛文字編》，湖北教育出版社 1995 年版，第 494、509、639 頁。

“旃”，整理者徑釋爲“旗”。[①] 按：《説文》㫃部：“旗，熊旗五游，以象罰星，士卒以爲期。”[②]《釋名·釋兵》：“熊虎爲旗。旗，期也。言與衆期於下。軍將所建，象其猛如熊虎也。”[③]戰國簡冊中，没有關於“旗”之圖案的記載。

“翺首”，即“翠首”，當爲青色羽毛裝飾的旗杆杆首，詳上文。

天星觀簡中的“翼”，《楚系》摹作“”“”。[④] 何琳儀師改隸爲“羿”，讀爲“旃”。[⑤] 天星觀簡中的“翼”，疑讀爲“旗”。天星觀簡中的“襡”，《楚系》摹作“”。[⑥] “狐襡之翼”，疑當讀爲“狐襡之旗”。“旗”，一般从“㫃”作，亦可从“羽”作。天星觀簡中的“襡”，應該是用來裝“旗”的。“韣”“襡”均从“蜀”得聲，諧聲通假。“狐襡”，疑即狐皮製作的“襡”。另外，天星觀簡還有“䶂襡之翼”和“豹裹之翼”。從辭例看，“䶂”“豹”“狐”有可能是一個字。這裹面存在誤釋。“裹”，疑爲“襡”之誤釋。

曾侯乙墓簡中的“紫羊須之總”，簡文或作“羊須之總”。“總”，也用於裝飾“戈”。整理者認爲“羊須”是“羊嘴下鬍鬚狀的毛”，“羊須之總”是“旗上之物”。[⑦] 田河指出“‘羊須之總’大概如包山二號楚墓所出纏繞羽毛的戟柲、矛柲”。[⑧]

六、旂

一勖旂，白敌之首，羊須之總。　　曾侯乙墓簡68

鑾鈴索旂，朱笄。　　清華簡《封許之命》簡6

田河指出：“旂，《詩經·小雅·出車》：‘旂旐央央。’毛傳：‘交龍爲旂’古訓一般認爲‘交龍爲旂’。《爾雅》：‘有鈴曰旂。’……貂也許是旂

① 湖北省博物館：《曾侯乙墓》，文物出版社1989年版，第490頁。
② 《説文解字》卷七上。
③ 《釋名》卷七。
④ 滕壬生：《楚系簡帛文字編》，湖北教育出版社1995年版，第304頁。
⑤ 何琳儀：《戰國文字聲系》，中華書局1998年版，第25頁。
⑥ 滕壬生：《楚系簡帛文字編》，湖北教育出版社1995年版，第683頁。
⑦ 湖北省博物館：《曾侯乙墓》，文物出版社1989年版，第509~510頁。
⑧ 田河：《出土戰國遣冊所記名物分類滙釋》，吉林大學博士學位論文，2007年，第150頁。

的材質。"[1]按：任慧峰認爲："旂，是一種畫有交龍、杆頭繫鈴的旗。"[2]這其實是對"交龍爲旂"和"有鈴曰旂"兩種説法的調和。"旂"到底是"交龍"之旗，還是"有鈴"之旗，暫時無法確定。"貂"是"旂"的"材質"，還是"旂"的裝飾，甚至是圖案，也無法確定。

清華簡記有"䜌(鑾)鈴(鈴)索(素)旂，朱笄"。整理者將"䜌"括注爲"鸞"，並指出："朱笄當爲軏部所繫紅色裝飾。"[3]海天遊蹤(網名)指出："簡6'䜌(鸞)鈴索(素)旂'的'鸞'應讀爲'鑾'，即金文常見的'䜌(鑾)旂'。《爾雅·釋器》：'鑾，鈴也。'《爾雅·釋天》：'有鈴曰旂。'毛公鼎'朱旂二鈴(鈴)'、頌鼎'赤市、朱黄(衡)、䜌(鑾)旂、攸勒'等可以比對。雖然'鸞'與'鑾'可以相通……不過寫作本字'鑾'較好。"[4]暮四郎(網名)指出："上引簡文疑當斷讀作'素旂，朱笄。元馬四匹'。'朱笄'疑爲素旂的一部分。"[5]石小力認爲："'笄'字據范先生之説，亦當讀爲'旃/旜'，'朱旃/旜'與望山簡所記'彤旃/旜'相同，指紅色的旃旗。"[6]我們認爲："此處的'笄'作''，可分析爲从'竹''幵'聲，讀爲'竿'。'朱竿'，應該就是'素旂'的紅色旗杆。《文選·揚雄〈羽獵賦〉》：'靡日月之朱竿，曳彗星之飛旗。'李善注：'朱竿，太常之竿也。《周禮》：日月爲太常，王建太常。'"[7]按：《説文》金部："鑾，人君乘車，四馬鑣，八鸞鈴，象鸞鳥聲，和則敬也。"[8]從形體上看，確如海天遊蹤所言，"鑾"爲正字，"鸞"爲假借字。頌鼎中的"鑾旂"很可能是毛公鼎"朱旂二鈴"的一種省略形式。《封許之命》簡6中的"鸞鈴素旂"在形式上與"朱旂二鈴"比較接近。"鸞鈴素旂"，疑指掛有鸞鈴、沒有裝飾的"旂"。

"白敓之首"，整理者懷疑"敓"讀"旄"，指"牦牛尾"。[9] 按：可與曾侯乙墓簡中的"墨毛之首"(簡46)、"朱毛之首"(簡86)相比照。

"羊須之緫"，亦見於"紫緫"，用於裝飾"戈"；"紫羊須之緫"，用於

---

① 田河：《出土戰國遣冊所記名物分類滙釋》，吉林大學博士學位論文，2007年，第141頁。

② 任慧峰：《先秦軍旗考論》，《晉中學院學報》2009年第4期。

③ 李學勤主編：《清華大學藏戰國竹簡(伍)》，中西書局2015年版，第118、120~121頁。

④ 武漢大學簡帛網/簡帛論壇/《清華五〈封許之命〉初讀》，第48樓，2015年4月25日。

⑤ 武漢大學簡帛網/簡帛論壇/《清華五〈封許之命〉初讀》，第16樓，2015年4月10日。

⑥ 石小力：《清華簡(伍)〈封許之命〉名物補釋二則》，陳偉武主編：《古文字論壇》第二輯，中西書局2016年版，第232~235頁。

⑦ 羅小華：《試論望山簡中的"彤幵"》，《出土文獻》第九輯，中西書局2016年版，第147頁。

⑧ 《説文解字》卷一四上。

⑨ 湖北省博物館：《曾侯乙墓》，文物出版社1989年版，第511頁。

裝飾“旗”。

七、旞

一桱，冒笔之首。	包山簡 269
一桱，緣𦉪首。	包山牘 1
一桱。	天星觀簡(《楚系》第 11、455 頁)
一桱，毛首☐	天星觀簡(《楚系》第 853 頁)

包山簡 269 記有“桱”，牘 1 作“桱”。整理者分别隸定爲“桱”和“桱”。① 湯餘惠將“桱”隸定爲“檴”，認爲是“檏”字古文。② 何琳儀師將“桱”隸定爲“桱”，懷疑是“桱”之異文，讀爲“桱”，指“欑木以殯”；“桱”，疑讀“校”，訓爲“脛”。③ 劉信芳師認爲“桱”讀“桱”，是“‘桱’之異構”。④ 白於藍先認爲，“桱”當讀爲“綏”；後又認爲：“從字音上看，上古音綏爲心母微部字，旞爲邪母物部字。兩字聲母同爲齒音，韻則陰入對轉，音近可通。……《周禮·天官·夏采》：‘以乘車建綏復于四郊。’鄭玄《注》：‘故書綏爲禮，杜子春云：當爲綏。’……從字義上看，《周禮·春官·司常》：‘全羽爲旞，析羽爲旌。’……孫詒讓《正義》：‘《夏采》之綏，即此經之旞。’可見，綏與旞同義，均可指注旄於干首之旌旗。”⑤時兵隸定爲“桱”，讀爲“旃”。⑥ 劉國勝認爲：“‘桱’及牘 1 的‘桱’所从‘垂’是‘垂’字的異體，可釋爲‘棰’，在此疑讀爲‘旞’。”⑦按：從簡文看，“桱”後記有“冒笔之首”、“桱”後記有“緣𦉪首”，“桱”“桱”可能是某種旗幟。白於藍從字音、字義兩方面入手，將“桱”“桱”釋爲“旞”。其説可信。傳世文獻中，“旞”常與“旌”同見。⑧

包山簡 269“冒笔之首”和牘 1“緣𦉪首”。整理者釋爲“瞀笔之首”和

---

① 湖北省荆沙鐵路考古隊：《包山楚簡》，文物出版社 1991 年版，第 38~39 頁。

② 湯餘惠：《包山楚簡讀後記》，《考古與文物》1993 年第 2 期。

③ 何琳儀：《戰國文字聲系》，中華書局 1998 年版，第 881、284 頁。

④ 劉信芳：《楚簡器物釋名(上篇)》，《中國文字》新二十二期，藝文印書館 1997 年版，第 192 頁；劉信芳：《包山楚簡解詁》，藝文印書館 2003 年版，第 310 頁。

⑤ 白於藍：《郭店楚墓竹簡考釋(四篇)》，《簡帛研究 2001》，廣西師範大學出版社 2001 年版，第 194 頁；《説“綏”》，《中國國家博物館館刊》2015 年第 1 期。

⑥ 時兵：《釋楚簡中的“桱”字》，复旦大学出土文献与古文字研究中心網，2008 年 5 月 24 日。

⑦ 劉國勝：《楚喪葬簡牘集釋》，科學出版社 2011 年版，第 59 頁。

⑧ 參本節之“旌”。

“緅罷首”。① 李家浩認爲，“緅罷”當讀爲“蒙旄”，指“雜色的旄”；“冒毣”是“緅罷”的異文。② 按：可與曾侯乙墓簡中的“墨旄之首”（簡 46）、“朱旄之首”（簡 86）、“白旄之首”（簡 9）相聯繫。

天星觀簡記有“一柽毛首”。按：“柽”，疑即包山簡讀中的“桱”和“柽”，亦可讀爲“旌”。“毛首”之“毛”疑讀爲“旄”。“毛首”，疑指牦牛尾裝飾的旗杆杆首，不知是否與包山簡 273 中的“毫首”有關。

八、勿

一臼戬，緙組之迂。　　包山簡 277

“臼戬”，整理者釋爲“臼觟”。③ 李家浩釋爲“臼（舊）戬”，並指出“戬”有“縢組之斿”，當爲旗名，疑讀爲“旌”。④ 劉信芳師認爲：“簡文‘戬’是一種旗幟，所指應即經典之‘勿’。”⑤按：劉師的推測是對的。“戬”應該是旗名。“骨”“勿”二字均屬物部。典籍中，“滑”可與“忽”相通假。⑥ “戬”讀爲“勿”可從。《說文》㫃部：“州里所建旗，象其柄。有三游。雜帛，幅半異。所以趣民，故遽稱勿勿。㫶，勿或从㫃。”⑦《周禮·春官·司常》“雜帛爲物”，鄭玄注：“雜帛者，以帛素飾其側。”⑧孫詒讓認爲：“雜帛者，謂縿與斿異色，上下色相間雜。”⑨《釋名·釋兵》：“雜帛爲物，以雜色綴其邊，爲燕尾，將帥所建，象物雜色也。”⑩另外，“戬”字从“戈”，與天星觀簡中“旆”字从“矛”作“䄱”相類似，可能是因爲“戬”之旗杆是“戈”。

“緙組之迂”，整理者釋爲“緓組之迂”。⑪ 李家浩釋爲“縢組之遊（斿）”，並指出：“‘迂’見於《古文四聲韻》卷二尤韻，是古文‘遊’，在此

① 湖北省荆沙鐵路考古隊：《包山楚簡》，文物出版社 1991 年版，第 38~39 頁。

② 李家浩：《包山楚簡中的旌旆及其他》，陳勝長主編：《第二屆國際中國古文字學研討會論文集續編》，香港中文大學中國語言及文學系 1995 年版，第 379 頁。

③ 湖北省荆沙鐵路考古隊：《包山楚簡》，文物出版社 1991 年版，第 39 頁。

④ 李家浩：《包山遣冊考釋（四篇）》，《古籍整理研究學刊》2003 年第 5 期。

⑤ 劉信芳：《包山楚簡解詁》，藝文印書館 2003 年版，第 318 頁。

⑥ 高亨纂著，董治安整理：《古字通假會典》，齊魯書社 1989 年版，第 525 頁。

⑦ 《說文解字》卷九下。

⑧ 《周禮注疏》卷二七。

⑨ 孫詒讓：《九旗古誼述》，《大戴禮記斠補（外四種）》。

⑩ 《釋名》卷七。

⑪ 湖北省荆沙鐵路考古隊：《包山楚簡》，文物出版社 1991 年版，第 39 頁。

當讀爲‘斿’。‘斿’或作‘旒’，是古代旌旗旗幅末端的下垂飾物。”①劉信芳師認爲是“‘遊’之省形”，指“旌旗之流”。②

九、中罕

二霝光之中干。一秦高之中干。亓篁，丹秋之□。　望山簡 2-13
絑𦒻，一百仈四十倄䎗之首，笔中干，絑縞七䎼。　包山簡 269
絑𦒻，百條四十攸䎗之首，笔中干，絑縞七䎼。　包山牘 1
絑羽之䆉竿。　天星觀簡(《楚系》第 51、297、359、493、899 頁)
白羽之䆉竿。　天星觀簡(《楚系》第 51、298、359、647、854 頁)
白羽䆉竿。　天星觀簡(《楚系》第 298 頁)

望山簡中的“霝光之中干”，整理者指出：“疑簡文‘中干’之‘干’與‘干旇’之‘干’同意。”③“秦高之中干”，整理者釋爲“秦高(縞)之中干”。④ 李家浩認爲：“簡牘文字的‘中干’都與旌旗記在一起，應當屬於旌旗之類。古代有一種旗叫作‘罕’。《史記·周本紀》：‘百夫荷罕旗以先驅。’漢代將這種‘罕旗’叫作‘雲罕’。《文選》卷三《東京賦》‘雲罕九斿，闟戟轇輵’。薛綜注：‘雲罕，旌旗之别名也，九斿，亦旗名也。’古人稱旒似雲的旗或形容高至雲的旗爲‘雲旗’。‘雲罕’猶‘雲旗’，‘雲’當是修飾語。‘罕’从‘干’聲。疑簡牘文字的‘中干’即指這種罕旗。”⑤田河認爲，“霝光”與“秦高”是兩種絲織物，可能用於裝飾“中干”。⑥ 按：此處的“干”，應從李家浩之説讀爲“罕”，指一種旗幟。“秦高之中干”的“秦高”，與“秦高之𦒻”中的“秦高”，應該是同一物品，疑讀爲“秦縞”。“霝光”，戰國簡冊習見。⑦ 這兩種物品，可能都是製作“中干”的質料。

包山簡 269、牘 1 記有“笔中干”，整理者認爲：“笔，讀如旄。旌旗

---

① 李家浩：《包山遣冊考釋(四篇)》，《古籍整理研究學刊》2003 年第 5 期。

② 劉信芳：《包山楚簡解詁》，藝文印書館 2003 年版，第 318 頁。

③ 湖北省文物考古研究所、北京大學中文系：《望山楚簡》，中華書局 1995 年版，第 108、121 頁。

④ 湖北省文物考古研究所、北京大學中文系：《望山楚簡》，中華書局 1995 年版，第 108 頁。

⑤ 李家浩：《包山楚簡中的旌旆及其他》，陳勝長主編：《第二屆國際中國古文字學研討會論文集續編》，香港中文大學中國語言及文學系 1995 年版，第 379~380 頁。

⑥ 田河：《出土戰國遣冊所記名物分類滙釋》，吉林大學博士學位論文，2007 年，第 148 頁。

⑦ 參第一章第二節之“鈦、銍”。

杆上的飾物，一般認爲是犛牛尾。‘中杆’，指旗杆的中部。”①李家浩認爲，“中干”屬於旌旗之類，疑指古代的“罕旗”；並懷疑，包山2號墓南室出土224號竹竿，就是簡269所記的“旄中干”。② 劉信芳師認爲：“‘中干’乃大夫之旃名。……‘中干’應是一種以竹竿扎束如‘中’之字形的旗幟。”③田河認爲：“簡文中的‘中干’應是旗杆，而非旗。”④劉國勝認爲：“《説文》‘旄，幢也。’段玉裁注：‘以犛牛尾節附註旗竿，故謂此旗爲旄。’天星觀簡記有‘絑羽之中竿’、‘白羽之中竿’；連雲港尹灣六號漢墓出土《武庫永始四年兵車器集簿》記有‘乘輿終干百卅九’。‘中竿’、‘終干’與‘中干’當爲同類物。”⑤按：我們傾向於將“中干”之“干”理解爲旗杆。⑥

“絑縞七䍜”，整理者認爲：“䍜，讀如格。《説文》：‘格，木長貌。’”⑦李家浩指出：“‘各’、‘㕣’二字形近，疑‘䍜’是‘罟’字之誤……不過，‘䍜’字所从之‘各’也可能是‘咎’字的省寫……‘䍜’應當釋寫作‘罶’，即‘罟’字的異體。我們認爲後一種説法可能性較大。”⑧按：包山牘1記有“絑縞七罟”。“罟”，也用以裝飾“戟”。

“篷”，劉國勝認爲：“疑讀爲‘幢’，《漢書·韓延壽傳》‘建幢棨’，顔師古注：‘幢，麾也。’”⑨我們認爲：“我們懷疑，‘篷’讀爲‘橦’，指旗杠。《後漢書·馬融傳》‘揭鳴鳶之修橦’，李賢注：‘橦者，旗之竿也。’”⑩按：簡文中的“篷”从“竹”，“橦”字从“木”。這與“竿”與“杆”的關係是一樣的。

---

① 湖北省荆沙鐵路考古隊：《包山楚簡》，文物出版社1991年版，第65頁。

② 李家浩：《包山楚簡中的旌旆及其他》，陳勝長主編：《第二届國際中國古文字學研討會論文集續編》，香港中文大學中國語言及文學系1995年版，第379~380、389頁。

③ 劉信芳：《楚簡器物釋名(上篇)》，《中國文字》新二十二期，藝文印書館1997年版，第181頁。

④ 田河：《出土戰國遣册所記名物分類滙釋》，吉林大學博士學位論文，2007年，第149頁。

⑤ 劉國勝：《楚喪葬簡牘集釋》，科學出版社2011年版，第58頁。

⑥ 參本節之“戰國簡册所記旗幟相關物品分析”。

⑦ 湖北省荆沙鐵路考古隊：《包山楚簡》，文物出版社1991年版，第65頁。

⑧ 李家浩：《包山楚簡中的旌旆及其他》，陳勝長主編：《第二届國際中國古文字學研討會論文集續編》，香港中文大學中國語言及文學系1995年版，第380頁。

⑨ 劉國勝：《楚喪葬簡牘集釋》，科學出版社2011年版，第104頁。

⑩ 羅小華：《楚簡名物選釋四則》，劉玉堂主編：《楚學論叢》第三輯，湖北人民出版社2014年版，第6頁。

"丹秋之"下一字，整理者闕釋，懷疑是"裛"字。[①] 田河認爲，"裛"可能是"用來罩'幢'之囊"。[②] 單育辰隸爲"褎"，讀爲"緣"，指緣飾。[③] 劉國勝懷疑"褎"讀"帣"，認爲："此處指'簟'杆有絲織物包裹。"[④]按："丹秋"，應即楚簡習見之"丹緅"，讀爲"丹繡"。[⑤] "丹秋之"的下一字，圖版不清。

天星觀簡中記有"絑羽之审竿""白羽之审竿""白羽审竿"。"白羽审竿"，疑即"白羽之审竿"的省略形式。"审竿"，疑指"中罕"旗或旗杆中部。

十、逢

鸔紟，白敌之首，鸔頸，鸔䈼，紫羊須之緫。曾侯乙墓簡 9+10
录翆之鉡。賠。 曾侯乙墓簡 106

"鸔紟"，整理者釋爲"鸔(翠)紟"，認爲"紟"與簡 106 中的"鉡"，指"同一種東西"。[⑥] 何琳儀師懷疑，"紟"是"縫"的省文。[⑦] 田河認爲："'鸔紟'指用翠羽做成的某物，作旗上裝飾。"[⑧]我們認爲："《左傳》哀公二年：'鄭人擊簡子，中肩，斃于車中，獲其逢旗。'杜預注：'逢旗，旗名。''逢'、'紟'均从'丰'得聲，諧聲通假。因此，'紟'可能是指'逢旗'。至於'逢旗'爲何種旗幟，晉王嘉有説：'周武王東伐紂，夜濟河。時雲明如晝，八百之族，皆齊而歌。有大蜂狀如丹鳥，飛集王舟，因以鳥畫其旗。翌日而梟紂，名其船曰蜂舟。魯哀公二年，鄭人擊趙簡子，得其蜂旗，則其類也。武王使畫其像於幡旗，以爲吉兆。今人幡信皆爲鳥畫，

---

① 湖北省文物考古研究所、北京大學中文系：《望山楚簡》，中華書局 1995 年版，第 108、121 頁。

② 田河：《出土戰國遣冊所記名物分類滙釋》，吉林大學博士學位論文，2007 年，第 232 頁。

③ 單育辰：《楚地遣策"宛"字的用法》，簡帛網，2008 年 12 月 27 日；《湖南省博物館館刊》第八輯，岳麓書社 2011 年版，第 293~294 頁。

④ 劉國勝：《楚喪葬簡牘集釋》，科學出版社 2011 年版，第 104 頁。

⑤ 參第一章第一節之"蓋"。

⑥ 湖北省博物館：《曾侯乙墓》，文物出版社 1989 年版，第 490、511 頁。

⑦ 何琳儀：《戰國文字聲系》，中華書局 1998 年版，第 436 頁。

⑧ 田河：《出土戰國遣冊所記名物分類滙釋》，吉林大學博士學位論文，2007 年，第 150 頁。

則遺象也。'……曾侯乙墓簡中的'䎖䋎'，可能指主要以翠羽裝飾的'旞旗'。"①按：將"䋎"理解爲旗幟名較爲可信。②

"䎖頸"，讀爲"翠莖"。③

"紫羊須之總"，也用於裝飾"旗"。

"白敌之首"，讀爲"白旄之首"。

"䎖篲"，整理者釋爲"䎖(翠)篲"。④ 何琳儀師讀爲"翠韢"，並認爲"韢"指"囊組名"，或作"䪎"。⑤

簡106記有"录翏之銉"。裘錫圭認爲，"銉"應釋爲"戟"。⑥ 按："銉"亦當讀爲"旞"，指"旞旗"。"緑羽之旞"，可與簡6"紫羽之常"、天星觀簡"玄羽之常"對照。

十一、戰國簡冊所記旗幟相關物品次序分析

曾侯乙墓簡中，簡6所記之"旗"，與簡68+69所記之"貂旃"的相關物品最爲相似。(見表2-3-1)

表2-3-1　**簡6與簡68+69所記旗幟對比**

簡　號	旗　名	首	總	常
6	旗	翠首	紫羊須之總	紫羽之常
68+69	貂旃	白旄之首	羊須之總	紨常

由表2-3-1所提供的信息，可以總結出以下3點：

①"旗"和"貂旃"之後，不僅記録了附屬物"首"和"總"，還分别記有"紫羽之常"和"紨常"兩種"常"旗。⑦

②"旗"和"貂旃"分别有"翠首"和"白旄之首"。可見，此二者都是有旗杆的，應該都是獨立於"二旆"而存在的旗幟。

③簡68中，"二旆"的旗杆是"晉杸"。據此，則整理者關於簡6"二

① 羅小華：《楚簡名物選釋四則》，劉玉堂主編：《楚學論叢》第三輯，湖北人民出版社2014年版，第7~8頁。

② 參本節"戰國簡冊所記旗幟相關物品次序分析"。

③ 參本節之"旃"。

④ 湖北省博物館：《曾侯乙墓》，文物出版社1989年版，第490頁。

⑤ 何琳儀：《戰國文字聲系》，中華書局1998年版，第1182頁。

⑥ 裘錫圭：《談談隨縣曾侯乙墓的文字資料》，《文物》1979年第7期。

⑦ 參本節之"常"。

斾”“所用的旗杆很可能也是‘晉杸’”的推測是可信的。

簡 9+10 中，“翠緋”之後也記載有“首”和“緄”，只是較簡 6 和簡 68 的記載多出“莖”和“篲”。由上分析，“翠緋”也可能獨立於“二斾”而存在，是一種旗幟的名稱。這正是我們將“緋”理解爲“旞旗”的一個重要依據。

在曾侯乙墓簡中，旗杆記爲“莖”：

紫旃，翠首，翠莖。 曾侯乙墓簡 72
㒵旃，翠首，貂定之莖。 曾侯乙墓簡 89
翠旞，白旄之首，翠莖，翠篲，紫羊須之緄。 曾侯乙墓簡 9+10

以上辭例中的旌旗及其相關物品，在上文中已經有所討論。這 3 條辭例，都是先記旗名，再記旗杆首飾，最後記旗杆。這種記録方式，亦見於其他戰國簡冊。現將曾侯乙墓簡、包山簡牘、望山簡、清華簡《封許之命》簡 6 中關於旗杆的記載羅列如次。(見表 2-3-2)

表 2-3-2 **曾侯乙墓簡、包山簡牘、望山簡、清華簡記杆之旗對比**

簡　號	旗名	杆首飾	杆飾	其　他
曾侯乙墓簡 72	紫旃	翠首	翠莖	
曾侯乙墓簡 89	㒵旃	翠首	貂定之莖	
曾侯乙墓簡 9	翠旞	白旄之首	翠莖	翠篲、紫羊須之緄
包山簡 269	絑旌	一百饳四十脩翠之首	旄中干	絑縞七䍙
包山牘 1	絑旌	百脩四十攸翠之首	旄中干	絑縞七䇛
望山簡 2-13	㒵旌、白斾	翡翠之首、蒙旄之首	彤幵	黄末、翠朐、翡羸
《封許之命》簡 6	素旂		朱笄	

由表 2-3-2 可知，除“絑縞七䇛(䍙)”“翠篲”“紫羊須之緄”“黄末”“翠朐”“翡羸”等物品之外，旗幟的主要構成部分是可以對應的。旗杆之首一般用翠羽裝飾(以白旄和蒙旄作爲裝飾的旗杆各一見)。清華簡《封許之命》中的“素旂”，基本上没有裝飾。這與傳世文獻中“無飾曰素”的訓釋相吻合。

另外，表 2-3-2 所記的旗幟，還有一個共同特徵——都不是以長兵器作爲旗杆。而在曾侯乙墓簡中，所記之旗主要是“旆”，均以“杸”或“晉杸”作爲旗杆。“杸”，凡 7 見；“晉杸”，凡 9 見。其中辭例完整者，“杸”有 5 例，“晉杸”有 6 例。現在羅列如次：

一杸，二旆，屯八翼之翿。旗𦒱。	曾侯乙墓簡 3、40、82+83、102+103
一杸，二旆，屯八翼之翿。其旗𦒱。	曾侯乙墓簡 20
一晉杸，二旆，屯八翼之翿。旗𦒱。	曾侯乙墓簡 17、30、84、91
一晉杸，二旆，屯八翼之翿。	曾侯乙墓簡 14、68

以長兵器作爲旗杆的旗，還見於包山簡牘：

車戟，䎖羽一翌；其旆，朮五翌。	包山簡 269、牘 1
二戟，䎖二翌；二旆，皆朮九翌。	包山簡 273

以上曾侯乙墓簡、包山簡中以長兵器作爲旗杆的辭例，可以列表進行對比。(見表 2-3-3、表 2-3-4)

表 2-3-3　**曾侯乙墓簡中長兵旗杆辭例對比**

簡　號	長兵器	旆	翿	其　他
3、40、82+83、102+103，20	杸	二旆	八翼之翿	旗𦒱
17、30、84、91	晉杸	二旆	八翼之翿	旗𦒱
14、68	晉杸	二旆	八翼之翿	

表 2-3-4　**包山簡牘中長兵旗杆辭例對比**

簡　號	長兵器	䎖	旆	朮
簡 269、牘 1	車戟	䎖羽一翌	其旆	朮五翌
簡 273	二戟	䎖二翌	二旆	皆朮九翌

由表 2-3-3 可知，曾侯乙墓簡中，以長兵器作爲旗杆的旗幟記載方式上基本一致：

長兵器(“杸”/“晉杸”)+旗名(“旆”)+羽毛裝飾(“八翼之翿”)+附屬

物(“旗䎽”)

由表2-3-4可知，包山簡牘中以長兵器作爲旗杆的旗幟記載方式也是一致的：

長兵器(“戟”/“車戟”)+兵器上的裝飾(“䵚羽”/“䵚”)+旗名(“旆”)+旗上裝飾(“朮”)

總結表2-3-3、表2-3-4，可以得出一個結論：以長兵器爲旗杆的旗幟，都是先記載長兵器，然後再記載旗幟；長兵器和旗幟上的裝飾，則緊接著記於主體器物之後。

再回過頭來看表2-3-2情況。表中的旗杆均非長兵器。《封許之命》簡6所記旗幟的方式非常簡單：旗名+旗杆。而其他簡冊記載旗幟的記載方式可以總結爲：旗名+首飾及杆首+杆飾及旗杆+其他。

曾侯乙墓簡和包山簡中，還存在一種較爲簡單的記“旗”形式，即在表2-3-2所列記載方式的基礎上省略旗杆，可以概括爲“旗名+杆首”(見表2-3-5)：

其旗，翠首，紫羊須之總。	曾侯乙墓簡6
㒟旃，墨旄之首。	曾侯乙墓簡46
紫旃，玄羽之首，一翼之䍐。	曾侯乙墓簡79
㒟旃，朱旄之首。	曾侯乙墓簡86
㒟旌，豪首。	包山簡273

表2-3-5　曾侯乙墓簡、包山簡省記旗杆之旗對比

簡　號	旗　名	杆首飾	其　他
曾侯乙墓簡6	旗	翠首	紫羊須之總
曾侯乙墓簡46	㒟旃	墨旄之首	
曾侯乙墓簡79	紫旃	玄羽之首	一翼之䍐
曾侯乙墓簡86	㒟旃	朱旄之首	
包山簡273	㒟旌	豪首	

戰國簡冊中記載旗幟存在兩種方式：第一，以長兵器爲旗杆的旗幟一般先記長兵器再記旗幟；第二，不以長兵器爲旗杆的旗幟一般先記旗幟，再記杆首，再記旗杆(有的會省略旗杆)。另外，就旗幟的裝飾而言，羽毛和旄牛尾是常見的杆飾和杆首飾。

十二、戰國簡冊所見車載旗幟小結

在傳世文獻中，有著大量關於先秦時期旗幟的記載。《周禮·春官·司常》中記有"九旗"："司常掌九旗之物名，各有屬以待國事。日月爲常，交龍爲旂，通帛爲旜，雜帛爲物，熊虎爲旗，鳥隼爲旟，龜蛇爲旐，全羽爲旞，析羽爲旌。及國之大閲，贊司馬頒旗物：王建大常，諸侯建旂，孤卿建旜，大夫士建物，師都建旗，州里建旟，縣鄙建旐，道車載旞，斿車載旌。"①

關於"九旗"的解釋，歷來衆説紛紜。在此基礎之上，清代學者金榜又提出了"七旗"的觀點："九旗之見於祭祀會同賓客及師田，所用實七而曰九。《司常》：'王建大常，諸侯建旂，孤卿建旜，大夫士建物，師都建旗，州里建旟，縣鄙建旐。'此七旗蓋無羽，賓祭之所用也。其曰旞曰旌，則以有羽爲異。'道車載旞，斿車載旌'是也。"②孫詒讓贊同此説："余前著《周禮疏》，深善檠齋金氏《禮箋》説，知大赤即鳥旟，大白即熊旗，大麾即龜旐，合之大常大旂，而方色大備。又考正旞旌爲諸旗之通制，其説皆至塙。"並提出己見："九旗名制，備於《司常》，總而論之，其正旗唯五：曰常、曰旂、曰旗、曰旟、曰旐，五路之所建也。五者隨章異物，其曰旜、曰旃爲縿斿之異名；曰旞、曰旌爲注羽之異名，四者即就五正旗爲之别異，乃旗物之通制，非於五旗之外别爲章物也。"③如孫氏所言，《九旗古誼述》一文"首舉《司常》、《大司馬》九旗五正，以箸其等例，而旁及《爾雅》常旐、《鄉射》獲旜、《士喪》銘旌諸文，以廣其義證"。④ 朱小健先生總結説："《九旗古誼述》對先秦旗幟考釋的主要貢獻，約有三事：一爲辨明周代旗幟之用實僅五旗，二爲考定旜、物爲旗幟通制，三爲斷定無帛之旗實指翿旌。"⑤至此，關於先秦時期的旗幟的考證，分出了"九旗""七旗"和"五旗"等三種觀點，尤以"九旗"和"五旗"兩説最受關注。究竟哪種觀點才是對的，卻很難得到出土實物的證實。究其原因，是因爲"絲麻類物質長期埋在地下，發掘時發現早已腐朽，故而缺乏實物和形象化資料"。⑥

而在戰國簡冊中，"旆"應該是一種可以單獨使用的旗幟；"紫旃"一

① 《周禮注疏》卷二七。

② 《禮箋》卷一。

③ 孫詒讓：《九旗古誼述》，《大戴禮記斠補（外四種）》。

④ 孫詒讓：《九旗古誼述》，《大戴禮記斠補（外四種）》。

⑤ 朱小健：《〈九旗古誼述〉評議》，《孫詒讓研究論文集》，百花洲文藝出版社 2007 年版，第 317 頁。

⑥ 王厚宁：《考古資料中的東周旗幟》，《中國典籍與文化》1999 年第 4 期。

詞則與“通帛謂大赤”的説法相矛盾；“秦高之[illegible]旌”證明，“旌”並非只用羽毛，也可以用紡織品製作。另外，“析羽爲旌”“全羽爲旞”“日月爲常”“熊虎爲旗”“交龍爲旂”“雜帛爲物”等説法，均未得到證實；“鳥隼爲旟”“龜蛇爲旐”兩種旗幟更未出現。凡此説明，無論是《司常》中的“九旗”，還是金榜的“七旗”，還是孫詒讓的“五旗”，都不適用於戰國簡冊的旗幟。誠如任慧峰先生所言：“‘九旗’，如同《周禮》中所記的‘九祭’‘九州’‘九服’一樣，只是對當時衆多旗幟的一種整齊化歸類，並不是全部。”①

第四節　雜　　器

一、彫軺

一敭敦，一緅絨之綹。　　包山簡 270
一周軴，緅秋之綹。　　包山牘 1

簡 270 中的“敭敦”，何琳儀師釋爲“彫敦”，讀爲“彫槫”，認爲“槫”指“柩車”。② 李家浩認爲，“敭”讀爲“雕”；“敦”从“攴”“朝”省聲，即牘文中的“輈”。③

牘 1 中“周軴”之“軴”，滕壬生隸定爲“輈”，並注明“从土”。④ 李家浩隸爲“軴”，釋爲“輈”，指“轅”。⑤ 田河認爲，此形體應爲兩個字，上部釋爲“輤”，可讀爲“軺”；下部一横筆則爲“一”字，屬下讀。⑥ 劉國勝認爲：“釋‘雕輈’可信。‘輈’，原文右旁从‘舟’从‘止’，‘止’的寫法與 1 號牘的‘正車’之‘正’所从‘止’基本相同，當隸定作‘軴’，是‘輈’的繁寫。”⑦按：“敭敦”和“周軴”均記於“其上載”之後，理解爲車構件恐有不

① 任慧峰：《先秦軍旗考論》，《晉中學院學報》2009 年第 4 期。
② 何琳儀：《包山竹簡選釋》，《江漢考古》1993 年第 4 期。
③ 李家浩：《信陽楚簡“樂人之器”研究》，《簡帛研究》第三輯，廣西教育出版社 1998 年版，第 10 頁。
④ 滕壬生：《楚系簡帛文字編》，湖北教育出版社 1995 年版，第 1019 頁。
⑤ 李家浩：《信陽楚簡“樂人之器”研究》，《簡帛研究》第三輯，廣西教育出版社 1998 年版，第 10 頁。
⑥ 田河：《車楚簡遣冊文字釋讀五則》，《古文字研究》第二十七輯，中華書局 2008 年版，第 378~379 頁。
⑦ 劉國勝：《楚喪葬簡牘集釋》，科學出版社 2011 年版，第 86 頁。

妥。因此，“敂”和“軺”疑讀爲“鞀”，指“軍樂器”。由於“軺”專用於馬車之上，故字从“車”作。

簡270、牘1分别記有“緅緎之紿”“緅秋之紿”。“紿”，劉信芳師認爲：“從有關文例看，是車馬部件或兵器的絲革附屬物，疑讀如‘游’。”[①] 何琳儀師懷疑是“紈”之繁文。[②] 白於藍從林澐之説，認爲“紿”即《説文》中的“絇”。[③] 施謝捷認爲“紿”是“鞄”的異體，釋爲“橐”。[④] 劉國勝懷疑，“秋”“緎”都應讀爲“繡”，指“刺繡品”。[⑤] 按：“秋”“緎”“繡”三字音近可通，且“緎”字从“糸”，當與織物有關，讀“繡”可從。“紿”記於“鞀”後，解釋爲盛物之“橐”，也是比較通順的。

二、彫缶

一敀梍。　　　包山簡270

一綢椱。　　　包山牘1

簡270記有“敀梍”，牘1記有“綢椱”。《包山楚墓》一書認爲，“一敀梍”就是墓里出土的“漆木鼓”。[⑥] 胡雅麗認爲，“梍”讀“鼛”，訓爲“鼓鼙聲”；並指出：“‘一敀梍(鼛)’即一件畫彩小鼓。二號墓出土彩繪木鼓一件2：302，與銅鐃放置一起，應爲遣策所記之梍(鼛)。梍當爲鼛之俗字。”[⑦]李家浩將“綢”讀爲“雕”；認爲“梍”“椱”讀“鞎”，指“伏兔”。[⑧] 白於藍認爲是“缶”字繁構，指樂器。[⑨] 劉國勝懷疑：“‘梍’、‘椱’疑讀爲‘拊’，即《周禮·春官·大師》‘大祭祀，帥瞽登歌，令奏擊拊’之‘拊’，

---

① 劉信芳：《楚簡器物釋名(上篇)》，《中國文字》新二十二期，藝文印書館1997年版，第175頁。

② 何琳儀：《戰國文字聲系》，中華書局1998年版，第166頁。

③ 白於藍：《〈包山楚簡文字編〉校訂》，《中國文字》新二十五期，藝文印書館1999年版，第185頁。

④ 施謝捷：《楚簡文字中的“橐”字》，《語文研究》2002年第4期。

⑤ 劉國勝：《楚簡文字中的“綉”和“緅”》，《江漢考古》2007年第4期。

⑥ 湖北省荆沙鐵路考古隊：《包山楚墓》，文物出版社1991年版，第118頁。

⑦ 胡雅麗：《包山二號楚墓遣策初步研究》，《包山楚墓》，文物出版社1991年版，第518頁。

⑧ 李家浩：《信陽楚簡“樂人之器”研究》，《簡帛研究》第三輯，廣西教育出版社1998年版，第10頁。

⑨ 白於藍：《〈包山楚簡文字編〉校訂》，《中國文字》新二十五期，藝文印書館1999年版，第186頁。

屬‘正車’上指揮用的軍樂器。”①田河指出：“‘敀柎’和‘絅椱’都可讀爲‘彫缶’。是指樂器‘缶’。……墓中没有找到與‘缶’對應的樂器。”②按：“敀柎”“絅椱”均爲“其上載”所統轄，應該都是承載與車輿上的器物，解釋爲“伏兔”恐不妥。另外，“敀柎”記於“敀敾”與“鐃”之間，“絅椱”記於“周轄”與“鐃”之間，也應該是軍樂器。“柎”“椱”“缶”“拊”音近可通，讀爲“缶”和“拊”都有可能。考慮到“柎”與“缶”諧聲通假，關係更近，我們傾向於讀“缶”。

三、鐃

一鐃，緅組之綏。　　包山簡 270

一鐃，綼組綏。　　包山牘 1 反

簡 270 記有“鐃”，整理者指出：“鐃，簡文作，《汗簡》堯字作，與簡文形近。《説文》：‘鐃，小鉦也’。出土有銅鉦一件。”③李家浩釋爲“鈇”，用作“鋪首”之“鋪”。④ 何琳儀師隸定爲“鋲”，懷疑是“鏌”的異文，讀爲“鏌”，指“鏌釾，大戟也”。⑤ 施謝捷釋出牘 1 反中的“鐃”。⑥ 劉國勝認爲：“就字形看，釋‘銑’或釋‘鈇’都有可能。暫從整理者釋。”⑦ 按：整理者從字形、義訓、出土實物三方面入手將“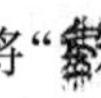”釋爲“鐃”，較爲可信。

“緅組之綏”，整理者認爲：“綏，繫於銅鉦上端圓孔中的組系，便於懸挂。”⑧“綼組綏”，整理者釋爲“綼，組綏”，認爲“綼”屬上讀。⑨ 陳偉師認爲“綼”屬下讀。⑩ 劉信芳師認爲：此“綏”是“鐃”的“把手”。⑪ 按：

---

① 劉國勝：《楚喪葬簡牘集釋》，武漢大學博士學位論文修訂本，2005 年，第 72 頁。

② 田河：《出土戰國遣冊所記名物分類滙釋》，吉林大學博士學位論文，2007 年，第 68 頁。

③ 湖北省荆沙鐵路考古隊：《包山楚簡》，文物出版社 1991 年版，第 66 頁。

④ 李家浩：《信陽楚簡“樂人之器”研究》，《簡帛研究》第三輯，廣西教育出版社 1998 年版，第 10 頁。

⑤ 何琳儀：《戰國文字聲系》，中華書局 1998 年版，第 616 頁。

⑥ 施謝捷：《隨縣包山望山江陵郭店楚簡釋文》稿本(電子版)，2003 年。

⑦ 劉國勝：《楚喪葬簡牘集釋》，科學出版社 2011 年版，第 61 頁。

⑧ 湖北省荆沙鐵路考古隊：《包山楚簡》，文物出版社 1991 年版，第 66 頁。

⑨ 湖北省荆沙鐵路考古隊：《包山楚簡》，文物出版社 1991 年版，第 39 頁。

⑩ 陳偉：《包山楚簡初探》，武漢大學出版社 1996 年版，第 190 頁。

⑪ 劉信芳：《楚系簡帛釋例》，安徽大學出版社 2011 年版，第 141 頁。

“綏”一般不是獨立存在的物品，又記於“鐃”後，將其看作“鐃”的附屬物，應該更爲妥當。

四、䍐

紫䍐，綶縿，敎賠。　　　曾侯乙墓簡 95

“䍐”，蕭聖中據紅外照認爲：“此字當隸定作‘𦌾’（䍐），疑是車用囊袋，與《説文》訓‘㐮’之‘簔’義近。”①田河認爲：“簡文‘䍐’上部與‘畢’形近，下部與‘襄’形近。依漢字結構規律，可分析爲从罒、襄聲的字，遣冊中的‘襄’多讀爲‘囊’，‘䍐’也可以讀爲囊。”②按：蕭文所引紅外照圖片作“”。包山簡有“襄”字作“”（簡 103）、“”（簡 170）。對比可知，“”字與“襄”字形體較爲接近，暫隸爲“䍐”。

“綶縿”，張光裕等釋。③

“敎賠”之“敎”字，蕭聖中據紅外照隸定爲“敎”，並指出：“本簡文‘敎’字，似亦用爲介。”④“賠”，曾侯乙墓簡習見。

---

① 蕭聖中：《曾侯乙墓竹簡釋文補正暨車馬制度研究》，武漢大學博士學位論文，2005 年，第 97 頁。

② 田河：《出土戰國遣冊所記名物分類滙釋》，吉林大學博士學位論文，2007 年，第 228 頁。

③ 張光裕、滕壬生、黄錫全主編：《曾侯乙墓竹簡文字編》，藝文印書館 1997 年版，第 107 頁。

④ 蕭聖中：《曾侯乙墓竹簡殘泐字試補十九則》，《簡帛》第一輯，上海古籍出版社 2006 年版，第 19~20 頁。

第三章　戰國簡冊所見車馬綜合研究

在前兩章中，我們是將戰國簡冊中所記載的與車馬相關的物品分爲“車馬器”“車載器”兩大類進行逐一討論。在本章中，我們主要對“車名”“車陣及相關物品”“馬車分組”“C 類簡”等四個方面進行專題内的綜合分析。

第一節　戰國簡冊所見車名研究

戰國簡冊中，有不少關於馬車車名的記載，主要見於五里牌簡、信陽簡、望山簡、天星觀簡、曾侯乙墓簡、包山簡、新蔡簡、望山橋簡等。除天星觀簡、清華簡和望山橋簡之外，其他竹簡材料均已全部公佈。到目前爲止，已有不少學者對這些車名進行研究，並取得豐碩成果。本節在收集各家之説的基礎上，對戰國簡冊中的各車名進行討論，然後將馬車的用途、特徵物品等信息結合起來，對這些馬車的類别進行思考。①

一、旆

大䡴。	曾侯乙墓簡 1、122
大旆。	曾侯乙墓簡 142
左䡴。	曾侯乙墓簡 16、144、145
左旆。	曾侯乙墓簡 125
左穜䡴。	曾侯乙墓簡 25
左穜旆。	曾侯乙墓簡 127
右䡴。	曾侯乙墓簡 36、146、147

① 按：本節分類的重要依據，參本節之“關於戰國簡冊所見馬車種類的思考”。

右旆。	曾侯乙墓簡 131
右彤輔。	曾侯乙墓簡 38
右𧟌輔。	曾侯乙墓簡 133
大市。	天星觀簡(《楚系》第 642、779 頁)
⍁。乘駷之⍁	天星觀簡(《楚系》第 760 頁)

曾侯乙墓簡記有“大旆”“左旆”“左𧟌旆”“右旆”“右彤旆”“右𧟌旆”等車名，“旆”或作“輔”。整理者認爲：“古代作戰時一般以兵車載旆置於軍前。《左傳》宣公十二年‘令尹南轅反旆’，杜預注：‘旆，軍前大旗。’載旆的前驅兵車也可以稱爲旆。《左傳》哀公二年‘陽虎曰：吾車少，以兵車之旆與罕、駟兵車先陣’，杜預注：‘旆，先驅車也。’因‘旆’用爲兵車名，故簡文或寫作从‘車’。簡文所記之‘旆’有大旆、左旆、右旆。《左傳》僖公二十八年：‘城濮之戰，晉中軍風于澤，亡大旆之左旃。’大旆是指中軍前驅的兵車，杜預注理解爲旗名是錯誤的。《左傳》僖公二十八年：‘胥臣蒙馬以虎，先犯陳、蔡。陳、蔡奔，楚右師還，狐毛設二旆而退之。’疑‘二旆’即左旆、右旆之類。”①

“左𧟌旆”，整理者指出：“同類車名還有‘右𧟌旆’(132 號)……38 號簡的‘右彤旆’，即 B 類 132 號簡的‘右𧟌旆’，或疑‘𧟌’即‘彤’之假借字。”②劉信芳師認爲：“‘𧟌旆’之‘𧟌’又作‘彤’(曾簡 38)，疑讀爲‘輴’，《説文》：‘輴，陷陬車也。’”③

天星觀簡中，“大市”之“市”、“⍁乘駷之⍁”之“駷”，蕭聖中認爲，均當通“旆”，並指出“乘旆”不見於典籍。④

按：曾侯乙墓簡中，“旆”的“左”“右”應指其所處車陣的位置而言。“大旆”應居各“旆”之中。“大旆”與其他諸“旆”可能存在區别。“𧟌”與“彤”用字基本穩定(簡 133 中的“右𧟌旆”除外)，恐非通假關係。⑤ 天星觀簡中的“大市”之“市”，可能讀爲“旆”；“乘駷”之“駷”，見於《集韻·夳韻》：“馬皃。”⑥其義於簡文無涉。我們懷疑，“駷”不一定讀爲“旆”，有可能是馬名；“乘駷”，可能指四匹“駷”。

---

① 湖北省博物館：《曾侯乙墓》，文物出版社 1989 年版，第 502 頁。
② 湖北省博物館：《曾侯乙墓》，文物出版社 1989 年版，第 513 頁。
③ 劉信芳：《楚系簡帛釋例》，安徽大學出版社 2011 年版，第 117 頁。
④ 蕭聖中：《曾侯乙墓竹簡釋文補正暨車馬制度研究》，科學出版社 2011 年版，第 182 頁。
⑤ 參本節之“殿”。
⑥ 《集韻》卷七。

二、⿱陏車

⿱乘車⿱陏車。	曾侯乙墓簡 4、122、170
⿸陏車軒。	曾侯乙墓簡 26、129①
⿱陏車軒。	曾侯乙墓簡 28、128、172
⿱陏車₌。	曾侯乙墓簡 31、143、162②、163、171、198、199、200、204
⿰阝⿱升車₌。	曾侯乙墓簡 62
⿱陏車車。	曾侯乙墓簡 120
⿱陏車。	曾侯乙墓簡 60
一乘⿱外車。	天星觀簡(《楚系》第 11、434 頁)
一乘外車。	天星觀簡(《楚系》第 1121 頁)
欲差⿰𧾷頁臣騂乘⿱外車。	天星觀簡(《楚系》第 379、425、434 頁)
欲差⿰𧾷頁臣騂乘外車。	天星觀簡(《楚系》第 1121 頁)
苛弘騂乘⿱外車。	天星觀簡(《楚系》第 162、434 頁)
苛騂乘外車。	天星觀簡(《楚系》第 1121 頁)
苛□騂乘⿱外車。	天星觀簡(《楚系》第 59 頁)
▨之右轜⿱外車▨	天星觀簡(《楚系》第 102 頁)

曾侯乙墓簡記有"⿱陏車車"(或作"⿱陏車₌""⿰阝⿱升車₌")、"⿱陏車軒"(或作"⿸陏車軒")、"⿱陏車""乘⿱陏車"。天星觀簡記有"乘⿱外車"。

"⿱陏車₌"與"⿰阝⿱升車₌"，整理者分别釋爲"陏車"和"阩車"，並認爲"阩，應即'陏'的異體"。③ 莊淑慧指出："'⿱陏車'即代表'⿱陏車車'或'陏車'之義。"④ 我們認爲："我們推測整理者可能是將'⿱陏車'字視爲'陏車'二字的合成體。簡 120 有'⿱陏車車'，簡 60 有'⿱陏車'。由此可見，'⿱陏車'字本身可能是單字，而非'陏車'二字合體構成。因此，將合文'⿱陏車₌'之'⿱陏車'視爲'⿱陏車車'二字合文可能會更合理一些。"⑤

---

① 按：簡 129 中的"⿸陏車"，參蕭聖中：《曾侯乙墓竹簡釋文訂補(十則)》，《簡帛》第二輯，上海古籍出版社 2007 年版，第 49 頁。

② 按：簡 162 中的"⿱陏車"，整理者誤隸爲"⿱阩車"。

③ 湖北省博物館：《曾侯乙墓》，文物出版社 1989 年版，第 491、497~500、493、518 頁。

④ 莊淑惠：《曾侯乙墓出土竹簡考》，臺灣師範大學碩士學位論文，1995 年，第 111 頁。

⑤ 羅小華：《曾侯乙墓竹簡合文研究》，《簡帛》第七輯，上海古籍出版社 2012 年版，第 2 頁。

蕭聖中認爲,“𨍭車”可能是古文獻中的“鸞路”(鸞車),用於“作戰”;“乘𨍭”屬兵車,車型與“乘車”相近;“阩(𨍭)軒”也屬於兵車;並總結説“𨍭車系列(含乘𨍭、𨍭軒)本爲王或諸侯之乘車,用於會同則爲金路(不建戈盾),用於軍旅則爲革路(建戈盾)”;天星觀簡中的“𨏮”,是“𨍭”字之省。① 陳偉師認爲:“天星觀簡中的‘𨏮’和曾侯乙簡中的‘隆’,或許是一個从‘閒’得聲的字,可以姑且釋寫爲‘𨏥’。……我們猜想用作車名的‘𨏥’應該讀作同樣从‘戔’得聲的‘輚’或者‘棧’。《周禮·春官·巾車》:‘服車五乘:孤乘夏篆,卿乘夏縵,大夫乘墨車,士乘棧車,庶人乘役車。’鄭玄注:‘棧車,不革鞔而漆之。’《儀禮·既夕禮》:‘賓奠幣于棧左服’,鄭玄注:‘棧,謂柩車也。凡士車制無漆飾。……今文棧作輚。’《左傳·成公二年》:‘丑父寢於轏中’,杜預注:‘轏,士車。’孔疏云:‘轏與棧,字異音同耳。’是棧也可寫作輚或轏。在士車和柩車之外,輚(棧、轏)的用途還另外有臥車、兵車等説法。臥車,見於《後漢書·班固傳》‘於是後宫乘輚路’李賢注引《埤蒼》、《左傳》成公二年‘丑父寢於轏中’陸德明釋文引《字林》,兵車見於《廣韻·産韻》‘輚’字條。簡文中‘𨏥’有‘𨏥車’、‘乘𨏥’、‘𨏥軒’三種形式,或許正與輚(棧、轏)之用途的多樣性有關。”②我們懷疑,簡文中的“𨍭”“𨍭”“隆”,均應讀爲“罕”,即“網”,“罕車”爲“載‘罕’之車”:“《文選·羽獵賦》‘及至罕車風揚’,李善注:‘罕,畢罕也。’吕向注:‘罕車,獵車也。’《史記·天官書》:‘畢曰罕車,爲邊兵,主弋獵。’張守節正義:‘畢八星,曰罕車,爲邊兵,主弋獵。’《説文》:‘罕,網也。’《廣韻·質韻》:‘畢,兔罟。’《國語·齊語》‘田、狩、畢、弋’,韋昭注:‘畢,掩雉兔之網也。’可見‘畢’、‘罕’均爲捕獵所用之網。吕向將‘罕車’訓爲‘獵車’,可能就是由此得出的。這種載有‘畢’、‘罕’的車,後來用作‘古代帝王出行時前導的儀仗’。‘畢罕’也就成爲這種車的代名詞。《宋書·禮志五》:‘畢罕本施遊獵,遂爲行飾乎?’《東觀漢記·車服志》:‘天子行有畢罕。’”③按:“𨍭車”疑爲總名,“𨍭”是“𨍭車”的簡稱,“𨍭(𨍭)軒”“乘𨍭(𨏮)”,可能是形制或用途上略有區别的“𨍭車”。天星觀簡中的“☐之右

① 蕭聖中:《曾侯乙墓竹簡釋文補正暨車馬制度研究》,科學出版社 2011 年版,第 179~180 頁。

② 陳偉:《車輿名試説(二則)》,《古文字研究》第二十八輯,中華書局 2010 年版,第 385 頁。

③ 羅小華:《楚簡車名選釋二則》,簡帛網,2012 年 10 月 28 日;《楚文化研究論集》第十一集,上海古籍出版社 2015 年版,第 402~404 頁。

轎䡝☑”，待考。

三、乘車

　　䡝₌。　　曾侯乙墓簡 7、137

整理者認爲：“‘乘車’亦見於下面 B 類簡(137 號)。《左傳》襄公二十四年‘晉侯使張骼、輔躒致楚師，求御于鄭。……二子在幄，坐射犬于外。既食，而後食之。是御廣車而行，已皆乘乘車’，杜預注：‘乘車，安車。’楊伯峻先生云：‘乘車，其平日所乘之戰車，非單車挑戰之廣車。’從簡文乘車上配備有弓、箭、戟、戈、盾、甲、胄等兵器來看，楊説似可信。”①李守奎認爲：“車上裝備甚全，戎車上的韔、箙、弓、箭、戈、戟、盾、旆一一俱全，它與竹簡中所記旆車、廣車、殿車等戎車的最大區别是乘車還備有‘圓軒’。”②田河認爲：“兵車與乘車還是有著嚴格的區分，從典籍看‘乘車’一般是不作兵車用。”③按：“乘車”，可能是日常用車用作兵車，所備“二旆”裝飾有“九翼之翻”，且位於車陣正中。④

四、政車

　　政車。　　曾侯乙墓簡 12、123、166
　　正車。　　包山簡 271、牘 1

包山簡整理者認爲：“正車，似爲征車。《左傳・襄公十三年》：‘先王卜征五年’，注：‘征謂巡守’。”⑤李家浩認爲：“曾侯乙墓竹簡‘正車’作‘政車’。《説文》訓‘政’爲‘正也’，並説从‘正’得聲，所以‘正車’可以寫作‘政車’。古代的戰車分正、副。副車或稱作倅車、貳車、佐車等。疑‘正車’是對副車而言的。墓主卲㐌官至左尹。左尹的地位很高，戰爭時期要帶兵打仗……所以卲㐌乘的車爲正車。正因爲是正車，所以車上的

---

① 湖北省博物館：《曾侯乙墓》，文物出版社 1989 年版，第 511 頁。
② 李守奎：《出土簡策中的“軒”和“圓軒”考》，《古文字研究》第二十二輯，中華書局 2000 年版，第 197~198 頁。
③ 田河：《出土戰國遣冊所記名物分類滙釋》，吉林大學博士學位論文，2007 年，第 80 頁。
④ 參第二節“曾侯乙墓竹簡所見車陣研究”。
⑤ 湖北省荆沙鐵路考古隊：《包山楚簡》，文物出版社 1991 年版，第 66 頁。

裝備物要比其他的車多。”[①]陳偉師認爲：“由此似可確認它屬於兵車。政(正)有君長之意。在曾侯乙的車陣中，政車只有一乘，其位置較那些以‘𦎫’命名的車爲後，而在以‘殿’命名的車之前，大致比較適中。這樣看來，政(正)車較有可能是車陣中的指揮車。”[②]田河認爲：“尹灣漢墓出土‘武庫永始四年兵車器集簿’載有‘乘輿鉦車、鼓車、武摩車十八乘’、‘鉦車八乘、鼓車六乘、戰車一乘’。古代作戰擊鼓爲進，鳴金收兵。鉦車就是載鉦之車，鼓車就是載鼓之車。鉦車與鼓車相連顯然是指揮車。我們懷疑簡文的‘正(政)車’可能就是‘鉦車’，屬儀仗、作戰中的指揮。”[③]按：考慮到“韄輪”是兵車通制，“政車”裝配“𨎪輪”，應爲日常用車用作兵車。[④]“正車”裝配“糶輪”，有可能是按照戰車的標準進行裝配，既具備戰車的特徵，又具備非戰爭用車的特徵。[⑤]在這一點上，二者相近。

五、殿

大㞐。	曾侯乙墓簡 13、124
大輾。	曾侯乙墓簡 149
左㞐。	曾侯乙墓簡 22、127
左輾。	曾侯乙墓簡 150、151
左彤㞐。	曾侯乙墓簡 32、130
右㞐。	曾侯乙墓簡 136
右輾。	曾侯乙墓簡 152、153
右褈㞐。	曾侯乙墓簡 39、136

整理者認爲“‘㞐’，或作‘輾’。簡文所記的‘㞐’有大㞐、左㞐、右㞐，與大旆、左旆、右旆相對，是‘㞐’或‘輾’並當讀爲指殿後的兵車的‘殿’。《左傳》襄公二十三年‘大殿，商子游御夏之御寇，崔如爲右’，杜預注：‘大殿，後軍。’《文選·東京賦》‘殿未出乎城闕，旆已返乎郊畛’，

① 李家浩：《包山楚簡中的旌旆及其他》，陳勝長主編：《第二届國際中國古文字學研討會論文集續編》，香港中文大學中國語言及文學系 1995 年版，第 376 頁。

② 陳偉：《包山楚簡初探》，武漢大學出版社 1996 年版，第 184 頁。

③ 田河：《出土戰國遣册所記名物分類滙釋》，吉林大學博士學位論文，2007 年，第 74 頁。

④ 參第二節“曾侯乙墓竹簡所見車陣研究”。

⑤ 參第三節“戰國簡册所見馬車分組對比研究”。

薛綜注：‘旆，前軍，殿，後軍。’”①蕭聖中認爲：“大殿大約是後軍的中軍，而以左殿、左彤殿、右殿、右彤殿爲其左右翼。”②按：“左彤殿”（簡32、130）與“右穜殿”（簡39、136）的寫法固定，可證“彤”“穜”之間恐非通假關係，它們之間可能存在區別。

六、廣

輁車。	曾侯乙墓簡120、197
輁₌。	曾侯乙墓簡204
䡈輁。	曾侯乙墓簡42、167
行輁。	曾侯乙墓簡120、154、155、156、157、158
少輁。	曾侯乙墓簡18、126、169
一乘₌輁。	天星觀簡（《楚系》第1129頁）
乘輁之右轄番女反駢之。	天星觀簡（《楚系》第434頁）
乘輁之右轎番女反駢之。	天星觀簡（《楚系》第85、162、248、492、856、1024頁）
衛□乘₌輁左☐。	天星觀簡（《楚系》第170頁）
衛□乘輁左☐。	天星觀簡（《楚系》第1025頁）

曾侯乙墓簡整理者認爲：“簡文有少輁、乘輁、行輁，‘輁’均用爲車名，當讀爲廣車之‘廣’。……《左傳》宣公十二年‘楚子爲乘廣三十乘，分爲左右’。又襄公十一年‘廣車、軘車淳十五乘’，杜預注：‘廣車、軘車皆兵車名。’《周禮·春官·車僕》‘廣車之萃’，鄭玄注：‘廣車，橫陳之車也。’但是，稱廣車的其實並不一定是兵車。《戰國策·西周策》‘昔知伯欲伐厹由，遺之大鐘，載以廣車，因隨入以兵’，高誘注：‘廣，大車也。’漢代有一種大車叫‘廣柳車’（《史記·季布傳》），可能與此種載物之廣車有關。120號是車的總計簡，所記車馬既有‘廣車’，又有‘行廣’。‘廣車’似是指旆、殿等兵車，‘行廣’則是其他性質的廣車。……旆、殿等車是根據它們在車隊（陣）中的方位而定名的，而廣車則是兵車的一個共名，所以旆、殿等車可以統稱爲廣車。”③裘錫圭認爲“簡文的少廣大概

① 湖北省博物館：《曾侯乙墓》，文物出版社1989年版，第512頁。
② 蕭聖中：《曾侯乙墓竹簡釋文補正暨車馬制度研究》，科學出版社2011年版，第183頁。
③ 湖北省博物館：《曾侯乙墓》，文物出版社1989年版，第513、521頁。

相當於《左傳》的貳廣”。[①] 蕭聖中指出：“乘輊又見於天星觀簡……‘行廣’之名未詳，疑是行車用爲廣車。《管子·立政篇》中有‘行車’之名，謂：‘五屬大夫，皆以行車朝，出朝不敢就舍，遂行至都之日。’”[②]劉信芳師認爲：“乘廣，周官之所謂‘廣車’……少廣，疑廣車之副。”[③]按：“廣車”，可能是“乘廣”“行廣”“少廣”等馬車的“總名”。這三種車可能是形制或用途上略有區別的“廣車”。這一點與“𨍏車”較爲相似。

七、輶車

輶車。　　曾侯乙墓簡 45

整理者認爲：“《韓非子·八説》‘故智者不乘推(椎)車，聖人不行推政。’《鹽鐵論·散不足》：‘古者椎車無柔，棧輿無植。’疑簡文‘輶車’即此‘椎車’。”[④]何琳儀師釋爲“轋車”，讀爲“推車”。[⑤] 李守奎指出：“車上有‘圓軒，紡表，紫裹，貂定之𦅻’，其他器物亦頗精美。……然椎車是一種簡陋之車，與簡文所記輶車之華麗不合。與建築物欄杆上有木板相似處不多。”[⑥]田河指出，“輶車”所用之輪，與“墨車”“安車”“畋車”“圓軒”等車一樣，都是“鄗輪”。[⑦] 蕭聖中認爲“椎車的典型特徵是用鄗輪，車的質樸只是相對的，該車之配置相比其他車來説，還是顯得質樸和少量，尤其是其兵器配置，僅二戈、一韔、一箙、一弓、五秉矢，已是少之又少了”。[⑧]

八、墨乘

墨𨍭。　　曾侯乙墓簡 47、173

① 裘錫圭：《談談隨縣曾侯乙墓的文字資料》，《文物》1979 年第 7 期。

② 蕭聖中：《曾侯乙墓竹簡釋文補正暨車馬制度研究》，科學出版社 2011 年版，第 183 頁。

③ 劉信芳：《楚系簡帛釋例》，安徽大學出版社 2011 年版，第 122 頁。

④ 湖北省博物館：《曾侯乙墓》，文物出版社 1989 年版，第 515 頁。

⑤ 何琳儀：《戰國文字聲系》，中華書局 1998 年版，第 1209 頁。

⑥ 李守奎：《出土簡策中的“軒”和“圓軒”考》，《古文字研究》第二十二輯，中華書局 2000 年版，第 198 頁。

⑦ 田河：《出土戰國遣冊所記名物分類滙釋》，吉林大學博士學位論文，2007 年，第 80 頁。

⑧ 蕭聖中：《曾侯乙墓竹簡釋文補正暨車馬制度研究》，科學出版社 2011 年版，第 181 頁。

整理者認爲："'墨乘'……即古書中的墨車。《穆天子傳》卷二'天子乃賜赤烏之人□其墨乘四'，郭璞注：'周禮大夫乘墨車。'"①田河認爲："《釋名·釋車》：'墨車，漆之正黑無文飾，大夫所乘也。'從上引看，墨車級别低，無紋飾。……似乎看不出'墨車'與别的車有什么太大的區别。"②蕭聖中指出："《周禮·春官·巾車》：'服車五乘：孤乘夏篆，卿乘夏縵，大夫乘墨車……'鄭玄注：'墨車，不畫也。'孔疏：'墨漆革車而已。'"③劉信芳師指出："簡文所記墨乘駕六馬，是重載車。"④按："墨乘"，疑即《穆天子傳》中的"墨乘"，疑屬"乘車"類。不知是否與典籍中的"墨車"有關。

九、安車

安車。　　　曾侯乙墓簡 48、165

新安車。　　曾侯乙墓簡 50

舊安車。　　曾侯乙墓簡 164

整理者指出："'舊安車'是對'安車'而言的。此簡'新安車'則是對上面 48 號簡'安車'而言的。可能'新安車'跟 165 號簡的'安車'，48 號簡的'安車'跟 164 號簡的'舊安車'，各指同一輛車。"⑤蕭聖中指出："古書常見，是《周禮》所稱'王后五路'之一。《周禮·春官·巾車》：'安車，雕面鷖總，皆有容蓋。'鄭玄注：'安車，坐乘車。凡婦人車皆坐乘。'按，古車立乘，此爲坐乘，故稱安車。多用一至二馬，禮尊者則用四馬。簡 48 安車、簡 50 新安車均使用紫錦之安，疑安車即因使用'安'而得名。簡文中的 164 號舊安車駕二馬，165 號安車駕駟馬。1980 年冬出土的秦始皇陵二號銅車馬（L·2②）就是一種駕四馬的安車。該車在一條轡繩末端刻有'安車第一'四字，御者又跽坐於前輿，當屬安車；而其車輿又有容蓋衣蔽及後轅，與輜車形制相仿。這樣，它與舊式安車有别，是一種輜車型的安車。曾墓簡文中同時出現了安車、新安車、舊安車三種車名，可能是

---

① 湖北省博物館：《曾侯乙墓》，文物出版社 1989 年版，第 516 頁。

② 田河：《出土戰國遣冊所記名物分類滙釋》，吉林大學博士學位論文，2007 年，第 79 頁。

③ 蕭聖中：《曾侯乙墓竹簡釋文補正暨車馬制度研究》，科學出版社 2011 年版，第 178 頁。

④ 劉信芳：《楚系簡帛釋例》，安徽大學出版社 2011 年版，第 121 頁。

⑤ 湖北省博物館：《曾侯乙墓》，文物出版社 1989 年版，第 516 頁。

用來對傳統的安車和經過改進後的安車加以區分的。”①按：蕭説有一定道理。1981年春至1983年年底，河南淮陽馬鞍冢楚王墓一號車馬坑中出土一輛安車，二號車馬坑中出土四輛安車。其中，位於二號車馬坑中部的十三號車“通長498釐米，單轅雙輪，一衡二軛。輿呈‘凸’字形，上有車蓋，車蓋的四周有銅蓋弓帽”，車輿上有“殘存朱繪”，分爲前後室：前室是御手的駕馭室，長83釐米、寬105釐米；後室是主人乘坐的地方，比較寬敞，長190釐米、寬178釐米、殘高103釐米。② 其形制與秦始皇陵二號銅車馬甚爲接近；其時代早於秦陵二號銅車馬。這應該是目前所見的最早的安車了。

十、魚軒

魚軒。　　曾侯乙墓簡54、174

整理者認爲：“下面C類簡提到‘魚軒’(174號)，與此簡之‘王魚軒’可能指同一輛車。‘王魚軒’似是指出於‘王’的‘魚軒’。《左傳》閔公二年‘歸夫人魚軒’，杜預注：‘魚軒，夫人車，以魚皮爲飾。’”③田河懷疑：“‘魚軒’當是指用魚皮裝飾屏藩的軒車。”④

十一、左軒

左軒。　　曾侯乙墓簡57

整理者釋爲“左□”。⑤ 張光裕等釋爲“左軒”。⑥ 蕭聖中指出：“今以紅外照片此字之殘畫與4、7、27號等簡反復比對，確是‘軒’字。此車以左軒爲名，又使用‘紡軒’，則以使用軒爲典型特徵。考漢代以左轓代指俸禄在六百至一千石者，以朱塗左轓以爲身份標示，疑左軒亦與此類似，

---

① 蕭聖中：《曾侯乙墓竹簡釋文補正暨車馬制度研究》，科學出版社2011年版，第177頁。

② 河南省文物考古研究所、周口地區文化局文物科：《河南淮阳马鞍冢楚墓发掘简报》，《文物》1984年第10期。

③ 湖北省博物館：《曾侯乙墓》，文物出版社1989年版，第517頁。

④ 田河：《出土戰國遣冊所記名物分類滙釋》，吉林大學博士學位論文，2007年，第72頁。

⑤ 湖北省博物館：《曾侯乙墓》，文物出版社1989年版，第493頁。

⑥ 張光裕、黄錫全、滕壬生主編：《曾侯乙墓竹簡文字編》，藝文印書館1997年版，第282頁。

係以朱塗左軒之車。”①按：“左軒”，也有可能與曾侯乙墓簡中的“左旆”“左殿”一樣，以“軒”的相對位置命名。

十二、𤰜車

𤰜車。　　曾侯乙墓簡 63

整理者認爲：“疑‘𤰜車’當讀爲‘輕車’。《周禮・春官・車僕》‘輕車之萃’，鄭玄注：‘輕車，所以馳敵致師之車也’。《孫子兵法・行軍》‘輕車先出居其側者，陳也’，張預注：‘輕車，戰車也。’”②田河認爲：“當以解爲兵車爲是。”③蕭聖中認爲：“孫詒讓《周禮正義》曰：‘輕車在五戎中最爲便利，宜於馳驟，故用爲馳敵致師之車，又兼用之田狩也。’輕車是典型的兵車。由於簡 63 號𤰜車與 C 類簡的 202 號畋車同屬於令尹，同時，簡文中的𤰜車除‘録魚之箙’以外並未配備兵甲，更加符合田狩之用，而與馳敵致師之輕車不甚吻合。作爲另一種考慮，‘𤰜’字也可能从‘田’聲，讀爲‘田’或‘畋’。……如‘𤰜車’讀爲畋車，則與兵車無涉。”④劉信芳師認爲：“‘𤰜車’可讀爲‘荆車’。《左傳》宣公十二年‘篳路藍縷，以啟山林’，杜預注：‘篳路，柴車。’疏：‘《史記》以荆竹織門謂之篳門，則篳路亦以荆竹編車。’”⑤按：“𤰜”，應該分析爲从“田”“刑”聲，不當讀爲“田”或“畋”。

十三、田車

敂車。　　曾侯乙墓簡 65、67、70、71、120

肈=。　　曾侯乙墓簡 160、161、175、201、202、204

畋車。　　望山簡 2-05

一乘田車。　　天星觀簡（《楚系》第 434 頁）

一乘畋車。　　天星觀簡（《楚系》第 1120 頁）

---

① 蕭聖中：《曾侯乙墓竹簡釋文補正暨車馬制度研究》，科學出版社 2011 年版，第 179 頁。

② 湖北省博物館：《曾侯乙墓》，文物出版社 1989 年版，第 518 頁。

③ 田河：《出土戰國遣冊所記名物分類滙釋》，吉林大學博士學位論文，2007 年，第 81 頁。

④ 蕭聖中：《曾侯乙墓竹簡釋文補正暨車馬制度研究》，科學出版社 2011 年版，第 181～182 頁。按：引文中的“録”，疑爲“录”。

⑤ 劉信芳：《楚系簡帛釋例》，安徽大學出版社 2011 年版，第 119 頁。

一乘輷₌。　　天星觀簡(《楚系》第 10 頁)
一乘輷。　　天星觀簡(《楚系》第 743、1123、1138 頁)
輷₌。　　天星觀簡(《楚系》第 133 頁)
輷₌。　　天星觀簡(《楚系》第 444 頁)
輷。　　天星觀簡(《楚系》第 776 頁)

曾侯乙墓簡記有"畋車",整理者釋爲"畋(畋)車",並認爲:"'畋',从'攴''甸'聲,即'畋'的異體。'畋車',田獵用的車,古書作'田車'。"①

望山簡記有"畋車",整理者釋爲"畋(田)車",並指出:"田車之名古書屢見,指田獵所乘之車。"②

天星觀簡記有"畋車"。蕭聖中認爲:"畋車與游車均爲田獵用車,言游車是總名,以區别於兵車,言畋車是區别於游車内部其他的車(如安車、軒車等)。大約游車之中以畋車爲主,故總名又可稱之爲田路。畋車之名在天星觀 M1 遣策中多處出現,除一處作'田車'外,餘均作'輷₌(或輷)'。……考古發現如洛陽中州路車馬坑出土的一輛駟馬車,有傘形車蓋,整車華麗精美,殉犬,並隨葬弩機和銅鏃,當是畋車。"③

按:三批簡冊中的"畋車",應該都是田獵用車。

十四、椯轂

椯轂。　　曾侯乙墓簡 73、74、120
端轂。　　曾侯乙墓簡 176
椯檄。　　包山簡 274

曾侯乙墓簡記有"椯轂""端轂"。整理者認爲:"'端轂'之'端'大概也應該當'彤'講。簡文'端轂'是車名,大概由於車轂彤鏤有花紋而得名,猶兵車'長轂'以轂長而得名。"④包山簡記有"椯檄"。舒之梅認爲"應讀如

① 湖北省博物館:《曾侯乙墓》,文物出版社 1989 年版,第 493、518 頁。

② 湖北省文物考古研究所、北京大學中文系:《望山楚簡》,中華書局 1995 年版,第 107、117 頁。

③ 蕭聖中:《曾侯乙墓竹簡釋文補正暨車馬制度研究》,科學出版社 2011 年版,第 177 頁。

④ 湖北省博物館:《曾侯乙墓》,文物出版社 1989 年版,第 519 頁。

'輲轂'"。① 陳偉師認爲："曾侯乙墓竹簡的檔(端)轂，以及包山簡的檔檄，當即古書中的輲，爲出葬時運載棺柩的專用車。"②白於藍認爲"檔(端)轂"應讀"短轂"，是因"其轂短而得名"的車，是指"兵車之外的車"，並指出"'檔(短)轂'只是'非兵車'中的某一種車，而並非指'非兵車'的全部"。③ 按："檔轂""端轂""檔檄"，可能都應從白説讀爲"短轂"。

十五、王僮車

王僮車。　　曾侯乙墓簡 75、177

整理者認爲："'王僮車'猶 54 號簡的'王魚軒'，其意似是指出於'王'的'僮車'。'僮車'，疑讀爲'衝車'。'衝車'之'衝'或作'衝'、'轈'，與'僮'並从'童'聲。《説文·車部》：'轈，陷敶車也。'《太平御覽》卷三三六引《春秋感精符》曰：'齊晉併争，吴楚更謀，不守諸侯之節，竟行天子之事。作衡(衝)車，厲武將。輪有刃，衡著劍，以相振懼。'據此，衝車之輪有刃，墓内出土兩件帶雙刃的車軎，不知是不是簡文所説的'王僮車'上的車軎。"④按："王僮車"與"王魚軒"的情況並不一樣：簡 54 記爲"王魚軒"，而簡 174 卻記爲"魚軒"；簡 75 和 177 均記爲"王僮車"。據此，我們懷疑，此車車名當爲"王僮車"而非"僮車"。另外，"王僮車"在 A 類簡記載靠後，並未列入車陣之中，B 類簡亦未見有關於"王僮車"承載人馬甲胄的記載。這與典籍中關於"衝車"的記載不符。"王僮車"之"僮"，恐怕不能讀爲"衝車"之"衝"。

十六、輷輡車

輷輡車。　　曾侯乙墓簡 76、120+121

整理者認爲："'輡'是'輗'的異體，見《説文》。《集韻》霽韻於'轉'字下注云：'轉輗，車名。'於'輗'字下注云：'轉輗，車也。'不知簡文

① 舒之梅：《包山簡遣冊車馬器考釋五則》，《容庚先生百年誕辰紀念文集(古文字研究專號)》，廣東人民出版社 1998 年版，第 594～595 頁。

② 陳偉：《包山楚簡初探》，武漢大學出版社 1996 年版，第 185 頁。

③ 白於藍：《曾侯乙墓竹簡考釋(四篇)》，《中國文字》新三十期，藝文印書館 2005 年版，第 198～199 頁。

④ 湖北省博物館：《曾侯乙墓》，文物出版社 1989 年版，第 519 頁。

‘輮�’與《集韻》所説的‘轢輗’有無關係。”①田河懷疑：“‘轢輗車’可能是指矮車欄的車，其形類似城上之‘俾倪’，故以此稱車。”②蕭聖中認爲：“‘輮’當可通‘轢’，從而‘輮輗車’也就是‘轢輗車’。……轢輗蓋即曲柄的車蓋，轢輗之爲車名當是因爲有曲柄車蓋的緣故。”③按：“輮”爲明紐字，“轢”爲滂紐字。明、滂均屬唇音。“輗”，歌部疑紐；“輗”，支部疑紐。且“‘輗’是‘輗’的異體”。“輮輗”“轢輗”之間的關係，與“蹼婁”“伏兔”之間的關係十分相似。④ 故“輮輗”可讀爲“轢輗”。

十七、時梓車

時梓車。　　曾侯乙墓簡 77

整理者釋爲“時梓車”，懷疑“梓”右旁“是一個从‘木’从古文‘殺’聲的字”。⑤ 何琳儀師認爲“‘梓車’應釋‘李車’，使人之車”。⑥ 田河指出，“梓”爲“李”字繁寫，“時李”讀爲“侍吏”；並推測“侍吏車”是“城門之吏”的車，因是小吏之車故而配置極其簡單。⑦ 鵬宇認爲：“‘梓’當是李字繁化，此處頗疑仍當讀爲‘梓’……時梓車可能是某種載有專造飲器、箭靶或鐘磬的架子的一種車。”⑧劉信芳師認爲：“梓，讀爲‘李’，李車，郵車。《廣雅・釋詁四》：‘行李，驛也。’”⑨

十八、路

逄車。　　曾侯乙墓簡 115、116、117、118、119、121、187、

---

① 湖北省博物館：《曾侯乙墓》，文物出版社 1989 年版，第 520 頁。

② 田河：《出土戰國遣冊所記名物分類滙釋》，吉林大學博士學位論文，2007 年，第 84 頁。

③ 蕭聖中：《曾侯乙墓竹簡釋文補正暨車馬制度研究》，科學出版社 2011 年版，第 184～185 頁。

④ 參第一章第一節之“轐”。

⑤ 湖北省博物館：《曾侯乙墓》，文物出版社 1989 年版，第 494、520 頁。

⑥ 何琳儀：《包山竹簡選釋》，《江漢考古》1993 年第 4 期。

⑦ 田河：《出土戰國遣冊所記名物分類滙釋》，吉林大學博士學位論文，2007 年，第 81 頁。

⑧ 鵬宇：《曾侯乙墓竹簡文字集釋箋證》，華東師範大學碩士學位論文，2010 年，第 268 頁。

⑨ 劉信芳：《楚系簡帛釋例》，安徽大學出版社 2011 年版，第 120 頁。

188、189、190、191、192、193、194、195、196

敀車。 清華簡《封許之命》簡 5+6

大逄。 曾侯乙墓簡 178、新蔡簡零 123、甲三 237-1

戎逄。 曾侯乙墓簡 179

朱逄。 曾侯乙墓簡 180、181、182

輎逄。 曾侯乙墓簡 183、184

☐□逄。 曾侯乙墓簡 186

絑逄。 新蔡簡乙三 21、甲三 79

韄逄。 新蔡簡乙二 10

大逄。 天星觀簡(《楚系》第 173、366、779、995 頁)

悳逄。 天星觀簡(《楚系》第 173、794 頁)

曾侯乙墓簡記有“逄車”“大逄”“戎逄”“朱逄”“輎逄”；新蔡簡記有“大逄”“絑逄”“韄逄”。曾侯乙墓簡整理者指出：“古代的路車有所謂‘五路’。《周禮·春官·巾車》記王之五路是：玉路、金路、象路、革路、木路。《禮記·月令》則謂‘春乘鸞路，夏乘朱路，中央土乘大路，秋乘戎路，冬乘玄路’。178 號至 184 號簡所記的路車有‘大路’、‘戎路’、‘朱路’、‘輎路’，前三路的名稱與《月令》相同。……古代有輎車。《玉篇·車部》：‘輎，兵車。’《集韻》爻韻：‘輎。兵車，以鹿皮爲飾。’或以‘銷’字爲之。《淮南子·汜論》：‘銷車以斗’，又《兵略》：‘銷車衛旁’(通行本作‘錯車’，此從日本唐抄本改)。疑簡文‘輎路’之‘輎’當讀爲‘輎’。輎車以鹿皮爲飾，故簡文从皮韋之‘韋’。”①徐在國認爲：“‘輎路’與新蔡簡中的‘韄路’同，當讀爲‘雀’。……‘輎路’應相當於《月令》中的‘玄路’。”②田河指出，簡文“大路”“戎路”“朱路”所駕之馬的顏色，與《禮記·月令》的記載不合。③ 蕭聖中指出：“故諸侯廣車，也可有戎路之名……孫詒讓《周禮正義》以朱輅當《周禮》象路。簡文之朱路均駕二馬……新蔡簡有‘輎路’之名，‘輎’字作‘韄’……這一乘‘輎路’也駕二

① 湖北省博物館：《曾侯乙墓》，文物出版社 1989 年版，第 528~529 頁。

② 徐在國：《談新蔡葛陵楚簡中的幾支車馬簡》，《簡帛》第二輯，上海古籍出版社 2007 年版，第 354 頁。

③ 田河：《出土戰國遣冊所記名物分類滙釋》，吉林大學博士學位論文，2007 年，第 76~77 頁。

馬，與曾簡所記兩乘‘韒路’同。”①劉信芳師認爲：“讎逄，即雀路，雀色之路車。”②

清華簡《封許之命》中的“敓車”，整理者認爲是“路車”：“《詩·崧高》：‘王遣申伯，路車乘馬。’《公羊傳》僖公二十五年何注：‘天子大路，諸侯路車。’《藝文類聚》舟車部引《白虎通義》説同。”③

天星觀簡中記有“悳逄”。滕壬生認爲，“悳”可釋“惪”。④ 按：“悳逄”，疑讀爲“德路”，疑與傳世文獻中的“德車”有關。《禮記·曲禮上》：“兵車不式，武車綏旌，德車結旌。”鄭玄注：“德車，乘車。”⑤“逄車”疑爲總稱，“大逄”“戎逄”“朱逄”（或作“絑路”）、“韒逄”（或作“讎路”）、“悳逄”，可能是形制或用途上略有區別的“逄車”，與“廣車”“䡅車”較爲相似。

十九、遊車

遊車。　　曾侯乙墓簡 120

整理者指出：“《國語·齊語》‘戎車待游車之裂’，韋昭注：‘游車，游獵之車也。’《周禮·春官·司常》‘斿車載旌’，鄭玄注：‘斿車，木路也，王以田以鄙。’……‘遊車九乘’當指 C 類簡 160 號、161 號的‘畋車’二乘，162、163 號的‘䡅車’二乘，164 號的‘舊安車’一乘（此五乘駕二馬），165 號的‘安車’一乘，166 號的‘政車’一乘（此二乘駕四馬），173 號的‘墨乘’一乘和 174 號的‘魚軒’一乘（此二乘駕六馬）。”⑥蕭聖中認爲：“最有可能屬於游車九乘的是使用翟輪的九乘車，它們均屬乘車，且多使用圓軒或軒，形制上也與統計簡所言‘游車九乘，圓軒’的記録大體相符。”⑦劉信芳師指出：“車戰補闕之車亦謂之遊車，《左傳》宣公十二年‘使潘黨率游闕四十乘’，杜預注：‘游車，補闕者。’《周禮·春官·車

① 蕭聖中：《曾侯乙墓竹簡釋文補正暨車馬制度研究》，科學出版社 2011 年版，第 174～175 頁。

② 劉信芳：《楚系簡帛釋例》，安徽大學出版社 2011 年版，第 120 頁。

③ 李學勤主編：《清華大學藏戰國楚簡（伍）》，中西書局 2015 年版，第 120 頁。

④ 滕壬生：《楚系簡帛文字編》，湖北教育出版社 1995 年版，第 793～794 頁。

⑤ 《禮記正義》卷三。

⑥ 湖北省博物館：《曾侯乙墓》，文物出版社 1989 年版，第 496、521 頁。按：簡文中的“遊車”，即傳世文獻中的“游車”。

⑦ 蕭聖中：《曾侯乙墓竹簡釋文補正暨車馬制度研究》，科學出版社 2011 年版，第 176～177 頁。

僕》謂之'闕車',《周禮·集説》卷五:'邲之戰,楚子使潘黨帥游缺四十乘,從唐侯爲左拒,所謂游車補缺也。'"①按:從整理者所引《周禮》和《國語》的記載來看,"游車"和"斿車"的屬性相同,都是打獵用的。整理者又認爲,所謂"遊車九乘",指的是"畋車"二乘、"附車"二乘、"舊安車"一乘、"安車"一乘、"政車"一乘、"墨乘"一乘、"魚軒"一乘。從這九乘馬車的屬性來看,既有"田獵用車"(即"畋車"二乘),又有"日常用車"(即其餘七乘馬車)。可見,"遊車"的屬性是無法確定的。

二十、圓軒

圓軒。　　　曾侯乙墓簡 203

囩軒。　　　信陽簡 2-04

曾侯乙墓簡整理者認爲:"203 號簡的'圓軒'則用爲車名,當是因爲有'圓軒'而得名。……'圓軒'疑爲圓形的軒。"②李家浩認爲"'圓軒'指有圓形藩屏的軒車"。③

信陽簡中的"囩",商承祚釋爲"圓"。④ 曾侯乙墓簡整理者認爲:"'云'、'員'音近古通。……此簡'囩(圓)軒'爲車上之物……"⑤彭浩釋爲"□軰(軒)",並指出:"簡文所記爲隨葬的車輛,有軒車、女乘、路車等。軒車大概是其中的主要者,故特别記有該車所用的馬匹、馬首上的翠飾及其他附件。"⑥何琳儀師釋爲"亙軒",讀爲"恆軒",指"安居之軒",即"安車"。⑦ 李守奎指出:"從簡文可知,這輛名爲'圓軒'的車也是駕馭兩馬,車上帶有'紡篙(蓋)'的車。"⑧

按:關於馬車所載之"軒",詳上文。⑨

---

① 劉信芳:《楚系簡帛釋例》,安徽大學出版社 2011 年版,第 118 頁。

② 湖北省博物館:《曾侯乙墓》,文物出版社 1989 年版,第 508 頁。

③ 李家浩:《信陽楚簡"樂人之器"研究》,《簡帛研究》第三輯,廣西教育出版社 1998 年版,第 15 頁。

④ 商承祚編著:《戰國楚竹簡匯編》,齊魯書社 1995 年版,第 27、30 頁。

⑤ 湖北省博物館:《曾侯乙墓》,文物出版社 1989 年版,第 508 頁。

⑥ 彭浩:《信陽長臺關楚簡補釋》,《江漢考古》1984 年第 2 期。

⑦ 何琳儀:《信陽楚簡選釋》,《文物研究》第八期,黄山書社 1993 年版,第 172 頁。

⑧ 李守奎:《出土簡策中的"軒"和"圓軒"考》,《古文字研究》第二十二輯,中華書局 2000 年版,第 197 頁。

⑨ 參第二章第一節之"軒"。

二十一、卑車

韓車。　　曾侯乙墓簡 206

整理者釋爲"韓₌(卑車)"："《史記・循吏傳》：'楚民俗好庳車，王以爲庳車不便馬，欲下令使高之。''庳車'當即'卑車'。"①田河認爲"卑車車身較低，輪過小"。② 蕭聖中認爲"卑車應即是卑輪之車"。③

二十二、女乘

女乘。　　信陽簡 2-04

女䡝。　　望山簡 2-02

信陽簡中的"女乘"。彭浩指出："爲婦人乘坐之車。這種車上皆有容蓋。"④

望山簡整理者認爲："女乘疑指婦女所乘的四周遮蔽得比較嚴密的車子。"⑤李家浩認爲"'女乘'指婦女所乘的有帷幔的車"。⑥ 李守奎認爲："望山 1 號簡詳記車上所載，其中有'軒反(軓)'、有'韋(幃)'、有'屋(車蓋)'。……'女乘'的形制與前文所列的'安車'没有太大差别，很可能就是女性所乘較小安車的别名。"⑦田河推測："'女乘'大概是一種有蓋、四周有帷、還有屏藩的小車。"⑧按：《禮記・曲禮上》"婦人不立乘"。⑨ "女乘"的具體形制不明，應該屬於坐乘的車。

---

① 湖北省博物館：《曾侯乙墓》，文物出版社 1989 年版，第 500、529~530 頁。

② 田河：《出土戰國遣冊所記名物分類滙釋》，吉林大學博士學位論文，2007 年，第 85 頁。

③ 蕭聖中：《曾侯乙墓竹簡釋文補正暨車馬制度研究》，科學出版社 2011 年版，第 185 頁。

④ 彭浩：《信陽長臺關楚簡補釋》，《江漢考古》1984 年第 2 期。

⑤ 湖北省文物考古研究所、北京大學中文系：《望山楚簡》，中華書局 1995 年版，第 114 頁。

⑥ 李家浩：《信陽楚簡"樂人之器"研究》，《簡帛研究》第三輯，廣西教育出版社 1998 年版，第 15~16 頁。

⑦ 李守奎：《出土簡策中的"軒"和"圓軒"考》，《古文字研究》第二十二輯，中華書局 2000 年版，第 197 頁。

⑧ 田河：《出土戰國遣冊所記名物分類滙釋》，吉林大學博士學位論文，2007 年，第 73 頁。

⑨ 《禮記正義》卷三。

二十三、軒

軒。	包山簡 267
番亥乘西旛君之軒。	天星觀簡(《楚系》第 434、494、738、1018、1103 頁)
西旛君之軒。	天星觀簡(《楚系》第 1018 頁)

包山簡中的“軒”，整理者釋爲“輚”，當爲“軾”，讀爲“軾”，指“車箱前的横木”。① 黄錫全、湯餘惠、李天虹、何琳儀、劉釗等學者，都改釋爲“軒”。②

天星觀簡中的“軒”，疑即軒車。

二十四、韋車

韓₌。	包山簡 273

整理者認爲：“韋車，似爲兵車的一種。”③李家浩指出：“‘韋車’原文是合文。‘韋’、‘革’義近。《漢書・鄭崇傳》‘每見曳革履’，顔師古注：‘孰(熟)曰韋，生曰革。’疑‘韋車’是‘革車’的别名。《禮記・明堂位》‘革車千乘’，鄭玄注：‘革車，兵車也。’”④陳偉師認爲，“韓”讀爲“衛”，並推測“衛車可能與副車、倅車、貳車類似，也是同正車相對而言的”。⑤ 我們懷疑“韋”讀爲“徽”，並推測：“包山簡 273 中的‘徽車’更可能指輕疾之車。”⑥

---

① 湖北省荆沙鐵路考古隊：《包山楚簡》，文物出版社 1991 年版，第 64 頁。

② 黄錫全：《〈包山楚簡〉部分釋文校釋》，黄錫全編著：《湖北出土商周文字輯證》，武漢大學出版社 1992 年版，第 189 頁；湯餘惠：《包山楚簡讀後記》，《考古與文物》1993 年第 2 期；李天虹：《〈包山楚簡〉釋文補正》，《江漢考古》1993 年第 3 期；何琳儀：《包山竹簡選釋》，《江漢考古》1993 年第 4 期；劉釗：《包山楚簡文字考釋》，見氏著《出土簡帛文字叢考》，臺灣古籍出版有限公司 2004 年版，第 31 頁。

③ 湖北省荆沙鐵路考古隊：《包山楚簡》，文物出版社 1991 年版，第 66 頁。

④ 李家浩：《包山楚簡中的旌旆及其他》，陳勝長主編：《第二屆國際中國古文字學研討會論文集續編》，香港中文大學中國語言及文學系 1995 年版，第 382 頁。

⑤ 陳偉：《包山楚簡初探》，武漢大學出版社 1996 年版，第 184 頁。

⑥ 羅小華：《楚簡車名選釋二則》，《楚文化研究論集》第十一集，上海古籍出版社 2015 年版，第 404~405 頁。

二十五、羊車

羊車。　　包山簡 275

整理者認爲："羊，讀如祥。祥車，喪車。《禮記・曲禮》：'祥車曠左'，注：'葬之乘車也'。"①陳偉師認爲："'羊車'有可能是棧車以上的某一種車。"②田河認爲："釋'羊車'、'祥車'，皆可從。"③我們認爲："結合郭家莊商代墓葬 M146 中羊坑的出土實物資料和《説文》有關記載，我們有理由推測當時確實存在著一種以羊爲動力提供者的車——羊車。……考慮到'羊車'的部件及裝飾物與'軒'最爲相近，我們推測'羊車'與'軒'可能是同類車。"④

二十六、軺

柖。　　望山橋簡 6

"柖"，整理者括注爲"軺"。⑤ 我們認爲："此車首次出現。由此可知，漢代常見的'軺車'起源可上溯至戰國。《國語・齊語六》'服牛軺馬'，韋昭注：'軺，馬車也。'《墨子・褋守》'以軺車'，孫詒讓閒詁引畢云：'《漢書注》服虔云：軺音瑶，立乘小車也。'"⑥

二十七、旆軒

☑⿰弜䖒矦之旆軒。　　天星觀簡(《楚系》第 1138 頁)
☑□侯之旆軒。　　天星觀簡(《楚系》第 418、570 頁)

蕭聖中指出，"旆軒……不見於典籍"。⑦ 按："□侯"，應即"⿰弜䖒矦"。

---

① 湖北省荆沙鐵路考古隊：《包山楚簡》，文物出版社 1991 年版，第 66 頁。
② 陳偉：《包山楚簡初探》，武漢大學出版社 1996 年版，第 186 頁。
③ 田河：《出土戰國遣冊所記名物分類滙釋》，吉林大學博士學位論文，2007 年，第 76 頁。
④ 羅小華：《"羊車"補説》，《四川文物》2013 年第 5 期。
⑤ 荆州博物館：《湖北荆州望山橋一號楚墓發掘簡報》，《文物》2017 年第 2 期。
⑥ 羅小華：《荆州望山橋楚簡選釋》，簡帛網，2017 年 3 月 16 日。
⑦ 蕭聖中：《曾侯乙墓竹簡釋文補正暨車馬制度研究》，科學出版社 2011 年版，第 182 頁。

二十八、童軒

一童軒。	天星觀簡(《楚系》第 10、1018 頁)
所詛於鄰寅童軒。	天星觀簡(《楚系》第 193、197、1009、1018、1078、1123 頁)

"童軒",疑讀爲"幢軒",可能指設"幢"之"軒"。

二十九、王車

一王車。	天星觀簡(《楚系》第 10、40、1016 頁)

"王車",疑爲車名。《周禮·夏官·旅賁氏》:"旅賁氏掌執戈盾,夾王車而趨,左八人,右八人,車止則持輪。"①《後漢書·劉盆子傳》:"盆子乘王車,駕三馬,從數百騎。"李賢注引《續漢志》:"王車,朱班輪,青蓋,左右騑,駕三馬。"②兩相比較,《後漢書》中的"王車"更像是一種車的專名。不知天星觀簡中的"王車",是否與《續漢志》中的"王車"相關。

三十、轎

良。	信陽簡 2-04
緣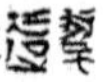。	信陽簡 2-04
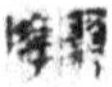。	望山簡 2-15

信陽簡中的"良"。劉雨釋爲"良軿"。③ 何琳儀師認爲:"'軿',同'軿'(《正字通》),見《釋名·釋車》'軿車。軿,屏也。四面屏蔽,婦人所乘牛車也。''軿'……爲婦人乘車。"④商承祚釋爲"筥轉",認爲"轉"即"軿",或省作"軿",指"輜車"。⑤ 劉國勝釋爲"良轙",並認爲:"簡文'轙'似當爲'檥'的異構,在此通'輴'。……'輴'與'輲'、'輇'一聲之

① 《周禮注疏》卷三一。
② 《後漢書》卷一一。
③ 河南省文物研究所:《信陽楚墓》,文物出版社 1986 年版,第 129 頁。
④ 何琳儀:《信陽楚簡選釋》,《文物研究》第八期,黃山書社 1993 年版,第 173 頁。
⑤ 商承祚編著:《戰國楚竹簡匯編》,齊魯書社 1995 年版,第 30 頁。

轉，皆可作載柩車名。……簡文共計三乘，可能用來運載棺柩、葬器的喪葬用具。”①劉信芳師釋爲“良轏”，認爲“轏”讀“橇”，指“泥行車具”。②

信陽簡中的“縿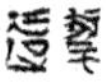”，劉雨釋爲“緣絚軿”。③ 何琳儀師釋爲“□逗□”。④ 郭若愚釋爲“縿逗轔”，指“飾有綬的轔車”，並認爲“縿”即“縌”，“逗”通爲“投”。⑤ 李家浩釋爲“縿迲□”，認爲：“後兩種車的車名之字相同，左半是‘車’，右半不識。”⑥蕭聖中指出，“縿迲轏”之“縿”讀爲“旞”，指旌旗的通稱，並懷疑“迲”讀爲“紘”，指“維蓋之繩”，“二乘縿迲轏”，是指“兩乘載旌且有維蓋之轏(輴)車”。⑦ 劉信芳師釋爲“縿逗轉”，認爲“轉”讀“轎”，字或作“橋”，指“山行車具”。⑧

望山簡中的“”，整理者釋爲“梈，一”。⑨ 劉信芳師釋爲“梈”，與信陽簡“轉”字對應，讀爲“轎”或“橋”，指“山行車具”。⑩ “”，李守奎隸定爲“檑”，並指出該字見於《集韻・用韻》。⑪ 陳劍釋爲“杭”。⑫

陳偉師贊同將“”和“”的右旁、“”的上部釋爲“毳”，認爲此三字讀“轎”或“橋”，指“肩輿”，並指出：“在河南固始侯古堆東周大墓的隨葬坑中，發現有三乘肩輿。這是先秦使用‘轎’的實物遺存……固始侯古堆東周大墓和望山2號墓的墓主均爲女性。她們都是用乘輿，大概跟性別有關。”⑬

---

① 劉國勝：《楚喪葬簡牘文字釋叢》，《古文字研究》第二十五輯，中華書局2004年版，第365~366頁。

② 劉信芳：《信陽楚簡2-04號所記車馬器研究》，《古文字研究》第二十六輯，中華書局2006年版，第293頁。

③ 河南省文物研究所：《信陽楚墓》，文物出版社1986年版，第129頁。

④ 何琳儀：《信陽楚簡選釋》，《文物研究》第八期，黃山書社1993年版，第172頁。

⑤ 郭若愚編著：《戰國楚簡文字編》，上海書畫出版社1994年版，第70頁。

⑥ 李家浩：《信陽楚簡“樂人之器”研究》，《簡帛研究》第三輯，廣西教育出版社1998年版，第15~16頁。

⑦ 蕭聖中：《楚簡車名匯釋》，《楚文化研究論集》第六集，湖北教育出版社2005年版，第182~183頁。

⑧ 劉信芳：《信陽楚簡2-04號所記車馬器研究》，《古文字研究》第二十六輯，中華書局2006年版，第293頁。

⑨ 湖北省文物考古研究所、北京大學中文系：《望山楚簡》，中華書局1995年版，第109頁。

⑩ 劉信芳：《信陽楚簡2-04號所記車馬器研究》，《古文字研究》第二十六輯，中華書局2006年版，第293~294頁。

⑪ 李守奎：《楚文字編》，華東師範大學出版社2003年版，第355頁。

⑫ 陳劍：《試説戰國文字中寫法特殊的亢和从亢諸字》，《出土文獻與古文字研究》第三輯，復旦大學出版社2010年版，第180頁。

⑬ 陳偉：《車輿名試説(二則)》，《古文字研究》第二十八輯，中華書局2010年版，第386~387頁。

劉國勝認爲："望山遣冊的'杭檥'疑即信陽遣冊的'迏檥'……'杭檥'、'迏檥'疑皆讀爲'抗檥'或'抗橋'，抗訓舉。……或疑讀爲'横檥'或'横橋'。"①

按：劉國勝的形體分析和陳偉師的訓讀，都是可取的。河南省固始縣固始侯古堆一號墓隨葬坑出土有"三架漆木肩輿"，並伴隨有象征性的"馬骨和車馬飾"出土。② 曾侯乙墓"東室北部偏中，墓主棺東北"曾出土一件"車輿"："復原起來，全器呈圓形，上部有傘蓋，之下有方格狀圍欄，圍欄前後留有40釐米寬的空缺，再下有兩兩並列的欄杆，與圍欄對應亦前後有空缺。全器前後長約1.15米、左右寬1.05米。"③黄鳳春指出："由河南固始侯古堆所出土的肩輿比較而知，它確應爲肩輿，只不過是形制上有些差異而已。"④

三十一、關於戰國簡冊所見馬車種類的思考

戰國簡冊所見馬車的名稱很多，有的甚至不見於傳世文獻的記載。但是，如果以用途作爲標準，這些馬車也只能被歸入不多的幾個類别之中。已有學者對這些馬車的類别進行討論。

黄鳳春"綜合文獻記載和楚簡記録"，認爲"楚車可分爲兵車、運輸車和聘遊出行乘車"："兵車是用於作戰的車……運輸車是指專門運送貨物的車，雖然兵車中的輜重車也屬運輸車，但那是專門運送軍需物資的，屬兵車之列。……出行乘車是指用於聘問、游樂、田獵等乘坐的車。"⑤

蕭聖中曾將戰國簡冊中的馬車"分爲生活用車、田獵用車和兵車三大類"。其中，"生活用車"包括路車、魚軒、輕車、安車、𨍭車、置李車、左軒、墨乘、軞車、𨎮�車、卑車、朱路、圓軒、樠轂、大路、女乘等；"畋獵用車"包括畋車和遊車；"兵車"包括戎路、乘車、𨋘路、王僮(衝)車、乘𨍭、𨍭軒、廣車、少廣、行廣、大殿、左殿、右殿、左彤殿、右𧜟(彤)殿、廣車、乘駞(旆)、旆軒、王車、政車、𨍏車、乘廣等。⑥

黄鳳春的分類方式是以馬車作戰、運輸、出行等不同用途作爲標準的，有其合理性。只不過，戰國簡冊中的馬車，從記載内容和隨葬物品的

---

① 劉國勝：《楚簡車馬名物考釋二則》，《古文字研究》第二十九輯，中華書局2012年版，第480頁。

② 固始侯古堆一號墓發掘組：《河南固始侯古堆一號墓發掘簡報》，《文物》1981年第1期。

③ 湖北省博物館：《曾侯乙墓》，文物出版社1989年版，第306~310頁。

④ 黄鳳春：《濃郁楚風：楚國的衣食住行》，湖北教育出版社2000年版，第189頁。

⑤ 黄鳳春：《濃郁楚風：楚國的衣食住行》，湖北教育出版社2000年版，第163、168、170頁。

⑥ 蕭聖中：《曾侯乙墓竹簡釋文補正暨車馬制度研究》，科學出版社2011年版，第248~249頁。

形制兩方面來看，不會出現運輸車。這樣一來，就只剩下兵車和出行用車了。考慮到戰國簡册(尤其是曾侯乙墓簡)中記有許多“畋車”(曾侯乙墓簡65、67、70、71、120、160、161、175、201、202、204，望山簡2-05，天星觀簡)。因此，蕭聖中的劃分方式可能更適用於這些馬車。就實際情況而言，這些馬車中的絕大部分都可以分别歸入“戰争用車”(即“兵車”)、“田獵用車”“日常用車”(即“生活用車”)等三個大類。另外，構建車陣所用馬車的確定，以及有關非戰争用車和戰争用車特征物品的討論，也都爲馬車的類别劃分提供了重要標準。[①] 據此，我們對一些馬車的具體歸類進行重新審視。當然，也有一小部分馬車，由於記載缺乏而無法確定其屬性，被歸入“用途不明的馬車”類。而信陽簡和望山簡中的“轎”，雖然不以馬匹挽駕，卻又與車輿關係密切，仍然可以將其視爲馬車的一種變異形式，單獨列爲“特殊形式的車”。以下是我們所作的馬車分類：

①戰争用車。可以確定的有曾侯乙墓簡中的5旆和5殿，即大旆(簡1、122、142)、左旆(簡16、125、144、145)、左檣旆(簡25、127)、右旆(簡36、131、146、147)、右彤旆(簡38)、右檣旆(簡133)、大殿(簡13、124、149)、左殿(簡22、127、150、151)、左彤殿(簡32、130)、右殿(136、152、153)、右檣殿(簡39、136)。天星觀簡中的大市，可以對應曾侯乙墓簡中的大旆。

②田獵用車。可以確定的有畋車。

③日常用車。根據簡册中的實際情況，這部分馬車又可以分爲兩個小類：

a. 用於戰争的日常用車。根據上文中的討論，在曾侯乙墓簡的記載中，有一部分日常用車用於戰争，如乘䡅(簡4、122、170)、乘車(簡7、137)、政車(簡12、123、166)、少廣(簡18、126、169)、䡅軒(簡26、129)、䡅軒(簡28、128、172)等6乘馬車。

b. 一般日常用車。曾侯乙墓簡中可以確定爲日常用車的有安車(簡48、165)、新安車(簡50)[②]、鄗君之車(簡53)、魚軒(簡174)[③]、左軒(簡57)、䡅(簡60)、𦒶車(簡63)、椯轂(簡73、74、120)[④]、王僮車(簡75、177)、路車二乘(簡115)、三乘路車(簡117)、鄴君㡀一乘路車

---

① 參本章第二節“曾侯乙墓竹簡所見車陣研究”。

② 按：據整理者分析，簡164中的“舊安車”，就是簡48中的“安車”。參上節之“安車”。

③ 按：據整理者分析，簡174中的“魚軒”，就是簡54中的“王魚軒”。參上節之“魚軒”。

④ 按：據整理者分析，簡176中的“端轂”，就是簡73、74、120中的“椯轂”，與包山簡274中的“椯轂”爲同一種馬車。參上節之“椯轂”。

(簡 119)①。將以上所列日常用車作爲參照，還有一些馬車也應該列入日常用車：𨏥車(簡 31、62、120、143、162、163、171、198、199、200、204)、𨏥(天星觀簡)、大路(曾侯乙墓簡 178，新蔡簡零 123、甲三 237-1，天星觀簡)、朱路(曾侯乙墓簡 180、181、182，新蔡簡乙三 21、甲三 79)、圓軒(曾侯乙墓簡 203、信陽簡 2-04)、女乘(信陽簡 2-04、望山簡 2-02)、軒(包山簡 267、天星觀簡)、正車(包山簡 271、牘 1)、羊車(包山簡 275)、軺(望山橋簡 6)。

④用途不明的馬車。廣車(曾侯乙墓簡 120、197、204)、乘廣(曾侯乙墓簡 42、167，天星觀簡)、行廣(曾侯乙墓簡 120、154、155、156、157、158)、𨌲車(曾侯乙墓簡 45)、墨乘(曾侯乙墓簡 47、173)、𨍭𨎋車(簡 76、120+121)、旹桲車(曾侯乙墓簡 77)、遊車(曾侯乙墓簡 120)、𨎮路(曾侯乙墓簡 183、184)、䧿路(新蔡簡乙二 10)、德路(天星觀簡)、𤰈車(曾侯乙墓簡 206)、韋車(包山簡 273)、旆軒(天星觀簡)、童軒(天星觀簡)、王車(天星觀簡)。

⑤特殊形式的車。轎(信陽簡 2-04、望山簡 2-15)。

三十二、關於曾侯乙墓竹簡所見車名的對比

曾侯乙墓竹簡出土時“散亂失次，部分簡已殘斷”。② 因此，不少竹簡有的僅存車名而無法與器物對應，有的雖保留器物名稱卻没有車名，有的不僅没有車名甚至連器物名稱也不完整，給車制的研究帶來許多不便。

值得慶幸的是，曾侯乙墓竹簡主要分爲 A 類、B 類、C 類三個部分，分别記録同一批馬車的相關器物，也就是説，同一批馬車的車名，會在上述三個部分重複出現。③ 就記録形式而言，A 類部分可分爲“某人駕御的某車”“某車”“某人駕御的某人的某車”三類；B 類部分可分爲“某車”“某人駕御的某車”兩類；C 類部分可分爲“某乘車”“某人賵贈某車”兩類。④ 整理者早就意識到這一點，並將 A 類與 C 類兩個部分的記録進行對照，

① 按：鑒於大量“路車”都是日常用車，則曾侯乙墓簡 116、118、119、119、121、187、188、189、190、191、192、193、194、195、196 和清華簡《封許之命》簡 5—6 中的“路車”，也應該是日常用車。

② 湖北省博物館：《曾侯乙墓》，文物出版社 1989 年版，第 487 頁。

③ 按：A 類指簡 1—121；B 類指簡 122—141；C 類指簡 142—209。參湖北省博物館：《曾侯乙墓》，文物出版社 1989 年版，第 487 頁。

④ 按：其中，A 類、B 類兩個部分的車名記載形式，可參湖北省博物館：《曾侯乙墓》，文物出版社 1989 年版，第 453~455 頁。

在曾侯乙墓竹簡所記車名的復原研究方面取得不少成績。① 日本學者石黑日沙子《關於曾侯乙墓出土竹簡的考察》(本小節以下均簡稱爲《考察》)一文將B類部分納入對應範圍，對A類、B類、C類三個部分所記載的車名進行考察，在車名對應方面作出不少貢獻。②

在此基础之上，我們製出以下三個表格。現將《考察》一文中的表1、2的全部，表7、8、9的部分進行省併得到表3-1-1；將表3、4的全部，表9、11的部分進行省併得到表3-1-2；將表5的全部(改四類爲七類)，表10中的部分進行省併得到表3-1-3。表3-1-1與表3-1-2所體現的對應關係，與石黑日沙子得出的結論並無多大區别；表3-1-3所體現的對應關係，將在表格之後有詳細論述。

表3-1-1　**曾侯乙墓A、B、C三類竹簡所見車名對應情況表**

A			B			C		
編號	簡號	車名	編號	簡號	車名	編號	簡號	車名
AⅠ1	1—4	大旆	B1	122	大旆	CⅠ1	142	大旆
AⅠ2	4—7	乘𩣟	B2	122—123	乘𩣟	CⅢ10	170	乘𩣟
AⅠ3	7—11	乘車	B16	137	乘車			
AⅠ4	12	政車	B3	123—124	政車	CⅢ7	166	政車
AⅠ5	13—15	大殿	B4	124—125	大殿	CⅡ1	149	大殿
AⅠ6	16—18	左旆	B5	125—126	左旆	CⅠ3/CⅠ4	144/145	左旆
AⅠ7	18—22	少廣	B6	126	少廣	CⅢ9	168—169	少廣
AⅠ8	23	左殿	B7	127	左殿	CⅡ2/CⅡ3	150/151	左殿
AⅠ9	25	左𧙕旆	B8	127—128	左𧙕旆	CⅠ4/CⅠ3	145/144	左旆
AⅠ10	26—28	𩣟軒	B9	128—129	𩣟軒	CⅢ12(?)	172	𩣟軒
AⅠ11	28—29	𩣟軒	B10	129—130	𩣟軒	CⅢ12(?)	172	𩣟軒
AⅠ12	32—33	左彤殿	B11	130	左彤殿	CⅡ3/CⅡ2	151/150	左殿
AⅠ13	36—38	右旆	B12	131	右旆	CⅠ5/ CⅠ6	146/147	右旆
AⅠ14	38	右彤旆	B13	133	右𧙕旆	CⅠ6/ CⅠ5	147/146	右旆
AⅠ15	39—41	右𧙕殿	B15	136—137	右𧙕殿	CⅡ5/CⅡ4	153/152	右殿
			B14	136	右殿	CⅡ4/CⅡ5	152/153	左〈右〉殿

① 湖北省博物館：《曾侯乙墓》，文物出版社1989年版，第521頁。

② 石黑日沙子著，劉曉路譯：《關於曾侯乙墓出土竹簡的考察》，表9，謝桂華主編：《簡帛研究譯叢》第二輯，湖南人民出版社1998年版，第28頁。

表 3-1-2　　**曾侯乙墓 A、C 兩類竹簡所見車名對應情況表**

A			C		
編　號	簡　號	車　名	編　號	簡　號	車　名
AⅡ1	31	⿱隍車=	CⅤ4(?)	200	⿱隍車=
AⅡ2	42—44	乘廣	CⅢ8	167	乘廣
AⅡ3	53	鄴君之車	CⅤ7	203	鄴君之圓軒
AⅡ4	60	⿱隍車	CⅢ4	163	⿱隍車=
AⅡ5	62	隆=	CⅤ3	199	⿱隍車=
AⅡ6	63—64	畱車			
AⅡ7	65—66	敏車	CⅤ5	201	⿱敏車=
AⅡ8	67	敏車	CⅢ2	161	⿱敏車=
AⅡ9	70	敏車	CⅢ1	160	⿱敏車=
AⅢ1	45—46	轄車			
AⅢ2	47	墨乘	CⅢ13	173	墨乘
AⅢ3	48—49	安車	CⅢ5	164	舊安車
AⅢ4	50	新安車	CⅢ6	165	安車
AⅢ5	51	□車			
AⅢ6	54—57	魚軒	CⅢ14	174	魚軒
AⅢ7	57—59	左軒			
AⅢ8	71—72	敏車			
AⅢ9、10	73—74	椯轂	CⅢ16	176	端轂
AⅢ11	75	僮車	CⅢ17	177	僮車
AⅢ12	76	⿰車每⿰車宜車			

表 3-1-3　　**曾侯乙墓 A、C 兩類竹簡總計車名對應情況表**

A			C		
編號	簡號	車	編號	簡號	車
AⅣ	115	路車二乘			
AⅣ	116	二乘路車			
AⅣ(?)	117	⍁三乘路車			
AⅣ(?)	118	路車三乘			

续表

A			C		
編號	簡號	車	編號	簡號	車
AⅣ(?)	119	鄴君䩓一乘路車	CⅣ6	192	鄴君之䩓路車一乘
AⅣ	119	旟城君三路車	CⅣ7	193	旟城君之路車三乘
AⅣ(?)	119	鄴君一乘			
AⅣ	119	遊公三乘路車	CⅣ9	195	遊公之路車三乘

《考察》將簡 115“路車二乘”等同於簡 116“二乘路車”，將簡 117“☐三乘路車”等同於簡 119“旟城君三路車”，將簡 118“路車三乘”等同於簡 119“遊公三乘路車”，從而將簡 115—119 所記“路車”小計爲 9。① 我們認爲：這部分竹簡殘損較爲嚴重，雖然記録的都是“路車”，但彼此之間的聯繫尚不清楚。在證據不足的情況下，不能因所記路車的數量相同就進行簡單的等同。由上述情況可知，小計爲 9 也是不妥的。

由表 3-1-3 可知，雖然 AⅣ的劃分並不正確，但 AⅣ與 CⅣ之間存在一定的對應關係是顯而易見的。我們不妨對 CⅣ部分簡文内容進行考察。

簡 187、188、189 分别記有“王䩓一乘路車”，簡 190 記有“大子䩓三乘路車”，簡 191 記有“坪夜君之䩓路車二乘”，簡 192 記有“鄴君之䩓路車一乘”；簡 193 記有“旟城君之路車三乘”，簡 194 記有“鄗君之路車三乘”，簡 195 記有“遊公之路車三乘”。對比可知：與後三簡所記的九乘“路車”不同，前六簡所記的九乘“路車”均爲“䩓路車”。然而，簡 195 正好記有“凡䩓路車九乘”，與“遊公之路車三乘”出現在一支竹簡上；簡 196 則記有“凡路車九乘”。我們推測：很有可能簡 195 所記的“凡䩓路車九乘”，是總括後三簡的；簡 196 所記的“凡路車九乘”，是總括前三簡的；“䩓”字在前六簡中均見，卻不見於統計簡 196，在後三簡所記車名中均未見卻僅見於簡 195 的統計文字中，當爲互見。因此，我們懷疑，簡 196 當接於簡 192 之後。

另外，簡 187、188、189 所記“王䩓一乘路車”，簡 190 所記“大子䩓三乘路車”，是否能與簡 117 所記“☐三乘路車”、簡 118 所記“路車三乘”對應；簡 191 所記“坪夜君之䩓路車二乘”，是否能與簡 115“路車二乘”、簡 116“二乘路車”二者之一對應，都是值得思考的。

---

① 石黑日沙子著，劉曉路譯：《關於曾侯乙墓出土竹簡的考察》，表 5，謝桂華主編：《簡帛研究譯叢》第二輯，湖南人民出版社 1998 年版，第 25 頁。

以上是對曾侯乙墓 A、B、C 三類竹簡所記車名的對應研究。石黑日沙子《考察》一文的討論是全面的，蕭聖中博士論文和我們的討論，都只是在細節上對其進行完善。

第二節 曾侯乙墓竹簡所見車陣研究

一、曾侯乙墓竹簡所見車陣復原

衆所周知，車戰是先秦時期戰爭的主要組成部分。車陣的佈置，對於車戰來説至關重要。從古至今，許多學者都是從傳世文獻入手，對古代車陣進行研究的。現在，我們結合傳世文獻中的相關記載，對曾侯乙墓竹簡所記載的車陣進行探討。

根據所記載的內容，整理者將曾侯乙墓竹簡分爲四類。其中，前三類包括：A 類（簡 1—121），“主要記車馬和車上的兵器裝備”；B 類（簡 122—141），“主要記車上配備的人馬兩種甲冑”；C 類（簡 142—209），“主要記駕車的馬”。①

從簡文內容來看，只有一部分馬車在 A、B 兩類簡之中重複出現，並且，這些馬車的記載順序大體上是一致的。關於這一點，曹菁菁碩士論文已經指出：“比較兩部分的車名及其順序可以發現：除了第一部分沒有‘右殿’，以及第二部分少了‘佾車’，‘乘車’順序變動之外，其它的車名及順序是一致的。”②這爲我們復原車陣提供了重要依據。就 C 類簡而言，以贈馬者的共性爲分類標準，車名的記載顯得雜亂無章，對於車陣的研究不會有太大的幫助。因此，只要將 A、B 兩類簡的內容進行逐一對比，可以挑選出重複記載的馬車。這部分馬車就構建出一個車陣。前輩學者發現，A、B 兩類簡的記載存在 2 處異同：①A 類簡較 B 類簡少了一乘右殿；③ ②乘車在 A、B 兩類簡中的相對位置不同④。

我們對 A、B 兩類簡的記載進行逐一排查，發現還有 3 處異同：

①B 類簡較 A 類簡少了一乘𨍏₌。

---

① 湖北省博物館：《曾侯乙墓》，文物出版社 1989 年版，第 487 頁。

② 曹菁菁：《曾侯乙墓遣冊車載兵器研究》，北京大學碩士學位論文，2007 年，第 25~26 頁。

③ 湖北省博物館：《曾侯乙墓》，文物出版社 1989 年版，第 521 页。

④ 石黑日沙子著，劉曉路譯：《關於曾侯乙墓出土竹簡的考察》，表 1、表 2，謝桂華主編：《簡帛研究譯叢》第二輯，湖南人民出版社 1998 年版，第 23~24 頁。

②簡135末端有文字的殘存筆畫，簡136的頂端卻是記載一乘馬車的開始。因此，簡135與簡136不連貫。簡135可能記有另外的馬車。

③簡136與簡137基本完整，而兩簡的文意既不完整，也不連貫。[①]因此，簡136與簡137之間，至少存在一乘馬車。

如果暫時忽視這5處異同，由A、B、C三類簡所提供的信息可知：

①C類簡的記載對於車陣的研究不會有太大的幫助。我們不再納入考察範圍。

②A、B兩類簡的記載順序不會是偶然。

③B類簡一共記載有16乘馬車，所記載的内容是車上所配備的人、馬甲胄的情況。也就是説，凡是在B類簡中出現的車，都應該是戰車(或者至少可以説當時是用作戰車的)。這16乘馬車也見於A類簡。蕭聖中認爲："這十六乘車既見於記車馬器和兵器的簡，又見於記馬甲的簡，它們當屬於兵車。"[②]

④除了上述16乘馬車之外，A類簡所記載的馬車中，還有大約一半的馬車，可能不是戰車(因爲它們没有裝配甲胄)。

由A、B兩類簡所提供的信息，可以對這16乘馬車排列而成的車陣進行探討。

傳世典籍中，有關於"旆"和"殿"在車陣中相對位置的明確記載。這爲曾侯乙墓竹簡所記車陣的探討，提供了又一重要依據。《左傳》哀公二年："陽虎曰：'吾車少，以兵車之旆，與罕駟兵車先陳。'"杜預注："旆，先驅車也。以先驅車益以兵車以示衆。"《左传》襄公二十三年："大殿，商子游御夏之御寇，崔如为右。"杜预注："大殿，後军。"[③]由這些記載可知，"旆"應該位於車陣的前部，"殿"則位於車陣的後部。因此，曾侯乙墓簡所記載的"旆"和"殿"，也應該分别列於車陣的前後。

有學者試圖結合傳世典籍和曾侯乙墓簡的記載，對簡文中的車陣進行復原：

①郭德維認爲，簡120"凡廣車十乘又二乘"指的是"乘廣、少廣、大旆、左旆二乘、右旆二乘、大殿、左殿二乘，右殿二乘。……這十二輛的排列應是：共爲四排，每排分左中右三乘車"。[④]莊淑慧據此復原出的車陣如下(見表3-2-1)：[⑤]

---

① 按：關於簡136、137的長度，參蕭聖中：《曾侯乙墓竹簡釋文補正暨車馬制度研究》，科學出版社2011年版，第30頁。

② 蕭聖中：《曾侯乙墓竹簡釋文補正暨車馬制度研究》，科學出版社2011年版，第161頁。

③ 《春秋左傳正義》卷五七、三五。

④ 郭德維：《楚車考索》，《東南文化》1993年第5期。

⑤ 莊淑慧：《曾侯乙墓出土竹簡考》，臺灣師範大學碩士學位論文，1995年，第133頁。

表 3-2-1 **郭德維、莊淑慧所復原的車陣**

左旆	大旆	右旆
左旆	乘廣	右旆
左殿	少廣	右殿
左殿	大殿	右殿

②譚維四則認爲："'旆'當爲前驅之車，列'乘廣'、'少廣'之前。'大旆'居中，左右各爲'左旆'二乘、'右旆'二乘。'殿'當爲殿後之車，列'乘廣'、'少廣'之後。'大殿'居中，左右各爲'左殿'二乘、'右殿'二乘。"①

考慮到曾侯乙墓簡中"旆"與"殿"各有 5 乘，郭德維所復原的車陣過於程式化。如果以"三列""四乘"進行排列，5 乘"旆"與 5 乘"殿"就無法完全排在車陣的前後，也就無法起到"前驅"和"殿後"的作用。與之相比，譚維四所復原的車陣顯得更合理一些(見表 3-2-2)：

表 3-2-2 **譚維四所復原的車陣**

<table>
<tr><td>左旆</td><td>左旆</td><td>大旆</td><td>右旆</td><td>右旆</td></tr>
<tr><td colspan="3">乘廣(?)</td><td colspan="2">少廣(?)</td></tr>
<tr><td>左殿</td><td>左殿</td><td>大殿</td><td>右殿</td><td>右殿</td></tr>
</table>

譚維四復原車陣的最大進步是，將 5"旆"、5"殿"放在了正確的位置上。但是，該車陣在細節上也還是有待商榷的：

a. 乘廣記録在簡 42。從竹簡的排列次序可以看出，乘廣並不屬於兵車類，就不能被納入車陣。

b. 與"旆""殿"記録在一起的乘韋、乘車、政車、韋軒、韋軒等 5 乘車，被排除在兵車之外。

c. A、B 兩類簡的記載順序没有體現出來。

③曹菁菁指出："曾侯乙墓遣冊所記的這個車陣，從名稱上看，大旆、左旆、右旆相呼應，大殿、左殿、右殿相呼應，而左彤旆、左彤殿與右彤旆、右彤殿的對應則更整齊。……結合傳世文獻和遣冊的記載，我們認爲這個車陣分爲左、中、右三部分：中軍有大旆、乘佾、乘車、政車、

① 譚維四：《曾侯乙墓》，文物出版社 2001 年版，第 189 頁。

大殿、佾軒、佾軒 7 輛車；左軍有左旆、少廣、左殿、左彤旆、左彤殿 5 輛車；右軍有右旆、右彤旆、佾車、右殿、右彤殿 5 輛車。”曹氏復原車陣如下(見表 3-2-3)：①

表 3-2-3　　**曹菁菁所復原的車陣**

左旆	大旆	右旆
左彤旆	乘佾	右彤旆
少廣	乘車	佾車
左殿	政車	右殿
左彤殿	大殿	右彤殿
佾軒	佾軒	

與前兩個車陣相比，曹菁菁所復原的車陣有以下 2 個方面的進步：

a. 將車陣的主體分爲三個部分。“旆”“殿”位於車陣的前後。這兩個方面都基本上符合簡文的記載。

b. 車陣中部 5 乘馬車的排列完全符合記載順序。

然而，這個車陣也因追求整齊使得細節上留下 4 個方面的不足：

a. 車陣左右部分馬車的排列次序與簡文的記載次序不符。

b. “旆”“殿”雖然分别位於車陣的前、後，卻是兩兩相疊縱向排列，並將“[illegible]”等同於“彤”。

c. 兩乘“佾軒”在簡文中的記載順序，表明它們應當位於車陣之中，而實際上卻被排列在車陣的最後。

d. 將“佾車”納入車陣之中。

有鑒於此，我們感覺，有必要對 A、B 兩類簡的記載順序進行一下梳理。在此之前，我們需要先對隍=進行處理。隍=見於 A 類簡，卻不見於 B 類簡，不外乎 2 種情況：

a. 可能是 B 類簡原本有隍=卻漏記了。

b. 可能是隍=並不屬於車陣。

我們知道，A 類簡中有一些馬車是不見於 B 類簡的。隍=應該屬於這一部分馬車。換句話説，記載隍=的竹簡編聯位置可能有錯。

① 曹菁菁：《曾侯乙墓遣冊車載兵器研究》，北京大學碩士學位論文，2007 年，第 57 頁。

石黑日沙子根據記載形式“某之某車”將其歸入AⅡ。① 我們在對曾侯乙墓簡中的墨丁進行討論時，將石黑日沙子所謂AⅡ類馬車完整的記載形式概括爲“某人駕御的某人的某車”。而車陣中所有馬車的記載形式，我們都概括爲“某人駕御的某車”。② 䡅₌的記載方式是“哀立馭左尹之䡅₌”，當屬“某人駕御的某人的某車”。另外，記載䡅₌的簡31與記載晳車的簡63、記載“鄎君之一乘畋車”的簡65，在記載方式和墨丁位置上完全一致。由此可見，石黑日沙子的意見是正確的。也就是説，䡅₌不屬於戰車。因此，我們不把䡅₌納入車陣的考慮範圍。

接下來，我們可以看看A、B兩類簡的記載順序：

①A類簡。

a. 大旆(1—4)→乘䡅(4—7)→乘車(7—11)→政車(12)→大殿(13—15)

b. 左旆(16—18)→少廣(18—22)→左殿(22—23)

c. 左䡅旆(25)→䡅軒(26—28)→䡅軒(28—29)→左彤殿(32—33)

d. 右旆(36—38)→右彤旆(38)

e. 右殿(105)③→右䡅殿(39—41)

②B類簡。

a. 大旆(122)→乘䡅(122—123)→政車(123—124)→大殿(124—125)

b. 左旆(125—126)→少廣(126)→左殿(127)

c. 左䡅旆(127—128)→䡅軒(128—129)→䡅軒(129—130)→左彤殿(130)

d. 右旆(131—133)→右䡅〈彤〉旆(133—135)→?④

e. 右殿(136)→右䡅殿(136+139)

f. ?⑤ →乘車(137)

如果將“旆”“殿”的位置，與A、B兩類簡的記載順序綜合起來考慮，取它們的交集，我們會得到2個略有不同的車陣(見表3-2-4、表3-2-5)：

---

① 石黑日沙子著，劉曉路譯：《關於曾侯乙墓出土竹簡的考察》，表3，謝桂華主編：《簡帛研究譯叢》第二輯，湖南人民出版社1998年版，第8、24頁。

② 羅小華：《曾侯乙墓竹簡墨丁研究》，《人文論叢》2011年卷，中國社會科學出版社2011年版，第78~79頁。

③ 按：我們在對曾侯乙墓簡所見馬車類型進行分析時，發現“簡105所記載的内容，可能就屬於‘右殿’”。參本節之“曾侯乙墓竹簡所見馬車裝備物品綜合分析”。

④ 按：簡135在“三翫”之後存在一段空白。雖然此簡後段殘斷，但是，從剩餘部分的最末端來看，似乎還存在一個字頂部。我們懷疑，這應該是記載一乘新的馬車甲冑。

⑤ 按：簡137的第一個字就是“甲”，在這之後又出現了“乘馬畫甲”。據此，簡137中第一個字記的是人甲。簡137之前應該還有至少一乘馬車。

表 3-2-4　　**A 類簡所見車陣復原情況**

左䡅旆	左旆	大旆	右旆	右彤旆
⿱阝盟軒 ⿱阝皇軒	少廣	乘⿱阝皇 乘車 政車		
左彤殿	左殿	大殿		右䡅殿

表 3-2-5　　**B 類簡所見車陣復原情況**

左䡅旆	左旆	大旆	右旆	右䡅旆
⿱阝皇軒 ⿱阝盟軒①	少廣	乘⿱阝皇 政車		
左彤殿	左殿	大殿	右殿	右䡅殿
		乘車(?)		

表 3-2-4 和 3-2-5 所反映的不同點，就是我們在上文中所提出的兩處異同。我們對這兩處異同作出相應的處理：

①B 類簡應有右殿一乘，其位置在 A 類簡右彤旆與右䡅殿之間。

②考慮到 A 類簡部分的記載是首尾相接的。整理者的編聯顯示，乘車前後的記載是連貫的，應當可信。因此，我們將 A 類簡中乘車的位置看作正確的。

此外，簡 38 中的"右彤旆"，簡 133 卻記作"右䡅旆"。整理者認爲"彤旆"爲"幢旆"的異文。② 考慮到左䡅旆與右䡅殿，右彤旆與左彤殿可以形成斜對稱，我們懷疑，簡 133 中的"䡅"，可能是"彤"字之誤。

這樣，我們就得出曾侯乙墓竹簡中車陣(見表 3-2-6)：

表 3-2-6　　**曾侯乙墓竹簡所見車陣復原情況**

左䡅旆	左旆	大旆	右旆	右彤旆
⿱阝盟軒 ⿱阝皇軒	少廣	乘⿱阝皇 乘車 政車		
左彤殿	左殿	大殿	右殿	右䡅殿

---

① 按："⿱阝盟"，整理者隸定爲"⿱阝皇"。參湖北省博物館：《曾侯乙墓》，文物出版社 1989 年版，第 496 頁。

② 湖北省博物館：《曾侯乙墓》，文物出版社 1989 年版，第 514 頁。

由表 3-2-6 可知，曾侯乙墓竹簡中的車陣並非一個排列完全整齊的車陣：車陣左部有 7 乘馬車，而右部卻只有 4 乘馬車。左部的馬車數量明顯多於右部。我們懷疑，這可能與傳世典籍中的“軍尚左”有關。① 即使是位於車陣前後的 5“旆”5“殿”也不完全對稱。左、右“旆”，左、右“殿”可以看成分別對稱的。而左旝旆與右旝殿、右彤旆與左彤殿，我們則認爲應看成處於同一條對角線上的斜對稱。這或許不是偶然。

在此基礎之上，我們也可以將車陣的記載順序梳理出來：

①車陣中部的馬車，是由前到後縱向記載的；

②車陣左部的馬車分爲内、外兩部分，分别由前到後縱向記載；

③車陣右部的馬車分爲前、後兩部分，分别由内到外横向記載。②

另外，表 3-2-6 所展示的車陣中各種馬車之間的關係可能更加複雜。這就需要結合各馬車的車輪加以考察。

二、曾侯乙墓竹簡所見各種車輪

曾侯乙墓 A 類簡中，關於車輪的明確記載共計 25 例，按照“膯輪”“𨊠輪”“鄱輪”“刔幡之輪”可以分爲以下四類：

膯輪(共計 12 乘)：大旆(1)、乘𨌣(4)、乘車(7)、大殿(13)、左旆(16)、少廣(18)、左殿(22)、左旝旆(25)、左彤殿(32)、右旆(36)、右彤旆(38)、右旝殿(39)

𨊠輪(共計 2 乘)：政車(12)、𨌣₌(31)

鄱輪(共計 10 乘)：𨌣軒(26)、𨌣軒(28)、𨎾車(45)、墨乘(47)、安車(48)、新安車(50)、鄴君之車(53)、左軒(57)、畋車(71)、椯轂(73)

刔幡之輪(共計 1 乘)：王僮車(75)

裝配車輪的情況透露出以下幾個方面的信息：

①5“旆”和 4“殿”都裝配膯輪。很明顯，這兩種車都應該屬於兵車類。蕭聖中指出“膯輪似爲兵車通制”。③ 此説可信。另外，裝配膯輪的還有乘𨌣、乘車、少廣。蕭聖中曾認爲“乘車、𨌣軒和乘𨌣則可能是以乘車

---

① 按：《禮記·少儀》孔穎達正義“軍尚左”。參《禮記正義》卷三五。

② 按：根據簡文的記載次序，右側也可能只有一列，從前至後依次是右旆、右彤旆、右殿、右旝殿。

③ 蕭聖中：《曾侯乙墓竹簡釋文補正暨車馬制度研究》，科學出版社 2011 年版，第 196 頁。

用爲兵車”。[1] 此説則有待商榷。我們認爲：乘𩍒、乘車的情況與𩍒軒不同。前兩者都裝配𨍷輪，後者卻是裝配𨏳輪。如果𨍷輪爲“兵車通制”的猜測成立，則乘𩍒、乘車和少廣也可能屬於兵車。

②裝配𨏳輪的馬車有 10 乘，“軒”類車有 3 乘，“安車”有 2 乘。據此，我們推測，裝配𨏳輪的馬車，可能原本只是一般乘坐用車。

③𨍷輪和𠛬轓之輪的數量很少。它們的類屬值得注意。由於數量太少，加上政車、𩍒₌、王僮車等 3 乘馬車的情況不明確，暫時還無法進行討論。

④雖然政車、𩍒軒、𩍒軒、𩍒₌等 4 乘車的輪子並非𨍷輪，但是，它們都是夾雜記録在“旆”“殿”之中。據此，它們也應該用於構建車陣。

楊英傑曾指出“戰車是由交通運輸工具的車轉變而來的”。[2] 由此，我們懷疑：在構建車陣的馬車中，應該存在生活用車臨時充當兵車的情況。

三、車陣與車輪綜合考察

現將各車所配車輪與其在車陣中的相對位置結合起來考慮(見表 3-2-7)：

表 3-2-7　**曾侯乙墓竹簡車陣所配車輪情況**

𨍷輪	𨍷輪	𨍷輪	𨍷輪	𨍷輪
𨏳輪 𨏳輪	𨍷輪	𨍷輪 𨍷輪 𨍷輪		
𨍷輪	𨍷輪	𨍷輪	【𨍷輪】	𨍷輪

由表 3-2-7 可知：

①裝配𨍷輪的大旆、乘𩍒、乘車、大殿、左旆、少廣、左殿、左𧜵旆、左彤殿、右旆、右彤旆、右𧜵殿等 12 乘車，才是車陣的主幹部分。依此，我們也可以推測，情況不明的右殿，也應該裝配𨍷輪。

②除去“旆”“殿”之外，仍有少廣、乘𩍒、乘車等 3 乘馬車的情況有待證實。乘車，見於傳世文獻。《左傳》襄公二十四年：“使御廣車而行，

① 蕭聖中：《曾侯乙墓竹簡釋文補正暨車馬制度研究》，科學出版社 2011 年版，第 161 頁。
② 楊英傑：《戰車與車戰》，東北師範大學出版社 1986 年版，第 2、35 頁。

己皆乘乘車”，杜預注：“乘車，安車。”①楊伯峻認爲：“乘車，其平日所乘之戰車，非單車挑戰之廣車。”②曾侯乙墓簡整理者從楊説：“從簡文乘車上配備有弓、箭、戟、戈、盾、甲、冑等兵器來看，楊説似可信。”③如此看來，曾侯乙墓簡中的乘車，較有可能原本就是日常乘坐用車，就像楊英傑、蕭聖中所説的那樣，是乘車用作兵車。少廣，應該是廣車中的一種。在傳世文獻中，廣車有兵車和非兵車兩種。《左傳》襄公十一年“廣車、軘車淳十五乘”，杜預注：“廣車、軘車，皆兵車名。”④《戰國策·西周策》“昔知伯欲伐厹由，遺之大鐘，載以廣車，因隨入以兵”，高誘注：“廣，大車也。”⑤然而，從簡文中少廣、乘韋、乘車等3車所裝配的一些物品來看，它們都應該是“乘車用作兵車”。

③裝配𨊠輪的政車和裝配鄱輪的𨍏軒、韋軒，也應該是“乘車用作兵車”。這樣看來，𨊠輪也是用以裝配日常乘坐用車的。

可見，曾侯乙墓簡中的車陣包括三個組成部分：①原本就是戰車的5“旆”5“殿”；②本爲日常乘坐用車卻裝配臒輪的乘韋、乘車、少廣(可能是已經用爲戰車)；③本爲日常乘坐用車的是政車、𨍏軒、韋軒(這3乘馬車不排除爲組成車陣而臨時徵用的)。

另外，除去車輪，還有兩種飾物值得注意：①乘韋所配之“晶真吴甲”上有“玉[illegible]”，乘車所配之“備甲”上有“玉[illegible]”，政車所配之“一真吴甲”上有“犀[illegible]”。②車陣中，只有乘車所裝備的“二旆”裝飾“九翼之罶”。如果不是巧合的話，裝飾“[illegible]”只見於乘韋、乘車、政車，可能是因爲這3乘馬車位於車陣的中部；而“九翼之罶”只裝飾在乘車所配的“旆”，則可以理解爲乘車是車陣的正中央。這3乘車被排列在車陣的中央，所配物品的裝飾又如此獨特，是否説明它們的等級不同於其他馬車呢？

四、人馬甲及其“縢”在車陣中的分佈

曾侯乙墓簡B類簡對於人馬甲、甲上之“縢”的顔色均有詳細記載。曹菁菁將這些記載與她所復原的車陣示意圖結合起來，得出一個結論：

---

① 《春秋左傳正義》卷三五。
② 楊伯峻：《春秋左傳注》，中華書局1981年版，第1092頁。
③ 湖北省博物館：《曾侯乙墓》，文物出版社1989年版，第511頁。
④ 《春秋左傳正義》卷三一。
⑤ 《戰國策》卷二。

“馬甲的分佈有一定的規律……彤甲和畫甲的搭配還是經過了人爲安排的。”其理由爲：“根據我們擬測的車陣示意圖，左車隊前驅的車馬甲都是紅色，中間兩輛車的馬甲都是畫甲，殿後的兩輛車又都是紅色；中車隊前驅的車馬甲都是畫甲，後面跟的車有一輛是白色馬甲，剩下三輛都是畫甲。左車隊和中車隊的車輛所用的馬甲搭配形式相似，都是紅色甲在頭尾，中間用畫甲。”①

在復原車陣時候，我們曾就曹菁菁的示意圖展開討論。現在，我們要做的就是，將復原的車陣，與B類簡的記載結合起來進行考慮。我們不僅僅要討論馬甲和甲上之“縢”的顔色，還要討論人甲和甲上之“縢”的顔色。

①對應車陣的人甲類别分佈爲(見表3-2-8)：

表3-2-8　　**曾侯乙墓竹簡所見人甲類别分佈情況**

3吴甲	3吴甲	3楚甲	2吴甲1楚甲	3吴甲
3吴甲 3吴甲	1楚甲2吴甲	3吴甲 1備甲2吴甲 2吴甲1楚甲		
2楚甲1吴甲	3楚甲	3楚甲	1吴甲1楚甲	3楚甲

②對應車陣的人甲之“縢”顔色分佈爲(見表3-2-9)：

表3-2-9　　**曾侯乙墓竹簡所見人甲之“縢”顔色分佈情況**

3吴組	3紫纑	3紫市	2吴組1堊紼	1紫續1紫市1黿組
2吴組1紫組 2吴組1紫組	3吴組	3紫組 1纀組2紫組 3紫組		
3紫市	3紫市	3紫市	3紫市	3紫市

由表3-2-8、3-2-9可知：就分佈而言，人甲的類别和甲上之“縢”的顔色没有呈現出任何規律性。

③對應車陣的馬甲顔色分佈爲(見表3-2-10)：

① 曹菁菁：《曾侯乙墓遣冊車載兵器研究》，北京大學碩士學位論文，2007年，第50頁。

表 3-2-10　　曾侯乙墓竹簡所見馬甲顏色分佈情況

4 畫甲	4 彤甲	4 彤甲	3 畫甲 1? 甲	4 彤甲
6 畫甲 3 紉甲 1 索甲	4 畫甲	—— 4 畫甲 4 畫甲		
4 彤甲	4 彤甲	4 彤甲	——	4 彤甲

④對應車陣的馬甲之“縢”顏色分佈爲(見表 3-2-11):

表 3-2-11　　曾侯乙墓竹簡所見馬甲之“縢”顏色分佈情況

4 黄紡	4 黄紡	4 玄組	3 玄市 1 黄紡	4 黄紡
6 黄紡 3 黄紡 1 紫市	4 紫組	—— 4 紫組 4 黄紡		
——	4 黄紡	4 黄紡	——	4 黄紡

由表 3-2-10 可知：除了𨍭軒和右旆所配馬甲的顏色，是按照先 3 後 1 分開記載的，乘𨍭和右殿所配馬甲的顏色不明之外，其他 13 乘馬車所配馬甲，都是以 1 乘馬車爲單位予以統一。另外，𨍭軒配有 6 套畫甲，證明該車是六馬挽駕。這是值得注意的。簡 172 記有𨍭軒(就是 A 類簡中的𨍭軒)駕六馬，應該就是對應這 6 套馬甲。如果用六馬所駕的馬車作戰，奔跑起來，多有不便。這似乎也可説明，該車原本應該是日常乘坐用車。而且，六馬駕車不太常見，其等級可能還比較高。

表 3-2-11 所反映的是馬甲之“縢”的顏色，情況與馬甲顏色的分佈基本一致，只是左彤殿上馬甲之“縢”的顏色不明。

横向看，5“殿”中除右殿之外，其他 4“殿”的馬甲均爲彤甲；除右殿和左彤殿馬甲之“縢”的顏色不明之外，其他 3“殿”的馬甲之“縢”均爲“黄紡”。由於存在顏色不明的馬甲，我們無法確定 5“殿”所配馬甲及其“縢”的顏色是否統一。

縱向看，左旆和左殿、右彤旆和右𥜽殿所配馬甲及其“縢”的顏色都是統一的——“彤甲”“黄紡”。然而，這並不能説明“馬甲的分佈有一定的規律”。

總之，曾侯乙墓竹簡所記馬甲及其“縢”的顏色分佈並無規律性。

五、曾侯乙墓竹簡所見馬車裝備物品綜合分析

既然用途不同的馬車會配備不同的車輪，那麼，不同用途的馬車(戰争用車和非戰争用車)會在物品配置上有所體現。現在，我們就這一問題，對曾侯乙墓簡中馬車裝備的所有物品進行完全統計。①

有兩點需要補充説明一下：

①曾侯乙墓簡中的5“旆”、5“殿”均確定爲戰車。因此，它們的配備情況，應當視爲判定戰争用車的重要標準。

②我們在上文中提到：構成車陣的乘聛、乘車、政車、少廣、䡅軒、聛軒等6乘車，很可能是日常乘坐用車用作戰車。它們可能同時具備戰車和非戰争用車的特徵，在分析時應當視爲中間部分，其屬性視情況而定。

首先，根據配置情況，可以將曾侯乙墓簡中的物品分爲兩大類。

第一大類是戰争用車和非戰争用車都配備的物品，如：𩋐與轡、鞍、豢(或作䨕、霙)、䋎、䡝、韅與鞅、𩌏𩌝、䩲、箙、席、䈪、韌。② 此類物品中，馬具最多，車席次之，兵器中則只有箙。

第二大類是在馬車類型上有所偏向的物品。當然，這並不是絕對的，因爲實際上還存在一些特殊情況。但是，從大部分馬車的配備情況來看，應該可以這麼劃分。這一類物品又可分爲兩個小類：

①非戰争用車的“特徵物品”：齒桶、衡與戹、常、旌、旗、旂、旃、𨻰、加、䄎、䩶、軒、勒、䡅。③ 在處理這部分物品時，乘聛、乘車、政車、少廣、䡅軒、聛軒等，均被看作非戰争用車。

曾侯乙墓簡中，裝備齒桶的僅有4乘馬車：少廣、王魚軒、左軒、畱車。

曾侯乙墓簡中，明確記載裝備衡與戹的馬車有：乘聛、乘車、少廣、乘廣、聛、畱車、鄎君之一乘畋車、?(112)、?(115)。④

常、旌、旗、旂、旃等都是旌旗類物品。在曾侯乙墓簡中，旌旗類物品以“二旆”爲主。由簡文所提供的信息來看，裝配“二旆”的馬車不一定是戰車。但是，裝配“二旆”以外的這些旌旗的馬車有：乘聛、𨌲車、鄵君

---

① 按：這裏要探討的僅限於車名和裝配物品都知道的馬車。這些馬車在曾侯乙墓簡所記馬車中占有較大比重。我們認爲，它們具有代表意義。由它們本身所提供的信息可以得出一些結論。這些結論也應該是適用於那些情況不明的馬車的。

② 按：“䈪”，參羅小華：《釋䈪》，《簡帛研究2010》，廣西師範大學出版社2012年版，第36~42頁；“韌”，參第二章第二節之“韌、䈪、席”。

③ 按：“䡅”，參羅小華：《釋䡅》，《楚文化研究論集》，第十集，湖北美術出版社2011年版，第126~133頁。

④ 按：“?”表示車名不明，括號中的數字爲簡號。

之車、郹君之一乘畋車、坪夜君之畋車、畋車、?（86）、?（89）、?（115）。

䡅、加、䡵、鞃、軒等都是車蔽類物品。在曾侯乙墓簡中，車蔽類物品以弼、鞎爲主。裝配這些車蔽的馬車有：乘𨏥、乘車、輴車、安車、新安車、鄴君之車、王魚軒、左軒、䜌車、坪夜君之畋車、郙尹之畋車、畋車、槾轂、王僮車、輴輤車、路車二乘、三乘路車、鄴君䚇一乘路車、?（85）、?（96）、?（106）、?（115）、?（117）、?（119）。

裝備靲的馬車有：乘𨏥、輴車、鄴君之車、王魚軒、左軒、𨏥、䜌車、郹君之一乘畋車、坪夜君之畋車、郙尹之畋車、畋車、路車二乘、?（80）、?（86）、?（89）、?（101）、?（112）、?（115）。

裝備勒的馬車有：乘廣、䜌車、郹君之一乘畋車、?（80）。

將裝配這些物品的馬車集合起來就有：乘𨏥、乘車、少廣、乘廣、輴車、安車、新安車、鄴君之車、王魚軒、左軒、𨏥、䜌車、郹君之一乘畋車、坪夜君之畋車、郙尹之畋車、畋車、槾轂、王僮車、輴輤車、?（80）、?（85）、?（86）、?（89）、?（96）、?（101）、?（106）、?（112）、?（115）、路車二乘、三乘路車、鄴君䚇一乘路車。已知馬車有25乘，没有1乘是"旆"或"殿"。除了乘𨏥、乘車、少廣等馬車之外，其他均爲確定的非戰争用車。這也正好驗證了我們在上文中所提出的"日常用車用作戰車"的推斷。原因是，乘𨏥、乘車、少廣等3乘馬車都屬於車陣，不僅裝配有非戰争用車的某些"特徵物品"，還裝配了戰争用車必備的"特徵物品"——"䑋輪"。剩下的9乘未知馬車，可能都屬於非戰争用車。

總之，以上這些物品一般見於非戰争用車，而不見於曾侯乙墓簡中的"旆""殿"。其中的個別物品之所以會被裝配在車陣中的乘𨏥、乘車、少廣等3乘馬車之上，是因爲它們是用作戰車的非戰争用車。

②戰争用車"特徵物品"。這部分物品是戰争用車的必配物品。其中的某些物品，在少數非戰争用車上也有裝配。在處理這部分物品時，乘𨏥、乘車、政車、少廣、𨏥軒、𨏥軒等6乘馬車，都被視爲戰争用車。包括已知的5"旆"和4"殿"，戰争用車共計15乘。記載這些馬車的簡文，存在或多或少的殘損。其中，殘損程度較輕的有乘車、少廣、𨏥軒、左彤殿等4乘；殘損程度較爲嚴重的有政車、左殿、左㯺旆、𨏥軒、右彤旆等5乘。總的説來，可供參考的戰車有10乘(即不包括殘損程度較爲嚴重的5乘戰争用車)，占總數的三分之二。此外，關於政車、左殿、左㯺旆、𨏥軒、右彤旆等馬車的記載，也只是對某些物品的統計有影響。因此，我們認爲，以下分析基本可信。

這些物品主要有：䑋輪、甲、胄、弼、鞎、琱䟒、晝[illegible]("晝"或作

“𠛬”)、

“劃”)、亶、虎韔、盾和戈、弓和矢、一戟、一(晉)杸和二旆、𩍐和𩌏。

已知“䐡輪”應爲戰爭用車的通制。

關於甲和冑的記載，主要見於 B 類簡。① 構建車陣的所有馬車，都因配備甲、冑而出現在 B 類簡。②

至於弼、䩑、琱𨍭、畫[illegible]這 4 件物品，只有在 5 旆、4 殿、乘車、少廣等 11 乘馬車中才會全部出現。在乘𨊠、政車、𨊠軒、𨊠軒等 4 乘馬車的配備情況都明確的條件下，我們有理由懷疑：對於那些情況不明的馬車，這 4 件物品可以作爲區分“旆”“殿”與其他馬車的關鍵性物品。以下將要探討的是，由曾侯乙墓簡中裝配弼、䩑、琱𨍭、畫[illegible]的馬車情況所得出的一個推論。先看各馬車的裝配情況：

弼、䩑、琱𨍭、畫[illegible]：大旆、左旆、右旆、右彤旆、大殿、左殿、乘車、少廣。

弼、䩑、琱𨍭、劃[illegible]：左潼旆、左彤殿、右潼殿。

弼、䩑、琱𨍭：乘𨊠。

弼、琱𨍭、劃[illegible]：𨊠軒。

䩑、琱𨍭：𨊠軒、𨊠車。

䩑、匋、銅𨍭：阩車。

革䩑：政車、墨乘、王僮車。

弼、䩑、琱𨍭、畫[illegible]:？(105)。

由上可知：在曾侯乙墓簡中，除了已知的 5“旆”、4“殿”、乘車、少廣等馬車均裝配弼、䩑、琱𨍭、畫[illegible]之外，還有 1 乘不明馬車(記於簡 105)也裝配了這些物品。而曾侯乙墓簡中又正好少“右殿”。曹菁菁曾指出：“第二部分簡 136 和第三部分的簡 153 都寫有‘右殿’車名，我們有理由相信‘右殿’在此車陣中，只是第一部分的記載殘去了。”③因此，我們懷疑，簡 105 所記載的內容，可能就屬於“右殿”。

---

① B 類簡，主要記載“車上配備的人馬兩種甲冑”。參湖北省博物館：《曾侯乙墓》，文物出版社 1989 年版，第 487 頁。

② 按：“乘廣”和“𨊠”上也都配備了甲和冑，但是，這 2 乘馬車並不參與構建車陣。有關這 2 乘馬車所裝備的甲和冑，記載在 A 類簡，其因待考。A 類簡，主要記載“車馬和車上的兵器裝備”。參湖北省博物館：《曾侯乙墓》，文物出版社 1989 年版，第 487 頁。

③ 曹菁菁：《曾侯乙墓遣冊車載兵器研究》，北京大學碩士學位論文，2007 年，第 26 頁。

曾侯乙墓簡中，裝配䡅的辭例有 20 條，其中有 4 條辭例不知所屬。另外，䡅車裝配了弇䡅和畫䡅。裝配䡅的馬車共計 19 乘，已知馬車有 15 乘，其中包括 3“旆”、3“殿”、乘䡅、乘車、少廣、䡅軒等 10 乘，均屬於車陣。因此，我們懷疑，用於戰争的馬車，可能都配備了䡅。

曾侯乙墓簡中的韔，可分爲虎韔、豻韔、綠魚之韔、紫魚之韔等 4 種。① 裝配虎韔的馬車有 18 乘，其中有 2 乘馬車情況不明，而屬於車陣的有 4“旆”、4“殿”、乘廣、䡅軒、䡅軒等 11 乘馬車。因此，虎韔可以視爲戰争用車的必備物品。另一方面，豻韔所裝配的馬車只有 2 乘，坪夜君之畋車就是其中之一，剩下的 1 乘馬車情況不明。因此，對於豻韔，我們無法作進一步地探討。綠魚之韔主要用於裝配乘䡅、乘車、罶車、鄅君之車、畋車、?（88）、?（104）、?（106）等 8 乘馬車。紫魚之韔則用於裝配少廣、䡅車、安車、王魚軒、左軒、?（96）等 6 乘馬車。從裝配情況來看，這兩種韔主要見於非戰争用車。曹菁菁認爲“魚皮製成的弓韔比虎皮的更貴重，而且顏色也能區分尊貴，紫色的級别明顯高於綠色”。② 在上一節中，我們曾就飾物和九翼之罶進行討論，懷疑乘䡅、乘車、政車等 3 乘馬車的“等級不同於其他馬車”。這 3 乘馬車中，除政車情況不明之外，乘䡅和乘車都是配備的綠魚之韔。由此看來，曹説不可信。另外，未知的 2 乘裝配虎韔的馬車，可能參與構建車陣。簡 105 所記的馬車是其中之一。這是將該簡視爲記載“右殿”的一個佐證。

裝配盾和戈的馬車共計 21 乘，已知馬車 14 乘，屬於車陣的有 3“旆”、3“殿”、乘䡅、乘車、少廣、䡅軒、䡅軒等 11 乘馬車。

裝配弓和矢的馬車共計 18 乘，已知馬車 13 乘，屬於車陣的有 3“旆”、3“殿”、乘䡅、乘車、少廣、䡅軒等 10 乘馬車。

裝配戟的馬車共計 19 乘，已知馬車 14 乘，屬於車陣的有 3“旆”、3“殿”、乘䡅、乘車、少廣、䡅軒等 10 乘馬車。

裝配一(晉)柭和二旆的馬車共計 15 乘，已知馬車 10 乘，屬於車陣的有 3“旆”、3“殿”、少廣、䡅軒等 8 乘馬車。另外，車陣中的乘䡅、乘車、乘廣等 3 乘馬車僅配“二旆”。

裝配鞥和鞁的馬車共計 25 乘，已知馬車 21 乘。其中，裝配二鞥和歆鞁(“歆”或作“貧”)的有 15 乘，屬於車陣的有 5“旆”、4“殿”、乘䡅、乘車、少廣、䡅軒、䡅軒等 14 乘馬車。剩下 1 乘裝配二鞥和歆鞁的馬車記

① 按：“椯轂”所配的“韔”爲“……彔之韔”，辭例單一，情況不明，暫不討論。

② 曹菁菁：《曾侯乙墓遣冊車載兵器研究》，北京大學碩士學位論文，2007 年，第 58 頁。

於簡 105。這是將該簡視爲記載“右殿”的一個佐證。

以上對於第二類物品的分析，可以列成表 3-2-12：

表 3-2-12　　**第二類物品配備情況**

馬車裝配物品	馬車總數	已知馬車數	車陣馬車數
䮭輪	12	12	12
甲、冑	18(16)①	18(16)	16
弼、輥、琱䮴、畫[illegible]	20	19	15
[illegible]	19	15	10
虎韔	18	16	11
盾和戈	21	14	11
弓和矢	18	13	10
戟	19	14	10
(晉)杸和旆	15	10	8
韐和韍	25	21	14

由此可見，第二類物品都可以看作戰争用車必備之物。這些物品的總結，有助於對馬車類别的區分。這類物品在同一馬車上出現得越多，證明這一馬車是戰争用車的可能性越大。相反，如果馬車没有裝配這些物品，可能不是戰争用車，至少不在“旆”“殿”之列。要弄清楚這些馬車的具體類型，需要將第二類中各種物品的裝配情況綜合起來考察。

現將不明馬車配備第二類物品的情況製作成表 3-2-13：

表 3-2-13　　**不明馬車第二類物品配備情況**

第二類物品	記載不明馬車的竹簡號
弼、輥、琱䮴、畫[illegible]	105
畫[illegible]	80、82、84、102
虎韔	102、105
豻韔	99
緑魚之韔	104、106、88
紫魚之韔	96

① 按：由於簡 43、61 各記有一乘馬車的甲冑，因此，如果加上限制條件“B 類簡所記”，裝配甲和冑的馬車數量當爲 16。

续表

第二類物品	記載不明馬車的竹簡號
盾和戈	83、84、97、91、100+101、103、104
盾	88、106
弓和矢	84、86、90、94、107
一軷，三果	102
一軷，二果	37、82、99
一軷，三菓，又[illegible]	84
一桜，二旆	83、99+100、102
一晉桜，二旆	84、91
一晉桜☑	110
二鞥、敓⿰韋冘	105
一鞥、貧⿰韋冘	86、104
一弇、貧⿰韋冘	97

在上文中，我們已經證明，簡 105 所記的馬車就是右殿。這就説明，這種分析方法是可行的。現在，我們運用這一方法來分析其他馬車。由表 3-2-12 可知，簡 82+83、簡 84+85、簡 99+100+101、簡 102+103、簡 104 中的内容，很有可能就屬於記載不全的左旝旆、右彤旆、左殿、右殿(簡 105)、政車。① 其他竹簡或因殘缺太多無法進行討論，或因所記物品與戰爭用車不符而不在此進行討論。

接下來，我們從物品關係入手，對這 10 段文字進行考察。

①簡 82+83 記有⿰衤具和加。根據以上分析，這兩支竹簡不當記載戰爭用車，因此，可以首先被排除。

②考慮到“旆”“殿”當配虎韔，則簡 99+100+101(豻韔)、簡 104(緑魚之韔)只能對應政車(簡 12)。考慮到曾侯乙墓簡中豻韔僅 2 見，車名明確的只有坪夜君之畋車，從而無法確定政車裝配豻韔。另外，車陣中乘𦣞、乘車均配緑魚之韔。我們懷疑，政車可能配備緑魚之韔。但是，簡 104 中的鞥只有 1 件。而屬於車陣的馬車都是裝配 2 件鞥，仍然存在矛盾。由此可見，簡 99+100+101 和簡 104 都無法與記載政車的簡 12 相拼

① 按：關於簡 82+83、簡 84+85、簡 99+100+101、簡 102+103、簡 104 的簡文内容，整理者認爲簡 82 與簡 83，簡 99 與簡 100、101，簡 102 與簡 103 可拼接，參湖北省博物館：《曾侯乙墓》，文物出版社 1989 年版，第 494、520、495 頁。蕭聖中認爲，簡 84 與簡 85 可拼接，參蕭聖中：《曾侯乙墓竹簡釋文補正暨車馬制度研究》，科學出版社 2011 年版，第 14 頁。

接。另一方面，豻韔和綠魚之韔，也不可能裝配在“旆”“殿”之上。因此，簡 99+100+101 和簡 104 的拼接位置仍然無法確定，應該被排除。

③左殿（簡 23）首尾部分物品的記載都比較完整。剩下 2 段文字中，所記尾段物品均與左殿的記載重複，因此無法與之拼接。左殿殘缺的部分還有待研究。

④左𥜽旆（簡 25）和右殿（簡 105）的記載中均有虎韔。剩下 2 段文字中，簡 102+103 也記有虎韔，那麼，能與記載這 2 乘馬車的竹簡相拼接的只剩下簡 82+83。簡 82 斷口下的文字爲“☑襮載扈”、簡 105 斷口上的文字爲“虎韔，屯☑”、簡 25 斷口上的文字爲“二襮紫魚☑”；再將竹簡長度納入考慮範圍，簡 82 上端殘損 35—36 釐米，簡 25 基本完整，簡 105 殘長約 33 釐米。① 如果簡 82+83 接在簡 105 之後，殘簡的長度與所缺少文字的數量不符。因此，我們推測，簡 82+83 更有可能接在簡 25 之後，即：

> 哀裛所馭左𥜽旆：䩥輪。弼，鞎。珚韔。劃[illegible]。鞿靷，革綏。二韓。攸𩌏，屯纁組之綏。虎韔，屯狐聶。二襮紫魚☑ 25 ☑襮載扈，紫黃紡之綳。一戟，二果，一翼之䍿。一杸，二旆，屯八翼之䍿。旗 82 韔。二畫盾。二戈，屯一翼之䍿。韡䩞。輾、鞅。韔。䌛鞍，豻尾之䋿。紫黃紡之繄。䩥䩛。豻首之冡。鞁、轡。鐐韔。83

⑤關於右彤旆（簡 38）的殘存記載缺少虎韔。而簡 102+103 正好記有虎韔。因此，我們懷疑，簡 102+103 可能記載的就是右彤旆。現將記載右彤旆的簡 38 與簡 102+103 相拼接，即：

> 黃㭒馭右彤旆：䩥輪。弼，鞎。珚䟢。畫[illegible]。䌛靷，革綏。二韓。攸𩌏，纁組 38 綏。虎韔，一虎貘之聶。一綠魚之箙，屯𦇧聶。三豻殉之箙，一𦇧聶，一貍聶，一狐白之聶。二襮載扈，紫黃紡之綳。一戟，三果，一翼之䍿。一杸，二旆，屯八翼 102 之䍿，旗韔。畫盾。二戈，屯一翼之䍿。韡䩞。輾、鞅。韔。紫黃紡之繄。䩥䩛。□。虎首之☑ 103

從拼接後的簡文來看，簡 38 與簡 102 之間少了一個“之”字。這種省

① 參蕭聖中：《整理號與出土登記號對照表》，《曾侯乙墓竹簡釋文補正暨車馬制度研究》，科學出版社 2011 年版，第 33~36 頁。

“之”的情況，在戰國簡冊中比較常見，如：曾侯乙墓簡 29 記有“緑魚之聶”，簡 16 作“緑魚聶”；簡 42+43 中的“蒙羽之翯”，簡 61 作“蒙羽翯”；簡 68“一翼之翯”，簡 62 作“一翼翯”。包山簡 276“白金之鈥”，牘 1 作“白金大”；牘 1“繡之緹”，簡 271 作“繡緹”；簡 269“蒙旄之首”，牘 1 作“蒙旄首”。我們推測，這類“之”，應該就是陳偉師所説的“無實際意義的虚詞”。①

綜上所述，我們復原曾侯乙墓竹簡所載車陣的主要依據是，A、B 兩類簡的記載，以及傳世典籍所載“旆”“殿”在車陣中的相對位置。曾侯乙墓竹簡是記載我國古代車陣佈置的詳細可靠資料。當然，簡文内容在細節上也還存在一些問題。馬車的類型可以通過所裝配的車輪反映出來，至少對“旆”“殿”來説是這樣的。人甲的類型以及甲“縢”的顔色，馬甲以及甲“縢”的顔色在車陣中的分佈都不具備規律性。從曾侯乙墓簡中已知馬車所配備的各種物品入手，結合馬車類别對這些物品進行類别劃分，然後再根據不同類型的馬車在配備物品方面會有所體現這一原則，對不明所屬的殘簡進行分析，找到了右殿的前段文字，並對記有左襐旆、右彤旆的竹簡進行拼接。事實是否如此，剩餘的殘簡如何拼接，都還有待進一步研究。

第三節　戰國簡冊所見馬車分組對比研究

以用途爲標準，可以將戰國簡冊所記載的馬車分爲三大類：戰争用車、田猎用车和日常用車。② 戰争用車，又稱爲戰車或兵車。田獵用車和日常用車，我們通稱爲“非戰争用車”。以曾侯乙墓簡所記載的馬車爲例，車陣由 16 乘馬車組成。車陣之中能確定爲戰車的有曾侯乙墓簡中的 5“旆”5“殿”；至於其他馬車，我們懷疑，可能都是日常用車。③ 没有構成車陣的馬車，除 4 乘畋車之外，其他馬車有的屬於日常用車，有的用途不明。④ 一方面，由於同樣都是馬車，一些必要的部件應該具有相關性；另一方面，由於馬車的用途不同，所裝配的器物應該會不同。我們懷疑，這些信息可以作爲判斷馬車類型的外在標準。

① 陳偉：《包山楚簡初探》，武漢大學出版社 1996 年版，第 190 頁。
② 参本章第一節“戰國簡冊所見車名研究・關於戰國簡冊所見馬車種類的思考”。
③ 参本章第二節“曾侯乙墓竹簡所見車陣研究”。
④ 参本章第二節“戰國簡冊所見車名研究・關於戰國簡冊所見馬車種類的思考”。

就研究對象而言，五里牌簡、信陽簡和清華簡《封許之命》中有關馬車的記載過於簡單；新蔡簡中的馬車用於祭祀；天星觀簡和望山橋簡的材料尚未完全公佈；望山簡殘斷比較嚴重，車名無法與物品對應。因此，我們主要分析曾侯乙墓簡和包山簡牘中的馬車。

在這一節中，我們會對這些馬車先分組，然後展開討論。在這裏，我們有必要對分組的依據作一下闡述：

(1)曾侯乙墓簡中的車陣包括16乘馬車，可以分出3組。

①車陣包括5"旆"5"殿"。它們都是可以確定的戰車。因此，我們將這10乘馬車分爲一組。①

②車陣中的甓軒和韋軒，不僅名字相關，而且都是位於車陣的左翼外側。因此，我們將這2乘馬車分爲一組。

③車陣中，除去以上兩組，還有4乘馬車。我們將它們分爲一組。其中乘韋、乘車、政車等均位於車陣的正中央。但是，記載政車的簡文殘損較爲嚴重，實際上這一組只有乘韋、乘車、少廣等3乘馬車。

(2)不屬於車陣的馬車之中，有韋₌、墨乘、新安車、□車、阩車、椯轂、王僮車、輴輴車、峕棒車等9乘馬車，或因簡文殘損嚴重，或因記載簡略，我們不納入考慮範圍。剩下的馬車可分爲4組：

①乘廣和韋均來自鄗君。我們將這2乘馬車分爲一組。

②鄍君之一乘畋車、坪夜君之畋車、鄃尹之畋車、畋車均爲畋車。我們將這4乘馬車分爲一組。

③安車和魚軒在文獻中，都是日常乘坐用車。因此，我們將這2乘馬車分爲一組。

④輴車、左軒、鄴君之車、畱車等具體是怎樣的馬車，情況不明。作爲剩餘部分，我們將其分爲一組。

(3)包山簡牘中，一共記有5乘馬車(其中"正車"兩見，計爲1乘)。我們將其分爲一組。然而，椯轂除了車名，剩下的文字無法識別，因此無法進行探討。羊車上的物品僅記3件，我們已經對它們進行探討。② 此處不再詳細討論。那麽，剩下的就只有軒、韋車和正車。

至此，曾侯乙墓簡和包山簡牘中的馬車可以分爲8組。接下來，我們依次對這8組馬車進行對比分析。

---

① 按：這一組可分可合。5"旆"5"殿"均爲戰車，所裝配的物品基本相同，因而可分爲一組；但是它們分别位於車陣的前、後，因此也可以分爲"旆""殿"兩組。我們從物品裝配入手，將其視爲一組。

② 參羅小華：《"羊車"補説》，《四川文物》2013年第5期。

一、5“旆”5“殿”

曾侯乙墓簡中，5“旆”5“殿”在左、右兩側各分佈2“旆”2“殿”，同側的“旆”“殿”名字存在差異。實際上，同側的2“旆”2“殿”所裝配的物品，基本上是相同的，並無明顯不同。另外，位於中部的大旆、大殿與位於左、右兩側的其他4“旆”4“殿”在物品裝配方面，也不存在太大差異。

(1)如果忽略載𦉜和韓(附靴)，大旆、左旆、右旆、大殿、右𧟌殿上所裝配的物品，以及物品的記載次序基本一致：䡟輪、𢐀、韔(或附琱𧶼、[illegible])、韒(或附綏)、虎韔(附聶)、箙(附聶、或附綏)、二秦弓(附弦𧶼)、矢(箙五秉)、戟(附果、翯，或附[illegible])、柲/晉柲、二旆(附八翼之翯，或附旗𧶼)、盾、戈(附一翼之䔾)、𩊚𩋟、䡟紳(或附𧶼)、冢、顯、鞅(或附𧶼)、紫黃紡之繁、鞁、轡(附鑣𧶼)。

我們懷疑：自𢐀至韒均屬席蔽類物品；自虎韔至矢均屬遠射兵器；自戟至戈均屬攻擊兵器(附旗類)；自𩊚𩋟至最後則屬馬具。

(2)記載右彤旆、左𧟌旆、左殿、右殿、左彤殿的簡文均有殘損。其中，記載右彤旆、左𧟌旆、左彤殿的簡文殘損程度較輕，而且，剩餘簡文所記載的內容，也基本符合我們所得出的結論。殘損的內容是可以根據結論進行補充的。記載左殿和右殿的簡文殘損程度較爲嚴重，不過剩餘簡文也是符合以上結論的。

如果忽略載𦉜和韓(附靴)，自䡟輪至韒的記載順序最穩定，除右殿記載輪的簡文殘損外，其他9乘馬車關於這部分的記載次序完全吻合。其次是韔至戈的記載順序。有5乘馬車例外：左𧟌旆、左殿、右殿缺少秦弓和矢，應該就是殘去的部分。其中，左𧟌旆殘損不多，仍可推測出秦弓和矢是記於箙、戟之間；左殿、右殿由於簡文殘損嚴重，無法判定秦弓和矢的記載位置。可以明確秦弓和矢記載位置靠後的只有右彤旆和大殿。自𩊚𩋟至最後的記載次序有時也會有差異，不過不會誤記到其他類別的物品之間。這也可以證明我們對記載左𧟌旆、右彤旆的竹簡的拼接是可以成立的。

(3)有的物品不是所有旆、殿都裝配的，如䡞、鞍(附𨱏)。䡞凡2見，均記於冢之後。鞍凡4見，一般記在繁的前後(各有2例)。有的物品應該是必備的，但並不見於所有的旆、殿，如大旆就没有關於鞁、轡的記載(右殿因記載不全不計在內)。

(4)接下來，我們要討論的是，5“旆”5“殿”中載𦉜和韓的記載位置。根據簡文的記載，可以將載𦉜和韓的前後物品製作成兩個表格(見表3-3-1、3-3-2)：

表 3-3-1　**載扈的前後物品**

車　名	前	後
大旆	韔	秦弓
左旆	矢	戟
右旆	戈	韊韜
左膧旆	☐	戟
右彤旆	箙	戟
大殿	箙	戟
左殿	——	——
右殿	——	——
左彤殿	矢	戟
右膧殿	矢	戟

由表 3-3-1 可知，除了左殿和右殿中關於載扈的記載殘損外，5“旆”3“殿”中的載扈，一般被記載在兵器類物品之間，尤其是戟之前。這與曾侯乙墓簡整理者對載扈的推斷吻合——“顯然‘䡟’是車上一種承載兵器等物的東西，所以曾侯乙墓竹簡稱爲‘載扈’”。①

表 3-3-2　**韔的前後物品**

車　名	前	後
大旆	箙	載扈
左旆	戈	韊韜
右旆	韌	韔
左膧旆	韌	韔
右彤旆	韌	韔
大殿	旆	盾
左殿	韌	韔
右殿	韌	韔
左彤殿	韌	韔
右膧殿	韌	韔

由表 3-3-2 可知，5“旆”5“殿”中的韔，一般會被記載在韌、韔之間。

① 湖北省博物館：《曾侯乙墓》，文物出版社 1989 年版，第 504 頁。

二、⿱臼皇軒、⿱罒皇軒

作爲車名，⿱臼皇軒與⿱罒皇軒基本相同。在 A 類簡中，簡文對這兩乘馬車的記載是黄痰所馭⿱臼皇軒和黄字所馭⿱罒皇軒。在 B 類簡中，這兩個車名正好被調换爲黄痰馭⿱罒皇軒和黄字馭⿱臼皇軒。因此，⿱臼皇與⿱罒皇當爲一字異體。

雖然，記載⿱臼皇軒與⿱罒皇軒的簡文都有殘損，但是，就殘存的簡文來看，承載的物品基本相同：鄟輪、革鞾、琱䑕、軔、虎韔、箙、韄(附歛韢)、畫盾、戈、韡䪐、顯(附䑕)、鞍(附鞆)、紫黄紡之繁、軺、冡、鞁、轡。另外，黄字所馭⿱罒皇軒有關於秦弓、矢、載庿、戟、晉杸或杸、二旆的記載，黄痰所馭⿱臼皇軒卻没有。我們懷疑，應該是由於簡 26 殘損才没有保留下來。

三、乘⿱罒皇、乘車、少廣

(1)通過對所裝配物品的比對，我們發現，乘⿱罒皇、乘車、少廣這 3 乘馬車具有較多共同點，如：

①戰爭用車的特徵物品：臒輪、弼、鞎(附琱䑕)、二秦弓(附弦䑕)、矢(箙五秉)、襦載庿(附紫黄紡之緗)、二韄(附歛韢)、戟(附三菓、一翼之翯)、二旆(附翯)、黄金之盾、二戈(附紫緫、翯)。

②非戰爭用車的特徵物品：魚之韔(附聶)、衡、㡯。

(2)乘⿱罒皇和乘車在物品裝配上也還存在一些共同點：

①乘⿱罒皇裝配畫輳和[illegible]鍺；乘車裝配畫輳和[illegible]轄。[illegible]鍺與[illegible]轄，應該是同類物品。以上所述的兩件物品，在曾侯乙墓簡中僅見於這 2 乘馬車。

②裝配园軒(附褖、裹、鞆)。

③裝配緑魚之韔。

④二旆之外，乘⿱罒皇上有“其旗，翠首，紫羊須之緫”和紫羽之常；乘車上有“翠螽，白旄之首，翠莖，翠篲，紫羊須之緫”。

畫輳指車輳，[illegible]鐫爲車轄，均爲馬車必備。至於园軒、緑魚之韔、旗、常、螽，我們懷疑，前二者是只裝配在非戰爭用車上的特徵物品，後三者情況不明。

(3)少廣上所裝配的，與乘⿱罒皇、乘車不同的特徵物品有紫魚之韔、齒桶、杸。其中，前兩者我們歸入非戰爭用車的特徵物品，後者我們歸入戰爭用車的特徵物品。另外，乘車上還有一些物品是不見於曾侯乙墓簡中其他馬車的，如：組珥填、秵、鍦、畝、鐮、銉、纊縒等。

我們曾指出：“從簡文中少廣、乘⿱罒皇、乘車等 3 車所裝配的一些物品來看，它們都應該是‘乘車用作兵車’。”①通過以上分析，少廣、乘韗、乘車這 3 乘馬車在裝配物品上，既具備日常用車的特徵，又具備戰車的特徵，應該就是日常用車裝配成戰車。

四、鄅君之車

乘廣和韗這 2 乘馬車是來自同一個人——鄅君的。通過對比可知，乘廣和韗所裝配的物品從數量到裝飾，甚至連記載方式都是一致的：扂(附紫綳和黄金之玳)、虎韔(附虎貘之聶)、豻製之箙(附無聶)、二紫錦之箙(附豻玳)、旆、戟、盾(附霝羽之罾)、韌、顯、鞅、紳、衡、庀、緐鞍(附豻䩢、䥽䐭)、秦弓、矢、吴甲(附紫縢)。

曾侯乙墓簡中，玳凡 6 見，其中 3 例見於鄅君之一乘廣，2 例見於鄅君之一韗，都是鄅君的馬車(見表 3-3-3)；紫錦之箙凡 2 見，也都分别見於鄅君之一乘廣和鄅君之一韗。

表 3-3-3　**乘廣與韗所飾之玳**

車　名	扂	箙
鄅君之一乘廣	二載扂，黄金之玳，紫綳	二紫錦之箙，豻玳
鄅君之一韗	弇扂，紫綳，黄金之玳	二紫錦之箙，豻玳

由此可見，在物品的裝飾和裝配方面，鄅君似乎有個人偏好。我們也有理由相信：來源相同的馬車，在物品的裝配和裝飾方面，會具有較多共性。另外，A 類簡中記載人馬甲胄的 2 乘馬車正好是乘廣和韗。不知是否與書寫人有關，抑或是鄅君所贈馬車上的人馬甲胄没來得及分離。我們更傾向於後者。

五、畋車

關於曾侯乙墓簡中的 4 乘畋車，有以下 3 點異同：

(1)坪夜君之畋車所裝配的物品，明顯多於其他 3 乘畋車。其中，載扂、戟、晉杸、二旆、盾、戈等 6 件物品，都是“旆”“殿”等戰爭用車所必配的。因此，我們懷疑，坪夜君之畋車可能因某種需要按照戰車的標準裝備了某些物品。其他 3 乘畋車則没有裝備戰爭必需品。

(2)簡 71+72 所記畋車，明顯比其他 3 乘畋車多出翟輪；所裝配的緑魚之韔，也與其他 3 乘畋車不同。

① 参本章第二節之“曾侯乙墓竹簡所見車陣研究”。

(3)郙尹之畋車記有兩套弓、矢，且記載的位置不連續。

另外，4乘畋車都配有鞍(均附𫐐，或附𣪠)、鞞、𩊚。這3種物品在其他同類馬車中一同裝配的情況不太多。然而，這4乘畋車居然都裝配了。

六、安車、魚軒

安車和魚軒在傳世文獻中均有記載，是乘坐用車。《周禮·春官·巾車》："安車，彫面鷖總，皆有容蓋。"鄭玄注："安車，坐乘車。凡婦人車皆坐乘。"《左傳》閔公二年："歸夫人魚軒。"杜預注："魚軒，夫人車，以魚皮爲飾。"①在曾侯乙墓簡中，安車和魚軒仍然用爲乘坐用車，記載它們的簡文也都比較完整，便於進行對比。

(1)安車和魚軒所裝配的大部分物品是相同的。其中，紫魚之䩞在曾侯乙墓簡中較爲少見(共計6例)。關於秦弓和矢的記載方式均爲"一秦弓，弦䁓。矢五秉"。這在曾侯乙墓簡中並不常見(共計3例)。另外，除每乘馬車必配的䩞、箙、弓、矢，以及魚軒配有畫盾之外，沒有關於其他長兵器和旆的記載，與日常用車的特徵相符。

(2)可能是因爲安車和魚軒在形制上仍有區別，所以，它們所裝配的物品又各有不同：

表3-3-4 **安車和魚軒上裝配的不同物品**

類　別	安　車	魚軒
車器類	翟輪	
車蔽類	襦軒，貂𫐐 豻加，綠裹	貧𨻶，紫組之綏
兵器類		畫盾，齊紫之綳
車席類		貧靷，戠組之絎 貧籧，二獡綏 䌛韋之席，齊紫之表
馬具類	紫錦之鞍。䁓	緅䩞䪅 豻䪏
馬飾類		六瓔
其他		繽篙 齒鍎 二豧囗，紫緄，屯二翼之䎶

① 《周禮注疏》卷二七；《春秋左傳正義》卷一一。

總之，魚軒所裝配的物品比安車多出不少，尤其是車蔽類物品，可能與魚軒來自“王”有關。

七、𨏥車、左軒、鄴君之車、𦉪車

(1)𨏥車、左軒、鄴君之車、𦉪車都是日常用車，它們所裝配的物品也反映出這一情況。這4乘馬車都裝配了作爲非戰爭用車特徵用品的𨍭、紫/緑魚之韔、緅靲。

(2)與其他3乘馬車相比，𨏥車所裝配的物品中多出秦弓、矢、韐、盾、戈等5種，都是戰車所有的特徵物品。不知是否像坪夜君之畋車那樣“因某種需要按照戰車的標準裝備了某些物品”？

(3)與𨏥車的情況相反，𦉪車所裝配的物品明顯少於其他3乘馬車。没有𨶹、軒、鞃等非戰爭用車的特徵物品，甚至連關於車輪、旗幟、冡、𩏂的記載都没有。不過，記載𦉪車的簡文記有衡、戹、繽經、勒、紫組珥。其中，衡、戹和勒是非戰爭用車的特徵物品，卻不見於其他3乘馬車；繽經和紫組珥則不見於曾侯乙墓簡的其他馬車。

(4)就所裝配物品的種類而言，𨏥車、左軒、鄴君之車這3乘馬的關係比較接近，𨏥車和鄴君之車之間關係最近。除去4乘馬車都有的𨍭、韌、籧、席、紫/緑魚之韔、箙、緅敗、顯、鞅、鞍、䌛、紳等物品，還有不少物品是𨏥車、左軒、鄴君之車均已裝配的(見表3-3-5)：

表3-3-5 𨏥車、左軒、鄴君之車所配相同物品

物品	𨏥車	左軒	鄴君之車
輪	翟輪	翟輪	翟輪
軒	囩軒	紡軒	囩軒
鞃	紫鞃，緑裏	□鞃(?)，屯貂𦗼	反緑之鞃
冡	豻䨦	貂䨦	豻冡
𩏂	豻𩏂	𩏂	䡾
鞁、轡	鞁、轡。鐈䀹	鞁、轡。鐈䀹	鞁、轡。鐈䀹

4乘馬車中，僅見於𨏥車和鄴君之車的物品(見表3-3-6)：

表 3-3-6　　　　　　　　　韔車和鄦君之車所配相同物品

物品	韔車	鄦君之車
㯱	貣㯱，黄紡之綏	紛㯱，紫組之斆
軒	园軒，紡褸，紫裏，貂定之䄏	园軒，紫錦之褸，緑裏，貂定之䄏
旆	皃旆，墨毛之首	紫旆，玄羽之首，一翼之䍉

(5)鄦君之車在紫旆之外還配有“豻常，紫綏”；左軒所配的七聚環僅此一例；韔車和𦔮車都有的、不見於另 2 乘馬車的物品是韇；𦔮車和左軒都有的、不見於另 2 乘馬車的物品是齒桶。

八、包山簡牘所記之車

軒與正車具有以下相同的物品：緹(或作緹，附純)、鞍、紫靽(附約)、紫韅、鞅、䩭(或作䩭)、韔、翟輪、釱(或作大)、鋞(或作釴)、縢組之鑐釱(釱或作大)、戟、舊鑣、紫拜、需光結幘、童(或作纏)。

韋車與正車具有以下相同的物品：貍牛之革靳(附純)、豋、韅、鞅、䩭、虎長、翟輪、白金之釱(或作白金大)、旌、戟(附䥅)、旆(附朮)、戟。

由此可見，在車器、馬具兩個方面，軒與正車較爲接近；在長兵器、旌旗兩個方面，韋車與正車較爲接近。記載韋車和正車的簡牘文中，均有“其上載”的字樣。我們在討論車輪的時候，曾經提到“裝配翟輪的馬車，可能原本只是一般乘坐用車”。如果這一推測成立，那麼，軒應該是仍用於日常乘坐，韋車和正車則有可能是按照戰車的標準進行裝配。這種情況與曾侯乙墓簡車陣中 5“旆”5“殿”之外的馬車比較接近，都是既具備戰車的特徵，又具備非戰争用車的特徵。

另外，包山簡文和牘文對正車的記載也存在差異，主要體現在兩個方面。關於這兩個方面的差異，陳偉師都有過詳細論述。

一是書寫方面。陳偉師認爲：“把通假字考慮在内，把無實質意義的虚詞除開，兩者所記物件及其細節描述絕大多數相同。而在記録順序上，除了少量出入，絕大部分也是一致的。”①其說可從。

一是物品方面。陳偉師指出：“遣策中的‘正車’是以牘 1 所記之車爲

① 陳偉：《包山楚簡初探》，武漢大學出版社 1996 年版，第 190 頁。

基礎，作了一些改動。二者並不完全等同。”①此説可從。但是，仍有些細節值得注意：“‘正車’簡比牘1多出的‘靈光結㡠’。”②牘文中，雖然没有“靈光結㡠”的記載，卻記有“繙芓結項”。另外，簡文中還記有“霝光之童”，牘文則作“番芓之童”。據此，至少可以推測正車上的結項和童，總是以相同的材質製作。然而，牘文中的結項和童是否就是簡文中的結項和童？如果是，爲什麽會有兩種不同的稱呼？如果不是，爲什麽要把“靈光”製作的結項和童換成“番芓”製作的？這值得思考的。簡文中，正車上確實有一些物品是牘文中没有的，如：紫靷上的紃緁、四馬之舊銜、舊鑣、紫轡、二馬之鏑、四馬之戴遺、霝光之帶等。同時，牘文中的四馬晧面和告紝卻不見於簡文。而簡文中的“二䍐鞁”應該就是牘文中“纆鞁”的對應。這些物品可能是“正車”裝配上的增減或是記載上的增減。

雖然，曾侯乙墓簡和包山簡牘是不同年代、不同地點遺留下來的兩批材料，但是，有一些物品在這兩批材料中都出現過，只不過在具體用字上有些區别(見表3-3-7)：

表3-3-7　**曾侯乙墓簡與包山簡牘所見相同物品**

物品	曾侯乙墓簡	包山簡
翟輪	翟阝輪	糬阝輪、櫂阝輪、糬輪
靽	敗、貝	叕
韅、鞅	顯、鞅，韅、鞅	鞎、鞅
虎韔	虓韔	虎長
鞁	鞁、韍	韍、紴
轡	轡	紫拜
鞍	毤、安、鞌、鞍、毴	絘、銨、緣、軒
靷	紳、鞞	紳
	貴	遺
朱旌	朱旗	絑䍐
旗杆	莖	中干
戟	戟	戋

① 陳偉：《包山楚簡初探》，武漢大學出版社1996年版，第191頁。
② 陳偉：《包山楚簡初探》，武漢大學出版社1996年版，第191頁。

续表

物品	曾侯乙墓簡	包山簡
羽飾	翧	翻
旆	旆	罙
甲	甲	虖
冑	韋	韋
縢	縢	緂
矢	矢	鉃

第四節　曾侯乙墓C類簡研究

曾侯乙墓C類簡大多是一枚竹簡僅記載一乘馬車的情況。整理者以統計簡所記内容爲依據，對C類簡進行類别劃分。① 日本學者石黑日沙子在此基礎之上，對這部分竹簡進行“更細緻的分類”。② 現在，我們運用這種方法，對C類竹簡作更進一步的分類。

首先，以統計簡的統轄範圍爲依據製作表格；没有統計簡的部分，將視其簡文内容（主要是駕車之馬的數量和記録方式）製作表格。

其次，從簡文内容可知，C類簡142至簡186是對贈送馬匹的再分配進行記録的。簡187至簡204是對贈送馬車的記録。因此，C類簡又可以分爲“贈送馬匹再分配”和“贈送配套馬車”兩個大類。前者雖然是馬匹再分配的記録，實際上隱含著當時馬匹分配標準的信息，後者隱含著當時贈送馬車的信息。我們將製成的表格按照以上兩個大類分别進行探討。

一、表格的製作

（1）簡142—147、149—158、164—177在車名之前，均記有馬匹贈送人、馬的毛色、馬的位置、馬匹數、贈送人之間的内在關係等信息：

① 湖北省博物館：《曾侯乙墓》，文物出版社1989年版，第453~457頁。

② 石黑日沙子著，劉曉路譯：《關於曾侯乙墓出土竹簡的考察》，謝桂華主編：《簡帛研究譯叢》第二輯，湖南人民出版社1998年版，第6~7頁。

①簡 142—147 均記有“新官”。簡 142 作“外新官”，簡 143 作“宫廄之新官”，簡 144—147 均作“新官人”。簡 148 記有“凡新官之馬六乘”，是對這一部分的總結。

②簡 149—158 均記有“大官”。簡 159 記有“凡大官之馬十乘”，是對這一部分的總結。

③簡 165—170 所記載的均爲四馬駕車，並交代了馬匹所屬。簡 164 雖爲兩馬駕車，但其記載方式與這部分簡文相似，可以將其歸入這一部分；簡 177 也是四馬駕車，且記載方式也與這類簡文相似，我們認爲，將其歸入這一部分可能會更合適。

④簡 171—176 均爲六馬駕車，且記載方式也一致。

(2)簡 160—163 所記載的均爲兩馬駕車，且記載方式基本一致。

(3)簡 178—185(簡 186 内容不詳，暫不列入表格)均爲路車，記載方式基本一致。

(4)簡 187—203 所記的車與馬似乎都是配套贈送的：

①簡 187—192 均爲“䎽”路車，記有所“䎽”之人、馬車數量(量詞爲“乘”)、馬匹數量(量詞爲“匹”，或省)、馬匹毛色(或省)。簡 196 記有“凡路車九乘”，是對簡 187—192 的總計。① 簡 195 記有“凡䎽路車九乘”，是對簡 193—195 的總計。②

②簡 193—195 均爲路車，記録方式與簡 187—192 相類似，只是無“䎽”字，且無馬匹毛色的記録。

③簡 197—203 大多爲“䎽車”，記載方式比較隨意，記有車主、車名、馬匹數量、毛色。簡 204 記有“凡䎽車：䡅車、𨏔車、畋車八乘”，應該是對這部分的總計。③

按照簡文順序，可以製作出九個表格：簡 142—147 爲表 3-4-1，簡 149—158 爲表 3-4-2，簡 160—163 爲表 3-4-3，簡 164—170、177 爲表 3-4-4，簡 171—176 爲表 3-4-5，簡 178—184 爲表 3-4-6，④ 簡 187—192 爲表 3-4-7，簡 193—195 爲表 3-4-8，簡 197—203 爲表 3-4-9。

---

① 湖北省博物館：《曾侯乙墓》，文物出版社 1989 年版，第 529 頁。

② 湖北省博物館：《曾侯乙墓》，文物出版社 1989 年版，第 529 頁。

③ 湖北省博物館：《曾侯乙墓》，文物出版社 1989 年版，第 529 頁。

④ 按：簡 185 記有“鄅君之騨，工尹之騮，一□□☒”。陳偉師等將其放在簡 203 與簡 204 之間。參陳偉等：《楚地出土戰國簡冊[十四種]》，經濟科學出版社 2009 年版，第 365 頁。簡 142—184，都詳細記載了馬匹的相對位置，簡 185 的記載方式與此不同。因此，簡 185 不當納入表 3-4-6 的考慮範圍。此外，簡 197—203，都是先記車，再記馬，與簡 185 也不同。因此，將簡 185 放在簡 203 與簡 204 之間，是值得考慮的。

表 3-4-1　　**簡 142—147 所記馬車情況**

簡號	左　驂	左　服	右　服	右　驂	駟　馬	車　名
142	萮之[illegible]	慶事之騮	蔡齮之騍	鄴君之騏	外新官	大旆
143	獾耴之黃	萮之黃	某束之黃	王衵之黃	宮廄之新官	䡅=
144	駃騮	郘君之騮	北坪	右尹之騮	新官人	左旆
145	右尹之白	大辻尹之黃	大攻尹之騮	鄀牧之騏	新官人	左旆
146	某束之少騙	牢令之黃	某束之大騙	依騏①	新官人	右旆
147	鄀牧之騠②	高鄀之騮	大首之子騎馬	鄀牧之騠	新官人	右旆

表 3-4-2　　**簡 149—158 所記馬車情況**

簡號	左　驂	左　服	右　服	右　驂	駟　馬	車　名
149	郘尹之騮	□冀之騮	憍騮	郘君之黃	大官	大殿
150	右阩徒之騏③	郘君之騮	右司馬之騮	新賠尹之騠	大官	左殿
151	司馬上子	某束之礨	畋尹之騮	鄭成之騮	大官	左殿
152	大攻尹之騮	中朁尹之黃	左阩徒之黃	[illegible]尹之𦢊騮	大官	左殿
153	𨛭馬尹之騮	郘君之騮	郘君之騮	檟騏	大官	右殿
154	右尹之白	右尹之騏	宰尹臣之騏	右尹之騮	大官	行廣
155	笁靳之礨	辻史敀之礨	宰尹臣之黃	辟之騮	大官	行廣
156	王孫生□之騏	中城子之騮	辻史伐之騏	憍牙尹之黃	大官	行廣
157	羸尹鄒之礨	鄴騮	羸尹鄒之黃	濬之騮	大官	行廣
158	趄定之騏	郘君之騮	牋尹之騏	牋尹之騮	大官	行廣

表 3-4-3　　**簡 160—163 所記馬車情況**

簡號	左　服	右　服	乘　者	車　主	車　名
160	坪夜君之騮牝	坪夜君之騮牝	朱夜寰	復尹	畋車
161	坪夜君之騮牝	坪夜君之騮牝	石芫贛桼	石芫贛桼	畋車
162	復尹之騏	復尹之黃		魯旛公	䡅車
163	旛城君之騮	鄴君之騮駐		郘君	䡅車

① 按："依"字，參何琳儀：《戰國文字聲系》，中華書局 1998 年版，第 1170 頁。

② 按："騠"字，參李守奎：《楚文字編》，華東師範大學出版社 2003 年版，第 573 頁。

③ 按："阩"字，參陳偉等：《楚地出土戰國簡冊［十四種］》，經濟科學出版社 2009 年版，第 367 頁。

表 3-4-4　　**簡 164—170、177 所記馬車情況**

簡　號	左　驂	左　服	右　服	右　驂	計　馬	車　名
164		鄱牧之生駁	鼩夫之生駁			舊安車
165	晣牙坪之駴	晉旟駁	贅尹之駴	鄭駴	乘蟞駟	安車
166	高趄之騜	旟城君之騂	溦騮	[illegible]驨	長腸人之駟馬	政車
167	邾怫之騮	豹裘	高[illegible]	高鄱之騮	乘馬駟	乘廣
168—169	縣子之騮	司馬之⧄	鼩夫之騠	左司馬之騮	杙人之駟馬	少廣
170	高鄱之鸜	鼩夫之鸜	砳君子之鸜	[illegible]甫子之鸜	龙馬駟	乘𨍭
177	⧄之騏	少師之駴	司馬之鸜	少師之騮	石梁人	王僮車

表 3-4-5　　**簡 171—176 所記馬車情況**

簡號	左飛	左驂	左服	右服	右驂	右飛	六馬	車名
171	[illegible]深驓	[illegible]甫之騮	[illegible]尹之[illegible]騮	[illegible]尹之[illegible]騮	[illegible]駐	宋客之騮	新官人	𨍭車
172	殤禐之鸜	獴之鸜①	卿事之鸜	鄴君之鸜	建巨之子	獴之鸜	[illegible]弄人	𨍭軒
173	邡鄗之騂	公騂	鄴君之騂	憍之子	宋司城之騂	大首之子騂	新䝨人	墨乘
174	沬國	嬛駘②	鼩夫之鸜	秄黑	難駁③	司馬之白	乘馬	魚軒
175	宮廄尹之騮	大宰之騮	臸壬子	大首之子	某束之騮	臸子	疋乘	畋車
176	鄭襢白	宋司城之駘	哀臣之駘	樂君之駘	左尹之駘	酉邡之駘	[illegible]人	端轂

表 3-4-6　　**簡 178—184 所記馬車情況**

簡　號	左　驂	左　服	右　服	車　名
178	鼩夫之駴	辟之鸜	賓公之駴④	大路
179	鄱牧之駒騮	鄱牧之駒騮	鄱牧之駒騮	戎路

---

① 按："獴"字，參張光裕、黃錫全、滕壬生主編：《曾侯乙墓竹簡文字編》，藝文印書館 1997 年版，第 343 頁。

② 按："駘"字，參陳偉等：《楚地出土戰國簡冊［十四種］》，經濟科學出版社 2009 年版，第 370 頁。

③ 按："駁"字，參蕭聖中：《曾侯乙墓竹簡殘泐字試補十九則》，《簡帛》第一輯，上海古籍出版社 2006 年版，第 21 頁。

④ 按："賓"字，參湯餘惠：《包山楚簡讀後記》，《考古與文物》1993 年第 2 期。

续表

簡　號	左　驂	左　服	右　服	車　名
180		鄱牧之騮	賓公之黄	朱路
181		牧人之騏	牧人之騮	朱路
182		賓公之駥	鄱牧之黄	朱路
183		賓公之驕①	賓公之黄	韒路
184		牧人之黄	牧人之黄	韒路

表 3-4-7　　**簡 187—192 所記馬車情況**

簡　號	𢂁	路　車	馬
187	王	一乘路車	三匹騮
188	王	一乘路車	麗兩騮
189	王	一乘路車	麗匹黄、匹騮②
190	大子	其一乘 其二乘	駟 屯麗
191	平夜君	路車二乘	屯麗
192	鄴君	路車一乘	麗

表 3-4-8　　**簡 193—195 所記馬車情況**

簡　號	車　主	路　車	馬
193	旜城君	路車三乘	屯麗
194	鄗君	路車三乘	屯麗
195	遊旜公	路車三乘	屯麗

① 按：“驕”字，參陳偉等：《楚地出土戰國簡冊[十四種]》，經濟科學出版社 2009 年版，第 370 頁。

② 按：“黄”字，參張光裕、黄錫全、滕壬生主編：《曾侯乙墓竹簡文字編》，藝文印書館 1997 年版，第 350 頁。“黄”前之“匹”字，參蕭聖中：《曾侯乙墓竹簡釋文訂補(十則)》，《簡帛》第二輯，上海古籍出版社 2007 年版，第 50 頁。

表 3-4-9　　**簡 197—203 所記馬車情況**

簡　號	車　主	𨊠車名	左　服	右　服
197	鄗君	廣車	黄牡	騽牡
198	[illegible]𣄴公	𨊠=		
199	慶事	𨊠=	驕牡①	黄牡
200	☐	𨊠=	騮	騮
201	鄎君	𨏬=	黄	黄
202	命尹	𨏬=	騽	騽
203	鄴君	圓軒	騜	牡

二、贈送馬匹再分配研究

蕭聖中曾指出："簡文在記述配駕馬時大多言及其毛色，其中駕六之車、駕四之車大多駕雜色之馬，而駕二駕三之車則多有'齊其色'以爲駕者。"②駕車之馬是否真有"齊其色"的做法，只要對以上各表進行逐一分析就可以知道了。

對比各表格，我們發現，表 3-4-6 所提供的信息具有代表性：

(1)這一部分馬車前 2 乘均駕三馬，後 6 乘均駕兩馬。駕車之馬有駴 3、騽 1、駒騮 3、騮 2、黄 5、騏 1、驕 1。如果只考慮齊色，這一部分中應該有 5 乘。這 5 乘齊色馬車有兩種可能：①駕三駒騮、駕三駴各 1 乘，駕兩黄 2 乘，駕兩騮 1 乘；②駕三駒騮、駕三黄各 1 乘，駕兩駴、兩騮、兩黄各 1 乘。③ 實際上，只出現 2 乘(簡 179 所記戎路駕三騮，簡 184 所記朝路駕兩黄)。

(2)賓公贈送的 5 匹馬(駴 2、黄 2、驕 1)，分配給 4 乘馬車(大路 1、朱路 2、朝路 1)；都牧贈送的 5 匹馬(駒騮 3、騮 1、黄 1)，分配給 3 乘馬車(戎路 1、朱路 2)。另外，賓公贈送的 2 匹駴和 2 匹黄，都被打亂分配；都牧贈送的 3 匹駒騮，都分配給了戎路。

① 按："驕"字，參陳偉等：《楚地出土戰國簡冊[十四種]》，經濟科學出版社 2009 年版，第 371 頁。

② 蕭聖中：《曾侯乙墓竹簡釋文補正暨車馬制度研究》，科學出版社 2011 年版，第 230 頁。

③ 按："駒騮"當爲"騮"之幼馬，不與其他成年馬混合駕車。

(3)牧人贈送的4匹馬(騏1、騮1、黄2)，恰好分配給2乘馬車(朱路1、韜路1)。其中，騏和騮分配給了1乘韜路，2匹黄分配給了1乘朱路。

由(1)可知，馬匹毛色的統一(即“齊色”)，並非重要的考慮因素；由(2)可知，馬匹來源的統一(以下均簡稱爲“同源”)，也不是重要的考慮因素；由(3)可知，齊色和同源會被考慮，但應該是在某些更重要的因素被考慮之後。也就是説，應該存在某些優先級别高於齊色和同源的因素。

總結以上分析，我們提出一些推測：

(1)在分配馬匹時，確實考慮到了齊色，如：鄗牧贈送的3匹駒騮、牧人贈送的2匹黄，都被分配到同一乘馬車，構成齊色馬車(其實這兩乘馬車所駕的馬還是同源馬)。

(2)馬匹的贈送來源也起到了一定的作用，即同一人所贈的馬匹可能會被分配給同一乘馬車(“同源”)，如：牧人贈送的騏和騮、賓公贈送的驈和黄，都被分配到同一乘馬車，構成同源馬車。

(3)鄗牧贈送的駒騮，並不與鄗牧贈送的騮混雜分配，可能是因爲馬駒的使用較爲罕見，不能與成年馬混合使用。①

(4)齊色和同源都不是被優先考慮的分配定則，否則，就應該將所有的馬匹，按同色或同源進行組合，應該存在某些比這兩者更爲重要的因素。

至於以上推測是否適用於整個“贈送馬匹再分配”部分，需要從整體上進行驗證。

先對“贈送馬匹再分配”部分馬匹的顏色進行完全統計：

表3-4-1至表3-4-5，共有馬車40乘。其中，駕六馬者6乘，駕四馬者22乘，駕三馬者2乘，駕兩馬者10乘；共有駕車之馬150匹，其中[illegible]2、騴4、[illegible]16、駴8(含國1)、騂7②、驪1、驣1、駐6、騑1、[illegible]1、騮46、駒騮3、騍1、騏14、黄18、白4、子6、生駁2、駁2、騜1、豹裘1、黑1、驈1、北坪1、[illegible]1、☐1。

我們將按照表3-4-1至表3-4-6六個表格中的内容，對馬匹毛色進行分類統計。也就是説，只在同一表格中(不是在整個“贈送馬匹再分配”部分的範圍内)進行同色統計。之所以這樣統計，是出於對以下三個方面的考慮：

(1)一同統計(以下均簡稱爲“同計”)的馬匹或馬車彼此之間，可能

① 按：從曾侯乙墓簡的記載情況看，用於駕車的“駒”僅此三匹，與馮好“當時挽車的主力還是馬和駒”的説法不同。參馮好：《關於先秦至西漢時期馬的體高及相關問題的討論》，《北京文博》2008年第2期。

② 按：簡147記有“大首之子騂馬”，簡173記有“大首之子騂”。“騂”，指的是馬匹毛色。此二馬可以歸入“騂”。

具有某些相關性，如：表 3-4-1 中的“駟馬”之前均記有“新官人”，表 3-4-2中的“駟馬”之前均記有“大官人”。

(2)同計的馬車所駕馬的數量基本相等(表 4 簡 164 中的“舊安車”，表 6 簡 178 中的“大路”、簡 179 中“戎路”，與同表中的其他馬車不同)，便於調配。

(3)在上述同計即同類的條件下，如果同色馬駕車的實際數量等於統計所得數據，我們只能説，可以將齊色作爲分配馬匹的重要標準之一(因爲我們假定的是同計優先齊色)，然後再從 C 類簡的大範圍内進行同色統計；如果同色馬駕車的實際數量低於統計所得數據，則説明齊色不能作爲分配馬匹的唯一標準，也就不需要再從 C 類簡的大範圍入手考慮了(因爲由大範圍考慮所得到的數據，會比實際數據大很多)。

我們對上述六個表格所記馬的毛色進行完全統計，並予以逐一分析：

表 3-4-1：[illegible]1、騮 6、騍 1、騏 3、黄 6、白 1、騂2、騠2、騂1、北坪 1①。

這一部分馬車均駕四馬。應該有 2 乘齊色馬車(駕四騮、駕四黄各 1 乘)；實際上只有 1 乘(簡 143 所記韋車駕四黄)。

表 3-4-2：騮 19、黄 6、騏 8、騠1、子 1、礜4、白 1。

這一部分馬車均駕四馬。應該有 8 乘齊色馬車(駕四騮 4 乘、駕四黄 1 乘、駕四騏 2 乘、駕四礜 1 乘)；實際上齊色馬車數目爲 0。

表 3-4-3：騮 6、騏 1、黄 1。

這一部分馬車均駕兩馬。應該有 3 乘齊色馬車(均駕兩騮)；實際上，3 乘均已出現(簡 160、161 所記畋車均駕兩騮牝，簡 163 所記韋車駕兩騮)。

表 3-4-4：生駁 2、駴4、駁 1、騜 1、騂 1、騮 6、驨 1、豹裘 1、[illegible]1、□1、騠1、礜5、騏 1。

① 按：“北坪”一項的處理會影響到這一部分同色馬車的百分比。如果“北坪”一項是漏記了馬，且馬又剛巧是“騮”，這部分的百分比會高達 100%，對最後的結論也會有影響。

這一部分馬車均駕四馬(簡164除外)。應該有4乘齊色馬車(駕兩生駁①、駕四騻、駕四騮、駕四騽各1乘);實際上只有2乘(簡164所記舊安車駕兩生駁、簡169所記乘韋駕四騽)。

表3-4-5:驊1、騮7、駓1、騽6、子5、騂5、國1、駐6、黑1、駁1、白2。

這一部分馬車均駕六馬。應該有3乘齊色馬車(駕六騮、駕六騽、駕六駐各1乘);實際上齊色馬車數目爲0。

表3-4-6,詳上文。

現將表3-4-1至表3-4-6中齊色馬車的數量信息進行匯總,可以得到一個數據對比表(見表3-4-10):

表3-4-10　**各表格中的齊色馬車**

表	理論值(乘)	實際值(乘)	百分比(%)
3-4-1	2	1	50.00
3-4-2	8	0	0.00
3-4-3	3	3	100.00
3-4-4	4	2	50.00
3-4-5	3	0	0.00
3-4-6	5	2	40.00
小計	25	8	32.00

從整體情況上看來,如果在同計的範圍内,將馬匹打散後完全按照齊色的標準進行分配,齊色馬車的數量應該會是25乘,而實際得到的數據卻只有理論數據的32%。

就單個表格的數據而言,表3-4-3的實際數據與理論數據完全吻合。這大概是因爲,該表格中的馬車均駕兩馬,馬車總數爲4,且齊色馬匹爲6,占馬匹總數8的75%。表3-4-1至表3-4-6中,駕二馬車的總數爲10,

① 按:"生駁"似乎與"駁"不同,後者可與其他馬混合使用,前者可能不行。

而齊色馬車數量爲 5，佔總數的 50%。駕三的馬車只有 2 乘，齊色馬車 1 乘。由於基數太小而無法説明問題。不過，這個基數卻也隱含著其他信息，這一點我們稍後再作討論。這可能就是蕭聖中所説的“駕二駕三之車則多有‘齊其色’以爲駕者”。① 表 3-4-5 所記的馬車都駕六馬，没有齊色馬車，其百分比爲 0。表 3-4-1、表 3-4-2、表 3-4-4 所記的馬車都駕四馬（表 3-4-4 中的舊安車除外）。表 3-4-1 雖然有 1 乘齊色馬車，占理論值的 50%；表 3-4-2 没有齊色馬車；表 3-4-4 除去駕兩馬的舊安車，剩下的 1 乘齊色馬車占理論值的 33. 33%。如果從四馬駕車的大前提著眼，理論值爲 22，齊色馬車的實際數量卻只有 2 乘，其百分比僅爲 9. 09%。這大概就是蕭聖中所説的“駕六之車、駕四之車大多駕雜色之馬”。②

從上面的分析看，如果從駕馬數量來考察齊色馬車的情況，我們得到一個新的數據表（見表 3-4-11）：

表 3-4-11　**從駕馬數量看齊色馬車**

駕馬數量	總數（乘）	實際齊色馬車數（乘）	百分比（%）
2	10	5	50. 00
3	2	1	50. 00
4	22	2	9. 09
6	6	0	0. 00

就一般概率而言，從駕二到駕六，馬車的數量應該會逐次遞減。換句話説，所駕馬匹數量越小，齊色的可能性就越大；所駕馬匹數量越大，齊色的概率自然就會越小。然而，實際情況是：駕三的馬車數量偏少，駕四的馬車數量偏多。前者可能是由於當時駕馬數量一般不爲奇數。這一點還體現在，C 類簡中没有記載駕五的馬車。③ 後者可能與曾侯乙的身份、地位有關。但是，“贈送馬匹再分配”部分的實際駕馬數量，與《宋書・禮志》所引逸禮《王度記》的記載有出入：“天子駕六，諸侯駕五，卿駕四，大夫三，士二，庶人一。”④也就是説，當時貴族、官吏的等級，與駕馬數

① 蕭聖中：《曾侯乙墓竹簡釋文補正暨車馬制度研究》，科學出版社 2011 年版，第 230 頁。

② 蕭聖中：《曾侯乙墓竹簡釋文補正暨車馬制度研究》，科學出版社 2011 年版，第 230 頁。

③ 按：《國風・鄘風・干旄》中關於“素絲組之，良馬五之”的記載，不知是否存在於現實情況中。

④ 《宋書》卷一八。

量之間的對應關係，仍有待深入研究。

總之，各種跡象表明：我們先前的推測——齊色不是被優先考慮的分配定則，可適用於整個“贈送馬匹再分配”部分。

依此，我們再對上述表 3-4-1 至表 3-4-6 所記載馬的來源進行完全統計和逐一分析：

表 3-4-1：莆 2、慶事 1、蔡齮 1、鄴君 1、獾耴 1、某束 3、王衵 1、駇(?)1、鄗君 1、北坪 1、右尹 2、大辻尹 1、大攻尹 1、鄱牧 3、牢令 1、依 1、高鄱 1、大首 1。

該表中不會出現同源馬車。而且，莆送的 2 匹馬、右尹送的 2 匹馬，都被分配到 2 乘馬車；某束、鄱牧送的 3 匹馬，也都被分配到 2 乘馬車。

表 3-4-2：鄗尹 1、□蒖 1、惰 1、鄗君 5、右阩徒 1、右司馬 1、新賠尹 1、司馬上 1、某束 1、畋尹 1、鄭成 1、大攻尹 1、中嚚尹 1、左阩徒 1、[illegible]尹 1、㯿馬尹 1、櫝 1、右尹 3、宰尹臣 2、笁斬 1、辻史啟 1、駍 1、王孫生□1、中城子 1、辻史伐 1、惰牙尹 1、羸尹鄢 2、鄴 1、濬 1、趄定 1、賫尹 2。

理論上會出現 1 乘同源馬車(鄗君)，實際上没有出現同源馬車。此外，右尹送的 3 匹馬，被分配到同一乘馬車；宰尹臣送的 2 匹馬、羸尹鄢送的 2 匹馬、賫尹送的 2 匹馬，都被分配到 2 乘馬車。

表 3-4-3：坪夜君 4、復尹 2、旟城君 1、鄴君 1。

理論上會出現 3 乘同源馬車(坪夜君 2 乘、復尹 1 乘)，實際情況與理論值吻合。

表 3-4-4：鄱牧 1、黝夫 3、暊牙坪 1、晉旟 1、賫尹 1、鄭 1、高趄 1、旟城君 1、湫 1、[illegible]1、邿栛 1、豹裘(?)1、高 1、高鄱 2、縣子 1、司馬 2、左司馬 1、翻君子 1、[illegible]甫子 1、☐1、少師 2。

不會出現同源馬車。黝夫送的 3 匹馬，被分配到 3 乘馬車；高鄱送的

2 匹馬、司馬送的 2 匹馬，都被分配到 2 乘馬車；只有少師送的 2 匹馬，被分配到同 1 乘馬車。

表 3-4-5：□2、□甫 1、□尹 2、宋客 1、殤禐 1、㺒 2、卿事 1、鄴君 2、建巨 1、邡鄗 1、公 1、憍 1、宋司城 1、大首 2、浤 1、嬛 1、𪊨夫 1、秎 1、𪋣 1、司馬 1、宮廄尹 1、大宰 1、弫䢵 2、某束 1、鄭禮 1、宋司城 1、哀臣 1、樂君 1、左尹 1、酉邡 1。

不會出現同源馬車。□送的兩 2 馬、□尹送的 2 匹馬、㺒送的 2 匹馬、弫䢵送的 2 匹馬，都被分配到同 1 乘馬車；鄴君送的 2 匹馬、大首送的 2 匹馬，都被分配到 2 乘馬車。

表 3-4-6：𪊨夫 1、𨑒 1、賓公 5、都牧 5、牧人 4。

最多會出現 6 乘同源馬車(賓公 2 乘、都牧 2 乘、牧人 2 乘)，實際上出現了 4 乘(都牧 1、牧人 2、賓公 1)。

雖然存在同源馬被分配到同一馬車的情況，如：表 3-4-3 中出現 3 乘同源馬車，表 3-4-6 中出現了 4 乘同源馬車；表 3-4-2 中，右尹送的 3 匹馬被分配到同 1 乘馬車；表 3-4-4 中，少師送的 2 匹馬被分配到同 1 乘馬車；表 3-4-5 中，□送的 2 匹馬、□尹送的 2 匹馬、㺒送的 2 匹馬、弫䢵送的 2 匹馬，都被分配到同 1 乘馬車。但是，大部分同源馬還是被分配到不同的馬車。由此可見，同源不是被優先考慮的分配定則的觀點也得到了驗證。

由“贈送馬匹再分配”部分所記載的内容可知，如果將駕車之馬稍作調整就能得到更多的“齊色”馬車，如：將簡 149、153 所記的右驂，與簡 151、152、154、155、157、158 所記的右驂互换；將簡 165 所記的左服，與簡 177 所記的左服互换，等等。同理，將簡 149 所記的驂馬，與簡 152 所記的驂馬互换；將簡 171 所記的左飛、右驂，與簡 175 所記的左飛、右驂互换，也能得到更多的“同源”馬車。以上均爲相同位置馬匹的調整。實際上並未出現這些“齊色”或“同源”的馬車。至此，我們提出的推測——“齊色和同源都不是被優先考慮的分配定則……應該存在某些比這兩者更爲重要的因素”，也得到了驗證。

接下來，我們嘗試對影響馬匹分配的重要因素進行探討。

《周禮・夏官・校人》：“凡軍事，物馬而頒之。”鄭玄注：“物馬，齊其力。”《禮記・月令》:“天子乃教於田獵,以習五戎,班馬政。”鄭玄注:“馬政,謂齊其色,度其力,使同乘也。”《詩・小雅・車攻》:“四牡龐龐,駕言徂東。”孔穎達正義:“‘宗廟齊毫,戎事齊力,田獵齊足’,《釋畜》文也。‘尚純’、‘尚强’、‘尚疾’,是毛以義增解之也。齊其毫毛,尚純色;齊其馬力,尚强壯;齊其馬足,尚迅疾也。引之者,證經‘既同’爲齊力之義,因連引宗廟、田獵之全文。李巡曰:‘祭於宗廟,當加謹敬,取其同色也。’某氏曰:‘戎事,謂兵革戰伐之事,當齊其力,以載干戈之屬。’舍人曰:‘田獵,取牲於苑囿之中,追飛逐走,取其疾而已。’”《六月》“比物四驪”,孔穎達疏:“比物者,比同力之物。戎車齊力尚强,不取同色。而言四驪者,雖以齊力爲主,亦不厭其同色也,故曰‘駟騵彭彭’,又曰‘乘其四騏’;田獵齊足而曰‘四黄既駕’,是皆同色也。無同色者,乃取異毛耳,‘騏騮是中,騧驪是驂’是也。”①孫詒讓認爲:“據孔説,則戎事以齊力爲主,色則或齊或不齊,蓋無定法。又《檀弓》云:‘夏后氏尚黑,戎事乘驪;殷人尚白,戎事乘翰;周人尚赤,戎事乘騵。’《詩・大雅・大明》篇:‘駟騵彭彭’,毛傳亦云:‘騮馬白腹曰騵,言上周下殷也。’是戎事馬亦各從正色,但《詩》《禮》並謂主帥所乘,其他戎車固不嫌有襍色矣。”②可見,在給馬車分配馬匹的時候,“齊其力”(以下簡稱爲“齊力”)應比齊色重要,另外,還要考慮到“齊其馬足”(以下簡稱爲“齊足”)。在達到“齊力”和“齊足”之後,“齊色”也是會被考慮的。

雖然曾侯乙墓C類簡中並未出現“齊力”與“齊足”的相關記載,但“齊力”與“齊足”這兩個重要因素卻不能不被考慮,應該是隱含的因素,如《史記・平准書》:“漢興,接秦之弊,丈夫從軍旅,老弱轉糧饟,作業劇而財匱,自天子不能具鈞駟,而將相或乘牛車,齊民無藏蓋。”司馬貞索隱:“天子駕駟馬,其色宜齊同。今言國家貧,天子不能具鈞色之駟馬。《漢書》作‘醇駟’,‘醇’與‘純’同,純一色也。或作‘騂’,非也。”③《漢書・食貨志》:“天下既定,民亡蓋臧,自天子不能具醇駟,而將相或乘牛車。”顔師古注:“醇,不雜也。無醇色之駟,謂四馬雜色也。”④這裏的“不能具醇駟”,也可能不是單指“四馬雜色”,而是指没有“齊力”“齊色”“齊足”的4匹馬。給馬車分配馬匹時,“齊力”與“齊足”也是應該加以考慮的重要因素。

① 《周禮注疏》卷三三;《禮記正義》卷一六;《毛詩正義》卷一〇。
② 《周禮正義》卷六二。
③ 《史記》卷三〇。
④ 《漢書》卷二四上。

作爲同一乘馬車的動力提供者，馬的體高也是一個不容忽視的因素，也就是説，同一乘馬車的馬匹(尤其是服馬)，不可能在體高上存在較大差别。馮好就指出：安陽小屯出馬坑 M40 出土“兩匹服馬的體高測量數值差達 50 釐米”，不可能“由體高差異這麽大的兩匹馬挽引同一輛車”。① 雖然傳世文獻與出土文獻中，並未出現關於駕車服馬(兩匹服馬)體高的明確記載，但出土實物中的數據卻説明了一點。

馮好又指出：“秦陵一號兵馬俑坑的陶俑與真人等高，因此該坑的陶馬體高也代表了真實的馬體高。秦陵銅車馬的尺寸爲真實車馬的一半，因此銅馬體高乘以 2 的乘積也代表了真實的馬體高。這些陶馬與銅馬均可以在拼接或修復後直接測量體高，因而數據較準確。”②出於以上考慮，我們從秦陵陶馬和銅馬的原始數據(見表 3-4-12、表 3-4-13)入手來探討同車的馬體高。

表 3-4-12 **秦始皇陵兵馬俑坑一號坑陶馬通肩高③**

馬	體　高(釐米)			
	右驂	右服	左服	左驂
T1G2	128	124		127
T10G5	129	130	147	130
T10G7	138. 5	132	130	130
T19G9	130	135		130
T19G10	132	130	133	134

表 3-4-13 **秦始皇陵銅馬通肩高**

編　號	右驂(釐米)	右服(釐米)	左服(釐米)	左驂(釐米)
一號銅車④	66×2＝132	65. 2×2＝130. 4	65. 4×2＝130. 8	66×2＝132
二號銅車⑤	66×2＝132	65. 6×2＝131. 2	66. 8×2＝133. 6	66. 5×2＝133

① 馮好：《關於先秦至西漢時期馬的體高及相關問題的討論》，《北京文博》2008 年第 2 期。

② 馮好：《關於先秦至西漢時期馬的體高及相關問題的討論》，《北京文博》2008 年第 2 期。

③ 參陝西省考古研究所、始皇陵秦俑坑考古發掘隊：《秦始皇陵兵馬俑坑一號坑發掘報告(1974—1984)》(上)，附表一：15《陶馬尺寸登記表》，文物出版社 1988 年版，第 373 頁。

④ 參秦始皇陵兵馬俑博物館、陝西省考古研究所：《秦始皇陵銅車馬發掘報告》，表一，文物出版社 1998 年版，第 57 頁。按：此表所記的“至譽甲高”，應該就是“通肩高”。

⑤ 秦始皇陵兵馬俑博物館、陝西省考古研究所：《秦始皇陵銅車馬發掘報告》，文物出版社 1998 年版，第 180~185 頁。

對比表 3-4-12、表 3-4-13 可知：同一乘馬車所駕之馬的體高基本相等(T10G5 除外)。雖然數據都采自於秦馬，在馬車使用較爲普遍的時代，這種情況應該不會出現大的變化，是可以向前追溯的。① 因爲駕車之馬(尤其是服馬)的體高如果相差太大，會產生力量分配不均。一方面，馬車在奔跑時會顛簸得很厲害；另一方面，對於駕車之馬來說也是一種折磨。由此可見，馬的體高應該是分配馬匹時不得不考慮的因素之一。

綜上所述，體高、“齊力”“齊足”“齊色”“同源”等因素，在分配馬匹時都是應該予以考慮的。在這五個因素中，前兩者顯得更重要，它們直接關係到馬車的實際使用。然而，必須加以説明的是：前兩個因素是我們根據傳世文獻(“齊力”)的記載和出土材料的數據(體高)加以推測得到的。“齊足”則主要是出於對馬車奔跑時的速度的考慮。後兩者則是較爲次要的因素。“齊色”是美觀的體現，“同源”可能是考慮到同源馬的習性相近、彼此熟悉。② 這兩個因素中，哪一個更爲重要，目前還無法展開討論。以上是我們對“贈送馬匹再分配”部分所記内容的推測，事實是否如此，還有待更多的出土材料來驗證。

三、贈送馬車(成套)的研究

表 3-4-7 至表 3-4-9 三個表格都是記載成套贈送的馬車，簡文記爲“賵”。從這三個表格中，我們可以獲得以下信息：

(1)贈送人是包括“王”“大子”在内的一些高級貴族。

(2)這些“賵”車駕馬的數量偏少：簡 187 至簡 203 所記録的馬車一共有 25 乘，除簡 187 所記“一乘路車”駕“三匹騮”(王所賵)，簡 190 所記“其一乘”駕“駟”(太子所賵)之外，其他馬車均駕二馬。③

(3)這部分簡文對馬匹毛色的記録不統一：表 3-4-7 中，知道馬匹毛色的有簡 187、188、189 等，均爲王賵“路車”；表 3-4-8 中，九乘“路車”所駕之馬的毛色不明；表 3-4-9 中，只有簡 198 未對駕車之馬的毛色進行記録(□旝公所賵 𨎮₌)。

由以上信息可知：

(1)作爲諸侯的墓主，與賵車者的國家之間，有著不一般的關係。

(2)墓主在賵車者的心目中地位可能並不高。這一點從贈車駕馬數量

---

① 按：從銅馬和陶馬的數據來看，秦馬的“通肩高”一般在 130 釐米左右。

② 按：“習性相近、彼此熟悉”的説法，蒙陳偉師提示。謹致謝忱！

③ 按：“□旝公”所“賵”的“𨎮車”，駕馬情況不明。但是，從前後記録的“鄗君”和“麐事”所“賵”的“𨎮₌”均駕兩馬來看，“□旝公”所“賵”的“𨎮₌”，駕兩馬的可能性較大。

太少和馬匹毛色不完全統一可以看出。

(3)成套贈送的馬車，一般不會被拆開來重新分配。

(4)成套贈送的馬車，説明馬和車的來源相同，體高、“齊力”“齊足”也應該被考慮過了。因此，不需要對同源、體高、“齊力”“齊足”等因素進行分析了。

(5)就馬匹毛色來説，在已知毛色的䝿車(9乘)中，有5乘是“齊色”馬車:① “王䝿一乘路車”駕“三匹騮”、“王䝿一乘路車”“麗兩騮”、“【□□】之𩣡₌”“麗兩騮”、“郹君之䝿𩣡₌”“麗兩黄”、“命尹之䝿驚₌”“麗兩䮰”等。雖然“齊色”馬車占總數(已知毛色)的55.56%，但是，已知毛色的馬車數，僅占所有馬車總數的36.00%。因此，我們只能説，當時的人們在分配馬匹時，會考慮到“齊色”這一因素。另外，就單種毛色而言，蕭聖中已經有所論述:“使用赤色馬(騮)極多，而楚王所䝿之車亦全部以赤色馬爲駕(騮)，這一點也與周代崇尚赤色的時代特徵相吻合。”②雖然王所䝿的馬車，並非像蕭聖中所説的那樣“全部以赤色馬爲駕(騮)”，但其所占比例也是很大的，3乘路車爲7匹馬所駕，其中，“騮”有6匹，占總數的85.71%。

以上是我們對“贈送馬車(成套)”部分所記内容的考察。所得到的結果是:僅僅驗證了“齊色”這一因素的存在。其他的情況則不得而知。

四、簡文與典籍的對比

曾侯乙墓C類簡所記載的内容中，保留了大量與馬匹毛色相關的信息，可以與傳世典籍的記載對比:

(1)上文所引用的傳世文獻記載，在曾侯乙墓簡文内容中有所體現:

①“戎事雖以齊力爲主，亦不厭其同色”:簡143所記𩣡₌駕四黄、簡179所記戎路駕三騮、簡200所記𩣡₌駕兩騮。

②“無同色者，乃取異毛耳”:上列表3-4-1至表3-4-9中，絕大多數的馬車都是由異色馬所駕。玆不贅述。

③“周人尚赤，戎事乘騵”，“駵馬白腹曰騵”:“駵”即“騮”。關於這一點，蕭聖中已經指出:“使用赤色馬(騮)極多，而楚王所䝿之車亦全部以赤色馬爲駕(騮)，這一點也與周代崇尚赤色的時代特徵相吻合。”③由

① 按:表3-4-7簡190—192、表3-4-8、表3-4-9簡198，均不納入統計範疇。

② 蕭聖中:《曾侯乙墓竹簡釋文補正暨車馬制度研究》，科學出版社2011年版，第231頁。

③ 蕭聖中:《曾侯乙墓竹簡釋文補正暨車馬制度研究》，科學出版社2011年版，第231頁。

統計可知，表 3-4-1 至表 3-4-6 中“騮”馬數量最多(49 匹)，約占總數(150)的三分之一(32.67%)；王所䡅的馬車，雖非“全部以赤色馬爲駕(騮)”，但其所占比例也是很大的(85.71%，3 乘路車爲 7 匹馬所駕，其中“騮”有 6 匹)。

④“比物四驪”：簡 169 所記乘𨌲駕四䮤。

(2)也有一些傳世記載與曾侯乙墓竹簡的記載內容不相符合：

①《詩・秦風・小戎》：“騏駵是中，騧驪是驂。”[①]表 3-4-1 中，簡 142 所記“鄦君之騏”、簡 145 所記“𨞛牧之騏”、簡 146 所記“依騏”等，一律爲右驂；表 3-4-2 中，簡 154 所記“右尹之騏”爲左服、“宰尹臣之騏”爲右服；表 3-4-1 中，簡 142 所記“慶事之騮”爲左服、簡 144 所記“馶騮”爲左驂、簡 144 所記“右尹之騮”爲右驂、簡 145 所記“大攻尹之騮”爲右服；“騧”即“騍”，在曾侯乙墓竹簡中僅出現一例，即表 3-4-1 中簡 142 所記“蔡齮之騍”爲右服；“驪”即“䮤”，表 3-4-4 中，簡 169 所記乘𨌲駕四䮤。總之，在曾侯乙墓竹簡中，馬的毛色與其所處位置之間，並無某種固定的關係。《詩經》中的記載，也許只是隨機現象。

②《禮記・檀弓》：“戎事乘驪。”[②]在曾侯乙墓竹簡中，記載著大約 13 乘馬車爲同色馬所駕，其中全爲“䮤”馬者僅簡 169 所記乘𨌲駕四䮤、簡 202 所記𨏥₌駕兩䮤。也就是説，即便是“戎事”，也没有馬匹毛色必須爲“驪”的規定。

(3)曾侯乙墓竹簡提供的某些內容與傳世典籍相關，卻無法定論：

①《車攻》：“四牡龐龐。”曾侯乙墓簡文中，尚未見到駕“四牡”的馬車，但有駕兩“牡”的馬車——簡 197 所記廣車駕“黄牡”和“䮤牡”、簡 199 所記𨌲₌駕“驈牡”和“黄牡”。

②《列女傳・辯通篇》：“昔者湯伐夏，左驂牝驪，右驂牝靡，而遂放桀；武王伐殷，左驂牝騏，右驂牝驩，而遂克紂。”[③]曾侯乙墓竹簡 160、161 所記𨏥₌，均以“坪夜君之騮牝”爲左右服馬。不知是否存在用牝馬作爲驂馬的情況。

③《周禮・夏官・校人》：“凡馬，特居四之一。”孫詒讓案：“大抵特貴於牝，則五路之馬，或純牡，或閒以牝，亦無不可。但純牝則爲賤，非駕路車所宜。《韓非子・外儲説左》云：‘孫叔敖相楚，棧車牝馬。’明卿大

① 《毛詩正義》卷六。
② 《禮記正義》卷六。
③ 《列女传》卷六。

夫以上乘車不用純牝矣。"①曾侯乙墓簡 160、161 所記䡅₌，均以"坪夜君之騮牝"爲左右服馬；簡 197 所記鄗君之廣車，以"黄牡"與"䮴牡"爲左右服馬；簡 199 所記麇事之䡅₌，以"驕牡"與"黄牡"爲左右服馬。由於目前無法確定坪夜君與鄗君、麇事三者的等級高低，所以，駕馬的牝牡也就無法作爲判斷車主貴賤的一種依據。

通過對曾侯乙墓 C 類簡内容的研究，我們發現：①在分配馬匹的時候，"齊其力"可能優先於"齊其色"；②在考慮了"齊其力"之後，分配馬匹時，能"齊其色"則"齊其色"，不能"齊其色"則"取異毛"；③在"贈送馬匹再分配"和"贈送馬車(成套)"兩個部分中，"騮"馬的數量都是最多的，符合"周人尚赤，戎事乘騵"的説法；④馬的毛色與其所處位置之間，並無某種固定的關係；⑤即便是"戎事"，也没有對駕車之馬的毛色進行强行規定；⑥目前，仍没有足夠的材料可以證明，駕車之馬的牝牡是判斷車主貴賤的標準。最後，我們推測：當時在馬匹分配方面仍然比較隨意，一些理性的因素，如體高、"齊力""齊足""同源""齊色"等，也許會起到或多或少的作用。然而，人爲制定的硬性標準，並不像古代學者們所講的那樣多、那樣嚴格。典籍中的一些文字也許只是記載了隨機的情況，學者們將其作爲程式可能是受了時代的影響。

附記：

最近翻閱楊英傑《戰車與車戰》一書，發現他對於"齊力"的分析與我們的觀點存在差異。楊英傑指出："所謂的齊力，即是一輛戰車的挽馬要選擇習性相同、足力相等的編組在一起。只有四匹馬協力才能充分發揮戰車載重迅猛的優越性。"②這是將"習性相同"和"足力相等"都歸入了"齊力"的範疇，也有一定道理。我們認爲，"習性相同"體現在"同源"方面。關於"足力相等"的説法，似乎是將典籍中"齊其馬力，尚强壯"與"齊其馬足，尚迅疾也"兩種情況綜合起來了。

小　　結

綜上所述，通過以上四個方面的研究，我們發現，戰國簡冊尤其是曾

---

① 《周禮正義》卷八二。

② 楊英傑：《戰車與車戰》，東北師範大學出版社 1986 年版，第 87 頁。

侯乙墓竹簡，記載車馬及其相關器物具有内在規律：

①曾侯乙墓簡對馬車信息的記載，主要可以分爲“車馬器”和“車載器”、“戰争用車”所載的人馬甲胄（僅鄗君的乘廣和𨛭除外）、“駕車之馬”三個部分。這一點與其他戰國簡册的情況不同。

②曾侯乙墓簡關於車陣的記載，具有一定順序。該順序的依據，很可能就是車陣中各馬車的相對位置。

③曾侯乙墓簡中，各馬車所裝配的相關物品，與該馬車的類型有密切聯繫。

④戰國簡册對於馬車所配器物的記載，也具有一定順序。該順序與馬車類型相關。

⑤曾侯乙墓C類簡的記載暗示：當時分配“乘車之馬”具有一定標準，馬匹毛色和馬匹來源並非主導因素。

結　語

馬車是我國古代主要的陸行工具。先秦時期，馬車主要用於交通、狩獵和作戰。當時，人們還將其作爲象徵身份的標誌之一。不同等級的人所乘坐的馬車以及用途不同的馬車在“配置”上都會有所區别，這在《周禮·春官·巾車》所記載的“王之五路”“王后之五路”“王之喪車五乘”以及“服車五乘”中有所體現。這些“配置”主要包括構成馬車所必需的物品以及一些裝飾性物品，也包括因爲其他需要而裝配的物品。我們將前者統稱爲“車馬器”，將後者稱之爲“車載器”。

“車馬器”與“車載器”這兩大類物品不僅見於傳世典籍，在戰國簡冊中也有相關記載，只不過習慣上被統稱爲“車馬器”。實際上，信陽、包山、天星觀等戰國簡冊在記録物品時均有“載”字出現，並且，記於“載”字前後的物品性質上具有差别。有鑒於此，我們將記於“載”字之前的物品歸入“車馬器”，將記於“載”字之後的物品歸入“車載器”。雖然這種劃分並不一定完全符合戰國簡冊記載的實際情況，卻也適用於大多數的物品。因此，這種劃分是有必要的。此外，曾侯乙墓簡和望山簡在記載物品時，並未出現“載”字；新蔡簡並不屬於“遣策”和“賵書”。不過，根據信陽簡、包山簡、天星觀簡等材料的記載情況可以對曾侯乙墓簡、望山簡、新蔡簡所記物品進行歸類。本書的第一章和第二章就是對於“車馬器”和“車載器”的“分類研究”。我們相信，這種劃分對於傳世文獻所記載的車馬相關器物也是適用的。

如果説對於“車馬器”和“車載器”的“分類研究”是從微觀角度入手對記載車馬及其相關器物的戰國簡冊進行探討，那麽將同類材料綜合起來進行綜合研究就應該是從宏觀角度入手的探討。

從整體來看，記載車馬及其相關器物的戰國簡冊還包含兩個方面的信息：一是當時的“車馬制度”；二是當時記載物品的次序，稱作“記載習慣”可能會更貼切一些。

就“車馬制度”而言，曾侯乙墓C類簡部分記載著各馬車的物品裝配情況。通過對比，我們發現各類馬車(主要是戰爭用車、日常用車和田獵用車)所裝配的物品存在相同點和不同點。相同點就是各類馬車都應配備的必需物品，不同點就是人們根據馬車的用途不同而配備專用物品。這可以看作"馬車類型決定物品裝配"。相反，這些物品的配備也值得注意。一些專用物品暗示其所屬馬車的類型。這可以看作"物品裝配反映馬車類型"。當然，物品的裝配也存在等級性和地域性，曾侯乙墓簡、包山簡、望山簡所記載的馬車相關物品都存在差異。曾侯乙墓 A、B 兩類簡對屬於車陣的馬車都有記載，並且遵循一定的順序。這個順序至關重要。眾所周知，古代車陣中馬車的位置也遵循一定順序。傳世典籍對於戰車"旆"和"殿"在車陣中所處的位置有明確記載。將這兩個順序綜合起來考慮，曾侯乙墓簡中車陣的佈局就呈現在我們的面前。曾侯乙墓 C 類簡對駕車之馬的毛色、來源均有明確記録。經過詳細分析，我們發現：駕車之馬的毛色、來源並不是馬匹再分配時應考慮的首要因素，應該還存在體高、齊力、齊足等其他因素。

就"記載習慣"而言，曾侯乙墓簡中，有的馬車在 A、B、C 三類簡中均有出現，尤其是 A、B 兩類簡對屬於車陣的馬車的記載。戰國簡冊中，在記載相同種類的馬車時，同類物品會被記録在一起，個別物品的記載順序又會存在差異。這證明當時人們在書寫時不是雜亂無章的，而會遵循物品的實際次序。當然，記載也伴有某種程度的隨機性。

以上是對記載車馬器物的戰國簡冊的總結。在《前言》中，我們曾提到，馬車的形制在西漢中期以後發生重大變化，即獨輈被雙轅所取代。這可以看作先秦車馬在時代上的演變。先秦馬車的另一個方面也需要説明一下，即先秦馬車在地域上的異同。先秦時期，各國馬車差别較大、比較明顯的可能是車軌，也就是兩個車輪之間的距離。《禮記・中庸》："今天下車同軌，書同文，行同倫。"①《史記・秦始皇本紀》："車同軌。"②《周禮・考工記・匠人》："國中九經九緯，經涂九軌。"鄭玄注："軌謂轍廣。"③《吕氏春秋・勿躬》："平原廣城，車不結軌，士不旋踵。"高誘注："車兩輪間曰軌。"④兩輪間的距離差異，會直接影響到道路的寬度。另外，既然各地域馬車存在"異軌"的情況，那麼，輪、輿、輈、衡等基本構件的尺寸，是否也會存在一定差異？這些車構件的尺寸信息，僅見於《考工

① 《禮記正義》卷五三。
② 《史記》卷六。
③ 《周禮注疏》卷四一。
④ 許維遹撰，梁運華整理：《吕氏春秋集釋》，中華書局 2010 年版，第 452 頁。

記》。《考工記》在時代上屬於“春秋末年”，地域上屬於“齊國”。[1] 其他國家的車構件的尺寸信息又無相關文字記載。因此，要想對各國車馬的形制異同進行探討，可能更多地還得依賴於考古資料。

由於時間、精力和學識的限制，戰國簡冊中關於車馬及其相關器物的很多内容無法一一論及。另外，記載車馬器物的戰國簡冊大部分爲遣策和賵書，屬性比較單一。雖然傳世文獻和考古實物能够提供不少信息，但是，受記載車馬器物的戰國簡冊的屬性所限，在此也不能過多地涉及。很多問題，希望以後能够繼續探討。

① 郭沫若：《考工記的年代與國别》，《開明書店二十周年紀念文集》，中華書局 1985 年版，第 146 頁。

附録一　待考器物

戰國簡册中存在一些物品，雖然記載它們的文字形體可以辨認，但是，有的無法得知對應爲現在的哪個字，有的無法確定爲何種物品，給研究帶來困難。現在，我們將這部分物品集中起來，搜集各家之説，暫附於此。

一、韓、鞦

二韓。歛鞦，璷組之綏。	曾侯乙墓簡 17、105
二韓。歛鞦，璷組……	曾侯乙墓簡 38
二韓。歛鞦，屯璷組之綏。	曾侯乙墓簡 14+15、23、25、26、29
二韓，繽鞦，屯璷組之綏。	曾侯乙墓簡 32
二韓，屯歛鞦，屯璷組之綏。	曾侯乙墓簡 2
二韓。屯歛鞦，□綏。	曾侯乙墓簡 5+6
二韓，組綏。二歛鞦，璷組之綏。	曾侯乙墓簡 36
二韓，紫組之綏。歛鞦，璷組之綏。	曾侯乙墓簡 58
二韓，紫組之綏。二歛鞦，璷組之綏。	曾侯乙墓簡 8
二韓，紫組之綏。二歛鞦，璷組之綏。一犒綏。	曾侯乙墓簡 19+20
二韓。貧鞦，璷組之綏。	曾侯乙墓簡 39
一韓。繽鞦☑	曾侯乙墓簡 75
一韓，組綏。繽鞦。	曾侯乙墓簡 55
一韓，組綏。貧鞦。	曾侯乙墓簡 86
一韓。貧鞦，紫組之綏。	曾侯乙墓簡 104
一弅。貧鞦，龜組之綏。	曾侯乙墓簡 97
一韓。貧鞦，屯璷組之綏。	曾侯乙墓簡 72
一韓，龜組之綏。繽鞦。	曾侯乙墓簡 49

一韔。無韣。　　曾侯乙墓簡 46

韔。　　曾侯乙墓簡 95

“韔”，或作“弇”。整理者懷疑，“韔”就是“韽”，讀爲“韽”，指“車具”；並指出“簡文‘韔’常與韔、箙、戟、旆、席等車上之物記在一起”。①白於藍認爲，“韔”讀“函”，因古代盛矢之函以皮革製作故从“韋”；並指出，與“韔”記載一起的以“韔”“箙”“弓”“箭”等四類器物居多。②田河懷疑讀“鞌”，指“治甲器”。③鵬宇認爲：“我們懷疑‘韔’即揜軓，亦即《詩·小戎》‘陰靷鋈續’之‘陰’。……考古發現秦始皇陵2號銅車前與(輿)的車軨上正有一塊簸箕狀的蓋板，恰好遮掩著與(輿)前那段較短的軜，正與文獻記載相合，此外河南輝縣趙固、江蘇淮陰高莊、山東長島王溝出土的銅器刻紋中的車與(輿)前都有類似的揜軓結構。……簡文云‘二韔’，説明此戰車所載之揜軓有兩塊，這與長島王溝出土的銅器刻紋中車與(輿)前的揜軓結構正好相同。”④按：揜軓應該是車構件。一方面，“韔”字从“韋”，不太可能是車構件；另一方面，從辭例來看，“韔”上裝飾有“組綏”和“韣”，“組綏”裝飾在車構件上，也是欠妥的。據此，“韔”不當理解爲揜軓。我們懷疑，“韔”有可能是遮蔽類物品。

“紫組之綏”“組綏”“璊組之綏”“犒綏”“黿組之綏”，也用作席類物品的附飾。

“韣”，劉信芳師懷疑“韣”讀“游”，指“車馬部件或兵器的絲革附屬物”。⑤何琳儀師懷疑讀“鞈”。⑥施謝捷認爲“韣”是“橐”之異體。⑦鵬宇認爲：“根據出土隨葬器物以及簡文記載的比較，我們很懷疑‘韣’當讀爲㕚或酋。……‘斂韣’之‘斂’讀如紛，作爲修飾詞曾簡習見，‘斂韣’大概是指㕚矛的柲上有一圈圈的絲綫纏繞。‘璑(纁)䋎之綏’大概即是指此絲綫的顏色。報告稱，曾侯乙墓出土矛幹，其木柲上都用絲綫密密纏繞成一道道的寬帶狀，之後再在外面髹漆。”⑧按：“韣”字也是从“韋”，理解爲“㕚矛”恐怕也是不妥的。

---

① 湖北省博物館：《曾侯乙墓》，文物出版社1989年版，第504頁。

② 白於藍：《曾侯乙墓竹簡考釋(四篇)》，《中國文字》新三十期，藝文印書館2005年版，第199~201頁。

③ 田河：《出土戰國遣冊所記名物分類滙釋》，吉林大學博士學位論文，2007年，第176頁。

④ 鵬宇：《曾侯乙墓竹簡文字集釋箋證》，華東師範大學碩士學位論文，2010年，第249、251頁。

⑤ 劉信芳：《楚簡器物釋名(上篇)》，《中國文字》新二十二期，藝文印書館1997年版，第175頁。

⑥ 何琳儀：《戰國文字聲系》，中華書局1998年版，第168頁。

⑦ 施謝捷：《楚簡文字中的“橐”字》，《語文研究》2002年第4期。

⑧ 鵬宇：《曾侯乙墓竹簡文字集釋箋證》，華東師範大學碩士學位論文，2010年，第253頁。

“歆韔”“繽韔”“貧韔”“歆”“繽”“貧”，均疑讀爲“豳”。①

“無韔”之“無”，也見於“無聶”，“豻箙”的緣飾。

二、篖

繽篖。　　曾侯乙墓簡 54

“篖”，整理者將上部隸定爲“竹”，下部闕疑。② 張光裕等認爲是“席”字。③ 何琳儀師釋爲“笸”，指“大竹”。④ 蕭聖中指出：“今據紅外照，下所从爲‘昌’，似當釋作‘篖’，但郭店《老子甲》19 號簡‘甘’字亦與此字下半相同，故此字从‘甘’的可能性也不能完全排除。”⑤劉信芳師認爲：“疑讀爲‘帳’。魚軒多爲婦人所乘，車輿設有‘紫錦之裹’，罩以‘繽篖’(粉色帷帳)，車輿前後出入之處有‘革鞞’，類似門簾。”⑥何家興認爲，“笸”就是“簾(慊)”，指“堂簾”。⑦ 按：此字从“昌”，還是从“甘”，難以確定。暫從蕭説。

三、緄

緄緄。紛黯。　　包山簡 268

緫緄。　　包山簡 275

一緄。　　包山簡 277

“緄緄”，整理者釋爲“綸(？)緄”。⑧ 舒之梅隸定爲“緦緄”；認爲“‘緦’即‘靷’字之異”；“緻”是“緄”的正字，又作“鞁”，也是“引車之革”。⑨ 劉

① 參第二章第一節之“韌、簻、席”。

② 湖北省博物館：《曾侯乙墓》，文物出版社 1989 年版，第 493 頁。

③ 張光裕、黄錫全、滕壬生主編：《曾侯乙墓竹簡文字編》，藝文印書館 1997 年版，第 280 頁。

④ 何琳儀：《戰國文字聲系》，中華書局 1998 年版，第 1447 頁。

⑤ 蕭聖中：《曾侯乙墓竹簡殘泐字試補十九則》，《簡帛》第一輯，上海古籍出版社 2006 年版，第 17 頁。

⑥ 劉信芳：《曾侯乙墓文字補釋六則》，《簡帛》第一輯，上海古籍出版社 2006 年版，第 9~10 頁。

⑦ 何家興：《釋曾侯乙墓竹簡中的“轎”》，复旦大學出土文献与古文字研究中心網，2009 年 3 月 7 日。

⑧ 湖北省荆沙鐵路考古隊：《包山楚簡》，文物出版社 1991 年版，第 38 頁。

⑨ 舒之梅：《包山簡遣冊車馬器考釋五則》，《容庚先生百年誕辰紀念文集(古文字研究專號)》，廣東人民出版社 1998 年版，第 592 頁。

信芳師隸定爲“緫緦”，認爲“緫”與“韢”是一字之異，“韢”是“韌”的異體；並指出，“緦”讀與“韋”同。[①] 李家浩認爲：“从‘糸’从‘悃’聲，當是‘緄’字的異體。……《玉篇》糸部：‘緦，烏迴切，五色絲飾。’不知簡文的‘緦’是否用此義。”[②]田河認爲，“緄”是“緄”的異體；“緄緦”，疑讀爲“緄維”，可能是“車馬具上的繩帶”。[③] 劉國勝認爲，“緄”與“緊”是一字異體；“緄”，疑讀爲“堅”，訓爲“牢固”；“緦”，疑讀爲“緌”；“緄緦”，是“一類固定在車輿上的繫帶”。[④]

“緊緦”。整理者釋爲“繢緦”。[⑤] 李家浩釋爲“綸緦”。[⑥] 劉國勝釋爲“緊緦”。[⑦] 何有祖將“緊”改隸爲“繙”，讀爲“緄”。[⑧] 田河認爲，“緊”當隸“緊”，推測“‘緊緦(維)’大概也是車馬具上的某種繩帶”。[⑨]

簡 277 記有“緦”。田河認爲：“‘緦’大概也是指一種繩帶。”[⑩]

經統計，與“緄緦”“緊緦”“緦”記在一起的物品，只有“紝絹之鞍”“紛橐”“二馬之鑣”等可以確定，其餘兩項情況不明。因此，無法確定“緄緦”“緊緦”“緦”屬於何種物品。

簡 268“緄緦”之後記有“紛黇”，整理者認爲：“紛，《周禮・春官・司几筵》：‘設莞筵紛純’，鄭注：‘紛如綬有文而狹者’。黇，讀絡。”[⑪]劉信芳師認爲：“‘緅絾之紿’乃車軨上的附屬物。”[⑫]何琳儀師將“黇”隸爲“始”，讀爲“絡”或“絇”。[⑬] 施謝捷認爲“黇”是“韜”之寫譌，釋爲“橐”，指“車上大橐”。[⑭]

---

① 劉信芳：《楚簡器物釋名(上篇)》，《中國文字》新二十二期，藝文印書館 1997 年版，第 174 頁。

② 李家浩：《楚墓竹簡中的“昆”字及从“昆”之字》，《中國文字》新二十五期，藝文印書館 1999 年版，第 142、146 頁。

③ 田河：《出土戰國遣冊所記名物分類滙釋》，吉林大學博士學位論文，2007 年，第 246 頁。

④ 劉國勝：《楚喪葬簡牘集釋》，科學出版社 2011 年版，第 52 頁。

⑤ 湖北省荊沙鐵路考古隊：《包山楚簡》，文物出版社 1991 年版，第 38 頁。

⑥ 李家浩：《楚墓竹簡中的“昆”字及从“昆”之字》，《中國文字》新二十五期，藝文印書館 1999 年版，第 146 頁。

⑦ 劉國勝：《楚喪葬簡牘集釋》，武漢大學博士學位論文修訂本，2005 年，第 62 頁。

⑧ 何有祖：《包山楚簡試釋九則》，簡帛網，2005 年 12 月 15 日。

⑨ 田河：《出土戰國遣冊所記名物分類滙釋》，吉林大學博士學位論文，2007 年，第 247 頁。

⑩ 田河：《出土戰國遣冊所記名物分類滙釋》，吉林大學博士學位論文，2007 年，第 246 頁。

⑪ 湖北省荊沙鐵路考古隊：《包山楚簡》，文物出版社 1991 年版，第 65 頁。

⑫ 劉信芳：《楚簡釋字四則》，《古文字研究》第二十四輯，中華書局 2002 年版，第 377 頁。

⑬ 何琳儀：《戰國文字聲系》，中華書局 1998 年版，第 165 頁。

⑭ 施謝捷：《楚簡文字中的“橐”字》，《語文研究》2002 年第 4 期。

四、移紛

多⿱分車。　　包山簡 271

亓移紛。　　包山牘 1

“多⿱分車”和“亓移紛”，整理者分别釋爲“多⿱分車”和“其移，紛”；並認爲：“多，它簡作移，借作輢。⿱分車，疑讀作棼。《廣雅・釋室》：‘棼，閣也。’此指車輢内用小木條縱横相隔成格，以插矛、戈、戟、殳等長兵器。”①劉信芳師認爲“多”“移”讀“軫”，訓爲“礙”；“⿱分車”“紛”讀“軔”，指“礙車之物”。② 徐在國認爲“移”讀“多”，表示“多”的數詞。③ 按：“移”从“多”得聲，“⿱分車”“紛”均从“分”得聲，諧聲通假。另外，簡 271 與牘 1 所記物品可以對應，因此，“多⿱分車”與“移紛”應該是同一物品。

五、楚綼

⿰革疋⿰韋卑。　　包山簡 276

楚綼。　　包山牘 1

整理者分别隸爲“⿰車疋⿰韋卑”“楚綼”。④ “⿰革疋”，何琳儀師所釋，疑讀爲“捉”，訓爲“持”。⑤ 劉釗改隸爲“⿰車疋”，釋爲“⿰車胥”，訓爲“車下”。⑥ 劉信芳師將“⿰革疋⿰韋卑”“楚綼”讀爲“⿰車胥縪”，指“制動之索”。⑦ 田河認爲“‘⿰車疋⿰韋卑’應該是一種車器或車飾，具體所指還需進一步研究”。⑧ 董珊認爲，“疏”應訓“鏤”，“綼”應訓“緣飾”；“疏綼”，指“飛軨有刻鏤的緣飾”。⑨ 按：

---

① 湖北省荆沙鐵路考古隊：《包山楚簡》，文物出版社 1991 年版，第 38~39、66 頁。

② 劉信芳：《楚簡器物釋名（上篇）》，《中國文字》新二十二期，藝文印書館 1997 年版，第 176 頁。

③ 徐在國：《談新蔡葛陵楚簡中的幾支車馬簡》，《簡帛》第二輯，上海古籍出版社 2007 年版，第 356 頁。

④ 湖北省荆沙鐵路考古隊：《包山楚簡》，文物出版社 1991 年版，第 39 頁。

⑤ 何琳儀：《戰國文字聲系》，中華書局 1998 年版，第 385 頁。

⑥ 劉釗：《包山楚簡文字考釋》，見氏著《出土簡帛文字叢考》，臺灣古籍出版有限公司 2004 年版，第 30 頁。

⑦ 劉信芳：《包山楚簡解詁》，藝文印書館 2003 年版，第 306 頁。

⑧ 田河：《出土戰國遣冊所記名物分類滙釋》，吉林大學博士學位論文，2007 年，第 108 頁。

⑨ 董珊：《楚簡中从“大”聲之字的讀法》，《古代文明》第 8 卷，文物出版社 2010 年版，第 294 頁。

楚簡文字中，“足”“疋”二字形體可嚴格區分，但不排除有訛混的情況。“軞”“楚”應爲一字異寫；“鞞”“綼”均从“卑”得聲，諧聲通假。“軞鞞”與“楚綼”，都記載在繫有飛軨的車軎之後，當爲同一物品。

六、緄

一緄，組綏。　　包山簡 277

“緄”，亦見於包山簡 268。整理者釋爲“緄”，並將“一緄組綏”斷爲“一緄，組綏”。①李天虹釋爲“緄”，即“繭”。②按：“一緄組綏”，疑斷爲“一緄，組綏”。“緄”，疑爲物品名，“組綏”，爲組製之附飾。

七、齒

齒。　　望山簡 2-2、2-5

整理者認爲後一字釋“寽”；“齒寽”，疑指“用象牙裝飾‘寽’”。③何琳儀師將後一字釋爲“爰”，讀爲“轅”。④田河認爲：“‘齒寽’無疑是車器，具體所指代考。”⑤鵬宇認爲：“也有可能讀爲‘元’。……簡文中‘齒爰’，無論讀‘齒轅’，還是‘齒軏’皆通，且所指相同。……將‘齒’，讀作‘齒轅’，釋作以象牙所飾之軏，不僅簡文文通字順，且正與傳世典籍相合，即所謂‘象路，以象飾諸末’者也。”⑥

八、反芋之生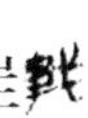

反芋之生。　　望山簡 2-9

整理者釋爲“反芋之生軾”，並認爲：“信陽 2-22 號簡有‘番芋之□’，

---

① 湖北省荊沙鐵路考古隊：《包山楚簡》，文物出版社 1991 年版，第 39 頁。

② 李天虹：《〈包山楚簡〉釋文補正》，《江漢考古》1993 年第 3 期。

③ 湖北省文物考古研究所、北京大學中文系：《望山楚簡》，中華書局 1995 年版，第 107、115 頁。

④ 何琳儀：《戰國文字聲系》，中華書局 1998 年版，第 936 頁。

⑤ 田河：《出土戰國遣冊所記名物分類滙釋》，吉林大學博士學位論文，2007年，第106頁。

⑥ 鵬宇：《曾侯乙墓竹簡文字集釋箋證》，華東師範大學碩士學位論文，2010年，第296頁。

‘番芋’與‘反芋’當是同語的異寫，其義待考。”①劉信芳師認爲“‘反芋’作爲連綿詞，文獻作‘盤紆’”。② 何琳儀師釋爲“反芋之㞷軙”，認爲“軙”是“車之繁文”，讀“車”。③ 按：從形體上看，“”左旁从“車”，很可能與車相關。

九、聯縢之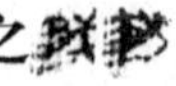

◪□聕絣之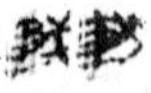，丹組之裹，衜需光之純，黃支且之賫八。◪ 望山簡 2-10

衜◪ 望山簡 2-35

“聕絣之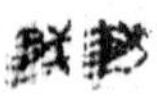”，整理者釋爲“聯絥(縢)之軑勭”。④ 劉國勝認爲：“‘軑’當从‘車’‘弋’聲，疑讀爲‘軾’，指車軾。‘勭’，疑與曾侯乙墓 48 號簡‘鼾加，录裹’之‘加’是同一個詞，屬覆軾之飾物。”⑤按：“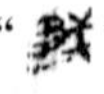”“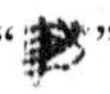”二字左旁均从“車”，可能與車相關。

“丹組之裹”，疑指紅色柔革製作的“裹”。⑥

“衜需光之純”，整理者認爲：“此字亦見 35 號簡，當是‘衛’之繁體，在此疑當讀爲‘幃’。”⑦劉國勝先推測“‘需光’之前的‘衛’可能指衛國”；後認爲：“‘衛’當即衛地之‘衛’。‘衛需光’與 13 號簡‘秦縞’及 61、62 號簡‘宋需光’文例類似。”⑧按：戰國簡冊之中記有“楚甲”“吴甲”“秦弓”等物品，均在物品名之前冠以國名。“衜”也可能指衛國。“需光”，戰國簡冊習見。⑨

“黃支且之賫”，也用於裝飾“童”。

---

① 湖北省文物考古研究所、北京大學中文系：《望山楚簡》，中華書局 1995 年版，第 108、119 頁。

② 劉信芳：《楚簡器物釋名(上篇)》，《中國文字》新二十二期，藝文印書館 1997 年版，第 186 頁。

③ 何琳儀：《戰國文字聲系》，中華書局 1998 年版，第 532 頁。

④ 湖北省文物考古研究所、北京大學中文系：《望山楚簡》，中華書局1995年版，第108頁。

⑤ 劉國勝：《楚喪葬簡牘集釋》，科學出版社 2011 年版，第 98 頁。

⑥ 參第一章第一節之“蓋”。

⑦ 湖北省文物考古研究所、北京大學中文系：《望山楚簡》，中華書局1995年版，第119頁。

⑧ 劉國勝：《望山遣冊記器簡瑣議》，《考古與文物》2010 年第 3 期；《楚喪葬簡牘集釋》，科學出版社 2011 年版，第 98 頁。

⑨ 參第一章第二節之“鈌、銍”。

十、白金之[illegible]戠

白金之[illegible]戠⧄　　　　望山簡 2-18

整理者釋爲“白金之阩戠”。[①] 田河懷疑，“戠”讀爲“樴”，認爲“阩”的意思是“升”；並推測“阩樴”可能是“一種銀(或含錫量比較高的青銅)做的杙鉤”。[②] 按：“[illegible]”字無法隸定。

十一、白金之勿

白金之勿。　　　　望山簡 2-38

何琳儀師認爲，“勿”讀“物”。[③]

十二、柱陽馬

柱陽馬，禹純。　　　　望山簡 2-15
⧄柱陽馬，肻緂⧄　　　　望山簡 2-16

整理者釋爲“杅昜馬”，認爲第一字“既可能是‘杅’字，也可能是‘柱’字”。[④] 何琳儀師懷疑，“柱陽”讀“堵陽”，見“《地理志》南陽郡”。[⑤] 劉信芳師認爲：“‘柱昜馬’乃承車蓋之柱。”[⑥]彭浩認爲：“‘柱’、‘昜馬’是兩個名詞，各指一物，應分開讀。‘柱’是支撐轎頂的立柱。……昜，讀作‘陽’。陽馬，在古代數學著作中是一種幾何體的專名。……在中國古

① 湖北省文物考古研究所、北京大學中文系：《望山楚簡》，中華書局 1995 年版，第 109 頁。

② 田河：《出土戰國遣冊所記名物分類滙釋》，吉林大學博士學位論文，2007 年，第 107 頁。

③ 何琳儀：《戰國文字聲系》，中華書局 1998 年版，第 1306 頁。

④ 湖北省文物考古研究所、北京大學中文系：《望山楚簡》，中華書局 1995 年版，第 109、121～122 頁。

⑤ 何琳儀：《句吴王劍補釋》，常宗豪、張光裕、陳勝長、張雙慶、陳雄根、康寶文編：《第二届國際中國古文字學研討會論文集》，香港中文大學中國語言及文學系 1995 年版，第 254～255 頁。

⑥ 劉信芳：《楚簡器物釋名(上篇)》，《中國文字》新二十二期，藝文印書館 1997 年版，第 169 頁。

代建築中，‘陽馬’指‘角梁’，是‘屋四角引出以承短椽者’。位於四阿(廡殿)屋頂、廈兩頭(歇山)屋頂的轉角線上。”①

“禹純”，彭浩認爲：“可能指在‘柱’、‘陽馬’外邊布列的帶狀飾物。”②

十三、�

一紖。　　　　包山簡 277
告紖。　　　　包山牘 1

“紖”和“告紖”，劉釗釋爲“綐”，訓爲“以繩維持”。③ 劉信芳師懷疑，“綐”是“縋”的俗字，指“綏維”；並認爲二者均指“綏帶套圈”。④ 劉國勝指出：“疑讀爲‘橐’，裝物的囊袋。”⑤

十四、紶

纁光之紶。　　　　包山簡 268

整理者釋爲“纁(纁)光之組(組)”。⑥ 李天虹疑將最後一字隸爲“紶”。⑦ 何琳儀師釋爲“纁光”，讀爲“霝光”，並懷疑“纁”是“襦”的異文，訓爲“衣光”；懷疑“紶”是“緮”的省文，讀爲“緮”，指“絹重”。⑧ 劉信芳師認爲，“紶”讀“橐”，指“一種有底的囊”。⑨ 田河認爲：“‘纁(纁)光之組’應是‘韔’上使用的一種組帶。”⑩

---

① 彭浩：《望山二號墓遣冊的“緽”與“昜馬”》，《江漢考古》2012 年第 3 期。

② 彭浩：《望山二號墓遣冊的“緽”與“昜馬”》，《江漢考古》2012 年第 3 期。

③ 劉釗：《包山楚簡文字考釋》，見氏著《出土簡帛文字叢考》，臺灣古籍出版有限公司 2004 年版，第 29 頁。

④ 劉信芳：《楚簡器物釋名(上篇)》，《中國文字》新二十二期，藝文印書館 1997 年版，第 187 頁。

⑤ 劉國勝：《楚喪葬簡牘集釋》，科學出版社 2011 年版，第 64 頁。

⑥ 湖北省荆沙鐵路考古隊：《包山楚簡》，文物出版社 1991 年版，第 38 頁。

⑦ 李天虹：《〈包山楚簡〉釋文補正》，《江漢考古》1993 年第 3 期。

⑧ 何琳儀：《戰國文字聲系》，中華書局 1998 年版，第 815、550 頁。

⑨ 劉信芳：《包山楚簡解詁》，藝文印書館 2003 年版，第 297 頁。

⑩ 田河：《出土戰國遣冊所記名物分類滙釋》，吉林大學博士學位論文，2007 年，第 247 頁。

十五、卤

紛輡鞃。　　　　　天星觀簡(《楚系》第 217 頁)
紛帢鞃。　　　　　天星觀簡(《楚系》第 643 頁)
西旜君之軒。纗鞃。　天星觀簡(《楚系》第 917 頁)

“卤”，《楚系》摹作“”。①施謝捷認爲，“鞃”是“卤”的誤釋，字當釋爲“橐”，“纗卤”當是車馬器。②按：包山簡中“㕣”字原篆作“”，與“”字内部所從基本吻合。由此可見，施謝捷的隸定可取，是否當讀爲“橐”，待考。“紛帢鞃”之“紛”，疑讀爲“黺”。③“纗鞃”之“纗”，也可能指顔色，不知是否與曾侯乙墓簡“襛”字有關。④

十六、

霝光之。　　包山簡 270

“緂”，原篆作“”。整理者認爲：“縸，讀作纀，亦作帞。《方言四》：‘絡頭曰帞。’此指馬頭上的飾物。”⑤劉信芳師讀爲“轐”，訓爲“車伏兔”。⑥何琳儀師認爲是“幞”之異文，讀爲“幞”。⑦李零認爲：“此亦楚‘帶’字。”⑧李守奎釋爲“綫”。⑨田河認爲：“‘靈光之帶’就是用絲織物(靈光)作的帶。可能是‘繩軗’上的附飾。”⑩按：郭店簡《語叢四》簡 8 中讀爲“竊”的字原篆作“”。⑪其所从左旁，與“”字右旁完全吻合。由

① 滕壬生：《楚系簡帛文字編》，湖北教育出版社 1995 年版，第 217 頁。
② 施謝捷：《楚簡文字中的“橐”字》，《語文研究》2002 年第 4 期。
③ 參第一章第二節之“鈇、鋞”。
④ 參第一章第一節之“敓”。
⑤ 湖北省荆沙鐵路考古隊：《包山楚簡》，文物出版社 1991 年版，第 38、66 頁。
⑥ 劉信芳：《楚簡器物釋名(上篇)》，藝文印書館 1997 年版，第 175～176 頁。
⑦ 何琳儀：《戰國文字聲系》，中華書局 1998 年版，第 1467 頁。
⑧ 李零：《讀〈楚系簡帛文字編〉》，《出土文獻研究》第五集，科學出版社 1999 年版，第 162 頁。
⑨ 李守奎：《楚文字編》，華東師範大學出版社 2003 年版，第 735 頁。
⑩ 田河：《出土戰國遣冊所記名物分類滙釋》，吉林大學博士學位論文，2007 年，第 127 頁。
⑪ 荆門市博物館：《郭店楚墓竹簡》，文物出版社 1998 年版，第 105 頁。

此可見，將“”字右旁隸定爲“丵”或者“帶”都是不對的。

十七、叕至

叕至。　　望山簡 2-38

整理者釋爲“穿叕(吝)至”，並認爲：“《説文》‘弇’字古文作，《汗簡》作，與此字形近。”①何琳儀師釋爲“竷吝至”，並認爲：“望山簡竷，讀鞥。《説文》：‘鞥，轡鞥。从革，弇聲。讀若譍。一曰，龍頭繞者。’”②

十八、

。　　清華簡《封許之命》簡 6

整理者認爲：“二字从毛，當係毛織品名。”③馬楠認爲：“下一字或非从爰，当从爯。”許可推測：“‘毲’字或可讀爲‘麠’。《説文》：‘麠，似鹿而大也。从鹿與聲。’麠字从毛，属于字形感染，涉下文‘毦’字類化。麠毦，或爲鹿類動物的皮毛製品，裹覆於馬身。”④余小真認爲，“”可能是“萬”，左下从“虫”。⑤ 按：從文字形體上看，第一字疑从“毛”、从“萬”得聲。第二字疑隸爲“毦”。

① 湖北省文物考古研究所、北京大學中文系：《望山楚簡》，中華書局 1995 年版，第 111、123 頁。

② 何琳儀：《戰國文字聲系》，中華書局 1998 年版，第 1441 頁。

③ 李學勤主編：《清華大學藏戰國楚簡(伍)》，中西書局 2015 年版，第 121 頁。

④ 清華大學出土文獻讀書會：《清華簡第五册整理報告補正》，清華大學出土文獻研究網，2015 年 4 月 8 日。

⑤ 武漢大學簡帛網/簡帛論壇：《清華五〈封許之命〉初讀》，第 11 樓，2015 年 4 月 10 日。

附録二　戰國簡冊所見車馬器物字形對照表

大類	小類	名稱	隸定	文字形體與出處
車馬器	車構件	輪	輪	曾侯乙墓簡 71
			輪	曾侯乙墓簡 12
			輪	包山簡 273
		轅	[illegible]	曾侯乙墓簡 4
		軥	枓	望山簡 2-2
			軥	天星觀簡《楚系》第 1019 頁
		軏	元	清華簡《封許之命》簡 6
		衡	[illegible]	曾侯乙墓簡 10
			奐	望山簡 2-6
			衡	天星觀簡《楚系》第 354 頁
		戹	戹	曾侯乙墓簡 64
				望山簡 2-6
				天星觀簡《楚系》第 841 頁
		轐	蹼	望山簡 2-11
		蓋	箌	信陽簡 2-4
			害	包山簡 268
			盍	望山簡 2-11
			篕	望山簡 2-12 天星觀簡《楚系》第 366 頁
		屋	屋	望山簡 2-2
		庿	庿	曾侯乙墓簡 16
		軒反	軒反	望山簡 2-11
		輢	軻	望山橋簡 6
		柅	匿	清華簡《封許之命》簡 6

大類	小類	名稱	隸定	文字形體與出處
車馬器	車器	釱	釱	包山簡 276 天星觀簡《楚系》第 997 頁
		銍	銍	包山簡 276 天星觀簡《楚系》第 997 頁
		釳	釳	包山牘 1
		轄	䡣	曾侯乙墓簡 10
			鏫	曾侯乙墓簡 4
		環	環	曾侯乙墓簡
			鐶	望山簡 2-6 天星觀簡《楚系》第 1004 頁
		䡇	絹	包山簡 267
			肙	望山簡 2-11
			䡇	新蔡簡甲三 237-1
		桶	𨋩	曾侯乙墓簡 63
			銿	曾侯乙墓簡 54
			桶	望山簡 2-38 天星觀簡《楚系》第 450 頁
	馬具	韅	顯	曾侯乙墓簡 37
			韅	曾侯乙墓簡 80
			覞	包山簡 271
			㬎	天星觀簡《楚系》第 566~567 頁
		脅	豙	清華簡《封許之命》簡 6
		鞅	鞅	曾侯乙墓簡 28 包山簡 273
			央	天星觀簡
			紻	天星觀簡《楚系》第 909 頁
		靷	紳	曾侯乙墓簡 61
			縷	曾侯乙墓簡 56
			鞞	曾侯乙墓簡 98

续表

大類	小類	名稱	隸定	文字形體與出處
車馬器	馬具	靳	⿰韋堇	包山簡 271
			⿰革堇	包山簡 273 包山牘 1
		鞓	⿰糸呈	包山簡 271
			⿰糸⿱日王	包山牘 1
		鞁	鞁	曾侯乙墓簡 38
			⿰韋皮	曾侯乙墓簡 11
			紴	包山牘 1
		轡	䜌	曾侯乙墓簡 15
			拜	包山簡 276
			賅	天星觀簡《楚系》第 524 頁
		攸	攸	清華簡《封許之命》簡 6
		勒	勒	曾侯乙墓簡 66
			⿰革加	曾侯乙墓簡 64
			釛	包山簡 272
			革	望山簡 2-6
		靽	敗	曾侯乙墓簡 66
			貝	曾侯乙墓簡 80
			⿰⿱丰土⿱丰土	包山簡 271
			⿱⿰丰丰又	望山簡 2-19
			⿱⿰丰丰革	天星觀簡《楚系》第 224 頁
		鞍	⿰毛安	曾侯乙墓簡 35
			⿰韋安	曾侯乙墓簡 115
			安	曾侯乙墓簡 50 天星觀簡《楚系》第 606 頁
			⿰毛晏	曾侯乙墓簡 98
			⿰糸安	包山簡 267
			銨	包山簡 271
			⿰糸宴	包山簡 275
			軒	包山牘 1

续表

大類	小類	名稱	隸定	文字形體與出處
車馬器	馬具	韉	鞍	包山簡 271
			韉	包山牘 1
		鑣	骲	包山簡 276
			枆	包山簡 277
			麃	望山簡 2-13
		銜	鑑	包山簡 277
			監	天星觀簡《楚系》第 678 頁
		鏑	鍶	包山簡 276
		策	策	天星觀簡《楚系》第 359 頁
		經	經	曾侯乙墓簡 64 包山簡 268 天星觀簡《楚系》第 892 頁
		帶	帶帶	曾侯乙墓簡 138 天星觀簡《楚系》第 638 頁
		組	組	望山簡 2-6
		項	頓	包山簡 272
			項	包山簡讀 1 望山簡 2-13
		童	童	包山簡 276
			纏	包山簡 272
		鞴韚	鞴韚	曾侯乙墓簡 3
		縶	縶	曾侯乙墓簡 56
		轒	轒	曾侯乙墓簡 69
		冢	雺	曾侯乙墓簡 11
			霓	曾侯乙墓簡 49
			宎	曾侯乙墓簡 97
			冢	望山簡 2-6
		韠	韠	曾侯乙墓簡 31
			輊	曾侯乙墓簡 79
		緬	緬	包山簡 268
		緰	緰	包山簡 267

续表

大類	小類	名稱	隸定	文字形體與出處
車馬器	馬飾	緐	[illegible]	新蔡簡甲三 237-1
			笄	望山簡 2-35 天星觀簡《楚系》第 363 頁
			絣	清華簡《封許之命》簡 6
		纓	瑌	曾侯乙墓簡 57
			緌	望山簡 2-12 清華簡《封許之命》簡 6
			侫	天星觀簡《楚系》第 755 頁
		䩄	面	包山簡 272
			賈	天星觀簡《楚系》第 525 頁
		鉤	鉤	曾侯乙墓簡 115 清華簡《封許之命》簡 6
		膺	雁	清華簡《封許之命》簡 6
			環	曾侯乙墓簡 115
		珥	珥	曾侯乙墓簡 64
		翠媉	翠媉	信陽簡 2-4
		羽	羿	曾侯乙墓簡 44
		翣	翣	包山簡 277 天星觀簡《楚系》第 303 頁
		遺	貴	曾侯乙墓簡 124
			遺	包山簡 276 天星觀簡《楚系》第 145 頁
	席蔽	衽	韌	曾侯乙墓簡 58
		籧	启	曾侯乙墓簡 45
		席	筃	曾侯乙墓簡 6
			[illegible]	望山簡 2-21
		弼	弼	曾侯乙墓簡 13
		鞎	鞶	曾侯乙墓簡 1
		褀	韔	曾侯乙墓簡 71

续表

大類	小類	名稱	隸定	文字形體與出處
車馬器	席蔽	韔	笎	曾侯乙墓簡 10
			弓	曾侯乙墓簡 45
			弦	曾侯乙墓簡 48
		隵	隵	曾侯乙墓簡 63
		簾	[illegible]	曾侯乙墓簡 4
			[illegible]	曾侯乙墓簡 26
			[illegible]	曾侯乙墓簡 63
			[illegible]	曾侯乙墓簡 70
		加	加	曾侯乙墓簡 85
		軒	軒	曾侯乙墓簡 50
	兵器	甲	甲	曾侯乙墓簡 124
			虖	包山簡 269
		胄	𩏂	曾侯乙墓簡 1 包山簡 270 天星觀簡《楚系》第 633 頁
		韔	[illegible]	曾侯乙墓簡 1 望山簡 2-8 天星觀簡《楚系》第 426~427 頁
			[illegible]	望山橋簡 7
			長	包山簡 268
		箙	[illegible]	曾侯乙墓簡 19
			[illegible]	望山橋簡 7
			備	天星觀簡《楚系》第 659 頁
		戟	韛	天星觀簡《楚增》第 249 頁
			𨒪	曾侯乙墓簡 9
			戟	包山簡 269 包山牘 1 天星觀簡《楚系》第 869 頁
		殳	杸	曾侯乙墓簡 37
		戚	戚	曾侯乙墓簡 6
		戈	戈	曾侯乙墓簡 6

续表

大類	小類	名稱	隸定	文字形體與出處
車馬器	兵器	弓	弓	曾侯乙墓簡 3
		矢	羊	曾侯乙墓簡 33
			鈇	包山簡 277
		穳	戭	包山簡 272
		夬	韍	包山簡 277
		拾	峹	包山簡 277
	旗幟	旆	旆	曾侯乙墓簡 37
			罘	包山簡 273
			市	望山簡 2-13
			秭	天星觀簡《楚系》第 1015 頁
		旃	旜	曾侯乙墓簡 89
		旌	旍	曾侯乙墓簡 65
			䍦	包山簡 273
		常	常	曾侯乙墓簡 6 天星觀簡《楚系》第 721 頁
		旗	旃	曾侯乙墓簡 6
			羿	天星觀簡《楚系》第 639 頁
		旂	旂	曾侯乙墓簡 68
		旞	樬	包山簡 269
			栓	包山牘 1
		勿	戩	包山簡 277
		中罕	中干	包山簡 269 包山牘 1 望山簡 2-13 望山簡 2-13
			宙竿	天星觀簡《楚系》第 51、359 頁
		鐃	絆	曾侯乙墓簡 9
			鉡	曾侯乙墓簡 106

參考文獻

一、出土資料

G

甘肅省博物館文物隊：《甘肅靈臺白草坡西周墓》，《考古學報》1977年第2期。

固始侯古堆一號墓發掘組：《河南固始侯古堆一號墓發掘簡報》，《文物》1981年第1期。

郭寶鈞：《浚縣辛村》，科學出版社1964年版。

H

河北省文物研究所：《䰜墓——戰國中山國國王之墓》，文物出版社1995年版。

河南省文化局文物工作隊第一隊：《我國考古史上的空前發現：信陽長台關發掘一座戰國大墓》，《文物參考資料》1957年第9期。

河南省文物研究所：《河南淮陽馬鞍冢楚墓發掘簡報》，《文物》1984年第10期。

河南省文物研究所、周口地區文化局文物科：《信陽楚墓》，文物出版社1986年版。

河南省文物考古研究所、三門峽市文物工作隊：《三門峽虢國墓》，文物出版社1999年版。

河南省文物考古研究所：《新蔡葛陵楚墓》，大象出版社2003年版。

湖北省博物館：《曾侯乙墓》，文物出版社1989年版。

湖北省荊沙鐵路考古隊：《包山楚簡》，文物出版社1991年版。

湖北省荊沙鐵路考古隊：《包山楚墓》，文物出版社1991年版。

湖北省荊州地區博物館：《江陵天星觀1號楚墓》，《考古學報》1982

年第 1 期。

湖北省荊州地區博物館：《江陵馬山一號楚墓》，文物出版社 1985 年版。

湖北省文化局文物工作隊：《湖北江陵三座楚墓出土大批重要文物》，《文物》1966 年第 5 期。

湖北省文物考古研究所、北京大學中文系：《望山楚簡》，中華書局 1995 年版。

湖北省文物考古研究所：《江陵望山沙冢楚墓》，文物出版社 1996 年版。

湖南省博物館、湖南省文物考古研究所：《長沙馬王堆二、三號漢墓·第一卷田野考古發掘報告》，文物出版社 2004 年版。

J

荊門市博物館：《郭店楚墓竹簡》，文物出版社 1998 年版。

荊州博物館：《湖北荊州望山橋一號楚墓發掘簡報》，《文物》2017 年第 2 期。

Q

秦始皇兵馬俑博物館、陝西省考古研究所：《秦始皇陵銅車馬發掘報告》，文物出版社 1998 年版。

秦俑考古隊：《秦始皇陵二號銅車馬清理簡報》，《文物》1983 年第 7 期。

S

陝西省文管會秦墓發掘組：《陝西户縣宋村春秋秦墓發掘簡報》，《文物》1975 年第 10 期。

陝西省雍城考古隊：《陝西鳳翔縣八旗屯秦國墓葬發掘簡報》，《文物資料叢刊》第 3 期，1980 年。

陝西省考古研究所、始皇陵秦俑坑考古發掘隊：《秦始皇陵兵馬俑坑一號坑發掘報告（1974—1984）》（上），文物出版社 1988 年版。

山西省文物工作委員會：《侯馬盟書》，文物出版社 1976 年版。

隨縣擂鼓墩一號墓考古發掘隊：《湖北隨縣曾侯乙墓發掘簡報》，《文物》1979 年第 7 期。

T

荆州博物館：《荆州重要考古發現》，文物出版社 2009 年版。

Y

銀雀山漢墓竹簡整理小組：《銀雀山漢墓竹簡（壹）》，文物出版社 1985 年版。

Z

早期秦文化聯合考古隊、張家川回族自治縣博物館：《張家川馬家塬戰國墓地 2007—2008 年發掘簡報》，《文物》2009 年第 10 期。

中國科學院考古研究所：《輝縣發掘報告》，科學出版社 1956 年版。

中國科學院考古研究所：《長沙發掘報告》，科學出版社 1957 年版。

中國科學院考古研究所、北京市文物研究所、琉璃河考古工作隊：《1981—1983 年琉璃河西周楚國墓地發掘簡報》，《考古》1984 年第 5 期。

中國科學院考古研究所、北京市文物研究所、琉璃河考古工作隊：《北京琉璃河 1193 號大墓發發掘簡報》，《考古》1990 年第 1 期。

中國社會科學院考古研究所：《安陽殷墟郭家莊商代墓葬》，中國大百科全書出版社 1998 年版。

二、主要文獻典籍

孫武、曹操等注，楊丙安校理：《十一家注孫子校理》，中華書局 1999 年版。

司馬遷撰，裴駰集解，司馬貞索隱，張守節正義：《史記》，中華書局 1959 年版。

司馬遷撰，瀧川資言考證：《史記會注考證》，文學古籍刊行社 1955 年版。

趙曄撰，徐天祜音注，苗麓點校：《吴越春秋輯校匯考》，江蘇古籍出版社 1986 年版。

史游撰，曾仲珊校點：《急就篇》，岳麓書社 1989 年版。

班固撰，顔師古注：《漢書》，中華書局 1962 年版。

許慎撰，徐鉉校定：《説文解字》，中華書局 1963 年版。

許慎撰，段玉裁注：《説文解字注》，上海古籍出版社 1988 年版。

劉向撰，向宗魯校證：《説苑校證》，中華書局 1987 年版。

劉向編著，石光瑛校釋，陳新整理：《新序校釋》，中華書局 2001 年版。

蔡邕撰：《獨斷》，《四部叢刊三編子部》第三二冊，上海書店 1985 年版。

劉熙撰，畢沅疏證，王先謙補：《釋名疏證補》，中華書局 2008 年版。

司馬彪撰，劉昭注補：《續漢書志》，中華書局 1965 年版。

王嘉撰，蕭綺録，齊治平校注：《拾遺記》，中華書局 1981 年版。

范曄撰，李賢等注：《後漢書》，中華書局 1965 年版。

沈約：《宋書》，中華書局 1974 年版。

蕭統編，李善注：《文選》，中華書局 1977 年版。

蕭統編，李善、吕延濟、劉良、張銑、吕向、李周翰注：《六臣注文選》，中華書局 2012 年版。

顧野王：《大廣益會玉篇》，中華書局 1987 年版。

陸德明撰，黄焯斷句：《經典釋文》，中華書局 1983 年版。

虞世南：《北堂書鈔》，學苑出版社 1989 年版。

房玄齡等：《晉書》，中華書局 1974 年版。

徐鍇：《説文解字繫傳》，中華書局 1987 年版。

陳彭年等編：《宋本廣韻》，江蘇教育出版社 2008 年版。

丁度等編：《宋刻集韻》，中華書局 2005 年版。

司馬光編：《類篇》，上海古籍出版社 1988 年版。

洪興祖撰，白化文、許德楠、李如鸞、方進點校：《楚辭補注》，中華書局 1983 年版。

朱熹集注：《詩集傳》，中華書局 1958 年版。

章樵注：《古文苑》，商務印書館 1937 年版。

釋行均編：《龍龕手鏡》(高麗本)，中華書局 1985 年版。

王念孫：《廣雅疏證》，江蘇古籍出版社 1984 年版。

郝懿行：《爾雅義疏》，上海古籍出版社 1983 年版。

郝懿行：《山海經箋疏》，巴蜀書社 1985 年版。

阮元校刻：《十三經注疏》，中華書局 1980 年版。

阮元：《毛詩注疏校勘記》，《續修四庫全書》第 181 冊，上海古籍出版社 2013 年版。

王聘珍撰，王文錦點校：《大戴禮記解詁》，中華書局 1983 年版。

王引之：《經義述聞》，江蘇古籍出版社 2000 年版。

金榜：《禮箋》，《續修四庫全書》第 109 冊，上海古籍出版社 2013 年版。

王筠：《説文解字句讀》，中華書局 1988 年版。

陳奐：《詩毛氏傳疏》，中國書店 1984 年版。

朱駿聲編著：《説文通訓定聲》，中華書局 1984 年版。

徐灝：《説文解字注箋》，《續修四庫全書》第 227 冊，上海古籍出版社 2006 年版。

王先謙撰，沈嘯寰、王星賢點校：《荀子集解》，中華書局 1988 年版。

黎翔鳳撰，梁運華整理：《管子校注》，中華書局 2004 年版。

郭慶藩撰，王孝魚點校：《莊子集釋》，中華書局 1961 年版。

王先慎撰，鍾哲點校：《韓非子集解》，中華書局 1998 年版。

劉淇撰，張錫琛校注：《助字辨略》，中華書局 2004 年版。

孫詒讓撰，王文錦、陳玉霞點校：《周禮正義》，中華書局 1987 年版。

孫詒讓撰，孫啟治點校：《墨子閒詁》，中華書局 2001 年版。

孫詒讓撰，雪克點校：《九旗古誼述》，《大戴禮記斠補(外四種)》，中華書局 2010 年版。

徐元誥撰，王樹民、沈長雲點校：《國語集解》，中華書局 2002 年版。

朱右曾：《逸周書集訓校釋》，台灣“商務印書館”1980 年版。

劉文典撰，馮逸、喬華點校：《淮南鴻烈集解》，中華書局 1989 年版。

諸祖耿編撰：《戰國策集注彙考(增補本)》，鳳凰出版社 2008 年版。

許維遹撰，梁運華整理：《吕氏春秋集釋》，中華書局 2009 年版。

楊伯峻：《列子集釋》，中華書局 1979 年版。

楊伯峻：《春秋左傳注》，中華書局 1981 年版。

高明：《帛書老子校注》，中華書局 1996 年版。

周祖謨校箋：《方言校箋》，中華書局 1993 年版。

徐時儀校注：《一切經音義三種校本合刊》，上海古籍出版社 2008 年版。

王利器校注：《鹽鐵論校注》，中華書局 1992 年版。

王貽樑、陳建敏選：《穆天子傳匯校集釋》，華東師範出版社 1994 年版。

方向東:《大戴禮記彙校集解》, 中華書局 2008 年版。
黄暉:《論衡校釋》, 中華書局 1990 年版。

三、今人論著

(一)著作

B

白於藍編著:《戰國秦漢簡帛古書通假字彙纂》, 福建人民出版社 2012 年版。

C

陳偉:《包山楚簡初探》, 武漢大學出版社 1996 年版。
陳偉等:《楚地出土戰國簡冊[十四種]》, 經濟科學出版社 2009 年版。
程燕編著:《望山楚簡文字編》, 中華書局 2007 年版。

D

戴吾三編著:《考工記圖説》, 山東畫報出版社 2003 年版。

G

高亨纂著, 董治安整理:《古字通假會典》, 齊魯書社 1989 年版。
郭寶鈞:《殷周車器研究》, 文物出版社 1998 年版。
郭若愚編著:《戰國楚簡文字編》, 上海書畫出版社 1994 年版。

H

漢語大詞典編輯委員會、漢語大詞典編纂處:《漢語大詞典》第十二卷, 漢語大詞典出版社 1993 年版。
何琳儀:《戰國文字聲系》, 中華書局 1998 年版。
何琳儀:《戰國文字通論(訂補)》, 江蘇教育出版社 2003 年版。
黄鳳春:《濃郁楚風: 楚國的衣食住行》, 湖北教育出版社 2001 年版。

L

李均明、何雙全編:《散見簡牘合輯》, 文物出版社 1990 年版。

李守奎編著:《楚文字編》,華東師範大學出版社 2003 年版。

李天虹:《郭店竹簡〈性自命出〉研究》,湖北教育出版社 2003 年版。

李學勤主編:《中國美術全集·青銅器(上)》,文物出版社 1985 年版。

李學勤主編:《清華大學藏戰國竹簡(壹)》,中西書局 2010 年版。

李學勤主編:《清華大學藏戰國竹簡(貳)》,中西書局 2011 年版。

李學勤主編:《清華大學藏戰國竹簡(叁)》,中西書局 2012 年版。

李學勤主編:《清華大學藏戰國竹簡(肆)》,中西書局 2013 年版。

李學勤主編:《清華大學藏戰國楚簡(伍)》,中西書局 2015 年版。

李學勤主編:《清華大學藏戰國楚簡(陸)》,中西書局 2016 年版。

李學勤主編:《清華大學藏戰國楚簡(柒)》,中西書局 2017 年版。

李學勤:《初識清華簡》,中西書局 2013 年版。

林義光:《文源》,中西書局 2012 年版。

劉國勝:《楚喪葬簡牘集釋》,科學出版社 2011 年版。

劉信芳:《包山楚簡解詁》,藝文印書館 2003 年版。

劉信芳:《楚系簡帛釋例》,安徽大學出版社 2011 年版。

劉永華:《中國古代車輿馬具》,上海辭書出版社 2002 年版。

劉釗:《郭店楚簡校釋》,福建人民出版社 2005 年版。

劉釗、洪颺、張新俊編纂:《新甲骨文編》,福建人民出版社 2009 年版。

M

馬承源主編:《中國青銅器》,上海古籍出版社 1988 年版。

馬承源主編:《上海博物館藏戰國楚竹書(一)》,上海古籍出版社 2001 年版。

馬承源主編:《上海博物館藏戰國楚竹書(二)》,上海古籍出版社 2002 年版。

馬承源主編:《上海博物館藏戰國楚竹書(三)》,上海古籍出版社 2003 年版。

馬承源主編:《上海博物館藏戰國楚竹書(五)》,上海古籍出版社 2005 年版。

馬承源主編:《上海博物館藏戰國楚竹書(六)》,上海古籍出版社 2007 年版。

P

彭浩:《楚人的紡織與服飾》,湖北教育出版社 1996 年版。

Q

錢玄:《三禮名物通釋》,江蘇古籍出版社 1987 年版。

錢玄:《三禮通論》,南京師範大學出版社 1996 年版。

錢玄、錢興奇:《三禮辭典》,江蘇古籍出版社 1998 年版。

裘錫圭:《文字學概要》,商務印書館 1988 年版。

R

容庚編著,張振林、馬國權摹補:《金文編》,中華書局 1985 年版。

S

商承祚編著:《戰國楚竹簡匯編》,齊魯書社 1995 年版。

沈從文編著:《中國古代服飾研究》,上海書店 2005 年版。

宋華強:《新蔡葛陵楚簡初探》,武漢大學出版社 2010 年版。

孫機:《漢代物質文化資料圖説(增訂本)》,上海古籍出版社 2011 年版。

T

譚維四:《曾侯乙墓》,文物出版社 2001 年版。

湯餘惠主編:《戰國文字編》,福建人民出版社 2001 年版。

滕壬生:《楚系簡帛文字編》,湖北教育出版社 1995 年版。

滕壬生:《楚系簡帛文字編(增訂本)》,湖北教育出版社 2008 年版。

W

王力主編:《中國古代文化常識圖典》,中國言實出版社 2002 年版。

王穎:《包山楚簡詞彙研究》,廈門大學出版社 2008 年版。

汪少華:《中國古車輿名物考辨》,商務出版社 2005 年版。

魏啟鵬、胡翔驊:《馬王堆漢墓醫書校釋(貳)》,成都出版社 1992 年版。

聞人軍:《考工記導讀》,中國國際廣播出版社 2008 年版。

聞人軍譯注:《考工記譯注》,上海古籍出版社 2008 年版。

吴曉筠：《商周時期車馬埋葬研究》，科學出版社2009年版。

武漢大學簡帛研究中心、河南省文物考古研究所：《楚地出土戰國簡冊合集(二)》，文物出版社2013年版。

X

蕭聖中：《曾侯乙墓竹簡釋文補正暨車馬制度研究》，科學出版社2011年版。

許嘉璐：《中國古代衣食住行》，北京出版社1988年版。

Y

楊英傑：《戰車與車戰》，東北師範大學出版社1986年版。

揚之水：《詩經名物新證》，北京古籍出版社2000年版。

Z

曾永義：《儀禮車馬考》，臺灣中華書局1971年版。

張道一注譯：《考工記注譯》，陝西人民美術出版社2004年版。

張光裕、黄錫全、滕壬生主編：《曾侯乙墓竹簡文字編》，藝文印書館1997年版。

張光裕編著，袁國華合著：《望山楚簡校録》，藝文印書館2004年版。

張儒、劉毓慶：《漢語通用聲素研究》，山西古籍出版社2002年版。

張守中撰集：《包山楚簡文字編》，文物出版社1996年版。

張濤：《列女传譯注》，山東大學出版社1990年版。

張仲立：《秦陵銅車馬與車馬文化》，陝西人民教育出版社1994年版。

中國科學院考古研究所：《甲骨文編》，中華書局1965年版。

朱鳳瀚：《古代中國青銅器》，南開大學出版社1995年版。

朱鳳瀚：《中國青銅器綜論》，上海古籍出版社2009年版。

朱曉雪：《包山楚簡綜述》，福建人民出版社2013年版。

(二)論文

B

白榮金：《包山楚墓馬甲復原辨正》，《文物》1989年第3期。

白於藍：《〈包山楚簡文字編〉校訂》，《中國文字》新二十五期，藝文印書館 1999 年版。

白於藍：《郭店楚墓竹簡考釋(四篇)》，李學勤、謝桂華主編：《簡帛研究 2001》，廣西師範大學出版社 2001 年版。

白於藍：《曾侯乙墓竹簡中的"鹵"和"櫓"》，《中國文字》新二十九期，藝文印書館 2003 年版。

白於藍：《曾侯乙墓竹簡考釋(四篇)》，《中國文字》新三十期，藝文印書館 2005 年版。

白於藍：《釋"紋"》，復旦大學出土文獻與古文字研究中心網，2010 年 4 月 5 日；《古文字研究》第二十八輯，中華書局 2010 年版。

白於藍：《説"綏"》，《中國國家博物館館刊》2015 年第 1 期。

鮑良紅：《古醫籍通假字考釋》，《國醫論壇》2005 年 5 月第 20 卷第 3 期。

C

蔡運章：《銅干首考》，《考古》1987 年第 8 期。

陳邦懷：《戰國楚文字小記》，《楚文化新探》，湖北人民出版社 1981 年版。

陳秉新：《楚系文字釋叢》，《楚文化研究論集》第五輯，黄山書社 2003 年版。

陳劍：《釋造》，《出土文獻與古文字研究》第一輯，復旦大學出版社 2006 年版。

陳劍：《試説戰國文字中寫法特殊的亢和从亢諸字》，《出土文獻與古文字研究》第三輯，復旦大學出版社 2010 年版。

陳劍：《釋"疌"及相關諸字》，《出土文獻與古文字研究》第五輯，上海古籍出版社 2013 年版。

陳劍：《〈清華簡(伍)〉與舊説互證兩則》，復旦大學出土文獻與古文字研究中心網，2015 年 4 月 14 日。

陳松長：《〈包山楚簡〉遣策釋文訂補》，陳勝長主編：《第二屆國際中國古文字學研討會論文集續編》，香港中文大學中國語言及文學系 1995 年版。

陳偉：《包山楚簡中的宛郡》，《武漢大學學報》(哲學社會科學版)1998 年第 6 期。

陳偉：《讀〈上博六〉條記》，簡帛網，2007 年 7 月 9 日。

陳偉：《〈慎子曰恭儉〉校讀》，簡帛網，2007年7月19日。

陳偉：《車輿名試説(二則)》，《古文字研究》第二十八輯，中華書局2010年版。

陳偉武：《楚系簡帛釋讀掇瑣》，《古文字研究》第二十四輯，中華書局2002年版。

陳偉武：《説"貘"及相關諸字》，《古文字研究》第二十五輯，中華書局2004年版。

成東：《先秦時期的盾》，《考古》1989年第1期。

程燕：《望山楚簡考釋六則》，《江漢考古》2003年第3期。

程燕：《談曾侯乙墓竹簡中的"沙"》，《江漢考古》2015年第2期。

D

董珊：《楚簡中从"大"聲之字的讀法(一)》，簡帛網，2007年7月8日；《楚簡中从"大"聲之字的讀法》，《古代文明》第8卷，文物出版社2010年版。

F

凡國棟：《讀〈上博楚竹書六〉記》，簡帛網，2007年7月9日。

范常喜：《包山楚簡遣册所記"𪇰翯"新釋》，《文史》2014年第3期。

范常喜：《楚簡""及相關之字述議》，《簡帛》第十一輯，上海古籍出版社2015年版。

范常喜：《望山楚簡遣冊所記"彤类"新釋》，未刊稿。

馮好：《關於先秦至西漢時期馬的體高及相關問題的討論》，《北京文博》2008年第2期。

馮勝君：《戰國楚文字"黽"字用作"龜"字補議》，《漢字研究》第一輯，學苑出版社2005年版。

傅舉有：《中國古代車制概論》，《湖南博物館文集》，岳麓書社1991年版。

G

高智：《包山楚簡文字校釋十四則》，《于省吾教授百年誕辰紀念文集》，吉林大學出版社1996年版。

耿雪敏：《先秦軍旗考述》，《濟南大學學報》(社會科學版)2013年第2期。

古敬恒：《望山楚簡文字考釋三則》，《中國文字研究》第二輯，廣西教育出版社 2001 年版。

郭德維：《楚車考索》，《東南文化》1993 年第 5 期。

郭沫若：《説戟》，見氏著《郭沫若全集(考古編)》第 4 卷，科學出版社 2002 年版。

郭沫若：《考工記的年代與國别》，葉聖陶編：《開明書店二十周年紀念文集》，中華書局 1985 年版。

郭永秉：《〈讀平王問鄭壽〉篇小記二則》，簡帛網，2007 年 8 月 30 日；《釋上博楚簡〈平王問鄭壽〉的"訊"字》，《古文字研究》第二十七輯，中華書局 2008 年版。

H

黄鳳春：《信陽楚墓中的"硉石之硜"》，《楚文化研究論集》第六集，湖北教育出版社 2005 年版。

黄錫全：《〈包山楚簡〉部分釋文校釋》，見氏編著《湖北出土商周文字輯證》，武漢大學出版社 1992 年版。

何家興、楊現昌：《楚簡考釋四則》，《江漢考古》2012 年第 2 期。

何琳儀：《包山竹簡選釋》，《江漢考古》1993 年第 4 期。

何琳儀：《信陽楚簡選釋》，《文物研究》第八期，黄山書社 1993 年版。

何琳儀：《句吴王劍補釋》，常宗豪、張光裕、陳勝長、張雙慶、陳雄根、康寶文編：《第二屆國際中國古文字學研討會論文集》，香港中文大學中國語言及文學系 1995 年版。

何琳儀：《仰天湖竹簡選釋》，李學勤、謝桂華主編：《簡帛研究》第三輯，廣西教育出版社 1998 年版。

何琳儀、程燕：《釋㡯》，王宇信、宋鎮豪、孟憲武主編：《2004 年安陽殷商文明國際學術研討會論文集》，社會科學文獻出版社 2004 年版。

何琳儀：《隨縣竹簡選釋》，《華學》第七輯，中山大學出版社 2005 年版。

何有祖：《包山楚簡試釋九則》，簡帛網，2005 年 12 月 15 日。

何有祖：《〈慎子曰恭儉〉劄記》，簡帛網，2007 年 7 月 5 日。

后德俊：《"包山楚簡"中的"金"義小考》，《江漢論壇》1993 年第 1 期。

胡雅麗：《包山二號楚墓遣策初步研究》，《包山楚墓》，文物出版社

1991 年版。

L

李家浩:《釋“弁”》,《古文字研究》第一輯,中華書局 1979 年版。

李家浩:《信陽楚簡“澮”及从“㚘”之字》,《中國語言學報》第一期,商務印書館 1982 年版。

李家浩:《包山楚簡中的旌旆及其他》,陳勝長主編:《第二屆國際中國古文字學研討會論文集續編》,香港中文大學中國語言及文學系 1995 年版。

李家浩:《信陽楚簡中的“柿枳”》,李學勤主編:《簡帛研究》第二輯,法律出版社 1996 年版。

李家浩:《信陽楚簡“樂人之器”研究》,李學勤、謝桂華主編:《簡帛研究》第三輯,廣西教育出版社 1998 年版。

李家浩:《包山楚簡中的“枳”》,《徐中舒先生百年誕辰紀念文集》,巴蜀書社 1998 年版。

李家浩:《楚墓竹簡中的“昆”字及从“昆”之字》,《中國文字》新二十五期,藝文印書館 1999 年版。

李家浩:《楚大府鎬銘文新釋》,《語言學論叢》第二十二輯,商務印書館 1999 年版。

李家浩:《讀〈郭店楚墓竹簡〉瑣議》,《中國哲學》第二十輯,遼寧教育出版社 2000 年版。

李家浩:《仰天湖簡十三號考釋》,見氏著《著名中年語言學家自選集·李家浩卷》,安徽教育出版社 2002 年版。

李家浩:《包山遣冊考釋(四篇)》,《古籍整理與研究》2003 年第 5 期。

李家浩:《望山遣策車蓋文字考釋》,《中國文字學報》第一輯,商務印書館 2006 年版。

李家浩:《仰天湖楚簡剩義》,《簡帛》第二輯,上海古籍出版社 2007 年版。

李建西:《西周金文“白金”初探》,《考古與文物》2010 年第 4 期。

李零:《古文字雜識(兩篇)》,《于省吾教授百年誕辰紀念文集》,吉林大學出版社 1996 年版。

李零:《讀〈楚系簡帛文字編〉》,《出土文獻研究》第五集,科學出版社 1999 年版。

李守奎:《楚文字考釋(三組)》,李學勤、謝桂華主編:《簡帛研究》第三輯,廣西教育出版社 1998 年版。

李守奎:《出土簡策中的“軒”和“圓軒”考》,《古文字研究》第二十二輯,中華書局 2000 年版。

李守奎:《出土楚文獻文字研究綜述》,《古籍整理研究學刊》2003 年第 1 期。

李天虹:《〈包山楚簡〉釋文補正》,《江漢考古》1993 年第 3 期。

李天虹:《釋曾侯乙墓竹簡中的“䩞”》,《古文字研究》第二十六輯,中華書局 2006 年版。

李運富:《楚國簡帛文字叢考(二)》,《古漢語研究》1997 年第 1 期。

李學勤:《信陽楚墓中發現最早的戰國竹書》,《光明日報》,1957 年 11 月 27 日第 3 版。

李學勤:《讀上博簡〈莊王既成〉兩章筆記》,清華大學簡帛研究網,2007 年 7 月 16 日。

李學勤:《初識清華簡》,《光明日報》,2008 年 12 月 1 日第 12 版。

梁雲:《論早期秦文化的來源與形成》,《考古學報》2017 年第 2 期。

劉國勝:《楚簡文字中的“綉”和“緂”》,《江漢考古》2007 年第 4 期。

劉國勝:《望山遣冊記器簡瑣議》,《考古與文物》2010 年第 3 期。

劉國勝:《信陽遣冊“梍”蠡測》,簡帛網,2010 年 10 月 22 日。

劉國勝:《談望山遣冊所記的“龍朻”》,簡帛網,2011 年 10 月 10 日;《望山楚簡名物考釋(二則)》,羅運環主編:《楚簡楚文化與先秦歷史文化國際學術研討會論文集》,湖北教育出版社 2013 年版。

劉國勝:《楚簡車馬名物考釋二則》,《古文字研究》第二十九輯,中華書局 2012 年版。

劉洪濤:《上博竹書〈慎子曰恭儉〉校讀》,簡帛網,2007 年 7 月 6 日。

劉信芳:《楚簡文字考釋五則》,《于省吾教授百年誕辰紀念文集》,吉林大學出版社 1996 年版。

劉信芳:《包山楚簡近似之字辨析》,《考古與文物》1996 年第 2 期。

劉信芳:《楚簡器物釋名(上篇)》,《中國文字》新二十二期,藝文印書館 1997 年版。

劉信芳:《从㞢之字彙釋》,《容庚先生百年誕辰紀念文集(古文字研究專號)》,廣東人民出版社 1998 年版。

劉信芳:《望山楚簡校讀記》,李學勤、謝桂華主編:《簡帛研究》第三輯,廣西教育出版社 1998 年版。

劉信芳《楚簡釋字四則》，《古文字研究》第二十四輯，中華書局 2002 年版。

劉信芳：《信陽楚簡 2-04 號所記車馬器研究》，《古文字研究》第二十六輯，中華書局 2006 年版。

劉信芳：《曾侯乙簡文字補釋六則》，《簡帛》第一輯，上海古籍出版社 2006 年版。

劉信芳：《楚簡釋讀與〈方言〉補例試說》，《文獻》2010 年第 3 期。

劉一曼：《殷墟車子遺跡及甲骨金文中的車字》，《中原文物》2000 年第 2 期。

劉永華：《〈中國古代車輿馬具〉前言》，《戲劇藝術》2000 年第 4 期。

劉釗：《包山楚簡文字考釋》，見氏著《出土簡帛文字叢考》，臺灣古籍出版有限公司 2004 年版。

劉釗：《“舌”字源流考》，《古文字研究》第三十輯，中華書局 2014 年版。

羅小華：《說拾》，簡帛網，2010 年 5 月 24 日；《楚簡中的韝》，《簡帛》第六輯，上海古籍出版社 2011 年版。

羅小華：《釋“駒驆”》，簡帛網，2010 年 7 月 5 日。

羅小華：《曾侯乙墓竹簡墨丁研究》，馮天瑜主編：《人文論叢》2011 年卷，中國社會科學出版社 2011 年版。

羅小華：《釋軿》，《楚文化研究論集》第十集，湖北美術出版社 2011 年版。

羅小華：《釋籧》，李學勤、謝桂華主編：《簡帛研究 2010》，廣西師範大學出版社 2012 年版。

羅小華：《曾侯乙墓竹簡合文研究》，《簡帛》第七輯，上海古籍出版社 2012 年版。

羅小華：《楚簡車名選釋二則》，簡帛網，2012 年 10 月 28 日；《楚文化研究論集》第十一集，上海古籍出版社 2015 年版。

羅小華：《曾侯乙墓竹簡編聯局部調整》，簡帛網，2012 年 11 月 27 日。

羅小華：《釋𩍐》，張德芳主編：《甘肅省第二屆簡牘學國際學術研討會論文集》，上海古籍出版社 2012 年版。

羅小華：《天星觀簡中的攝》，簡帛網，2013 年 8 月 24 日；《考古與文物》2015 年第 3 期。

羅小華：《釋韉》，簡帛網，2013 年 8 月 28 日；《漢語言文字研究》第一輯，上海古籍出版社 2015 年版。

羅小華：《“羊車”補説》，《四川文物》2013 年第 5 期。

羅小華：《楚簡札記三則》，《出土文獻研究》第十二輯，中西書局 2013 年版。

羅小華：《说緐纓》，《考古與文物》2014 年第 1 期。

羅小華：《楚簡名物選釋四則》，劉玉堂主編：《楚學論叢》第三輯，湖北人民出版社 2014 年版。

羅小華：《曾侯乙墓竹簡所見車馬裝備物品綜合分析》，《出土文獻》第七輯，中西書局 2015 年版。

羅小華：《曾侯乙墓竹簡選釋三則》，《華夏考古》2015 年第 3 期

羅小華：《曾侯乙墓竹簡所見車陣相關問題研究》，《簡牘學研究》第六輯，甘肅人民出版社 2016 年版。

羅小華：《試論望山簡中的“彤幵”》，《出土文獻》第九輯，中西書局 2016 年版。

羅小華：《曾侯乙墓 C 類簡研究》，《簡帛》第十二輯，上海古籍出版社 2016 年版。

羅小華：《荆州望山橋楚簡選釋》，簡帛網，2017 年 3 月 16 日。

羅小華：《清華簡〈越公其事〉簡 3“挾弳秉橐”臆説》，簡帛網，2017 年 4 月 25 日。

P

彭浩：《信陽長台關楚簡補釋》，《江漢考古》1984 年第 2 期。

彭浩：《江陵馬山一號墓出土的兩種絛帶》，《考古》1985 年第 1 期。

彭浩：《望山二號墓遣冊的“緽”與“昜馬”》，《江漢考古》2012 年第 3 期。

彭浩：《談曾侯乙墓竹簡的‘扈’》，《簡帛》第十輯，上海古籍出版社 2015 年版。

Q

清華大學出土文獻讀書會：《清華簡第五冊整理報告補正》，清華大學出土文獻研究網，2015 年 4 月 8 日。

裘錫圭：《談談隨縣曾侯乙墓的文字資料》，《文物》1979 年第 7 期。

裘錫圭：《以郭店〈老子〉簡爲例談談古文字的考釋》，《郭店簡與儒學研究》，遼寧教育出版社 2000 年版。

裘錫圭：《獄簋銘補釋》，復旦大學出土文獻與古文字研究中心網，2008年4月25日；《安徽大學學報》（哲學社會科學版）2008年第4期。

R

任慧峰：《先秦旌旆考》，《中華文史論叢》2010年第2期。

S

單育辰：《談戰國文字中的“凫”》，簡帛網，2007年5月26日；《簡帛》第三輯，上海古籍出版社2008年版。

單育辰：《楚地遣策“宛”字的用法》，簡帛網，2008年12月27日；陳建明主編：《湖南省博物館館刊》第八輯，岳麓書社2011年版。

沈培：《試釋戰國時代从“之”从“首（或从‘頁’）”之字》，簡帛網，2007年7月17日。

沈文倬：《説䑺》，《浙江大學學報》（人文社會科學版）2006年第3期。

施謝捷：《楚簡文字中的“櫜”字》，《語文研究》2002年第4期。

施謝捷：《隨縣包山望山江陵郭店楚簡釋文》稿本（電子版），2003年。

石黑日沙子著，劉曉路譯：《關於曾侯乙墓出土竹簡的考察》，謝桂華主編：《簡帛研究譯叢》第二輯，湖南人民出版社1998年版。

石小力：《清華簡（伍）〈封許之命〉“鉤、膺”補説》，簡帛網，2015年4月12日。

石小力：《清華簡（伍）〈封許之命〉所載“朱旂”考》，簡帛網，2015年4月12日。

石小力：《清華簡（伍）〈封許之命〉名物補釋二則》，陳偉武主編：《古文字論壇》第二輯，中西書局2016年版。

石璋如：《殷代的策》，《歷史語言研究所集刊》第二十二本，1950年。

時兵：《釋楚簡中的“樫”字》，復旦大學出土文獻與古文字研究中心網，2008年5月24日。

史樹青、楊宗榮：《讀一九五九年第九期“文參”筆記》，《文物參考資料》1954年第12期。

舒之梅：《包山簡遣冊車馬器考釋五則》，《容庚先生百年誕辰紀念文集（古文字研究專號）》，廣東人民出版社1998年版。

宋國定、賈連敏：《新蔡“平夜君成”墓與出土楚簡》，“新出簡帛國際學術研討會”論文，北京大學，2000 年 8 月；艾蘭、邢文編：《新出簡帛研究》，文物出版社 2004 年版。

宋華強：《楚簡中从“黽”从“甘”之字新考》，簡帛網，2006 年 12 月 30 日；《戰國楚簡中从“黽”从“甘”之字新考》，《簡帛》第十三輯，上海古籍出版社 2016 年版。

宋華強：《釋曾侯乙墓竹簡的“弩”》，簡帛網，2011 年 1 月 7 日。

宋華強：《曾侯乙墓竹簡考釋一則》，簡帛網，2011 年 3 月 21 日。

蘇建洲：《楚簡从“戔”之字考釋》，清華大學簡帛研究網，2003 年 7 月 2 日。

孫機：《從胸式繫駕法到鞍套式繫駕法》，《考古》1980 年第 5 期。

孫機：《始皇陵二號銅車馬對車制研究的新啟示》，《文物》1983 年第 7 期。

孫機：《中國古馬車的繫駕法》，《自然科學史研究》第 3 卷第 2 期，1984 年。

孫機：《中國古獨輈馬車的結構》，《文物》1985 年第 8 期。

孫機：《略論始皇陵一號銅車》，《文物》1991 年第 1 期；

T

湯餘惠：《包山楚簡讀後記》，《考古與文物》1993 年第 2 期。

田河：《車楚簡遣冊文字釋讀五則》，《古文字研究》第二十七輯，中華書局 2008 年版。

W

王厚宇、谷玲：《戰國時代的羽旌》，《社會科學戰線》1997 年第 5 期。

王厚宇：《考古資料中的東周旗幟》，《中國典籍與文化》1999 年第 4 期。

王寧：《讀〈封許之命〉散札》，復旦大學出土文獻與古文字研究中心網，2015 年 4 月 28 日。

王巍：《商代馬車淵源蠡測》，李伯謙編：《商文化論集》，文物出版社 2003 年版。

吳良寶：《平肩空首布“卬”字考》，《中國錢幣》2006 年第 2 期。

吳曉筠：《近年關於中國馬車起源問題研究的述評》，《東吳歷史學報》1995 年第 13 期。

X

夏含夷：《中國馬車的起源及其歷史意義》，見氏著《古史異觀》，上海古籍出版社 2005 年版。

肖曉輝：《説“幻”》，《古文字論集(三)》，《考古與文物》2005 年增刊。

蕭聖中：《略論曾侯乙墓遣策中的車馬制度》，《鴻禧文物》第 2 期，1997 年。

蕭聖中：《楚簡車名匯釋》，《楚文化研究論集》第六集，湖北教育出版社 2005 年版。

蕭聖中：《關於曾侯乙墓竹簡編連的調整(二則)》，《出土文獻研究》第七輯，上海古籍出版社 2005 年版。

蕭聖中：《曾侯乙墓竹簡殘泐字試補十九則》，《簡帛》第一輯，上海古籍出版社 2006 年版。

蕭聖中：《曾侯乙墓竹簡釋文訂補(十則)》，《簡帛》第二輯，上海古籍出版社 2007 年版。

蕭聖中：《曾侯乙墓竹簡殘泐字三補(六則)》，簡帛網，2011 年 1 月 3 日。

徐在國：《讀〈楚系簡帛文字編〉劄記》，《安徽大學學報》(哲學社會科學版)1998 年第 5 期。

徐在國：《上博竹書(二)文字雜考》，簡帛研究網，2003 年 1 月 14 日；《學術界》2003 年第 1 期。

徐在國：《談新蔡葛陵楚簡中的幾支車馬簡》，簡帛研究網，2003 年 12 月 13 日；《簡帛》第二輯，上海古籍出版社 2007 年版。

禤建聰：《楚簡文字補釋五則》，《古文字研究》第二十六輯，中華書局 2006 年版。

禤建聰：《釋楚文字的“龜”和“轡”》，《考古與文物》2010 年第 4 期。

Y

楊泓：《中國古代的甲冑》，見氏著《中國古兵器論叢》，文物出版社 1985 年版。

楊英傑：《先秦旗幟考釋》，《文物》1986 年第 2 期。

楊英傑：《先秦古車挽馬部分鞁具與馬飾考辨》，《文物》1988 年第

2期。

楊澤生:《楚系簡牘中从"肉"从"歹"之字考釋》,《古漢語研究》2001年第3期。

尹遜:《楚簡中的"苦賈"》,簡帛網2006年11月8日;伊強:《簡帛札記二則》,《簡帛》第四輯,上海古籍出版社2009年版。

于省吾:《釋兩》,《古文字研究》第十輯,中華書局1983年版。

袁國華:《〈望山楚簡〉考釋三則》,《古文字研究》第二十四輯,中華書局2002年版。

Z

曾憲通:《楚文字釋叢(五則)》,《中山大學學報》1996年第3期。

張長壽、張孝光:《説伏兔與畫輯》,《考古》1980年第4期。

張長壽、張孝光:《殷周車制略説》,《中國考古學研究》,文物出版社1986年版。

張桂光:《楚簡文字考釋二則》,《江漢考古》1994年第3期。

張鐵慧:《〈曾侯乙墓竹簡釋文與考釋〉讀後》,《江漢考古》1996年第3期。

張新俊:《曾侯乙墓竹簡"鞎"字補釋》,劉釗等主編:《廈大史學》第二輯,廈門大學出版社2006年版。

趙平安:《釋曾侯乙墓竹簡中的"綍"和"桴"》,《簡帛》第一輯,上海古籍出版社2006年版。

朱德熙、裘錫圭:《信陽楚簡考釋(五篇)》,《考古學報》1973年第1期。

朱小健:《〈九旗古誼述〉評議》,《孫詒讓研究論文集》,百花洲文藝出版社2007年版。

子居:《清華簡〈封許之命〉解析》,清華大學出土文獻研究與保護中心網,2015年7月16日。

(三)學位論文

B

白於藍:《包山楚簡文字編》,吉林大學碩士學位論文,1995年。

C

曹菁菁:《曾侯乙墓遣冊車載兵器研究》，北京大學碩士學位論文，2007年。

程燕:《望山楚簡文字研究》，安徽大學碩士學位論文，2002年。

L

劉波:《包山楚簡語言研究》，北京師範大學碩士學位論文，2005年。

羅小華:《包山楚簡文字研究》，安徽大學碩士學位論文，2008年。

J

蔣魖:《曾侯乙墓竹簡注釋》，西南大學碩士學位論文，2011年。

L

賴怡璿:《〈楚地出土戰國簡冊"十四種"〉校訂》，中興大學碩士學位論文，2011年。

劉國勝:《楚喪葬簡牘集釋》，武漢大學博士學位論文修訂本，2005年。

P

鵬宇:《曾侯乙墓竹簡文字集釋箋證》，華東師範大學碩士學位論文，2010年。

T

田河:《出土戰國遣冊所記名物分類匯釋》，吉林大學博士學位論文，2007年。

W

王明欽:《湖北江陵天星觀楚簡的初步研究》，北京大學碩士學位論文，1989年。

王穎:《包山楚簡詞彙研究》，廈門大學博士學位論文，2004年。

吴紅松:《〈楚系简帛文字编〉校订》，安徽大學碩士學位論文，2003年。